思想政治教育教学研究

周百川　刘　正　姜胜影　主编

辽海出版社

图书在版编目（CIP）数据

思想政治教育教学研究 / 周百川，刘正，姜胜影主编. -- 沈阳 : 辽海出版社，2018.12

ISBN 978-7-5451-5066-7

Ⅰ. ①思… Ⅱ. ①周… ②刘… ③姜… Ⅲ. ①政治课－教学研究－中学②高等学校－思想政治教育－教学研究－中国 Ⅳ. ①G633.202②G641

中国版本图书馆 CIP 数据核字(2018)第 281266 号

责任编辑：丁　凡　高东妮

责任校对：丁　雁

北方联合出版传媒（集团）股份有限公司

辽海出版社出版发行

（辽宁省沈阳市和平区十一纬路 25 号 辽海出版社　邮政编码：110003）

北京市天河印刷厂印刷　　全国新华书店经销

开本：710mm×1000mm　1/16　印张：33.75　字数：529 千字

2020 年 1 月第 1 版　　2020 年 1 月第 1 次印刷

定价：98.00 元

前言

在21世纪，要完成全面建设小康社会的目标，建设社会主义和谐社会，任务更艰巨，矛盾和问题更多，风云变幻的国际挑战更加严峻，更要做好思想政治工作，充分调动全党和广大人民群众的积极性、主动性和创造性，才能更好地解决问题，迎接挑战。尤其是面对下一代所处的新环境和新特点，怎样发扬党和国家的优良传统，怎样使他们成长为德才兼备、以德为先的合格建设者和接班人，避免麻痹大意的思想，完成21世纪中叶实现中华民族伟大复兴的历史任务；怎样解决思想政治工作不适应经济社会发展的新情况新特点。都必须加强和改进思想政治工作。

当今世界经济全球化和政治多极化的继续演进，我国社会主义市场经济的深入发展，科学技术和信息网络化的突飞猛进，各种思想和东西方文化的相互激荡，使人们的思想观念、人生理想、价值取向、生活方式和行为方式发生很大的变化，人们思想活动的独立性、选择性、多变性、差异性日益增强，新思想、新认识、新经验不断涌现，为思想政治教育的理论创新提供了丰富的、取之不尽的源泉。与此同时，面对国际国内形势的深刻变化和纷繁复杂的现实教育环境，思想政治教育学原理所阐述的一些教育理念、教育方式和方法已难以适应新时期对思想政治教育的新要求。对此，思想政治教育学原理的建设必须在新的实践中推进和创新。所以，我们建设思想政治教育学科一定要以全面建设小康社会，建设中国特色社会主义的实际问题，以“培养什么人，如何培养人”为中心，着眼于对实际问题的理性思考，着眼于在新的实践中对思想政治教育学原理的创新和发展。

本书共二十三章，合计50万字。由来自新疆疏附县第二中学的周百川担任第一主编，负责第七章至第十三章的内容，合计10万字以上。由来自太原学院党委宣传部的刘正担任第二主编，负责第一章至第六章的内容，合计13万字以上。由来自哈尔滨远东理工学院的姜胜影担任第三主编，负责第十四章至第十六章的内容，合计8万字以上。由来自天津农学院动物科学与动物医学学院的周庆强担任第四主编，负责第十八章和第十九章的内容，合计 8 万字以上。由来自辽河油田分公司欢喜岭采油厂的林辉担任第一副主编，负责第二十章和第二十一章的内容，合计 5 万字以上。由来自陆军步兵学院石家庄校区军政系政治工作教研室的刘金妹担任第二副主编，负责第十七章的内容，合计 3 万字以上。由来自东滩煤矿幼儿园的耿勇担任第三副主编，负责第二十二章和第二十三章的内容，合计 3 万字以上。由来自辽宁省大连市金普新区大连一二四中学的唐小唐担任编委，也对本书的编写做出了贡献。

目　录

第一章　思想政治教育学概述

思想政治教育作为一种社会存在，贯穿于以往人类阶级社会的全部历史，在社会发展和人类文明进程中发挥着重要而独特的作用。古今中外，各个社会的统治阶级和统治集团都把思想政治教育置于十分重要的地位，思想政治教育的理论和实践源远流长，并随着人类社会的发展而不断发展。

思想政治教育学作为一门独立的科学，还十分年轻，经历了一个较长的孕育和发展过程。马克思主义的诞生，为思想政治教育科学的创立奠定了理论基础，中国共产党在长期革命和建设中积累的思想政治工作的丰富经验，以及人类文明发展过程中积累的相关理论成果，为思想政治教育科学的形成准备了充分的养料。马克思主义思想政治教育学的建立与发展，既是思想政治教育理论和实践发展的必然结果，也是时代提出的迫切要求。

第一节　思想政治教育的基本概念

思想政治教育学是以思想政治教育为整体研究对象的科学，对思想政治教育概念的不同理解，直接影响到思想政治教育学的建设。因此，要科学地把握思想政治教育学，就必须首先搞清楚什么是思想政治教育。

一、思想政治教育概念的形成

尽管思想政治教育作为人类社会实践活动的重要内容古已有之，但“思想政治教育”这一概念，则是伴随着马克思主义的诞生，特别是党的思想政治工作的发展而逐步形成的。

在马克思主义思想史上，早在1847年马克思、恩格斯创立第一个无产阶级革命政党——共产主义者同盟时，就在同盟的章程中提出了“宣传工作”这一概念。1902年前后，列宁在创立布尔什维克党的过程中，提出了“政治工作”和“政治教育工作”两个概念。他在《怎么办》一书中强调指出：“我们应当积极从政治上教育工人阶级，发展工人阶级的政治意识。”1920年11月3日，列宁在全俄省、县国民教育厅政治教育委员会工作会议上的讲话中说：“政治文化、政治教育的目的是培养真正的共产主义者……建设一个没有资本家、没有剥削、没有地主的国家。”这里，列宁把“政治教育”与“政治文化”并列提出，认为它们是培养新人、建设新国家的一个重要手段。1934年，斯大林在联共（布）十七大总结报告中，提出“思想工作”和“政治思想工作”这两个概念。

在我国长期的革命斗争和社会主义现代化建设事业中，有关思想政治教育这一社会实践活动，曾经用“政治工作”“政治教育”“思想教育”“思想政治工作”“思想政治教育”等多种概念来表述。从历史的和逻辑的线索上来说，“思想政治教育”这一概念的形成大致包括四个阶段：政治工作（政治教育）——思想工作（思想教育）——政治思想工作（政治思想教育）——思想政治工作（思想政治教育）。

最初是将思想政治教育包含在政治工作之中。如第一次国内革命战争时期，当时任黄埔军校政治部主任的周恩来在给学员讲授《论军队政治工作》理论时，就十分重视思想教育和政治教育这一内容。土地革命战争时期，我们党创建了自己的人民军队，加强了军队中的政治工作、民主生活和思想教育工作，因而在理论上开始广泛使用“政治教育”与“思想教育”概念。如周恩来曾把“政治教育”看作是提高党的理论水平的重要途径，毛泽东提出“思想教育”是团结全党进行伟大政治斗争的中心环节等。以后又多次使用“宣传工作”“政治思想工作”等概念。1951年，刘少奇在第一次全国宣传工作会议上首先使用了“思想政治工作”的概念。而后，毛泽东在1957年6月正式发表的《关于正确处理人民内部矛盾的问题》这一思想政治教育的纲领性文献中进一步阐述了这一概念。“思想政治工作”概念的出现，标志着我们党开始将政治工作的着眼点放到了转变人们的思想方面，即着眼于人们思想政治水平的提高和无产阶级世界观的形成。但在整个20世纪50年代，“思想政治工作”只是诸多提法中的一种，关于思想政治教育尚未形成统一的提法。从1960年开始，直到1978年党的十一届三中全会前，在这一领域，“政治思想工作”是比较通行的提法。十一届三中全会后，随着党和国家工作重心的转移，经济建设成为中心，思想政治工作领域也发生了许多重大变化。在概念的使用上，“思想政治工作”或“思想政治教育”取代了“政治思想工作”，成为新时期比较统一的标准提法。

多年来，在中国的理论研究和实际工作中，人们对“政治工作”“思想政治工作”“政治教育”“思想教育”“思想政治教育”等概念并没有明确的区分，常常是相互代替使用。真正从学理上探讨“思想政治教育”概念的含义及其与其他概念之间的关系，则是改革开放以后的事情。1983年7月，中共中央批转的《国营企业职工思想政治工作纲要（试行）》中，第一次从理论上明确区分了“政治工作”“思想政治工作”和“思想政治教育”三个概念的不同含义。《纲要》中指出：“职工思想政治工作，主要是指职工的思想政治教育。它是党的政治工作的一个组成部分，但不是政治工作的全部。”政治工作是一个大概念，它是指人类社会实践中诸如阶级斗争、政权建设、党的建设等有关政治方面的全部实践活动。思想政治工作是政治工作的一部分，主要指政治工作中有关意识形态方面的实践活动。而思想政治教育是思想政治工作的主要或基本的内容，着重从思想理论方面施加影响，强调的是“教育”。1984年，思想政治教育作为我国高等院校的一个专业正式开设，至此，才有了学理意义上的“思想政治教育”概念的探讨。

二、思想政治教育的内涵与外延

随着思想政治教育学科的建立和发展，不少学者对思想政治教育的内涵与外延进行了探讨，但至今对于什么是思想政治教育，仍有不同的理解和解释。归纳起来，主要有以下几种观点：

第一种是比较传统的观点，认为思想政治教育就是政治思想教育，是有目的地形成人们一定的政治观点、政治态度和政治信念的教育。这种观点对思想政治教育内容的理解比较狭窄，但突出了政治教育这一中心。

第二种是在思想政治教育专业建设和学科建设中颇有一定影响的观点，认为思想政治教育是一定阶级或政治集团，为实现一定的政治目标，有目的地对人们施加意识形态的影响，以转变人们的思想，进而指导人们行动的社会行为。思想政治教育“是受政治制约的思想教育，是侧重于思想理论方面的政治教育，是思想教育与政治教育互相交叉、互相渗透、互相结合并融为一体的社会实践活动”。也就是说，思想政治教育是思想教育和政治教育的交叉与融合。

第三种观点是在思想政治教育实践中，特别是在学校思想政治教育（德育）中颇具代表性并逐渐取得共识的观点，认为政治教育、思想教育、道德教育共同构成思想政治教育的基本内容，思想政治教育不仅要关注人的政治方向，转变人的思想，提高人的思想素质，而且还要增强人的道德意识，培养人的道德品质。显然，这种观点相对第一、第二种来说，对思想政治教育内容的理解更为宽泛，也更符合我国思想政治教育的实际。

还有一种观点认为，思想政治教育应当以政治思想教育为重点，但它所包含的范围还应当宽一些，不仅应当包含思想教育、道德教育，而且还应当包含心理教育和咨询。思想政治教育的任务不仅在于提高人的思想素质、道德素质，而且也在于提高人的心理素质，以使人的思想、道德和心理更适应社会主义现代化的需要。我们认为，尽管心理素质在现代社会中的重要性日益凸现，人的心理与思想也存在着千丝万缕的联系，但心理教育（心理咨询）与思想政治教育关注的毕竟不是一个层面的问题，两者各有自己独特的领域，在目标、任务、内容、方法等方面有着很大的区别。思想政治教育与心理教育（心理咨询）的关系，更多的是交叉关系，而不是包容关系。

综上所述，所谓思想政治教育，就是一定的阶级或政治集团，为实现一定的政治目的，有目的地对人们施加意识形态的影响，以期转变人们的思想，塑造人们的品德，进而指导人们行为的社会实践活动。思想政治教育作为社会上层建筑的组成部分，从根本说是由一定社会物质生活条件所决定的，为统治阶级和现行政治服务的，是为了培养和造就特定社会和时代期望的人，从而在不同的社会发展阶段实现人的某种程度的发展。因此，思想政治教育的本质是一种培养人、塑造人、转化人的社会性活动，是社会有组织地定向引导人们形成符合社会和时代以及人类自身发展要求的思想政治观点和行为品格的教育工程。在实践中，思想政治教育所包含的内容往往比严格定义的宽泛，是以政治教育、思想教育为重点的，包括道德教育、法制教育等内容的教育实践活动。

三、政治教育、思想教育、道德教育之辨析

尽管学术界对于思想政治教育内涵与外延的探讨仍存在分歧，但政治教育、思想教育、道德教育共同构成思想政治教育的主要内容已成为普遍共识。为了更加准确、科学地把握思想政治教育的本质，我们有必要对政治教育、思想教育、道德教育的概念作一辨析，以进一步揭示各自的特点、规律及相互间关系，促进思想政治教育学科建设的发展，提高思想政治教育的实效。

（一）政治教育

政治教育作为一种特殊的教育活动，其重要性是不言而喻的。一个国家、一个民族、一种社会形态要保持其存在和发展的稳定，除了具有以一定的生产方式为基础的社会经济结构，以及以一定的国家机器作为固有的保障条件之外，还必须有一套与这种社会经济结构和国家机器相适应的政治的、法律的、道德的、哲学的、艺术的等等制度和观念上的维护手段。在这些维护手段中，体现一定生产方式和社会经济结构本质要求的思想观念，即社会主流意识，是这个社会的灵魂，决定着社会的性质和发展方向。它不仅需要用国家政权的形式加以法律化、制度化，而且更重要的是要为社会成员所接受，内化为社会成员一切行为的内在动力，成为社会思想意识的主导。在这一过程中，教育特别是政治教育起着不可替代的作用。

在我国，政治教育通常被看作是党的政治工作的一部分，是形成政治共识、维护政治稳定的重要手段。多年来，人们更多是从与思想政治教育的联系来理解政治教育的。如认为思想政治教育首先是一种政治教育，思想政治教育是侧重于思想理论方面的政治教育。在为数不多的关于“政治教育”的界定中，下列观点颇具代表性，即“政治教育是有目的地形成人们一定的政治观点、信念

和政治信仰的教育”，“政治教育主要指对民族、阶级、政党、国家、政权、社会制度和国际关系的情感、立场、态度的教育”。

在西方，很多学者都对政治教育发表过自己的看法。英国学者古莱斯皮把政治教育定义为“在政治舞台上思考和行为能力的发展”。荷兰学者兰格维尔德区分了“政治教育”与“政治社会化”的不同，他指出：“政治教育是有意识地传输参与政治过程所需要的知识、价值、态度和技能，而那些目的在于传输政治技能和态度的潜在的或间接的活动则被称为政治社会化。”法国学者拉扎尔则认为，政治教育绝不是中性的，它包括宣传占统治地位的思想观点，每个社会成员都应该学会在所处的政治制度中生活，要认识这一制度的规则与基本价值准则。

从关于政治教育概念的种种阐述中我们可以发现，由于社会制度、文化背景等方面的不同，中西方学者关于政治教育的理解、政治教育的侧重点均有所不同。如目前我国对于政治教育的界定基本上是围绕意识形态的灌输而展开的，主要是要解决方向、立场、态度、信仰这些根本问题；而西方学者则比较强调公民适应和参与政治生活所需要的知识、价值、态度与技能等政治素质的训练和培养。尽管如此，仍存在许多相通之处，如中西方各国都十分重视政治教育问题，都在用各种方式塑造自己的公民，促使公民形成对所处社会有利的稳定的政治态度和政治信念，以保证政治文化的连续性；中西方政治教育都带有强烈的阶级性和政治性，都是为现行政治制度和统治阶级的政治目的服务的，在推行主导价值观这点上，不存在混乱和模糊状态。这种共同性，正是政治教育的本质所在。

政治教育作为个体政治社会化的一个途径，主要是通过政治文化的传播，灌输主导政治思想，培养社会成员的政治价值观念，为一定阶级和政党的政治实践制造舆论，进行政治动员。它通过培养公民对既存政治体系的认同感，促使公民对社会政治发展过程中的重大问题形成较高的政治共识，从而在全社会形成浓厚的社会政治凝聚力，为政治目标的实现提供有效的心理保障。因此，政治教育必须服从、服务于当前的政治任务、政治形势和政策理论，涉及的往往是党和国家政治生活中的大事和大局，因而与思想教育、道德教育相比，更具有权威性、现实性的特点。在贯彻落实时，政治教育也往往凭借制度和组织的优势，采取自上而下的传达、动员等形式。近年来，有学者指出，把政治教育仅仅理解为“政治思想（意识形态）的灌输”，仅仅“是要解决方向、立场、态度这些根本问题”，还没有揭示出“政治教育”的丰富内涵，也与社会主义民主政治建设不相适应。政治教育还应该提高公民对现行社会政治制度的认知，提高公民的参政知识和能力，优化政治心理，提高政治素质，塑造公民的现代政治角色。在教育方法和途径上，政治教育除了“灌输”以外，还要强调“参与”与“实践”，强调与现实生活紧密联系。

面向新的世纪，无论是世界格局多极化的趋势，经济全球化的浪潮，科技革命所带来的信息化、网络化的挑战，还是国内改革、发展、稳定的大局以及伴随着现代化的进程而来的民主化、个性化要求，都给政治教育提出了许多新的课题。政治教育除了要旗帜鲜明地坚持马克思主义的主导地位，用邓小平理论和“三个代表”重要思想武装群众，继续加强爱国主义、社会主义、四项基本原则教育外，还应增加新的内容。如公民意识的培养，民主、法制观的教育，全球意识与世界视野的熏陶等。在当前，要特别加强形势教育和国情教育，要告诉人们世界正在发生什么变化，我们的社会和国家正在发生什么变化，在这些变化面前，我们应该怎样认识，怎样应变，怎样进取，使人们对于国家和民族的前途有一个清晰的了解，认清自己的目标，看到自己的责任，找到自己的位置。

（二）思想教育

相对于政治教育而言，思想教育是一个具有中国特色的概念（在国外，类似的教育有时称为价值观教育）。而所谓思想，应该包括两层含义，即作为一种过程的思想活动和作为一种结果的思想观念。前者可以理解为“思考”，后者可以概括为“观点”“想法”和“见解”等。从认识论角度讲，思想是人脑对客观世界的反映，它既包括感性认识，又包括理性认识。而客观世界包括自然界、人类社会和人类思维的一切领域，因而思想也就形成了三个层次的内容：一是对自然现象认识的科学观点、技术观点等；二是对社会现象认识的思想观点，诸如政治观、法律观、道德观、人生观、价值观等；三是反映时代精神的思维科学。显然，思想教育着重研究和关注的是人们对社会和人生的看法和观点，所以思想教育中的“思想”主要指上述思想内涵的第二、第三层次，它的最大特点是政治性、阶级性和社会性。毛泽东在 1937 年就曾明确指出，思想政治教育的内容有两方面：一是通过学习马列主义，解决人们的思想认识和思想观点问题，帮助人们逐步树立正确的思想观点，不断纠正错误，这是思想教育；二是学习时事政治和党的路线、方针、政策，解决人们的政治立场、政治态度问题，达到不断提高政治觉悟的目的，这就是政治教育。毛泽东的这一界定，清楚地说明了“政治教育”与“思想教育”的内涵、区别和联系。

思想教育主要解决人们的思想认识、思想观点和思想方法问题，关注的是人们世界观、人生观、价值观等方面的问题，属于认知范畴但有其特殊性。思想教育从某种意义上说，就是做人的思想转化工作，通过不断解决思想矛盾提高人们的思想觉悟，提高人们认识世界、改造世界的能力。由于人的思想的形成、变化和发展是一个极其复杂的过程，受到很多因素的影响，因此，思想实质的提高不可能一蹴而就，这就决定了思想教育具有长期性、艰巨性的特点。而思想的内隐性和自主性特点又告诉我们，思想活动是一种自觉的内在活动，是思想主体以外的人无法取代和强加的，任何强迫或替代的方式都不可能真正转变、提高人的思想，有时甚至适得其反。毛泽东曾经说过：“对待人民内部的思想问题，对待精神世界的问题，用简单的方法去处理，不但不会收效，而且非常有害。”“我们不能用行政命令去消灭宗教，不能强制人们不信教。不能强制人们放弃唯心主义，也不能强制人们相信马克思主义。凡属于思想性质的问题，凡属于人民内部的争论问题，只能用民主的方法去解决，只能用讨论的方法、批评的方法、说服教育的方法去解决，而不能用强制的、压服的方法去解决。”针对一些人对改革开放和社会主义的不同认识，邓小平则提出了“允许看”“用事实来说话”的主张。因此，思想教育强调平等交流、疏导启发，强调更多地依靠思想的力量、真理的力量和事实的力量，用思想去碰撞思想、启迪思想、影响思想。民主性、平等性和双向性是思想教育的特点。

在新的历史条件下，思想教育担负着重要的使命。思想教育不是要禁锢人们的思想，而是要进一步促进人的思想解放和观念更新，增强现代意识，丰富精神生活，为人们提供精神动力和精神支柱。在多种文化、多种价值观冲突的社会现实中，思想教育要始终坚持正确的价值导向，帮助人们树立正确的人生观、价值观，坚持“以科学的理论武装人，以正确的舆论引导人，以高尚的精神塑造人，以优秀的作品鼓舞人”，为我国改革开放和社会主义现代化事业创造良好的社会氛围。在新旧体制转换、利益格局调整、社会矛盾十分突出的历史转折期，思想教育更要做好维护社会稳定、增强社会凝聚力的工作；要努力引导人们认识全体人民在根本利益上的一致性，以及实现这种利益的道路、措施，揭示改革的历史必然性和艰巨性，形成共同维护社会公共利益的共识。同时，思想教育要与解决实际问题结合起来，通过宣传教育和细致的思想工作，正确疏导不良的社会心态，化解矛盾，理顺情绪，调动人民群众的积极性、创造性，为改革创造良好的环境条件。

（三）道德教育

道德教育是社会为其成员接受并且遵循道德规范体系的要求，按照一定的道德标准处事为人，而有计划、有组织地对其施加系统的道德影响的活动。道德教育是一种组织化、自觉度比较高的道德建设形式，在道德建设中发挥着重要的作用。

中国素有道德教育的传统，政治道德化与道德政治化是中国传统政治文化的基本特征。道德教育与政治教育不加区别、混为一谈，也是中国教育相当长时间存在的问题。在社会教化过程中，道德教育和政治教育通过适当的机制实现相互配合是自然的。但二者在许多方面又有所区别，有着各自不可替代的功能、特点及其规律。

相对于“政治”所要处理的国与国、民族与民族、阶级与阶级、政党与政党之间关系这样的“大事”来说，“道德”所要调节的则是个人与他人、个人与群体、个人与社会以及人与自然的关系。在不同社会，道德教育固然有其阶级性和民族性，但也存在着继承性与共同性。道德教育就其本质来说是一种人性教育，“学会做人”是道德教育的中心话题。政治原则、政治规范的维护，主要依赖的是国家机器、制度与意识形态的力量；而道德功能的发挥，主要是通过社会舆论、传统习惯和个人内心信念起作用的。从这个意义上说，道德教育是一种具有较少强制力的社会活动，道德教育的成果在很大程度上取决于个体对道德教化的主观选择。

道德是贯注着人的主体精神的“自由自觉的活动”。道德不仅是一种规范，更是人的内在需要和自觉追求。道德作用的发挥乃至其存在的价值无不以主体性的发挥，以人的自由自觉为前提。而道德教育的实质就是造就道德主体，即造就具有自主的道德意识、道德行为的社会成员。道德学习必须是自觉、自愿的而非强迫的，道德教育方法的选择也应有助于受教育者自觉性的培养和道德自律的达成。因此，强调主体性是道德教育的根本特征之一。

道德教育与思想教育也存在着不同。思想教育主要是一种认知教育，认识提高了，观念转变了，都可看作是思想教育的成果。而道德区别于其他社会意识形态的根本特征就在于它的实践性，道德是以实践精神的方式来把握世界的，具有意识与行为、理论与实践相统一的特点。因而，道德教育也就有了它自身的特点和规律，它强调潜移默化、个体觉悟和生活实践，强调情感体验和知行统一。实践性是道德教育的又一特征。

由于一个人的德性修养，在很大程度上，并不是或者主要不是学校教育的结果，而是主体在长期的社会生活实践中，在解决一系列的道德冲突的过程中形成的。因此，在道德教育的过程和途径上，要更多地体现道德教育的实践性特征，使道德教育与丰富生活相联系，做到生活过程德育化，德育过程生活化。而我们在很长时间内按知识教育的方式来进行道德教育，把道德与生活割裂开来，重理论（知识）灌输、道德说教，轻能力培养、行为养成，其结果造成学生在道德修养方面知行脱节的现象相当普遍，知识的优势远没有转变为内在素质和实际行动。

社会的变革给人们的精神世界带来了巨大震荡，改革开放前主流道德一统天下的格局日益受到挑战，社会道德正发生着从依赖性道德到自主性道德、从封闭性道德到开放性道德、从一元道德到多元道德的深刻变化。我们在感受道德进步的同时，也遇到了许多前所未有的道德问题和困境。这一切，正是当代道德教育面临的前提与背景。道德教育必须直面现代社会开放和价值多元这一事实，正视道德冲突，解决道德困惑，帮助人们辨别是非，学会判断和选择。因此，道德教育的重点，应从传授道德知识和灌输现成结论，转移到让学生掌握“批判的武器”，提高学生的道德辨析力、判断力、选择力和创造力的教育上来，从而，使学生在纷繁复杂的社会现象面前，有能力自行判断和处置所面临的各种道德问题，学会自己去面对人生，自己去创造生活。

综上所述，政治教育、思想教育和道德教育是既密切联系又相互区别的三个概念，各有其不可替代的教育内容和特殊功能，有其自身的特点和面临的课题，应遵循不同的规律并采取不同的教育方式和方法。区分政治教育、思想教育与道德教育，不仅具有理论意义，同时也是思想政治教育实践的呼声。长期以来，在思想政治教育实践中，存在着把政治教育和思想教育、道德教育不加区分或简单地用政治教育代替思想教育、道德教育的倾向，这在很大程度上影响了思想政治教育的成效。

当然，政治教育、思想教育和道德教育并不是孤立存在的教育形式。正如马克思、恩格斯所指出的："占统治地位的思想不过是占统治地位的物质关系在观念上的表现，不过是以思想形式表现出来的占统治地位的物质关系。"思想教育从来都是受政治制约的思想教育，而政治教育又主要是通过思想理论教育的形式实施的。思想教育和政治教育还有着彼此交叉、重叠的领域，如政治观教育，既属于政治教育的范畴，又是思想教育的内容。因此，思想教育与政治教育自始至终存在着互相渗透、彼此关照、相辅相成的关系。在我国，思想教育和政治教育都是中国共产党领导下的各级组织，以马克思主义思想体系教育人民，启发人们的政治觉悟，提高人们认识世界、改造世界的能力，动员人们为实现当前和长远的政治目标而奋斗的实践活动，两者在根本目的上是一致的。同样，道德教育也不能脱离特定的社会制度和文化背景，在阶级社会中，道德总是在一定程度上与统治阶级的政治信念、理想人格联系在一起的。因此，道德教育不可能没有政治功能。提倡什么样的道德观、追求什么样的道德理想，本身就是主流意识形态的一部分，带有鲜明的导向性。

四、思想政治教育与相邻概念的区别

（一）思想政治教育与思想政治工作

思想政治工作与思想政治教育是目前并存的两个概念，各有其特定的内容和存在的理由。从内容的范围上看，思想政治工作包括思想政治教育和日常的思想工作及管理工作的一部分。思想政治教育是思想政治工作的基本内容，体现了思想政治工作的实质。从意向上看，思想政治工作更侧重和突出的是党的工作系统，表明它与党的各项工作的关系。而思想政治教育更侧重和突出的是学科建设和教育研究方面，比较强调思想政治理论的学习与教育。思想政治工作是一个既成的并长期使用的概念，在谈到党在这方面的历史时，用思想政治工作概念更为确切；而思想政治教育是一个正在形成的并指向未来学科发展的概念，当我们把它作为一门学科进行建设时，使用思想政治教育概念可能更为恰当。

（二）思想政治教育与德育

思想政治教育与德育，也是经常被人混淆的两个概念。事实上，德育属于教育学的范畴，德育是相对于智育、体育、美育而言的，是学校教育的组成部分。从教育史上看，德育的概念起始于中国近现代教育，大多作为道德教育的简称和同义语使用。随着时代的发展和德育内容的丰富，人们逐渐感到作为道德教育简称的德育只能是狭义的，迫切需要扩展德育的含义，将道德教育、政治教育、思想教育、法制教育等内容都包括进来，于是便出现了广义的德育概念。尽管从内容上说，思想政治教育与德育有着相互重叠、交叉的部分，但两者还是有着明显的区别。从教育对象来说，思想政治教育的对象是全体社会成员，以成人为主；而德育的对象是学校的学生，主要是青少年。从教育的侧重点来说，思想政治教育以政治教育和思想教育为核心，德育则强调思想品德教育。从社会功能看，德育主要是“育人”，侧重于促进学生思想品德的发展；而思想政治教育除了“教育”以外，还担负着化解社会矛盾、引导社会发展、维护社会稳定等任务。

需要指出的是，思想政治教育作为一种社会实践活动，普遍存在于阶级社会的任何国家和一切历史阶段。重视意识形态领域的工作，用占统治地位的思想意识、价值观念、道德规范去教育、影响社会成员，并不是无产阶级政党的发明，而是带有规律性的历史现象。然而，不少资产阶级思想家、政治家把思想政治教育说成是无产阶级所独有的，是粗暴地把一些观点硬塞给人们的“洗脑”行为，恣意攻击，否认思想政治教育是人类社会生活的重要组成部分，是社会历史不可缺少的一个环节。国内学术界和教育界也存在一些模糊认识，有些同志在反思传统思想政治教育的失误和弊端（例如，极“左”行为，简单地用政治教育取代思想教育、道德教育等）时，走到了另一极端，认为思想政治教育中要“淡化”政治教育，只需要搞搞道德教育、思想教育和心理咨询就行了。事实上，综观世界各国和地区意识形态现状，可以发现，在任何一个实行资本主义制度的国家或地区，都不存在“政治淡化”的倾向。相反，他们对于资本主义和社会主义两种制度的对立、竞争，有着十分清醒的认识，在宣传、灌输资产阶级思想方面更是旗帜鲜明，不遗余力。许多国家和地区在拥护现行的根本制度和主导价值观这点上，不存在混乱和模糊状态。尽管很多国家没有或不使用“思想政治教育”这个概念，但在公民教育、道德教育、法制教育、宗教教育、政治社会化甚至历史教育、地理教育等名目下，都开展了实质性的思想政治教育。而且，很多国家都非常重视“思想政治教育”科学化的研究，形成了各具特色的教育理论和教育实践，在有着鲜明的政治性的同时，强调教育的社会适应性、主体性、科学性以及思想政治教育活动的广泛性和渗透性。这对我国思想政治教育的改进和加强，应该是很有启发的。

第二节 思想政治教育学的理论概况

一、思想政治教育学的诞生

思想政治教育学是在长期的思想政治教育实践基础上形成和发展起来的一门科学，是关于思想政治教育一般规律的科学体系。思想政治教育是思想政治教育学的实践基础，思想政治教育学则是对思想政治教育实践活动的科学总结和理性思考，是指导思想政治教育实践的应用科学。

从人类有思想政治教育实践活动到形成思想政治教育学，经历了一个相当长的历史发展过程。社会历史上各阶级的政治教育、思想教育、道德教育，已有几千年的历史。许多著名的哲学家、思想家、政治家、教育家，都阐述过关于政治教育、思想教育、道德教育的思想和理论，但都没有形成独立的学科，而是散见于哲学、教育学、政治学、伦理学、心理学等众多学科之中。以马克思主义的科学世界观为指导的思想政治教育，也已有了 150 多年的历史。马克思主义的诞生，为思想政治教育学的创立奠定了理论基础，中国共产党在长期革命和建设中积累的思想政治工作的丰富经验，为思想政治教育学的创立准备了丰富的养料。但真正提出思想政治教育学是一门科学，并且按一门学科和专业来建设，是在党的十一届三中全会以后。现代思想政治教育学的形成，大体经历了以下两个阶段：全面探索阶段（1978 年至 1984 年）和系统建设阶段（1984 年至今）。经过诸多致力于这门学科建设的专家、学者和思想政治教育工作者的努力，从最初“思想政治教育是不是一门科学”“能不能成为一门科学”的争论，到思想政治教育的科学地位基本确立，思想政治教育的客观规律逐步得到揭示，思想政治教育学的理论体系不断走向成熟，理论观点、概念范畴的学科特点日益鲜明，研究成果不断深化。思想政治教育学终于成为一门独立的学科，屹立于学科之林。

二、思想政治教育学的研究对象

毛泽东同志曾经指出："科学研究的区分，就是根据科学对象所具有的特殊的矛盾性。因此，对于某一现象的领域所特有的某一种矛盾的研究，就构成某一门科学的对象。"任何一门学科的形成，都必须具有本学科特有的研究对象，具有其他学科无法解决的特殊矛盾和无法替代的特殊功能，具有其他学科所没有的基本特点和规律。思想政治教育学也有自己研究的独立对象和特定的研究领域，对此，很多学者进行了积极的探索。1982 年杨静云在《学生思想政治教育是一门科学》一文中提出："思想政治教育作为一门科学，它研究的是人的思想发展变化的规律，以及对人们实施思想政治教育的规律。"1983 年张蔚萍在《思想政治工作概论》一书中提出："思想政治工作学是研究人的政治思想和行为的活动规律，以及党对群众进行思想政治工作的基本规律的。"1988 年陈百君提出："思想政治教育学的研究对象是人，研究人的政治思想、品质、观点的形成、发展、变化的规律，以及向人民群众进行思想政治教育的规律。"1991 年陆庆壬主编的《思想政治教育学原理》也提出："思想政治教育学的研究对象是关于人们社会主义、共产主义思想意识形成和发展规律，是依据人们的思想活动规律而科学地实施思想政治教育的规律。"以后出版的一些教材或专著，基本延续了上述的提法。所有这些，尽管表述各不相同，但总的来说都是把思想政治教育学的研究对象归纳为两个基本方面，即一方面研究人们思想，特别是政治思想活动变化的规律，另一方面研究对人们进行思想政治教育，开展思想政治工作的规律。这也是目前多数论著的观点，学术界称之为"两个规律论"。

相对于"两个规律论"，一些学者提出了"一个规律论"的观点，其中又有四种：第一种观点认为思想政治教育学以思想政治教育规律为研究对象。这种观点属于教育学研究取向。第二种观点是政治学研究取向，即认为思想政治教育学以人的政治思想、行为的形成和发展规律为研究对象。第三种观点是科学社会主义研究取向，即认为思想政治教育学以人们社会主义、共产主义思想意识的形成和发展规律为研究对象。第四种观点是历史唯物主义研究取向，即认为思想政治教育学以思想关系为研究对象。上述观点虽然属于少数人的观点，但在国内仍有较大影响。华中师范大学张耀灿教授曾对此进行过评述，他认为，思想政治教育学应以思想政治教育的产生、形成、发展、本质及规律为研究对象，简言之，应以思想政治教育的规律为研究对象。因为每一门学科的形成都离不开一定的理论基础和实践基础，都反映一定的社会本质，有着自己的历史演变过程。只有全面研究思想政治教育的产生和形成发展过程，才能深刻揭示思想政治教育的社会本质及其规律性。“思想政治教育规律”一方面包括思想政治教育要反映一定社会和阶级对人们思想品德的影响和要求，另一方面包括思想政治教育要符合人们思想品德形成发展的规律。这两个方面都是“思想政治教育规律”题中应有之义。

上述观点尽管有一定道理，但本书仍持“两个规律论”。因为把握人的思想（品德）形成、发展过程的矛盾性及其规律，是科学地进行思想政治教育的前提，也是揭示思想政治教育规律的基础。对思想形成、发展规律的研究不应该是思想政治教育学某个分支学科的任务，而应该是思想政治教育学原理需要研究的问题。因此，根据我们对思想政治教育学科的理解，我们认为，思想政治教育学研究的是关于人的政治观点、思想品德形成发展及其教育过程的矛盾性，以及如何把握其矛盾运动的规律，如何科学地组织实施思想政治教育，促使人们的政治观点和思想品德合乎时代的发展和社会的要求。简言之，思想政治教育学是一门研究政治观点、思想品德形成发展过程及其教育规律的科学。

思想政治教育学以其独特的研究对象与相邻学科区别开来，对人的政治观点、思想品德及教育的问题，哲学、政治学、伦理学、教育学、心理学等学科，都曾从不同侧面、不同角度作了某些研究，但它们都没有也不可能把思想政治教育作为一个对象的整体来进行研究和把握，未能完整、具体地揭示出思想政治教育特殊的规律性。这就是说，思想政治教育学是一门其他学科无法替代的科学。

需要说明的是，思想政治教育学是一门时代性和阶级性非常鲜明的科学。不同阶级、不同时代，对人们的政治观点、思想品德有不同的要求，思想政治教育的地位和作用、方针和目标、内容和方法都会有原则上的区别。我们这里所说的思想政治教育学，是马克思主义思想政治教育学，除了涉及一般原理、一般规律外，其研究对象和任务着重是指当代中国思想政治教育的有关问题。

三、思想政治教育学的理论框架

关于思想政治教育学的理论框架问题，学术界比较有代表性的观点大致有这样几种：第一种观点认为思想政治教育学的学科理论体系，大体上由思想政治教育的基本理论、应用理论和管理理论构成。思想政治教育的基本理论包括理论基础，直接的理论依据，历史经验、地位和作用理论。思想政治教育的应用理论包括思想政治教育的目标理论、过程规律理论、对象理论、内容理论、原则方法理论和环境理论。思想政治教育的管理理论包括思想政治教育的系统工程理论、评估理论、教育者理论。这一理论框架标志着思想政治教育学内容体系的初步创立。第二种观点认为思想政治教育学的理论框架由四部分内容构成，即历史部分、基本理论部分、方法理论部分和管理理论部分。历史部分主要是研究思想政治教育实践活动的历史发展过程，从而批判地继承历史上的优秀遗产。基本理论部分主要研究思想政治教育学的基本原理，包括思想政治教育的理论基础，社会职能，教育对象、目标、原则、规律及社会环境等，揭示思想政治教育活动的内在联系。方法理论部分主要研究思想政治教育学的方法体系，如思想政治教育的决策方法、实施方法、评估方法等。管理理论部分主要研究思想政治教育学的管理理论，如思想政治教育的管理、队伍建设等。第三种观点认为思想政治教育学的内容体系包括关于思想政治教育学的基础理论研究，关于思想政治教育价值认识的研究，关于思想政治教育过程规律的研究，关于思想政治教育系统管理的研究。2001年出版的《现代思想政治教育学》一书作者认为，思想政治教育学的完整的学科理论体系包括四部分内容：思想政治教育基本理论研究、思想政治教育形成和发展研究、思想政治教育方法理论研究和思想政治教育管理理论研究。这一认识基本上与第二种观点相似。这些观点都是对思想政治教育学理论框架和内容体系的探索与丰富。

我们认为，思想政治教育学的理论框架应包括三个层次：第一层次是思想政治教育的元理论，包括思想政治教育的理论依据、历史依据、现实依据。理论依据即马克思主义理论基础以及相关学科的理论；历史依据即思想政治教育的历史经验及其规律；现实依据即思想政治教育的价值理论。这一层次是对思想政治教育的总体把握和宏观认识。第二层次是思想政治教育的基本理论，包括思想政治教育的对象理论、教育理论、接受理论、环境理论等。对象理论主要研究人的政治观点、思想品德形成发展的规律和教育对象思想政治素质现状的特点，这是科学地实施思想政治教育的前提与基础；教育理论主要研究思想政治教育本身的问题，揭示思想政治教育的过程、矛盾和基本规律，以及相应的目标与内容、原则与方法、途径与载体等，是思想政治教育学研究的中心问题；接受理论则从另一视角出发，研究思想政治教育的“接受”问题，为提高思想政治教育的实效提供理论参照；环境理论主要研究环境与思想政治教育的关系，特别是社会环境的变化给思想政治教育提出的新课题与挑战，以及如何利用环境和优化环境的问题。这一层次是对思想政治教育的中观认识，也是思想政治教育学的主体内容。第三层次是思想政治教育的应用理论，主要是以上述两方面的要求为根据，研究思想政治教育的管理、运行机制、队伍建设、效果评估等。本书在兼顾学科体系的同时，集中阐述当代中国思想政治教育面临的重要理论问题和现实课题。

第三节 思想政治教育学的学科定位

学习和研究思想政治教育学，必须明确思想政治教育学的学科性质和基本特点，弄清思想政治教育学和其他相关学科的联系与区别。

一、思想政治教育学的学科特点

思想政治教育学作为社会科学体系中的一门新兴学科，既具有一般社会科学的共性，又具有自身的特点。概括起来，思想政治教育学的学科特点主要有：

（一）时代性与科学性

恩格斯指出，每一时代的理论思维，都是一种历史的产物，在不同的时代具有非常不同的内容。思想政治教育学是一门时代性很强的科学，也是一门历史的科学。在不同时代，人们的思想特点不同，其发展变化的规律也会有所不同。由于不同时代社会物质生活条件和社会制度的差异，对人的培养目标就会有根本区别，思想政治教育的任务、内容和方法也就有原则的差异。研究人的思想品德的形成与发展，必须置身于特定的社会历史背景，思想政治教育的实施与开展，也必须体现时代的要求。

在阶级社会里，思想政治教育是为一定阶级或政治集团服务的，直接反映着一定阶级或政治集团的利益和要求。因而，有关思想政治教育的学说也就不可避免地带有强烈的阶级性和党性。马克思主义思想政治教育学公开声明它具有无产阶级党性原则，坚持用马克思主义理论、社会主义思想体系教育人民，培养全面发展的社会主义新人。在现代社会条件下，我国的思想政治教育既要反映时代特征，符合现代社会发展的走向，又要反映我国工人阶级和广大人民群众的根本利益，坚持社会主义方向。在整个思想政治教育过程中，坚持用科学的世界观、方法论武装群众，帮助人们在自己的实践和探索中掌握真理，自觉地认识自己的根本利益，提高认识世界和改造世界的能力，推动社会进步和人的发展。

思想政治教育学的时代性与科学性是一致的，党性原则与真理性也并不矛盾。当代思想政治教育学以对整个自然界和人类社会发展的客观规律的科学认识为自己全部理论的基础，以马克思主义的世界观和方法论为指导，又站在人类创造的全部知识基础之上。思想政治教育学在为无产阶级革命和建设事业服务的同时，也推动着人类社会的进步和自身的解放。任何一种思想政治教育的理论，如果没有站在人类所创造的全部知识基础之上，没有与全人类的根本利益保持一致，它只能是一种狭隘的理论，也无法真正代表进步阶级的利益。因此，马克思主义思想政治教育学主张时代性与科学性的统一，党性与真理性的统一。只有这样，思想政治教育学才能既有坚定正确的方向，又有博大的胸怀，具有很强的生命力。

（二）民族性与开放性

人类社会发展到今天，是以民族的形态存在和发展的。民族性是一个民族区别于其他民族的个性特征，即民族的特性或特色。思想政治教育具有民族性，这是毫无疑问的。它不仅是不同民族的实际生活和历史文化传统差异的反映，更是不同民族选择的发展道路、社会制度和意识形态差异的集中反映。只要产生民族性差异的土壤存在，思想政治教育就始终带有鲜明的民族印记，并以本民族特有的形式与内容，为民族的崛起和腾飞提供强大的精神动力。以思想政治教育为整体研究对象的思想政治教育学，也必然带有本民族的鲜明特色。当然，民族性不是抽象的，而是具有特定的时代内涵和阶级烙印。本书所讨论的思想政治教育，除了一般原理与规律外，大多指具有中国特色的社会主义的思想政治教育。

需要指出的是，民族性并不意味着封闭性。思想政治教育学的开放性特点是由人类实践的开放性所决定的。社会实践是发展的，我们的思想认识也必须不断前进。面对当代人类实践的发展，思想政治教育学要自觉变革，追求创新，不断贴近现实生活，在开放的视野中、在生机勃勃的社会实践中，寻找理论的生长点。随着世界经济关系的变化、全球信息网络的建立，世界变成了“地球村”，各个民族、各个国家经济文化上的相互交流、彼此开放，已成为一种潮流。邓小平同志早在20世纪80年代初就提出了教育要“面向未来，面向世界，面向现代化”的方针，不仅指明了我国教育包括思想政治教育的方向，也反映了当代世界教育发展的趋势。因此，当代思想政治教育学应具有宽广的视野和开放的胸怀，除了要继承中华民族优秀的文化传统外，还要以海纳百川的气势面对和吸取人类文明创造的一切优秀成果和进步观念，确立全球意识，在世界视野中推进中国思想政治教育的改革与发展。

（三）理论性与实践性

思想政治教育学是一门应用科学，是关于思想政治教育的理论体系，既具有理论性，又强调实践性。思想政治教育学来自实践又高于实践，它不是对思想政治教育活动的简单描述，也不是对一般思想行为的现象说明，而是对思想政治教育本质和规律的理性认识，是关于思想政治教育的理论知识体系。它同其他学科一样，都是以深刻的理论性把握世界的，是对深藏于现象和经验后面的本质和规律的科学揭示，是理性知识的有机系统。从思想政治教育学学科建设的角度看，理论性是建立思想政治教育学的理性标准。

思想政治教育学又是一门实践性极强的应用科学，与一般理论学科相比，更强调它的社会实践性。首先，思想政治教育学产生于社会实践。思想政治教育学概念的提出和完善，不是远离社会实践的纯粹思辨的结果，而是由于社会实践的迫切需要，是源于实践的产物。其次，思想政治教育学的学科体系建立起来以后，仍要不断接受实践的检验并随着实践的发展而不断发展。实践是推动思想政治教育理论发展的真正动力，思想政治教育学要保持其生命力，必须面对现实、立足现实，不断研究社会实践中提出的新问题，丰富和发展自己的学科理论体系。再次，建立思想政治教育学的目的，就是指导思想政治教育实践，推动思想政治教育科学化进程。思想政治教育实践是检验思想政治教育理论的唯一标准，任何一种思想政治教育理论正确与否，价值如何，取决于它在社会实践中的效果。因此，学习和研究思想政治教育学，必须坚持理论与实践的结合；发展和完善思想政治教育学，同样需要理论的深入和实践的发展。

（四）综合性与交叉性

思想政治教育是一个相当复杂的系统工程，涉及方方面面。思想政治教育学要研究人的思想活动规律以及实施思想政治教育的规律，而人的思想不仅是潜在的，而且是随着客观外界环境的变化而不断变化的，一种思想政治观点的形成，往往是多种因素综合作用的结果。要把握思想政治教育学研究对象的本质和规律性，必须从多层次、多侧面、多角度综合研究才有可能。因而，思想政治教育学必然要汲取许多学科的营养，它的理论知识体系是综合的，是借助于马克思主义哲学、教育学、政治学、心理学、伦理学、社会学、管理学等许多学科的理论知识而形成和发展起来的，其涉及面之广，超过其他许多学科。综合性与交叉性是思想政治教育学的又一突出特点。

思想政治教育学的综合性与交叉性特点显示了本学科的丰富性和复杂性。但是，借鉴不是照搬，综合不是拼凑。思想政治教育学要根据自己的研究对象，借鉴其他学科的科学成果，研究本学科的原理和规律，形成自己学科相对独立的体系。思想政治教育学的综合性特点，并不影响思想政治教育学是一门独立的学科。

二、思想政治教育学科的体系

思想政治教育学成为一门独立的学科诞生以后，得到了较快的发展，已逐渐形成了一些分支学科，它们以思想政治教育学的基本原理为其理论支柱，一起构成了思想政治教育科学的有机系统。

根据研究的侧重点不同，思想政治教育科学主要包括思想政治教育学原理、思想政治教育史、思想政治教育方法论、思想政治教育心理学、思想政治教育管理学和比较思想政治教育学等。思想政治教育学原理以揭示思想政治教育总体概念、范畴和规律为其主要任务，为思想政治教育提供基本观点和一般方法论的指导。思想政治教育史主要研究思想政治教育学说和思想政治工作形成发展的历史，从历史的发展中分析思想政治教育的经验教训，作为今天的借鉴。思想政治教育方法论专门研究思想政治教育的方式、方法及途径，着重探讨如何掌握和应用思想政治教育的方法以取得最佳效果的规律。思想政治教育心理学主要研究思想政治教育的心理作用机制，从心理学的角度揭示思想政治教育的规律性，为培养社会成员良好的思想政治素质提供心理学依据。思想政治教育管理学以思想政治教育管理活动的特点及其发展变化的规律作为自己的研究对象，探讨教育与管理的相互关系，促进思想政治教育过程的科学化。而比较思想政治教育学则通过对世界各国实际存在的思想政治教育的历史与现状、理论与实践等方面的比较，揭示思想政治教育的本质和客观规律，借鉴他国的成功经验和理论成果，为我国思想政治教育的改革与发展提供广阔的背景与新的视角。它们互相补充、互相渗透，又各自有着独立的研究对象和特点，共同为思想政治教育实践提供思想理论武器，推动思想政治教育学科的发展。

三、思想政治教育学与相关学科的关系

任何一门科学都不是绝对独立的封闭体系，以思想政治教育作为研究对象的思想政治教育学，也必然与其他相关学科发生或多或少的联系。思想政治教育学一方面要吸取其他学科的积极成果作为自己理论体系的重要内容，另一方面也以其自身的发展，丰富和促进其他学科的发展和完善。研究思想政治教育学与相关学科的关系，将思想政治教育学与其他学科加以对照和比较，将有助于深化对于思想政治教育本质的认识，更准确地把握思想政治教育学的性质、价值和功能。下面，仅就思想政治教育学与哲学、政治学、教育学、心理学、伦理学、管理学、传播学等学科的联系与区别作一简要分析。

（一）思想政治教育学与哲学

哲学是研究自然、社会和人类思维一般规律的科学，是时代精神的高度凝结，是从世界观的高度反映世界的最普遍本质和最一般规律，在科学的各类形式中，居于统摄和指导的地位。马克思主义哲学不仅为思想政治教育学提供世界观和方法论的指导，而且也是思想政治教育学的理论基础。特别是历史唯物主义，是科学地分析思想政治教育学有关问题的指导思想，是使思想政治教育学真正成为一门科学的理论指南。历史唯物主义关于社会发展一般规律的学说，

是科学地理解思想政治教育目标与任务、价值与功能的钥匙；关于社会存在和社会意识相互关系的学说，关于人的本质的学说，是深刻地把握人的思想政治观点形成发展变化规律的指南；关于各种社会意识形态在社会中的地位作用及它们相互关系的学说，则是理解思想政治观点内在结构和把握思想政治教育规律的理论依据。而马克思主义人学的兴起，更是揭示了当代思想政治教育学的任务与主题，奠定了当代思想政治教育学的哲学基础，提供了研究人的科学方法。与此同时，思想政治教育学的创立和发展，它所提出的许多理论和实践问题，也必将为马克思主义哲学提供新的养料，进一步推动它向纵深发展。

（二）思想政治教育学与政治学

政治学是研究政治现象及其发展规律的科学，主要探讨以国家为主体的各种政治关系、政治制度、政治思想等，其核心问题是国家政权问题。而思想政治教育学则着重从意识形态方面研究政治斗争的规律，为社会主义国家政权服务。在政治思想领域，政治学揭示了人类历史上各个阶级政治思想产生、发展和更替的规律，而思想政治教育学则着重研究如何用占主导地位的政治思想武装群众，影响人们。思想政治教育学与政治学的关系十分密切，是政治学的分支学科。政治学所阐明的政治领域的一般规律及其本质，对思想政治教育无疑有着重要的启示和借鉴作用；政治学中关于政治行为、政治心理、政治思想、政治社会化等的理论，更是为思想政治教育学提供了直接的知识来源。而思想政治教育学的研究成果对政治学来说，也将是有益的补充和促进，并推动政治学的深入发展。

（三）思想政治教育学与教育学

教育学是研究教育现象及其规律的科学，主要探讨教育的一般原理，如教育的本质、目的、制度、内容、实施和管理等，是整个教育科学体系中的基础学科。思想政治教育学研究的基本内容，是关于思想政治教育过程的矛盾、本质及其规律。从这个意义上说，思想政治教育学也是教育学的一门分支学科，教育学揭示的一般原理，对思想政治教育学具有理论和方法的指导作用。思想政治教育要取得实效，就必须遵循教育规律，讲究科学的教育方法。但另一方面，教育学主要研究学校教育（即狭义的教育），教育对象是各级学校的学生（青少年）；而思想政治教育不仅是狭义的教育，更是广义的教育，教育对象是包括学生在内的所有社会成员。思想政治教育学既要揭示教育过程的本质和规律，还要探索人的思想政治观点的内在结构和演变过程，从这个意义上说，思想政治教育学是教育学的一种深化和补充，它的研究成果，将进一步充实教育学的内容。

（四）思想政治教育学与心理学

心理与思想尽管分属不同的层次，但彼此却有着千丝万缕的联系。心理是思想的基础，思想的发展变化要受心理的影响和制约，而心理活动的方向又受思想的支配。健康的心理是接受思想政治教育的基础，提高人的心理素质，也是新时期思想政治教育的任务之一。因而，心理学与思想政治教育学也有着密切的联系。心理学是研究人的心理现象和心理活动规律的科学，而思想政治教育学内在地包含着对教育对象心理过程的分析。思想政治教育必须遵循人们心理发展变化的规律，考虑个体的心理需要和个性心理特征，才能达到预期的教育效果。心理学研究的心理过程的一般规律、人的个性心理特征，是思想政治教育学的知识来源之一，有着极其重要的借鉴与启示作用。同时，思想政治教育学对思想政治心理的分析和研究，它所揭示的社会、群体、个体政治观点、思想品德形成发展及其教育过程的心理规律，又不同于心理学所说的。所以，思想政治教育学的研究，也将从一个侧面推动心理学的应用和研究的深入。

（五）思想政治教育学与伦理学

伦理学是专门研究道德的科学，它通过对人类社会生活中道德现象和道德关系的分析，探讨道德的起源、本质、作用及其发展规律，是一门与思想政治教育学有着较多联系的相关学科。道德与政治历来是上层建筑的两个重要组成部分，有着密切的关系。科学的道德观是社会主义思想意识的重要内容，因而也是思想政治教育的重要内容。马克思主义伦理学关于社会主义、共产主义道德形成和发展的规律，关于集体主义的道德原则，关于道德行为和道德品质、道德教育、道德修养等理论，不仅为思想政治教育学提供了理论和知识依据，而且也为思想政治教育学提供了某些重要的教育内容、原则和方法。因此，思想政治教育学与伦理学在研究领域上既有明显的差异，又有着较多的交叉关系。思想政治教育学借鉴与吸取伦理学的知识营养，能够更好地研究、揭示人的思想品德形成发展的规律；同时，思想政治教育学对伦理学原理的应用，也会丰富和充实伦理学的理论。

（六）思想政治教育学与管理学

思想政治教育学与管理学的关系也是比较密切的。现代管理十分注重对人的行为的动态管理，而人的行为总是受思想支配的。人的主观能动性的发挥，光靠行政手段是难以奏效的。因此，现代管理中越来越重视思想政治教育的作用。同时，思想政治教育本身是一个复杂的系统工程，在思想政治教育过程中也始终贯穿了管理活动。因而，两者的关系将日趋紧密。管理学要借助于思想政治教育学，以实现最佳管理；思想政治教育学也要借助于管理学，以实现其有效性和自身管理的科学化。

（七）思想政治教育学与传播学

传播学是研究人类传播现象的科学，它从人类社会的普通联系中，从人类传播的内在机制和外在联系以及各种传播因素之间的相互关系中，探索和揭示人类传播的本质和规律。思想政治教育学则要研究马克思主义理论的传播和思想政治教育信息的传播。在大众传媒空前活跃的信息环境中，研究信息传播的现象与规律，借鉴传播学的理论，对丰富思想政治教育理论具有重要意义。特别是传播学关于受众理论的研究，为思想政治教育“接受”问题的研究提供了直接的启示。而思想政治教育学的发展，也会在某些方面深化和丰富传播学特别是政治传播学的内容。

第二章　思想政治教育的过程

思想政治教育是一种教育的实践活动，思想政治教育过程是指这一实践活动过程的展开、运行及发展流程。思想政治教育过程的理论，为有效实现教育目标，科学组织教育活动，积极促进受教育者思想政治品德的形成发展提供理论依据，在思想政治教育学理论体系中占有重要地位，并对有效开展思想政治教育的实践活动提供理论依据。思想政治教育过程要在遵循受教育者思想政治品德形成发展规律的前提下实施教育，并在符合教育规律的施教活动中积极促进受教育者思想政治品德的提高与发展。

第一节　思想政治品德结构及其形成发展规律

一、思想政治品德结构

思想政治教育过程是促进受教育者思想政治品德形成与发展的教育实践活动过程。这种教育的实践活动过程之所以具有科学性和有效性，关键是因为它遵循了受教育者思想政治品德形成发展的规律来实施教育。因而，对受教育者思想政治品德及其结构的认识与把握是实施思想政治教育过程的重要前提。

所谓思想政治品德是指个人依据一定社会一定阶级的思想体系、言行规范行动时所表现出来的相对稳定的心理、思想与行为特征的总和。而思想政治品德结构则是指构成个人思想政治品德的各个要素及其相互作用和连接的方式。人的思想政治品德是一个由多维度、多要素、多层次、多联系构成的有机系统。各维度、各要素和各层次间相互关联、相互影响、相互作用，成为一个有机整体。

思想政治品德结构具有多维度、多要素性。它是政治心理过程、思想政治观念、行为及其能力等三个维度的有机结合，每一维度又有自己的亚结构要素。在心理过程维度上，它包含知、情、意、信、行等要素。在思想政治观念维度上，它包含世界观、人生观、价值观、道德观等要素。在行为及其能力维度上，它包含识别能力、体验能力、实践能力、自我教育能力等要素。

思想政治品德结构具有多层次性。心理过程、思想政治观念和行为及其能力分别属于不同的结构层次。其中，心理过程是思想政治品德的基础。人的思想政治品德的形成和发展是建立在心理各要素的活动基础之上并受心理各要素发展水平的制约和影响。思想政治观念是思想政治品德的核心，它决定了思想政治品德形成发展的方向和规格。行为及其能力是思想政治品德的外显标志，也是评判人的思想政治品德发展水平的客观依据。

思想政治品德结构具有多联系性。结构中的各维度、各要素相互交融，便构成要素的复合形态。这种复合形态使得思想政治品德结构各要素间相互渗透，相互胶合。如心理过程维度要素与思想观念维度要素相交融，构成思想政治品德认知、思想政治品德情感等；思想观念维度要素与行为及其能力维度要素相交融，构成价值判断能力、道德实践能力等；心理过程维度要素与行为及其能力维度要素相交融，构成认知判断能力、情感体验能力、行为实践能力等。各种要素组成的复合形态，不仅具有各自的复合要素内容，而且具有符合要素的特点。如认知判断能力和情感体验能力在其涵义以及形成特点上都不相同。

思想政治品德的这种多维度、多要素、多层次和多联系性的结构特点，反映了人的思想政治品德的复杂性。而每个人因其思想观念的不同、心理要素发展水平的不同以及行为方式、行为能力的不同，又显现出鲜明的个体差异性。这就要求我们对人的思想政治品德必须全面地、多维度地、多层次地认识和把握，并充分重视其个体特性。

思想政治品德结构一旦形成，就具有相对独立性。它形成了个体自己独立的观点、态度和个性倾向性，产生自己的思想特征和所追求的价值目标，形成评价和自我评价的能力，并形成一定的行为方式、行为习惯，从而对外部影响、外部客体因素作出自己的选择和能动反应。

思想政治品德一般是按照心理—思想—行为及其能力的程序，由简单到复杂、由低级到高级、由不稳定到稳定、由不完善到完善而发展的。

二、思想政治品德形成发展过程

人的思想政治品德的形成和发展不是单因素影响的结果，也不是一蹴而就的简单过程，而是在客观外部环境的影响与主观内部因素的相互作用下逐渐完成的，是这两者交互作用的产物。

（一）外部社会环境影响过程

人的思想政治品德不是先天固有的，而是人在其后天的社会生活中逐渐形成发展的，是现实环境的产物和人对现实的能动反映。“观念的东西不外是移入人的头脑并在人的头脑中改造过的物质东西而已。”外部环境的各种影响因素作用于人的头脑，主体接受外部各种刺激影响，产生思想，人通过自身的社会实践活动，在与环境的相互作用中形成和发展自身的思想政治品德。

人是社会的人，人总是处在社会生活的影响之中，外部社会环境的各个方面对人的思想政治品德的形成发展产生全面而深刻的影响。社会的政治、经济、思想、文化和科技传媒的影响是普遍的、广泛的，从根本上规定了人的思想政治品德的形成发展的规格和方向，规定了人的成长的基本趋势和可能。家庭、学校、单位、人际交往及社区的影响是直接的、多样的、复杂的，使人的思想政治品德的形成发展具有多种可能性和不确定性。

人通过与现实环境中各种社会关系的交往与互动形成和发展其思想政治品德。在现实的社会生活中，人与自我、人与他人、人与群体、人与社会、人与国家、人与国际乃至人与自然相互交往。这种交往一方面使人认识自我、社会和他人，另一方面也使人面对各种差异和冲突。人在处理和化解这一系列外部矛盾中感知并理解社会的政治思想道德，形成和发展自身的思想政治品德。

人的思想政治品德形成发展水平受制于一定社会环境的发展水平，是现实社会环境的产物和反映。同时，人所处的社会环境是在不断变化的，变化了的社会环境对人的思想政治品德的发展又会不断提出新的要求，这也就促使人的思想政治品德要随着社会的变化发展而不断地变化发展。

总之，外部社会环境是人的思想政治品德形成发展的根本性影响源。人的思想政治品德是随着外部社会环境的变化发展而变化发展的。从根本上说，社会环境的发展水平决定了人的思想政治品德的发展水平。

（二）内部因素制约过程

人的思想政治品德的形成发展既受到外部社会环境的影响，也受到其内在的心理、思想等因素的制约，是这两者交互作用的产物。

人的心理因素的构成，就其内容来说，包含知、情、意、信、行五个方面。

1. 知，是指思想政治品德认知

它是人们对一定社会的思想政治道德观念、准则以及运用这些观念、准则对是非、美丑、善恶的认识和评价。思想政治品德认知是人们形成思想政治品德的重要基础和基本发端，在思想政治品德结构中起定向和导向的作用。思想政治品德观点、信念的形成有赖于思想政治品德认知。人们随着自身对社会生活和对人与人之间关系的认识的不断扩大和加深，其思想政治品德观念也就由浅入深、由低向高、由简单到复杂地发展起来。人们的认识越全面、越深刻，其思想政治品德观念就越明确、越坚定，并有助于逐渐转化为信念。

2. 情，是指思想政治品德情感

它是人们按照一定社会的思想政治道德观念、准则对他人或事物认识和评价时产生的好恶、爱憎的体验。思想政治品德情感对思想政治品德形成发展起着催化、强化的作用，是激化个体去行动的内在动力；通过情感的体验，领悟获得思想政治品德的经验与体会，是人们进行思想政治品德修养的一种重要的学习方式；通过情绪、情感活动建立与他人的联系和情感互动，使人获得社会性发展；情感还对人的评价、选择起着内部监控的作用，人们根据自身好恶、爱憎的情感感受对社会的思想政治品德的影响作出接收或排斥的选择，对自身的思想政治品德行为作出肯定或否定的选择。人们的思想政治品德情感发展越强烈、越深层，就越有助于将情感升华为情操，并有助于思想政治品德境界的提升。

3. 意，是指思想政治品德意志

它是人们在践行一定社会思想政治道德观念、准则时所表现出来的自觉克服困难或障碍的毅力和控制力。思想政治品德意志对思想政治品德形成发展起着调节作用。思想政治品德的形成发展需要人们在明辨是非的基础上，自觉地、果断地、坚持不懈地追求真理、理想和信念，同时又能不断反省自身，随时修正错误，这些都需要有意志作支撑。意志体现于行为之中，是调节行为的精神力量。意志的培养也是通过行为的实践锻炼和磨练而生成的。

4. 信，是指思想政治品德信念

它是人们对一定社会的思想政治道德观念、准则的真诚信仰。当人们对思想政治道德观念、准则的认知不断深化，达到坚信不疑的程度，又对其具有偏好，达到能追求它、要求得到它，并能指导自己的行动时，就形成了信念。一个具有思想政治品德信念的人，其思想行为体现出鲜明的原则性和坚忍性，能够自觉坚持信念追求，自觉担负义务和责任，能为捍卫自己的信念而不惜牺牲一切，古人所谓的“富贵不能淫，贫贱不能移，威武不能屈”很好地阐释了信念的力量。正是从这个意义上说，思想政治教育最重要的任务就是要帮助人们形成正确的信念。

5. 行，是指思想政治品德行为

它是人们在一定社会的思想政治道德观念、准则、情感、意志和信念的支配下所采取的行为及活动。思想政治品德行为受思想政治品德认知、情感、意志和信念的支配，思想政治品德的形成和发展依靠行为的实践，并通过行为的实践表现出来。由于人的行为具有现实性和具体性，因而它也成为判断一个人思想政治品德发展水平的客观依据和评价标准。思想政治教育要重视对教育对象行为的锻炼和培养，要使教育对象自觉以社会的思想政治道德规范指导自己的行为，达到知行统一，并在实践中养成符合社会思想政治道德要求的行为习惯。

在思想政治品德形成发展过程中，知、情、意、信、行五要素相互联系、相互影响、相互渗透、相辅相成。认知是情感、信念、意志产生的基础，是行为的先导，情感是认知、意志、信念的催化剂，是行为的动力；信念是认知、情感、意志的“合金”，是行为的动力和精神支柱；意志是认知、情感、信念的体现，是行为的杠杆；行为则是认知、情感、信念和意志的外在表现和结果，是不断发展认知、情感、意志、信念的基础。

三、思想政治品德形成发展规律

（一）思想政治品德的形成与发展是在社会实践基础上主客观因素相互平衡、相互协调的结果

思想政治品德的形成与发展是主观因素和客观因素交互作用的产物，其中介和基础是社会实践。马克思主义认为，社会实践是人类能动地改造世界的一切社会性的客观物质活动。社会实践同样也是个体的人能动地认识世界和改造世界的社会性的客观物质、精神活动。从认识论的角度讲，实践是人认识的来源、认识发展的动力、检验认识真理性的标准和认识的目的。人们在实践活动中面向客观世界，接触大量的社会现象和自然现象，获得丰富的经验知识、感性知识，然后能动地发展到理性认识，并通过再实践、再认识的过程而不断深化，从而真正认识事物发展变化的内在规律。从人作为思想政治品德实践主体的意义上讲，实践是有目的地作用于主、客体的过程。它既需要意识、思维的参与，发挥思想政治品德认知、信念等因素的主导作用，又需要调动对实践活动的发动、停止和实践能力的发挥起控制和调节作用的思想政治品德情感、意志等动力因素，从而使实践的结果不仅是对外在客体的改变，同时也促进作为实践主体的人的思想行为变化和发展。人们通过社会实践，在改造客观世界的同时，也改造着主观世界，使自身的思想政治品德素质发生变化。此外，社会实践还能帮助人们区分正确与错误，鉴别真理与谬误，它是检验认识真理性的唯一标准。实践是深层次的教育，不仅为人类的发展创造物质基础，而且具有客观的教育效应，影响着每一个社会成员的成长。

人的社会实践，其基本表现形式是人的活动和交往。人们为了生活，必须从事有关的生产活动和社会活动，活动使人产生相互间的关系。活动使人体验、理解、领悟社会的思想政治道德，有助于人将社会的思想政治道德内化外化为个体的思想政治品德，为思想政治品德的真正获得提供现实基础。活动是打通主客体的通道，使得主体的人与它所关联的客观外界（包括与他人、群体、社

会）发生实质性的关系，产生主客体互动，相互影响、相互作用、相互促进。在活动中人们之间便产生了交往。交往使人们的这种关系更加深刻和广泛。交往达成了人们之间的相互沟通和理解，实现主体间“视界融合”。其中人与人之间的精神性交往，即思想、观念、情感与态度的相互影响，以及教育性交往，即含有教育意蕴的交往。交往将人纳入社会关系体系，使人的“一切社会关系总和”的本质和思想政治品德得以具体化和现实化，并不断获得新的发展。

在主客体因素相互作用中，客观外界因素作用于人，但人不是消极地、被动地接受外部影响，而是发挥着人的主观能动性和主体性，对客观外界的影响有目的、有选择地接受，并通过人的社会实践活动，能动地影响和改造客观外界，协调和外部世界的关系。主客体因素间的这种平衡和协调，对人的思想政治品德形成和发展十分重要。前苏联教育家 A.H·列昂节夫指出，学生思想政治品德的形成与发展有三个基本参变量：学生与外部世界关系的广度、与外部世界关系的层次、与外部世界关系的结构。对三个参变量的论点，我们可作这样的理解：因为人的思想政治品德的形成与发展是主客观因素交互作用的产物，因此，人与外部世界接触的关系面越广，越有利于人了解社会；人与外部世界关系的层次越复杂，越有利于人深刻地认知社会；人与外部世界的关系结构越合理，越有利于人融入社会，并在与社会的良性活动中促进自身思想政治品德的形成发展和社会的发展。

（二）思想政治品德的形成与发展是主体内在思想矛盾运动转化的结果

人的思想政治品德的形成与发展，虽然要受到外部社会环境的影响，但外因只是变化发展的条件，内因才是变化的根据，人内在的一系列思想矛盾运动推动人的思想政治品德的形成与发展。

一是受教育者心理因素矛盾运动转化的结果。受教育者的思想政治品德的形成都包括知、情、意、信、行五个不可缺少的心理因素。这五个心理因素一般是以认知为开端，沿着知、情、意、信、行的内在顺序发展，最终以行为习惯为归宿。但是由于这五个心理因素又有相对独立性，加之受教育者生活的环境和受教育的条件各有不同，因而经常出现知、情、意、信、行发展的不平衡现象，构成心理要素间的矛盾性。例如，单就认知这一要素而言，就会与其他几个心理要素间产生发展的不平衡性，如产生知与不知的矛盾、知与情的矛盾、知与意的矛盾、知与信的矛盾和知与行的矛盾等等。我们在思想政治教育过程中所常见的言行一致与言行不一、动机与效果的统一和背离、行为习惯的持之以恒和浅尝辄止等现象，都是这五个心理因素发展的不平衡表现，这种不平衡表现可以用发展方向和发展水平这两个维度来描述。例如，在现实生活中，受教育者的表现有言行一致、言行基本一致、言行基本不一致、言行完全不一致这四种现象。第一种现象说明形成思想政治品德的诸心理因素在发展的方向和发展水平上是一致的；第二种现象说明形成思想政治品德的诸心理因素尽管发展方向上是一致的，但发展水平上有差异；第三种现象说明形成思想政治品德的诸心理因素在发展方向和发展水平上都存在着基本不一致；第四种现象说明形成思想政治品德的诸心理因素在发展方向上存在严重的不一致，存在质的根本差别，在发展水平上严重的不平衡。

由于知、情、意、信、行是人们形成思想政治品德不可或缺的心理因素，且这五个心理因素在一个人的思想政治品德的形成中都有其特殊的作用，因而，任何一个心理因素的短缺，都会影响这个人思想政治品德的形成与发展。思想政治教育的任务便是培养受教育者思想政治品德等心理因素都能得到平衡的发展。教育者在思想政治教育过程中必须及时掌握受教育者思想政治品德心理发展不平衡的情况，针对不同教育对象晓之以理、动之以情、培之以信、导之以行，因人而异地采取不同的教育开端和教育方法。虽然人的这五个心理因素的发展经常会处于不平衡状态，但由于它是集于一个人身上，五要素之间又会互相关联和渗透，因此，在实施教育的过程中，任何一个心理因素的加强都会推动其他心理因素的发展，它们之间是相互促进、互为条件的，而且在一定条件下甚至是可以相互转化的。比如，加强对受教育者的组织性、纪律性教育，既能养成受教育者良好的意志品质，又能增强其组织和遵纪守法观念，还能培养其良好的行为习惯。同时，在思想政治教育过程中，任何一种思想政治品德形成与其他思想政治品德又是相互联系，彼此迁移的。比如，诚实与正直、集体主义与爱国主义、遵守纪律与自我牺牲等相互间都可以互相推动、逐步升华。因此，思想政治教育过程就是根据教育对象心理因素发展的不平衡性，针对性地实施教育，促使其心理因素的发展从不平衡转变为平衡，从不同步转变为同步。这些优良的思想政治品德的形成发展过程，就是受教育者的知、情、意、信、行心理因素矛盾转化的结果。

二是受教育者原有的内部思想政治品德环境和新有的思想政治品德要求之间矛盾转化的结果。受教育者在其社会生活和交往中，往往已经接受了各种各样的影响，有了自己的思想政治观点，即形成了其内部的思想政治品德环境。当外部的社会要求反映到教育对象头脑中时，就会与受教育者原有的思想政治品德环境之间产生矛盾，这种矛盾要求受教育者对新的社会要求作出思考和选择，或接收，或排斥。新旧思想政治品德环境间的矛盾将促使受教育者的思想政治品德发生变化，成为推动其变化发展的内在动力。

（三）思想政治品德的形成与发展是受教育者自身积极建构的过程

受教育者思想政治品德的形成与发展过程，是受教育者在外部环境影响下积极建构的过程。所谓建构，指的是受教育者对外部的影响，并非像海绵吸水那样全盘吸收，而是经过其主动的有所选择。一方面，受教育者在接受外部影响时，总是比照其原有的内部思想政治品德环境，对外部的影响进行审视，产生出关于外部影响的认知。另一方面，受教育者在运用其内部原有的思想政治品德环境进行建构时，不断改组原有的内部环境，形成新的思想政治品德环境：或确认、接受外部影响，将其纳入自己原有的内部思想政治品德环境，成为自身思想政治品德结构的有机组成部分；或排斥、拒绝外部的影响，坚持自己原有的思想政治品德环境。但这种坚持，已经是在对原有内部环境的再审视、再思考基础上做出的新的选择，是对原有思想政治品德环境的一种认同和强化，因而，也是一种新生成的内部思想政治品德环境。因此，受教育者思想政治品德的形成与发展既不是先天具有的，也不是对外部影响的简单反映，而是受教育者在外部影响作用下，经过自身的体验、领悟、选择、实践等一系列主体能动性的发挥，所积极建构的过程和结果。思想政治品德的形成和发展，归根到底是受教育者的内因起决定性作用，最终要由其自身自觉地内化外化才能完成，这一过程，任何人不能替代或强制。因而，现代教育理念十分强调教育过程中的主体性和民主性。

受教育者在积极建构自身的思想政治品德过程中，以下几方面因素起着至关重要的影响和作用，它们是生活体验、关系交往、领悟选择和行为实践。

1. 生活体验

生活世界是受教育者形成和发展自身思想政治品德的源泉。各种外部因素作用于、影响于受教育者，成为受教育者思想形成和思想变化的根源。人们对事物的认识总是由感性认识开始，通过现实生活中的种种经历，获得对事物的鲜活的、深刻的、饱含情感因素的体验，当这种感知和体验达到一定的程度，便能逐渐概括、提炼为某种经验和思想观点，从而由感性认识上升为理性认识。通过体验打通受教育者主体与客观世界客体的通道，并为更深入的思想认识和情感介入拉开序幕。社会的思想政治道德，作为一种外在的思想观念和规范，如若缺少受教育者对其真切的生活体验，两者总会相隔一层，要被受教育者理解乃至接受是十分困难的。也正是从这个意义上，我们说“生活世界是滋养我们心灵的家园”，生活体验是受教育者形成和发展其思想政治品德的现实根基。

2. 关系交往

“人的本质是一切社会关系的总和”，人们是在各种社会关系中生存和发展的。在现实生活中，受教育者在处理各种现实的人和自我、人和他人、人和群体、人和社会以及人和自然等关系中，感知和理解社会的思想政治道德。同时，作为主体的人，又是在与各种关系的交往中对外部的影响作出能动的反映；在交往中，认识到自我和他人的差异性，从而获得从不同的视角、维度思考和处理问题的可能，这有利于每个个体理解他人和生活，也为建立彼此和谐的道德关系打下基础；在交往中，人们会产生关系互动，每个人都会用自己的思想观点为人处世，这就会形成人们间的相互影响。而当人们间的关系由于种种原因发生矛盾时，人们又会主动地进行关系协调，以使自己能获得安全感和有利于生存发展的环境。现实生活中人所面临的种种矛盾冲突，尤其是思想政治道德的矛盾冲突，使人产生思想政治品德需求，这种需求便成为人形成思想政治品德的内部动力。社会的思想政治道德作为协调人们关系的一种社会要求和规范，为人们正确处理相互间关系提供了指导，它既是社会发展对社会成员的要求，也是人们自身生存发展的需要。因而，在关系交往中，人们获得了形成和发展自身思想政治品德的现实可能性。

3. 领悟选择

社会的思想政治道德是一种抽象的理念，它的价值、意义和规则需要通过人们的领悟才能真正认识。受教育者在现实生活中，在与各种关系的交往中，对体验到的社会要求进行反思，才会领悟其中蕴含的深厚意蕴，也才能达到真正理解和接受。开放的社会环境，为个人的选择提供了多种机会和可能，各个人不同的生活阅历和体验，也为其选择提供了不同的模式和结果。一般而言，人们的选择受其思想观念的指导，有怎样的思想认知就有怎样的选择，对人和事的透彻领悟有助于人们做出正确的选择。在一定思想认识指导下所做的选择，由于它是建立在个体体验、领悟基础之上的，因而具有能动性和自觉性，它反映了选择者的意愿，一旦作出选择，选择者就有可能自觉地将其付诸行动。因此，领悟选择是受教育者形成自身思想政治品德的一个重要因素。

4. 行为实践

人的主观能动性的一个突出特点是自觉的实践性。人们一旦形成某种新的思想认识，就会将这种新的认识付诸于行为实践，以此来为人处事；通过行为实践验证该思想认识的正确性；通过行为实践得到进一步的体验、领悟和认识；通过行为实践形成新的品质，超越原有的水平，获得新的发展。人们的行为实践是对生活世界的一种能动反作用，从生活世界中得到的感悟和心灵滋养，形成人们的思想认识，而后人们又会按照自己的这种认识来能动地改变、改造现实生活。思想政治教育所信奉的真、善、美价值导向因其符合人们对理想的追求，一旦人们接受这种影响并将其付诸行为，就有助于人们形成个体的思想政治品德。

在思想政治教育过程中，受教育者正是通过其生活体验、关系交往、领悟选择、行为实践等主体能动性的发挥，来积极地建构自身的思想政治品德，并不断提升其发展水平。

第二节 思想政治教育过程的结构要素及步骤

一、思想政治教育过程的含义

所谓思想政治教育过程，是教育者根据一定社会的思想政治道德要求和受教育者思想政治品德的形成与发展规律，对受教育者有目的、有计划、有组织地施加教育影响，并通过受教育者内心思想矛盾运动和积极建构的实践活动，以形成教育者所要求的思想政治品德的过程。

思想政治教育过程与智育教育过程不同。虽然人的思想道德发展受人的智慧发展水平所制约，但这两者的教育过程是不同的。智育教育过程主要是完成开发与提升智力的教育任务，解决人掌握知识、技能、发展智力的问题。思想政治教育过程则是要完成使受教育者掌握一定的社会思想政治道德规范的任务，解决正确处理个人和他人、个人和群体、个人和社会、个人和自然等的关系，以及个人对待客观世界的主观态度的问题。

思想政治教育过程与思想政治品德形成过程不同。其一，思想政治教育是教育的组成部分，其实施属于教育活动范畴；思想政治品德是人的自身素质的组成部分，其形成属于人的素质发展的范畴。其二，思想政治教育过程是从外部对受教育者施加教育影响的过程；思想政治品德形成过程是在外部影响下，受教育者内部自身思想矛盾运动和建构的过程。

思想政治教育过程与受教育者思想政治品德形成和发展过程是相互影响和相辅相成的有机统一过程，这一过程是由一系列的思想政治教育活动所构成的。它包括教育者主动自觉地施加教育影响和受教育者能动积极地接受影响两个方面，是施教与受教的双向互动过程，两者缺一不可。这一总过程又可进一步分成以下几个具体过程：

第一个过程：教育者主动施加教育影响的过程。在这个过程中，教育者处于主动地位，发挥主导作用。教育者要根据教育对象的实际情况，确定教育的目标要求，创设教育环境，选择教育机制，开展教育活动，有目的地对受教育者施加社会所要求的教育影响，以促使受教育者把社会的要求转变为个体的思想政治品德素质。

第二个过程：受教育者发挥能动反作用的过程。在这个过程中，受教育者在外部教育影响的作用下，通过内在的思想矛盾运动和生活体验、关系交往、领悟选择、行为实践等活动积极建构自身的思想政治品德，以内化外化社会的教育要求。这是一个对受教育者来说充满着积极与消极、干扰与反干扰的复杂影响过程。

第三个过程：教育者反馈调节和重新实施教育的过程。在这个过程中，教育者要及时收集受教育者在教育过程中思想行为变化和教育环境变化的信息，并根据这些信息及时调整教育目标、教育机制，评估本次教育活动的效果，提出下一过程更高一级的目标要求，使教育过程循环往复，螺旋式上升，不断迈向新台阶。

二、思想政治教育过程的结构要素

思想政治教育过程的构成要素主要由教育者、受教育者、教育内容和方法以及教育环境四个要素构成。在教育过程中，这四个要素分别处于不同的地位，发挥不同的作用，并相互关联、相互影响，使整个教育活动过程处于一种开放变动的、错综复杂的状态之中。

（一）教育者

教育者指的是在教育过程中按教育要求有目的地对受教育者施加教育影响的个体或团体，包括党、政、工、团、家庭、社会团体及社会成员等。教育者在教育过程中处于主导地位，发挥主导作用。教育者要按照社会的要求对受教育者提出教育的目标要求，通过创设教育环境，实施教育内容、方法以及自身的言传身教等，主动地向受教育者施加教育影响，并根据受教育者的思想行为变化情况，及时调控教育过程，积极促进受教育者形成社会所要求的思想政治品德。

（二）受教育者

受教育者指的是教育对象，包括个体的教育对象和群体的教育对象。在思想政治教育过程中，受教育者处于受导地位，具有能动反作用。即受教育者对待教育者所施加的教育影响是按照自身的意愿有选择地接受，一般而言，是接受那些与自己原有的思想政治品德发展水平相接近的内容和要求，而排斥或拒绝接受与自己原有的思想政治品德发展水平相逆的内容和要求。受教育者的这种能动反作用，决定了在思想政治教育过程中，教育者应及时根据受教育者思想行为的变化状况调整教育要求和方法，和受教育者保持良性的沟通和互动，以保证教育过程的顺利进行。

值得指出的是，在思想政治教育过程中，教育者和受教育者都是互为主客体，具有双重主客体身份。他们的主客体角色不是固定的，而是在主动施教和能动受教的不同教育过程中相互变化和转换。具体而言，在教育者主动施教的过程中，教育者是主体，受教育者是教育者认识、教育的客体，教育者要发挥主导作用，通过对受教育者实施教育活动而影响受教育者；而在受教育者能动受教的过程中，受教育者是主体，受教育者只有通过自身自觉自愿的内化外化，才能将教育者所提出的社会的思想政治道德要求转化为自身的思想政治品德，任何人不可能强制或替代。认识到教育者和受教育者在思想政治教育过程中的这种双重主、客体性对有效实施教育过程十分重要，它提示我们：教育过程是教育者和受教育者平等、民主交流沟通的过程，要充分重视教育过程的民主性；在教育过程中，既要充分尊重教育者的主体性，重视发挥其主导作用，又要充分尊重受教育者的主体性，重视发挥其能动反作用，对任何一方主体性的忽视都不利于教育过程的有效开展。

（三）教育内容和方法

教育的内容和方法即教育的手段，是教育者用以影响并作用于受教育者的中介体。思想政治教育作为一种教育的实践活动，必须依靠一系列教育的内容和方法得以开展。教育的内容和方法起着联结教育者和受教育者之间的桥梁和纽带作用，是不可缺少的中间环节。在思想政治教育过程中，教育内容、教育方法乃至教育者自身，都可看作是教育手段，其中教育者的品格、情感、举止是影响受教育者的重要因素。在教育过程中，教育者和教育中介物是融为一体的。

（四）教育环境

教育环境指的是教育活动开展时所处的一定的时空背景。教育环境对教育过程起着制约、渗透和影响作用。思想政治教育过程总是在一定的时空环境下展开、受到一定的时空环境的影响，并是在与环境的互动中进行的。从宏观上讲，教育环境包括社会的政治、经济、文化、科技传媒等环境。从微观上讲，教育环境包括家庭、学校、单位、社区等环境。教育对象在社会中生活，其思想行为每时每刻都会受环境的各种影响，当环境的影响作用与教育的影响作用方向一致时，教育的效应就会显现，而当环境的影响作用与教育的影响作用相反时，教育的效应就会被抵消，甚至出现负效应。思想政治教育过程不仅是在一定的时空环境下进行，而且要在不断地对环境的监督调控下进行，才能保证教育活动的有效性。

思想政治教育过程的这四个要素的活动顺序，一般而言是：由教育者通过教育的内容和方法主动地向受教育者施加教育影响，而后产生教育者和受教育者在一定环境下的双向互动活动，构成教育过程的系统运动。这四个要素之间既相联系又相区别，缺一不可，构成一个完整的思想政治教育过程。

三、思想政治教育过程的步骤

（一）确定教育目标、计划

教育目标是教育过程的总纲，统领整个教育过程，对受教育者的思想行为起到导向、激励等作用。教育目标确定的依据主要有两个方面，一是社会的要求，二是教育对象现实的发展水平和需求。社会的要求为思想政治教育过程指明方向，是教育过程最终要达到的目的，体现了教育的先导性和超越性。教育对象思想政治品德的发展现状和需求是教育的起点，体现了教育的现实可行性和层次性。确定教育目标，必须从调查研究入手，通过调查研究，深刻理解社会要求，全面了解教育对象，寻找两者的结合点，并从对象的实际出发，制定切实可行的教育计划。

（二）创设教育环境

良好的教育环境有助于受教育者思想政治品德的形成和发展，教育者应当积极创设教育环境。教育环境包括受教育者所处的现实环境和其内在的心理环境两个方面。教育者要善于从受教育者所处的现实生活中发现和提炼教育资源，把握教育契机，创设良好的舆论氛围和风气。同时教育者还要积极创设受教育者良好的心理环境，要善于从受教育者现实生活中所遭遇或他人遭遇的矛盾、困惑和问题中，提炼出思想政治道德问题，引导受教育者进行积极的思想政治道德体验和思考，激发其思想政治道德需要动机，从而将思想政治教育的外部要求转化为受教育者内部自身的需要，以形成良好的接受教育的心理环境。

（三）开展教育活动

教育者要根据受教育者的个性特点和思想政治品德发展水平，恰当地选择教育方式、方法，积极开展教育活动。在开展活动的过程中，教育者应主动地参与到受教育者思想政治品德建构的过程之中去，承担起沟通、应答、引导的职责。从思想观念、情感态度和行为等多角度与受教育者进行沟通，形成平等的、良好的互动关系；对受教育者面临的现实问题、困惑和需求给予及时、积极的应答，提出切实可行的建议和意见；以活动为载体，引导受教育者将社会的思想政治道德要求内化外化，知行统一，成为个体的思想政治品德。

（四）评估教育效果

阶段性教育活动结束时，对照原先制定的教育目标要求，评估教育效果，充分发挥评估的信息反馈、问题诊断、导向激励、系统调节等功能，在新的基础上提出下一阶段的教育目标和任务，使教育过程循序渐进，不断提高受教育者思想政治品德的发展水平，提高教育的水平层次。

第三节　思想政治教育过程的矛盾及其规律

一、思想政治教育过程的矛盾及其调控

思想政治教育过程是一个充满着矛盾运动的过程。思想政治教育过程的矛盾是由其内部构成的各要素之间的相互依赖、相互作用、相互制约的关系而形成的。如前所述，思想政治教育过程的构成要素有教育者、受教育者、教育内容和方法、教育环境等，这些要素之间在动态的教育过程中就会产生矛盾，构成思想政治教育过程的矛盾。我们把这些矛盾关系用图解的形式表现出来，便构成以下四个要素两对矛盾的关系图 2-1：

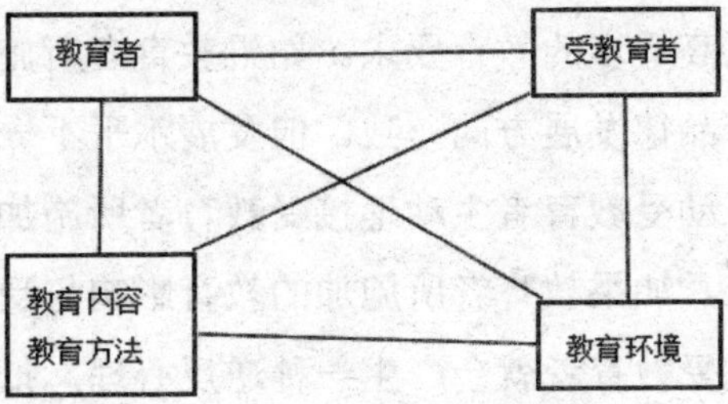

图 2-1

思想政治教育过程的矛盾可分为基本矛盾和一般矛盾两种。基本矛盾主要是指教育者根据社会的要求提出的教育要求与受教育者思想政治品德发展水平之间的矛盾；一般矛盾主要是指教育者与教育内容、教育方法的矛盾，受教育者与教育内容、教育方法的矛盾，教育者与教育环境的矛盾，受教育者与教育环境的矛盾，以及教育内容、教育方法与教育环境的矛盾等几个方面。思想政治教育过程正是在这一系列矛盾运动中展开的。

思想政治教育过程是由基本矛盾和一般矛盾所构成的多层次的矛盾统一体。基本矛盾贯穿于思想政治教育的全过程，对一般矛盾起支配作用，并通过一般矛盾具体表现出来。思想政治教育过程中的矛盾是思想政治教育过程和受教育者思想政治品德发展的内在动力，思想政治教育过程正是在把握和处理好

一系列矛盾的过程中其质量和水平得到发展和提高。分析认识这些矛盾是为了有效地解决矛盾。因而，我们应从对每对矛盾产生的缘由分析着手，进而分析如何把握、调控和解决矛盾。

（一）思想政治教育过程的基本矛盾

思想政治教育过程的基本矛盾，是教育者根据社会的要求提出的教育要求与受教育者思想政治品德发展水平之间的矛盾，这一基本矛盾规定和影响思想政治教育过程的一般矛盾。思想政治教育过程的基本矛盾反映了教育者所提出的教育任务与受教育者思想政治品德水平现状的不一致。在思想政治教育过程中，教育者总是按照一定社会的要求培养受教育者的思想政治品德，而受教育者在系统地接受教育者施加的教育影响之前，已经在自身的社会生活中、成长经历中接受了某种教育和社会的影响而形成一定的思想政治品德。对教育者而言，为了促进受教育者思想政治品德的发展，总是会对受教育者在其现有的发展水平之上，提出更高一步的教育要求。如果教育者所施加的教育影响与受教育者原有的思想政治品德发展方向一致，但发展水平不一致，这种同向性的层次性差异矛盾就会推动受教育者主动地接受教育者所施加的教育影响，产生良好的教育效果。反之，如果教育者所施加的教育影响与受教育者的思想政治品德发展方向不一致，受教育者就会产生一种逆反心理，抵制和削弱教育影响。因而，受教育者在思想政治教育过程中并不是消极地、被动地接受教育者所施加的教育影响，而是积极地、能动地接受或改造外界的各种教育影响。整个教育过程就是要缩小或消除教育者所提出的教育要求与受教育者思想政治品德发展水平之间的矛盾，不断促进受教育者思想政治品德的提高与发展。

思想政治教育过程的这一基本矛盾是在整个过程中自始至终起作用的矛盾，矛盾双方的相互认同与相互作用，推动着思想政治教育过程不断向前发展；矛盾中任何一方的消失，都意味着思想政治教育过程发展的中止。同样，受教育者思想政治品德素质和个性的全面发展也是这一基本矛盾不断深入发展的结果。值得指出的是，在这一基本矛盾中，教育者始终是基本矛盾中的主要方面，因为整个教育活动过程是教育者主动发起，并按照教育的要求实施教育活动的，因而要解决教育过程的基本矛盾及其由它所引起的一系列具体矛盾，都必须从教育者一方着手来调控矛盾和解决矛盾。

（二）思想政治教育过程的一般矛盾

1. 教育者与教育内容、教育方法的矛盾

在思想政治教育过程中，教育者是根据社会的要求提出教育的要求，选择与之相适应的教育内容与教育方法的。但随着社会的进步与发展，社会对人才培养会不断提出新的要求，规定新的教育内容和教育方法。教育者作为社会要求和教育要求的传递者、体现者必须使自身的思想、学识、才干、能力之间与不断变化的社会要求、教育要求保持良好的适应状态。如果教育者适应不了或跟不上这种变化，两者之间就会产生矛盾。在现实的教育活动中，由于教育者教育理念的滞后或教育方法的落后而影响教育效果的情形是经常发生的。我们只有贯彻教育者必须先受教育的思想原则，通过教育者坚持自我教育、接受继续教育和终身教育，不断提高自身的全面素质水平，才能合理地组织选择与教育要求、教育过程相适应的教育内容、教育方法来调控和解决这对矛盾。

2. 受教育者与教育内容、教育方法的矛盾

教育者选择的教育内容、教育方法必须符合受教育者的心理需求，适合受教育者的思想政治品德发展水平，才能起到沟通教育者与受教育者的双向联系的作用，产生较好的教育效果。但是，由于受教育者的类型、层次的多样性、思想行为变化的复杂性和动态性，如果教育者掌握的思想信息的局限性或教育内容安排不科学，教育方法使用不得当，就会产生受教育者与教育内容、教育方法不一致的矛盾。这就需要教育者正确地、全面地了解教育对象，实事求是地从教育对象的思想基础和心理需求的实际出发，及时调整教育内容和教育方法，增强思想政治教育的说服力和吸引力，才能调控和解决这对矛盾。

3. 教育者与教育环境的矛盾

任何思想政治教育过程总是在一定的社会环境中进行的。社会环境对受教育者思想政治品德的形成和发展起着根本性的影响作用。这种影响作用与思想政治教育有目的、有计划、有组织地促进受教育者健康成长、全面发展的教育影响不同，是十分复杂和多样的。社会环境的影响就其性质而言有积极的、也有消极的；有正确的、也有错误的；有自发的、也有自觉的。影响的性质不同

对受教育者产生的作用就会不同，那些积极的、正确的、自觉的与教育要求相一致的社会环境影响有助于增强教育的效果，而那些消极的、错误的、自发的与教育要求相背向的社会环境影响则会消解或弱化教育效果，使教育者的教育与环境之间产生矛盾。受教育者就是在环境的多元、多向影响下，不断选择而形成自身的思想政治品德；而教育者也是在环境的多元、多向影响下，不断选择而开展教育过程的。因而，教育者必须在教育过程中不断强化自身所施加的教育影响，积极吸收环境中的有利因素，扩大正面教育的影响面，以保证教育者所施加的教育影响在整个外部影响中处于主导地位，起支配作用。同时，教育者也要科学地预测和分析社会环境对受教育者形成的消极的、错误的、自发的负面影响，有效地控制负面影响的辐射面和渗透力，缩小负面影响的反作用。更为重要的是教育者要从自身做起，努力改善小环境，净化社会大环境，创造一个有利于受教育者健康成长的良好的教育环境。

4. 受教育者与教育环境的矛盾

受教育者的各种思想政治品德的形成与社会环境各个方面的影响有着密切的联系。社会生活的内容是极其丰富、千变万化的，社会环境的各种影响对受教育者思想政治品德形成的作用，更是其他各种教育因素无法比拟的，而且这种影响具有无法估量的不可控制的广泛性。在思想政治教育过程中，教育者除了积极创设外部的良好教育环境外，更主要的是要培养受教育者具有对复杂环境影响的辨别能力、正确选择能力和抵制错误影响的能力，使自身的发展符合社会发展的要求，促使受教育者把教育要求、内容内化为思想动机，外化为改造社会环境的实际行动，这样才能促使受教育者始终保持对外部环境的能动性，具有抵制外部环境负面影响的免疫力。

5. 教育内容、教育方法与教育环境的矛盾

思想政治教育过程中教育内容、教育方法总是通过一定的社会活动和人际交往的形式表现出来的。活动和交往具有深刻的社会性，思想政治教育的内容与方法也必然受到一定的社会环境和社会关系的影响和制约，良好的教育环境和人际关系能够形成受教育者良好的心理环境和心理气氛，产生教育者与受教育者的双向认知和心理相容，有利于提高教育效果。相反，教育内容与教育方法和教育环境及周围人们行为之间不相符合和不一致，必然会引起受教育者内心的矛盾冲突

和选择的困惑，甚至使受教育者无所适从，影响教育的效果。因此，在教育过程中，合理地组织思想政治教育的内容、科学地选择适当的教育方法、积极地创设有利于教育的良好环境，能够有效调节教育内容、教育方法与教育环境的矛盾，扩大其积极影响面，缩小其消极影响面，以争取获得理想的教育效果。

思想政治教育过程中的各种矛盾，尽管都是由教育者与受教育者这一基本矛盾规定的，但一般矛盾并不是只起被动的、消极的作用。恩格斯曾经这样说过，“历史是这样创造的：最终的结果总是从许多单个的意志的相互冲突中产生出来的”，是“有无数个力的平行四边形”形成一个“总的合力”产生的，并且他还特别强调“每个意志都对合力有所贡献，因而是包括在这个合力里面的”。思想政治教育过程从这个意义上说，它的结果也只能是“从许多单个的意志的相互冲突中产生出来的”，也就是说思想政治教育过程是各种矛盾运动的结果，而每一对矛盾都将对形成“总的合力”发挥积极的作用。因此，从这个意义上说，思想政治教育过程的各种矛盾对思想政治教育的总体效益产生积极的影响。所以，我们在思想政治教育过程的矛盾运动过程中，既要重视基本矛盾所起的支配作用，又不能忽视一般矛盾所起的特殊能动作用，要在正确处理和解决一系列矛盾中推进思想政治教育过程的开展与提高。

二、思想政治教育过程的本质

思想政治教育过程，是教育者通过教育的实践活动，有目的、有选择地将社会的思想政治道德信息传递给受教育者，使受教育者形成一定社会所要求的思想政治品德的过程。这一过程的“实质是造就道德主体的过程”，即将受教育者造就成为思想政治道德主体。

受教育者作为一个主体的人，一方面具有自然属性，其自然属性主要是由先天遗传而获得；另一方面又具有社会属性，其社会属性主要是后天形成的。人的思想政治品德属于后天生成的社会属性，它是通过人的社会生活、社会实践，尤其是所接受的教育和自我教育而获得的。这种获得不是自然生成的，需要通过一定的学习和实践。思想政治教育在促使受教育者生成思想政治品德，成为一个思想政治道德主体的过程中具有重要的作用。通过教育者有目的、有选择地将社会的思想政治道德信息传递给受教育者，并通过教育者有计划、有组织地开展教育活动对受教育者施加教育的影响，从而使受教育者通过学习、实践掌握社会的思想政治道德，使自己成为思想政治道德主体。

所谓使受教育者成为思想政治道德主体主要包含两层含义：其一，是通过思想政治教育，使受教育者理解、接受、掌握和遵守社会的思想政治道德，使个体的发展符合社会的要求。其二，是通过思想政治教育，促使受教育者将社会的要求转化为具有个性特征的思想政治品德，并使其能自主地、独立地、富有创造性地付诸个体的思想行为之中，从而推进个体思想政治品德的发展和社会思想政治道德的发展。因此，思想政治教育过程是一种有目的、有选择的社会思想政治道德信息的传递和受教育者个体思想政治品德内心体验相统一的过程。

思想政治教育过程十分重视造就受教育者的主体性，只有造就了这种主体性，受教育者才能真正成为一个具有思想政治道德的主体。受教育者要靠其主体性的发挥，才能理解、接受、掌握和自觉遵守社会的要求；也只有依靠其个体性的发挥，才能将社会的要求在自身所遭遇的情境中、问题中、关系和交往中具体地予以运用，并通过自身主体性的发挥，不断推进社会思想政治道德的发展。

由此，我们可以将思想政治教育过程的本质描述为“个体思想政治品德社会化和社会思想政治道德个体化”这样一个完整的过程。其中，“个体思想政治品德社会化”，即受教育者在其自身的发展中，通过学习和实践习得社会的思想政治道德要求，使自身思想政治品德的发展社会化；“社会思想政治道德个体化”，即受教育者以自己富有个性特征的方式，创造性地运用社会的思想政治道德，解决现实生活中个体所面临的思想政治道德矛盾和困境，以促进自身思想政治品德的提高和社会思想政治道德的发展。因而，思想政治教育过程的实质是将受教育者造就成为思想政治道德的主体。

三、思想政治教育过程的规律

规律就是关系，是事物相对稳定的内部联系。思想政治教育过程的规律就是思想政治教育过程发展中一切主要方面和主要阶段的本质联系，以及发展趋势。这种内在的本质联系和发展趋势是由思想政治教育过程所包含的要素及其矛盾所构成的，体现了思想政治教育过程中各种要素矛盾运动的特点及其相互关系。规律是客观存在的，是不以人的意志为转移的，不管人们是否意识到它，它都在起作用。提高思想政治教育工作的水平和有效性，很大程度上取决于教育者对思想政治教育过程规律的认识和把握，能够按客观规律开展教育活动，教育就能取得成效，否则思想政治教育工作不仅不能取得成效，还要受到客观规律的惩罚。

思想政治教育过程的规律是由基本规律和一般规律所组成，基本规律是反映思想政治教育过程本质、矛盾、统揽思想政治教育过程全局性的规律，一般规律则是反映思想政治教育过程的多侧面、多层次的规律，基本规律和一般规律组成思想政治教育过程的规律体系。

（一）思想政治教育过程的基本规律

思想政治教育过程的基本规律是“适应超越律”，即思想政治教育既要适应受教育者现有的思想政治品德发展水平和需求，又要通过教育使其不断实现对现实自我和现实社会的超越，以促进受教育者思想政治品德的发展和社会的发展的规律。

实践是人类所特有的改造世界的方式，思想政治教育作为一种教育的实践活动，是以人自身作为改造的对象，通过对人的思想政治品德的塑造和改造能动地推动人的发展，进而推动社会的发展。因而它是一种在人原有的发展水平基础上不断创造出人的新的素质和发展水平的实践活动，其特质是超越性的。

思想政治教育的这种超越性特质，主要表现为两个方面：其一，是通过思想政治教育，使人超越自身自然属性的限制，克服由人的自然属性所产生的种种本能冲动，使人能够按照人的社会性需求、精神性需求发展自己，使人的生活具有对理想、信念、道德等真、善、美的追求，从而创造人所特有的价值和尊严。其二，通过思想政治教育，使人超越现实的发展水平，它包括人自身思想政治品德的现实发展水平和人所处的社会环境的现实发展水平。人生活在现实社会中，必然要接受先于他而存在的社会环境的规约，人的思想行为的形成发展无不打上社会环境的烙印。但是另一方面，人作为实践的主体，对自身的发展和现实的社会环境具有能动的反作用，现实社会环境仅仅是人所生存的一种实然世界，而人所具有的社会性、精神性发展需求，决定了人不会满足于实然世界，人的生活更是一种事关意义性的生活，在这个意义世界中，饱含着人对理想生活的向往和追求，也即构成了人对应然性的追求，人的发展就是人的实然和应然的矛盾运动。思想政治教育正是通过坚持人的发展的应然性，通过对人自身发展和所处的现实社会环境的实然性的审视和反思，通过培养人发挥思想政治品德主体性作用，来积极促进人对自身思想政治品德发展的现实水平的超越和人对现实社会环境的超越，并通过这种超越，不断推动人的发展和社会的发展。

思想政治教育过程的超越性特质在具体的教育活动实践中，必须以适应性为前提，即教育者的教育活动首先应从教育对象思想政治品德和生理、心理发展的实际水平和需求出发，遵循教育对象思想政治品德形成、发展规律和生理、心理形成发展规律实施教育，教育才有针对性、可行性和有效性。在兼顾适应性的基础上，教育者要积极引导教育对象追求进步，循序渐进，不断提高发展层次和水平。

适应超越律是适应与超越的辩证统一。适应是超越的前提条件和出发点，超越是适应的目的和归宿。适应是为了超越，超越要从适应出发。教育若仅仅停留在适应的基础上便不成其为教育，教育若一味地强调超越而不顾及适应便缺少可行性，两者必须有机地统一。

（二）思想政治教育过程的一般规律

1. 双向互动律，即教育者与受教育者在思想政治教育过程中是一种双向活动，两者相互影响、相互促进、相辅相成。

在思想政治教育过程中，教育者与受教育者都是具有主体能动性的人，教育者具有主导作用，受教育者具有能动反作用，教育过程是建立在两者的相互作用基础之上的，任何一方的作用都会引起另一方的反应。从这个意义上说，教育过程也是教育者和受教育这两者关系不断协调和影响力互动的过程，只是在这个过程中，两者的地位和作用有所不同。

教育者始终处于主导地位，对教育过程的实施起支配作用，对教育过程的存在和发展具有决定性的意义。任何一个教育过程都是由教育者主动发起、组织和实施的，教育者如果放弃了对受教育者施加教育影响，也就不成其为教育者，同时也就无所谓思想政治教育过程了。

教育者对受教育者的这种主导地位和作用是由社会发展的客观要求和自身的社会角色所决定的。首先，社会发展是永无止境的，人们认识世界、改造世界的实践也是永无止境的。社会的发展要求人们的思想行为要不断地与时俱进，这就决定了教育者要把代表社会发展所要求的思想体系、政治观点、道德规范传递到社会全体成员，变成社会全体成员思想行为的准则。教育作为社会传承和创新的一种手段、途径和方式，这个历史任务就客观地落到了教育者肩上。教育者必须履行自己的责任，对受教育者主动施加教育影响，使受教育者的发展符合社会发展的要求，从而能够获得自身更好的发展。其次，教育者的社会角色担负着传递教育信息的任务。教育是一种培养人的活动，教育者是人类灵魂的工程师，担负着塑造受教育者的思想政治品德，培养他们成为可以提供一定社会服务的新人的重任。教育活动的性质决定了教育者必须在教育活动中把社会要求的教育消息传递给受教育者，积极地促进受教育者的思想矛盾运动，使受教育者健康地发展。

在思想政治教育过程中，教育者的施教虽然起主导作用，但是受教育者在接受教育影响时，也不是消极地、被动地接受，而是对教育者的施教具有能动的反作用。教育者所施加的教育影响必须得到受教育者的好感、认同，才能激发受教育者的主动性、积极性，接受施教的影响。因此，在教育过程中，教育者的施教必须建立在对受教育者的全面了解基础上，重在启发自觉，引导受教育者实现自我教育，主动开展思想斗争，实现思想矛盾的转化，形成正确的思想政治品德。所以说，教育过程中，受教育者接受教育的主动性和积极性才是衡量教育者主导作用的标准，而受教育者思想政治品德发展的水平则是评价教育者施教效果的唯一尺度。

思想政治教育过程是教育者的施教和受教育者的受教相互认知、结合的过程，也是教育者的教育影响和受教育者的自我教育互相依存、相互作用的过程。这一过程，教育者的积极施教固然是必不可少的，而受教育者的受教的认知程度和进行自我教育的自觉性，对于思想政治教育的效果也必定会发生重大影响。

2. 协调控制律，即思想政治教育过程要协调控制各种影响因素，使教育的影响发挥主导作用和有效影响力。

思想政治教育过程的开展是一个受到现实社会中多因素、多变数影响的复杂过程，教育者、受教育者、教育内容和方法、教育环境等基本要素在动态的教育过程中相互影响、相互作用，产生错综复杂的关系。思想政治教育过程要有效实现教育目标，取得过程的最优化，就必须对各种各样的影响因素进行自觉调控，控制和抵制自发的、消极的影响，发掘和强化自觉的、积极的影响，使教育的影响发挥主导作用和有效影响力。

思想政治教育要与社会发展相协调。思想政治教育过程是社会培养人才系统工程的一部分，就其社会价值而言，是为社会培养一代社会新人。社会的发展对人才的培养会不断提出新的培养规格和素质要求，思想政治教育对人才培养的目标要求必须与社会发展的总方向、总目标相一致，才能实现思想政治教育的社会价值。因此，思想政治教育过程要及时了解不断变化着的社会环境，正确把握社会发展的需要和趋势，根据社会发展的要求确立思想政治教育的人才培养目标。

思想政治教育要与社会影响、家庭影响相协调。教育者和受教育者都是人，人的思想是社会存在的反映。社会的物质生活条件，尤其是物质资料的生产方式对人的思想行为的形成、发展具有决定性的作用。社会的精神生活，特别是社会的政治制度、意识形态、大众传媒，对人的思想行为也起着直接的重要作用。思想政治教育过程中教育者有目的地施加的影响是社会总生活过程中的一种特殊的教育形式。但是，受教育者个体成长所接受的影响远远超过有目的地施加的教育影响过程的影响范围，而且教育对象在接受教育过程影响时，总是已经接受和正在接受来自社会、家庭等其他方面的各种影响，这种影响具有强烈的独立性和渗透性，思想政治教育过程要完全避免这种社会和家庭的影响是不可能的。从这个意义上说，思想政治教育过程只能开发和利用社会、家庭影响中的积极因素，控制和消解社会、家庭影响中的消极、自发因素，有效地增强受教育者辨别能力、抗干扰的能力，使教育的影响和社会、家庭的影响在作用的方向上保持一致性，形成教育合力，并且在社会、家庭影响中，始终保持思想政治教育过程稳定的最佳状态，发挥教育者施加的教育影响的积极作用。

思想政治教育要与自身的教育内容体系、教育进度体系相协调。思想政治教育的内容体系包含思想教育、政治教育、道德教育和心理健康教育等。这些内容之间具有紧密相连性，其中，思想教育是根本，政治教育是主导，道德教育是基础，心理健康教育是保障。从人的生理，心理和思想形成发展过程而言，一般是从道德教育、心理健康教育起步，而后进行思想教育和政治教育，并逐步提高思想教育、政治教育、道德教育和心理健康教育的层次性。教育的进度体系是指思想政治教育要保持循序渐进性和前后连贯性。要遵循受教育者生理、心理和思想形成发展的规律，从受教育者当下所处的思想政治品德发展水平出发，确定教育的目标要求，由浅入深、由近及远、由低向高地逐步提高，要杜绝儿童教育成人化和成人教育简单化的弊端，尤其要杜绝教育要求的前后不一，甚至相互矛盾的错误出现。

思想政治教育过程是由简单到复杂、由低级到高级的发展过程。思想政治教育过程总是在现有的基础上，巩固和提高已有的教育成果，向更高阶段、更高水平的教育过程发展。

第三章 思想政治教育的目标

思想政治教育目标，是实施思想政治教育所期望达到的结果，是思想政治教育活动所要培养的人才质量的规格和标准。思想政治教育的目标既是思想政治教育的出发点，规定了思想政治教育的内容和方向；也是思想政治教育的归宿，制约着整个思想政治教育的活动过程。目标确立的科学与否，目标管理的是否恰当，都将直接影响到思想政治教育的成效。为了确保思想政治教育沿着正确的方向发展，就一定要在调查研究的基础上，选择科学依据，确立正确的目标，这是思想政治教育取得成效的重要保证。

第一节 思想政治教育目标确立的依据

思想政治教育的目标必须反映社会与人的发展的共同需求，因此，目标的确立也必须以社会发展和人的发展的客观要求为依据，在客观现实的基础上确立，并受客观条件的制约和检验。

一、社会发展依据

（一）社会历史依据

中华民族的传统美德和思想政治教育的历史经验，是确立思想政治教育的重要的社会历史依据。

作为一个重要的历史文明古国，我国历来重视传统美德教育，把德才兼备作为选拔人才的重要标准。自古以来，各种教育思想、教育理念激荡碰撞，虽然它们有自身的局限性，但也都在不同方面和程度上起到了积极的教育和引导作用，强有力地推动了社会文明进步和中华民族整体素质的提高。

中华人民共和国成立以后，党和国家在不同历史时期都曾提出过明确的思想政治教育目标。其中最具代表性的是毛泽东 1957 年发表的《关于正确处理人民内部矛盾的问题》中关于德智体全面发展劳动者的培养目标的论述和邓小平 1985 年提出的“有理想、有道德、有文化、有纪律”的社会主义一代新人的教育目标。党的十二届六中全会和十四届六中全会中关于社会主义精神文明建设的相关决议，也都分别对思想政治教育的目标作出了明确的规定。这些从根本上为确立思想政治教育目标提供了社会历史依据。

（二）客观现实依据

思想政治教育目标确立的客观现实依据主要包括社会的经济环境、政治环境和文化环境。

经济环境主要指生产力和生产关系结合的生产方式变革的现状。其中，生产力是对社会发展起决定性影响的因素，生产力发展水平和生产关系的发展状况对思想政治教育目标的制定与实施起决定性的影响。政治环境主要指社会政治境况。社会主义社会所提倡的政治思想、政治信念、政治立场、政治态度、政治品质等要求，不仅对思想政治教育目标的实现起积极的促进作用，而且成为思想政治教育目标和规格的重要内容。但是，政治环境并不总是产生积极的影响，也有消极的影响。政治环境中的消极因素会成为思想政治教育目标实现的阻碍，比如政治上的腐败，会使人们对思想政治教育的成效和权威性产生质疑，干扰思想政治教育的过程，影响思想政治教育目标的实现。文化环境主要包括物质文化和精神文化，特别是精神文化。社会的文化风尚、文化氛围、文化品位和文化素养，直接影响到思想政治教育目标的形成和实现。

思想政治教育目标确立的客观现实依据还包括目标形成和实现的内部条件。即在制定和实现目标中，教育者的人力、物力、财力等条件，前期目标完成的情况，教育者群体和受教育者群体的思想道德素质基础等。这些条件也会直接影响到思想政治教育目标的确立和实施。

（三）构建社会主义和谐社会的奋斗目标

社会和谐是中国特色社会主义的本质属性，是国家富强、民族振兴、人民幸福的重要保证。构建社会主义和谐社会，是我们党以马列主义、毛泽东思想、邓小平理论和“三个代表”重要思想为指导，全面贯彻落实科学发展观，从中国特色社会主义事业总体布局和全面建设小康社会全局出发提出的重大战略任务，反映了建设富强民主文明和谐的社会主义现代化国家的内在要求，体现了全党全国各族人民的共同愿望。思想政治教育作为社会总系统下的一个子系统，其目标的确立必须以社会的发展目标为依据，服从、服务于社会主义建设的总体目标。当前，建设中国特色社会主义经济、政治、文化与构建和谐社会四位一体，而构建社会主义和谐社会，是思想政治教育目标确立的重要依据。只有如此，思想政治教育目标作为人才系统目标的一部分，才能为党和国家的奋斗目标发挥其应有的作用。

二、人的发展依据

（一）思想政治教育目标必须考虑到受教育者的品德现状

思想政治教育的根本目的，就是坚持马克思主义世界观，通过各种形式的教育活动，在改造客观世界的同时，改造人们的主观世界，从根本上提高人们的思想觉悟和认识能力。思想政治教育指向的对象是人的思想政治与品德，因而，制定思想政治教育目标就不能脱离受教育者的思想政治品德现状的实际。个体的思想政治品德的形成、发展、变化，是一个有规律的发展过程。所以，确立思想政治教育目标必须根据受教育者的思想政治品德现状，分析其思想基础、知识水平、心理状况、能力结构，探求其变化发展规律，预见其发展趋势，从而为确立思想政治教育目标提供客观依据。

（二）思想政治教育目标必须着眼于受教育者的全面发展

思想政治教育要以育人为本，更要以人的发展为本。思想政治教育目标应该着眼于受教育者的全面发展。人的全面发展的观点是马克思主义教育思想的重要组成部分。人的全面发展，包括人的能力发挥，人的社会关系全面丰富，人的个性、主体性的全面发展，即人的全面、自由、和谐的发展。思想政治教育是实现人的全面发展的根本途径。思想政治教育应该把实现人的全面、自由、和谐的发展作为其制定目标的科学依据，既要有方向性，又能够具有指导思想政治教育实践的意义。

受教育者思想政治品德的形成和发展，不仅是一个认识过程，更是一个实践过程。它是把社会和人的发展要求逐步内化为个体的思想、观念、品质，进而外化为行为习惯的过程。在改革开放和现代化的进程中，我们不断遇到各种新情况、新问题，受教育者面临各种价值观念的交融与冲击，此时，只有与时俱进，做到具体问题具体分析，才能将思想政治教育活动做到富有实效。理论如果脱离了实际，脱离了教育环境，也就变得毫无意义。所以，思想政治教育目标的确立，要注重理论与实际相结合，达到知行统一。只有做到这些，才是做到了真正意义上的以人的发展为本。

第二节　思想政治教育目标的制定

一、思想政治教育目标的含义

（一）目标的含义

根据《新华字典》的解释，目标的含义有两层：一是指射击、攻击或寻求的对象，如对准目标射击；二是指想达到的境界或目的，如实现社会主义现代化是我们国家奋斗的目标。

我们所说的目标，就是指在一定条件和环境下，在预测的基础上，人们行为活动所期望达到的结果，是组织使命在一定时期内的具体化，是衡量组织有效性的标准。简言之，目标是人们依据一定的主、客观条件对未来的一种期望。至于这种期望准确与否，取决于人们依据主、客观条件对自己行为的发展趋势预测得准确与否。如果人们能够准确认识到自己的主、客观条件以及其发展趋势，则可以制定出科学的目标；反之，则不能制定出科学的目标，使得目标与实际脱节，现实目标与期望目标不一致。

目标有别于目的、任务。目的是指人们希望自己的行为所要取得的结果的规格，具有高度的概括性和抽象性。任务作为具体的实践要求，回答的是在某一时期、某一阶段人们应该做的事情。目标则是目的的分解和具体化，任务是目标的具体化。任务必须服从于目的和目标，目的和目标的确定又必须考虑任务实现的可能性。三者既有联系，也有区别，在学科理论体系中处于不同的定位。

（二）思想政治教育目标的含义

思想政治教育目标，是指教育者根据社会的要求与人的发展要求，通过思想政治教育活动使受教育者的思想政治品德在一定时期内所要达到的预期结果。

思想政治教育目标的含义包含以下几个方面：

1. 思想政治教育活动中的教育者与受教育者在制定与实施目标中所处的地位与所发挥的作用是不相同的。教育者是目标的制定者、实施者，在实施目标中始终发挥主导作用。受教育者是目标指向的对象，要在教育活动中发挥积极的能动作用，既要配合教育者实施目标，又要积极努力去实现目标。

2. 目标涉及一定的时间尺度和空间领域。一般来讲，思想政治教育目标实现的时间越长，涉及的空间范围越宽，所体现的人才价值就越大。

3. 目标要涉及内容和方法。思想政治教育内容是目标的具体化，方法则是目标实现的手段。

4. 预期的效果。思想政治教育目标的实施，最终所取得的结果就是思想政治教育的效果。

（三）思想政治教育目标的作用

思想政治教育目标贯穿于思想政治教育的全过程，它自始至终发挥导向作用、凝聚作用、调控作用以及评价激励作用。

1. 导向作用

导向作用是指思想政治教育目标能把教育活动引向教育者所要求的方向，并产生教育者所期望的教育结果。目标的导向作用就是要为思想政治教育活动的开展指明一个正确的方向，保证教育活动不偏离预定的设计轨道，取得预期的效果。

2. 凝聚作用

凝聚作用是指思想政治教育目标能够将教育者与受教育者团结起来，齐心协力地为实现共同目标而一致行动。凝聚力是思想政治教育活动得以顺利开展的重要条件。教育活动的组织者和参与者在教育目标的认识上不一致，必然会导致在实施目标中的分歧，乃至教育活动的失败。影响凝聚力的因素很多，目标不明确、不正确或认识不一致是其中的一个重要因素。思想政治教育目标确立之后，能够将分散的个体力量凝聚起来，为完成一个共同的目标而奋斗。目标总是体现着教育者和受教育者的共同利益，这种利益机制必然能够极大地激发人们的主动性、积极性与创造性，产生一种强大的整体合力，共同去实现目标。

3. 调控作用

调控作用是指思想政治教育目标能对思想政治教育活动的过程起支配、协调、控制、调节、纠偏的作用。从宏观上说，思想政治教育目标可以对教育规划和教育结构的确立与调整进行指导、调节；从微观上说，思想政治教育目标可以对思想政治教育活动的具体安排，教育形式、手段、方法和技术等，起控制、调节作用，并且纠正偏离轨道的教育行为，保证教育活动朝预定的正确方向发展。在思想政治教育过程中，也常常会遇到各种主、客观因素的干扰，这些因素会使教育活动偏离设计的预定轨道，甚至走向歧途。如果确立了正确的目标，教育者与受教育者都能够以目标为准绳来校正自己的前进方向，保证思想政治教育始终沿着正确的轨道发展。

4. 评价激励作用

评价激励作用是指思想政治教育目标能够对思想政治教育的效果进行有效的衡量，激发教育者与受教育者的工作热情和献身精神，鼓励他们奋发向上。思想政治教育活动以思想政治教育目标为出发点和归宿，所以，检验教育活动成功与否的根本标准，也就是思想政治教育的目标。当然，还必须有细致科学的评价标准，但是所有的评价标准的最高价值预设均来自于思想政治教育目标，目标是评价的最高准则。思想政治教育目标的激励作用主要是：通过目标使人认清未来的发展前景，增强信心，形成实现目标的内在驱动力；通过目标使人产生成就感，从中看到个人和组织价值实现的方向和未来成果的价值大小，形成一种激发力量；通过目标的努力实现过程，磨练人的意志，锻炼人的能力。因而，目标能够把人们内在的潜力充分激发出来，去战胜困难、克服障碍，达到预期的目的。

二、思想政治教育目标的类型与特性

（一）目标的类型

思想政治教育目标，按照不同的标准，可以分为不同的类型。

1. 按目标的时间划分，思想政治教育目标可以分为远期目标和近期目标

思想政治教育的远期目标，是指经过相当长时间的艰苦努力才能实现的目

标，是教育者经过长远的考虑，高瞻远瞩地把握思想政治教育的发展趋势而作出的战略性的目标。远期目标方向明确，指导性强，能鼓舞斗志，增强信心，使受教育者认清方向，勇往直前。思想政治教育的近期目标，是指在较短时间内能够实现的目标，是远期目标的基础和阶段性目标。近期目标一般比较具体和细致，对思想政治教育活动的指导更为贴近现实，因而更具基础性作用。只有近期目标的实现，才能保证远期目标的实现。远期目标在思想政治教育活动中带有战略性特点，也称战略目标；近期目标带有战术性特点，也称战术目标。两者在总的方向和指导原则上具有一致性。有时，还可根据具体情况，在长远目标和近期目标之间设立一个中期目标。

2. 按目标的重要程度划分，思想政治教育目标可以分为主要目标和次要目标

思想政治教育的主要目标在目标体系中占主要地位，起支配作用，也是思想政治教育首先要达到的目标。思想政治教育的次要目标在目标体系中虽然地位和作用要从属于主要目标，但也是不可或缺的一部分。两者只是在实现目标的时间先后，投入人力、物力、财力上有一些差别，而不是实质性的差别。主要目标固然重要，次要目标也不可忽视。

3. 按目标实现的程度划分，思想政治教育目标可以分为理想目标和现实目标

思想政治教育的理想目标是期望达到的目标，是将来努力要实现的目标。现实目标是在对实际教育活动进行评估的基础上，根据现有条件确立的必须实现的目标。现实目标是理想目标的基础，理想目标是现实目标努力的方向。思想政治教育目标总是从现实目标迈向理想目标。

4. 按教育对象的范围划分，思想政治教育目标可以分为群体目标和个体目标

思想政治教育的群体目标，是指一个组织或团体所确立的共同的奋斗目标。个体目标是指为个体所确立的教育目标。群体目标是个体目标确立的依据，个体目标是群体目标实现的基础，也是群体目标的一个个重要组成部分，两者密不可分。

5. 按目标层次划分，思想政治教育目标可以分为高层目标、中层目标和低层目标

根据现代管理科学的“分层目标结构”理论，目标总是由一个复杂的层级体系构成。在这个层级体系中，目标由低到高逐级递进，一步步地实现各个层

次的目标。

思想政治教育目标的层次性与人的思想的层次性密不可分。人的思想政治品德由各种相互联系、相互作用的思想政治品德结构要素构成，并且随着人的生理、心理、知识和阅历的变化而变化，是一个有机的系统。正因如此，思想政治教育目标也随之而不断发生变化和改进，由最初的低层目标而逐步向高层目标实现。在思想政治教育活动中，各种远期目标、主要目标、理想目标和群体目标也都分成无数个层次，逐一去实现和完善，从而推动思想政治教育活动的开展。

（二）目标的特性

思想政治教育的目标又有指引性、时代性、整体性、差异性和实践性的特性。

1. 指引性

思想政治教育目标的指引性，即目标必须为思想政治教育活动提供方向，并且规范思想政治教育活动的过程。思想政治教育总是为一定社会的经济、政治、文化服务，为促进人的全面发展服务。思想政治教育目标直接指引思想政治教育活动的性质和活动的效果。在我国，思想政治教育必须充分体现社会主义的发展方向，为实现党的基本路线、方针和政策服务。所以，思想政治教育目标具有鲜明的社会主义方向性，诱发受教育者的正确的思想动机，促进个体在教育过程中有明确的方向和目标，并具备克服困难的意志和勇气。

2. 时代性

思想政治教育目标的时代性，即必须反映鲜明的时代精神和时代特征。我们所处的时代是一个发生重大变革的时代，是一个与时俱进的时代，社会主义市场经济体制的建立和完善，民主政治的发展，党的执政能力建设和先进性建设取得新的进步，人民精神文化生活的极大丰富，到处都呈现出一派欣欣向荣的新气象。同时，勇于开拓、积极进取的创新意识，珍惜时间和注重效率的时效观念，思考问题的全球意识，终身学习和继续教育的观念，可持续发展战略等观念，都作为时代特性反映在思想政治教育的目标内容中，充实思想政治教育的目标与规格。

新世纪，虽然和平与发展仍是时代的主题，但在世界范围内，仍有许多亟待解决的现实问题需要我们关注，诸如环境问题、能源问题等。各国间的文化观念也在激荡碰撞，交融与分歧并存。面对这些情况，思想政治教育目标一方面要反映社会主义现代化建设所需人才的素质要求，另一方面，又必须结合复杂的国际形势对人才的要求，使受教育者既能吸取合理、有益的思想道德观念，又具有识别和抵制腐朽思想的能力素质。同时，还要着眼于未来，预测世界范围内思想政治教育的发展趋势，以面向现代化、面向世界、面向未来。

3. 整体性

事物总是在普遍联系中存在和发展的，思想政治教育目标的体系也是一个整体，具有集合性。我们在认识思想政治教育目标体系的时候，既要运用系统科学的整体观点来分析与评价思想政治教育目标体系，从整体上把握其宏观的联系，也要分析每一个子目标的功能与特点。各个子目标相互联系、相互渗透，有机地联系在一起，组成一个完整的思想政治教育目标体系，发挥整体作用。

4. 差异性

思想政治教育目标的制定既要根据社会发展的要求，适应社会发展的物质、精神、文化基础，又要考虑到受教育者本身的个体思想政治品德差异。应该针对教育对象的职业、层次、年龄、个性等因素，制定适合不同层次教育对象成长发展需要的具体的要求，以因材施教、循序渐进。将受教育者的共性与个性相结合，既有宏观的整体的把握，也有微观的个体的关注，从而更有效地推进目标的实现和教育对象思想政治品德素养的提升。

5. 实践性

目标不是凭空想象和制造出来的，必须是可以预见的结果。目标虽然高于现实，但是更是源于现实，对现实起指导作用。所以思想政治教育目标必须具有实践性，即能够指导实践的开展，具有可能性和可行性。这样，目标才不至于变成高耸的空中楼阁，令人可望而不可即。

三、思想政治教育目标的内容及规格

思想政治教育目标在内容上分为总的目标内容和细化的目标内容。前者是后者的基础，后者是前者的具体化，也称目标的规格。

（一）目标的内容

思想政治教育总的目标内容包含对人才的思想素质、政治素质、道德素质、心理素质和法律素质的要求，具体可分为六个方面的内容。

1. 政治方向。要使受教育者具有爱国主义思想，拥护党的基本路线，确立献身于中国特色社会主义事业的政治方向。

2. 理论素养。要求受教育者努力学习马列主义、毛泽东思想、邓小平理论和“三个代表”重要思想，学习科学发展现，提高认识、改造客观世界和主观世界的能力，逐步树立正确的世界观，掌握科学的思想方法和工作方法。

3. 为人民服务的思想。要使受教育者树立为人民服务的人生观，正确处理个人与集体、奉献与索取的关系，具有艰苦奋斗的精神和社会主义使命感、责任感。

4. 良好的道德品质和法制观念。要求受教育者坚持集体主义的原则，践行“五爱”国民公德，增强法制观念，培养爱国守法、明礼诚信、团结友善、勤俭自强、敬业奉献的公民基本道德规范。

5. 健康的心理素质。要使受教育者具有良好的个性心理品质、较强的心理调适能力以及克服困难的顽强的意志品质。

6. 高尚的审美情趣。要使受教育者具有高尚的审美情趣和正确的审美观点，培养辨别美丑的能力，更要能结合自己学习、工作的实践，努力为社会创造更多更好的物质产品和精神产品，实践为人民服务的宗旨。

（二）具体规格要求

思想政治教育目标要具有可操作性和可考评性，必须把目标内容细化为具体规格，一般包括以下几方面：

1. 基本的政治要求，即要有爱国主义思想，成为一个忠诚的爱国主义者。

2. 政治方向要求，即要确立为建设中国特色社会主义而奋斗的政治方向，做一个自觉自愿的社会主义现代化事业的建设者和接班人。

3. 属于政治要求范畴的，即树立社会主义民主法治观念。做到知法、懂法、守法，并学会运用法律武器保护自己和他人、集体的合法权益，自觉维护社会稳定。

4. 理论素质的要求，即努力学习马列主义、毛泽东思想、邓小平理论、“三个代表”重要思想和科学发展观。要构建自己的精神支柱，学会运用马克思主义的立场、观点、方法，分析现实生活中的政治、经济、文化现象，评价各种社会思潮，正确认识人类社会历史发展的客观规律。

5. 思想道德的要求，即树立以为人民服务为核心的、集体主义为原则的社会主义思想道德，正确处理个人、集体、国家之间的利益关系，当个人利益与国家利益、集体利益发生矛盾时，自觉地以个人利益服从国家利益、集体利益。

6. 道德品质的要求，即在继承传统美德的基础上，发扬社会主义道德，形成优良的道德品质，使社会公德、职业道德和家庭美德得到进一步的发扬，弘扬社会主义荣辱观。

7. 更新思想观念的要求，即随着社会主义市场经济的发展，要求树立信息、竞争、自主、平等、创新、开拓等新观念，解放思想，摆脱旧观念的桎梏。

8. 培养能力素质，即表达能力、观察能力、分析能力、辨别能力、创新能力等，特别是辨别是非的能力、识别和抵制腐朽思想的能力。

9. 心理素质的要求，即心理健康，具有较强的心理承受能力和心理调适能力，具备良好的个性心理品质和群体心理品质，培养自尊、自爱、自律、自强的优良品格。

10. 审美素质的要求，即美的欣赏力，正确的、健康的审美、辨美、创造美的观点和能力。

思想政治教育目标的内容随着社会的发展和教育对象思想政治品德结构的变化，将有所变化，并不断充实新的内容，使目标的含义更为深刻和丰富。

第三节　思想政治教育目标的管理

目标管理源于美国的管理学家德鲁克，他在 1954 年出版的《管理的实践》一书中，首次提出了“目标管理和自我控制的主张”，认为企业的目的和任务必须转化为目标，企业如果无总目标以及与总目标相一致的分目标来指导职工的生产和管理活动，则企业规模越大，人员越多，发生内耗和浪费的可能性越大。概括来说，即是让企业的管理人员和工人亲自参加工作目标的制定，在工作中实行“自我控制”，并努力完成工作目标的一种管理制度。目标管理自提出以来，一直备受管理学界的重视和应用，以强调活动的目的性和保证组织的整体性和行动的一致性为特点，发挥人的积极性、主动性和创造性，从而实行自主管理和自我控制，以提高适应环境的应变能力。

思想政治教育目标的实施同样需要管理，即需要对目标实施计划的制定、执行、调节和目标实施计划结果的评价进行管理。

一、目标实施计划制定的管理

思想政治教育目标确立之后，要将目标的内容付诸现实，必须制定实施计划，用以作为实施目标的构思。对目标实施计划的制定进行管理，必须做到以下几个方面：

（一）明确思想政治教育目标的实施者

它既包括党和政府的各级组织、部门，也包括教育者的群体和个体，一般统称为教育者。还要明确目标实施的教育者应承担的任务和职责。

（二）确定思想政治教育目标实施对象的任务

即受教育者应承担的责任与任务。包括分析受教育者的思想政治品德的现状和身心特点，并预测其发展趋势。教育对象也可根据自身成长的特点和能力，切合实际地接受思想政治教育的有益的观点和建议，参与目标及其实施计划的制定，充分发挥主动性、积极性和创造性。

（三）制定思想政治教育目标实施的措施

应包括：人员的分工，物质条件的配置，规章制度的制定，舆论氛围的营造，检查评估的程序等。这些措施是实现目标的物质、人员和精神保障，务必要做到准确、具体。

（四）确定思想政治教育计划实施的步骤与手段

在制定思想政治教育目标实施计划时，要明确时间期限，安排步骤，选择方法、手段，以保障目标实施的有序进行。

（五）将整体目标细化分解落实

在制定实施计划时，要将整体目标分解成若干子目标，逐一落实到具体单位、部门和人员，使其各自明确任务和职责，切实保证目标管理的到位。

二、目标实施计划执行的管理

思想政治教育目标实施计划制定以后，就进入具体执行阶段。在这一阶段，教育者与受教育者在计划的指导下，通过教育活动去共同完成承担的任务。不能将思想政治教育目标的实施看作是教育者或受教育者单方面应该承担的任务，而应该由两者齐心协力去共同完成，发挥各自的优势，充分体现主动性、创造性和积极性。

在执行的过程中，由于计划和现实的差距，还需要根据具体情况对计划做出及时的检查。对目标实施计划执行的检查包括：目标实施计划执行的进度、效果、措施、环境及各子目标的进展是否均衡等。可以采用自检、互检、上级检查等方式，并可采取定期检查与不定期检查、全面检查与抽样检查相结合的方法。

三、目标实施计划调节的管理

目标实施是一个系统工程，在实施的过程中，教育活动的各要素之间，项目内容的进展与协调，各环节、步骤的连接与过渡都会出现不平衡与不协调的情况。为了保证目标的顺利实施，对目标实施中遇到的各种不平衡情况进行适时调节就显得非常必要。在调节过程中，遇到原定的目标，经实践检验不符合实际情况而难以实现时，就需要及时修正、更换，选择新的实施目标。

四、目标实施结果评价的管理

对目标实施结果的评价，是对思想政治教育目标实施后取得的教育效果进行的评价。通过对目标实施结果的评价，不仅可以总结经验，肯定取得的成绩，还可以发现存在的问题，找出不足，寻求解决的方法和途径，以获得进一步的提高和完善，为下一阶段目标的制定提供参考和依据，奠定实施的基础。

评价可以从目标项目的达成度、目标项目实施中的协作情况、实施进度的均衡性、实施对策的有效性等角度着眼。一般采用分项记分、综合评定、自我评价以及领导评价相结合的方式进行。评价应该形成一体化的考核标准，以决定实施有效的激励手段。

评价还要发挥目标的激励作用。人是管理的核心和动力，能否调动人的积极性，发挥人的创造性和主动性，是管理活动成败的关键。正是从这个关键问题出发，需要强调目标的激励作用。理论研究和实践经验都表明，一个单位、一个人如果没有明确的目标，是不可能激励集体及其成员去积极工作的。因此，加强理想和目标教育，树立远大理想和很强的目标观念，对于提高和保证管理绩效是极其重要的。

第四章　思想政治教育的内容

思想政治教育内容的选择要求，即选择和确定思想政治教育内容所遵循的原则和发展方向。它规定了思想政治教育的内容，制约着思想政治教育活动。思想政治教育内容科学与否，直接关系到思想政治教育成效。思想政治教育要取得实效性，一个基本的前提就是必须有一个科学的选择原则，在考虑思想政治教育内容选择要求的前提下，重视内容体系的构建和完善。

第一节　选择思想政治教育内容的要求

思想政治教育内容是历史的产物，也是社会发展和人的全面发展的时代要求，具有动态的特性。在思想政治教育内容选取中要注意以下几个方面的要求：

一、思想政治教育内容要具有针对性

针对性是指思想政治教育必须根据思想政治教育发展规律，根据受教育者身心的特点选择教育内容，采取教育方法，做到强化思想政治教育主体、突现思想政治教育客体，实现思想政治教育效益最优化。思想政治教育内容所体现的针对性，强调的是内容的现实性，各种内容的选择要能够立足现实。认清思想政治教育内容所体现出的个人现实实际状况，是正确把握它的前提。思想政治教育如不从受教育者的实际出发，等于放弃了思想政治教育的目的，达不到改造“旧人”培育“新人”的宗旨，超越受教育者实际的教育是难有成效的教

育。必须选取那些能够反映时代特征的思想政治教育内容，加强其针对性。必须对那些符合时代要求的内容进行强化，将其现实感突现出来。只有使思想政治教育实践真正能够解决人们的实际问题，才符合以人为本的要求。

二、思想政治教育内容要具有实效性

思想政治教育内容实效性程度，依赖于是否能够从实际出发，实事求是。而思想政治教育内容的要求如果确定得合理，则可为个人从实际出发提供导向。思想政治教育内容要立足现实，具有鲜明的时代特色，切入社会发展脉搏，紧跟时代步伐，才不会落伍，才会充满生机与活力。对思想政治教育的实效性要求，则应由社会的统一要求与个人的自律相结合而产生。思想政治教育工作要做到两个方面统一，即思想政治教育工作主体对社会发展现状的准确了解，思想政治教育工作对个人需求与社会需求规律的深刻把握。从现实出发选择的思想政治教育工作隐含着实现社会价值与实现个人价值的双重特点。而思想政治教育的现实性则要求教育者强化有现实感的思想政治教育内容，让人感到思想政治教育目标切实可行，通过受教育者的努力能够达到思想政治教育的目标。

三、思想政治教育内容实用性与时效性的协调

思想政治教育内容的实用性与时效性要求并非是与其他特点相脱离的孤立存在，而是植根于其他特点之中的一种隐性规定。实用性是指思想政治教育内容能够使教育客体解决自身的诸多问题并产生效益。追求思想政治教育内容的实用性是达到思想政治教育时效性的先决条件，没有前者便没有后者。然而具备实用性的思想政治教育内容却不一定具有时效性，这里涉及一种思想政治教育方法适用的选择问题。时效性特征考虑到在保证内容有用的前提下，对思想政治教育效果的选取。没有效果或在很长时间后才能取得的效果，都会使教育主客体对思想政治教育感到失望。为此，需要采取一切可行的手段，以使教育主客体双方都达到理想的效果。

四、思想政治教育内容要具有连续性

连续性要求侧重于教育客体成长各阶段之间的相互衔接，防止出现教育过程内容之间的断层。连续性要求指思想政治教育内容的选择，必须考虑到受教育者身心发展的阶段性特征，确定不同阶段的内容要求。无法对受教育者德育现状做出如实的量化评述，让受教育者的思想政治教育发展在缺乏有效引导的状态下进行，最终导致德育教育缺乏贴近现实、贴近生活的真实感和能引发受教育者兴趣的质感。因此，思想政治教育内容的选择与提出，要注重对受教育者要求的层次性与受教育者身心发展的渐进性的关注。

第二节 思想政治教育的内容

思想政治教育的内容，它是党和国家对社会成员实施思想政治教育时在思想、政治、道德、法律，心理等素质方面的要求，是决定民族素质的重要方面。它不仅体现思想政治教育的性质，而且是实现思想政治教育目标与任务的重要保证。思想政治教育目标内在规定的丰富性以及对教育对象素质发展的多方面教育的需要，决定了思想政治教育的具体内容也是全面的、广泛的、具体的。它包括以下几个方面。

一、世界观、人生观、价值观教育

世界观、人生观、价值观教育是思想政治教育最根本的内容。整个思想政治教育如果不着眼于引导人们树立正确的世界观、人生观、价值观，那么人的发展问题便不可能得到根本的解决。

（一）世界观教育

世界观是人们对于世界的总的看法和根本观点。世界观来源于人的生产和生活实践，每个人在改造自然和改造社会的实践中形成了人与人之间的各种社会关系。每个人都按照自己的世界观来解释各种现象、处理各种问题。因为人生活在世界上，除了参加物质生产活动，获得必需的物质生活资料外，还要进行政治、思想、文化的各种交往活动。人们通过人际交往与社会实践，逐步加深了对社会生活的认识，产生了对各种具体事物、现象的看法。随着社会实践的发展，日积月累，就由认识具体事物到认识一般事物，由现象到本质，逐渐形成对世界的总的看法和根本观点。

世界观可以分成唯心主义和唯物主义两种根本对立的类别。在认识和对待精神与物质、思维与存在的关系问题上，唯心主义主张精神第一性、物质第二性，而唯物主义主张物质第一性、精神第二性。马克思主义世界观属于唯物主义世界观，是辩证唯物主义与历史唯物主义的有机统一。

世界观教育是一项长期的任务。世界观的转变是根本的转变。马克思主义世界观是科学、正确的世界观。树立马克思主义世界观，是由我国的社会主义性质所决定的。引导和帮助人们树立马克思主义世界观是实现思想政治教育目标的根本保证和最高成果。

1. 马克思主义哲学理论的教育

马克思列宁主义、毛泽东思想、邓小平理论和“三个代表”重要思想是科学的理论体系，是指导我们思想的理论基础。作为科学世界观和方法论的马克思主义哲学，是马克思主义学说的理论基础，是人们认识世界和改造世界的思想武器，也是改造主观世界的准则。马克思主义哲学理论教育的主要内容是：世界的物质统一性的教育；自然、社会、思维运动的一般规律的教育；人类社会运动的基本规律的教育；人类认识运动的基本规律的教育。通过这些教育，使人们逐步树立阶级观点、群众观点、劳动观点、辩证唯物主义观点，逐步形成正确的世界观。

2. 实事求是思想路线的教育

实事求是，是马克思主义的精髓。中国共产党的实事求是、解放思想、与时俱进的思想路线是马克思主义世界观和方法论的集中体现，是党的全部活动的指南。在思想政治教育内容中，对人们进行实事求是思想路线的教育，能够培养科学的思想方法和工作方法，加深对科学社会主义理论的理解，增强执行党的基本路线、纲领和政策的自觉性，加速形成科学的马克思主义世界观。

3. 马克思主义认识路线的教育

马克思主义哲学把实践观点引入认识论，不仅科学地揭示了人类认识和思维发展的规律，同时也揭示了人类在认识世界和改造世界的过程中，不断从必然向自由发展的规律。人类认识运动是沿着主观和客观、认识和实践、主体和客体的基本矛盾展开的。认识过程实质上就是在主体改造客体的实践过程中，克服主观和客观、认识和实践、主体和客体的对立，达到两者的统一的过程。

4. 科学方法论的教育

任何事物都是物质世界的一个组成部分，都遵循从量变到质变、从低级到高级的程序螺旋上升发展，而发展的根本原因在于事物的矛盾运动。对于这些问题的正确认识，是区别辩证法与形而上学的实质所在。马克思主义哲学是世界观与方法论的统一。它既是对世界本来面目的如实反映，又是客观地证实现实世界是辩证存在和发展的。因此，彻底的唯物主义就应当同时也是辩证的。在思想政治教育活动中，对教育对象进行唯物辩证法的科学方法论教育，能促使教育对象坚持辩证的方法论，自觉地运用唯物辩证法的观点和方法来认识世界、改造世界，分析和解决问题，从而促进科学世界观的形成。世界观决定方法论，辩证唯物主义世界观总是与唯物辩证法相联系的，而唯心主义世界观则与形而上学相结合。开展科学方法论教育，能够影响和促进人们树立正确的世界观。马克思主义世界观为社会成员指明了政治方向，提供了科学的世界观和方法论，可使社会成员更好地服务于社会主义建设。

（二）人生观教育

人生观是世界观的重要组成部分，是人们在实践中形成的对于人生目的和意义的根本看法，它决定着人们实践活动的目标、人生道路选择的方向和对待生活的态度。人生观是对人生的根本观点，就是人们对于人生的根本意义、目的、价值和人生道路等重大问题的总的看法和根本的态度。

人们在漫长的人生历程中，总会遇上很多人生问题。自古以来，人为什么而活，生命的意义和价值是什么，应怎样评价和创造人生价值，对这些问题的不同回答，形成人们不同的人生观。所以，人生观就是人们关于人生目的和意义的根本看法和根本态度。它的具体内容包括生死观、苦乐观、公私观、幸福观、荣辱观等。

马克思主义的科学人生观。马克思主义的科学人生观继承了历史上一切进步人生观的积极因素，是对历史发展的必然结果的科学认识。它把实现共产主义、为绝大多数人谋利益看作是人生的崇高目的和最大幸福。在具有共产主义人生观的人看来，把自己的一生献给人类的解放事业，人生才有真正的意义。因此，这种人生观要求人们全心全意为人民服务，为实现共产主义而奋斗终生。

“为人民服务”是马克思主义人生观的核心和精髓。在我国社会主义初级阶段，共产主义人生观是最高的人生观层次，它提倡的是为人民服务的人生观。

这种人生观是与社会主义事业紧密联系在一起的，以为人民服务为宗旨，把握人生的意义，培养积极的人生态度，在履行人生责任中创造人生的价值。在社会主义市场经济条件下，要坚持为人民服务的人生观教育，引导人们形成为人民服务的人生观。

为人民服务的人生观主要内容有以下四个方面：

1. 人生理想的教育

理想是与奋斗目标相联系的有实现可能的信念。人生理想是人们在规划自己的生命活动中，建立在现实基础上的、符合客观规律的、经过奋斗能够实现的关于人生奋斗目标的想象。人生理想按内容可以分为社会理想、道德理想、职业理想和生活理想。其中社会理想是最高层次的、起支配作用的理想。人生理想是人生观的灵魂，是人生精神生活的支柱。科学的社会理想，是人生道路上战胜各种困难险阻，实现伟大历史变革的正确航向和巨大动力。实现共产主义是我们最高的社会理想。建设中国特色社会主义是现阶段的共同理想，它集中体现了我国各族人民的根本利益和愿望。进行理想教育主要是引导和帮助教育对象确立建设中国特色社会主义的共同理想。同时，还要进行社会道德理想、职业理想和生活理想的教育。

2. 人生价值的教育

人生价值是指人的生命活动对社会的延续和发展所具有的意义和作用。人生价值包括两个方面：一方面是个人对社会的责任和贡献；另一方面是社会对个人的尊重和满足。如何追求和实现人生价值，是人生观的一个重要问题。人生价值关系中的两重性表现为贡献和索取的有机统一，是个人对社会的贡献和创造与社会对个人的尊重和满足的有机统一。认识人生的价值，价值主体要超越对他人和社会的索取，追求对他人和社会的贡献。人生价值首先在于劳动和创造，一个人为他人、为社会创造的价值越多，他的人生价值就越高，人生也越有意义。人生价值的教育，实质上是引导和帮助人们正确认识和处理个人与社会、贡献与索取的关系问题。

3. 人生态度的教育

人生态度是人生观的重要组成部分。具体是指人们在一定环境的影响和作用下，经过自我生活的体验，所形成的关于人生问题的较稳定的心理倾向及其表现。在思想政治教育中，人生态度的教育主要是进行革命乐观主义教育、艰苦创业教育、勤劳致富教育、挫折和生存教育等。通过这些教育，引导和帮助教育对象以积极进取的人生态度去对待人生道路上的苦与乐、荣与辱、生存与发展等问题。

4. 人生道路的教育

人生道路是指人们在度过自己一生的生命历程中所走的道路。每一个人都有自己选择的人生道路，只有把为人民服务作为一生的追求，才会使自己身后留下闪光的人生足迹。人生道路是人们所处的一定历史条件和社会关系的产物，是人们社会的物质生活条件的深刻反映。在改革开放与现代化建设的新时期，正确的人生道路是坚持与实践相结合、与人民群众相结合，从人民群众身上汲取丰富的营养与智慧，为祖国的富强、人民的幸福贡献自己毕生的精力。

在人类历史上，由于社会历史条件的不同，曾经出现过各种类型的人生观。我们要反对以下错误的人生观：

第一，享乐主义人生观。享乐主义人生观是剥削阶级利己主义的特殊表现。这种人生观从人的自然本性出发，把人生追求仅仅看成满足人的生理本能需要的过程，认为追求感官的快乐、追求物质生活的享受是人生的唯一目的。这种人生观片面夸大了人的自然属性的需求，忽视了精神生活的满足，特别是高尚情操、人生理想的追求，使人生观教育陷入误区。

第二，悲观主义人生观。这种人生观认为人生就是痛苦，人生毫无意义可言，即使一切欲望得到满足，仍然无法摆脱孤寂、空虚、厌倦、无聊，而这同样是痛苦。悲观主义人生观反映了没落阶级与失意阶层的心态和思想，使人们对人生追求失去信心。在实际生活中，它往往又与纵欲享乐主义相伴。

第三，实用主义人生观。实用主义人生观把“方便”和“有用”作为待人处事的信条和原则，以“有用即真理”为核心。

第四，权力意志主义人生观。这种人生观把追求权力看作人的意志和人生的本质，认为有了权力就有了一切，把谋取权力作为人生最高的价值准则。这种人生观满足个人主义者的权力欲望，人生的目的就是成为“人上人”。

在我国改革开放和现代化建设的新的历史时期，思想政治教育的任务是引导和帮助人们树立为人民服务的人生观，识别和抵制错误的人生观的影响和侵蚀。

（三）价值观教育

1. 价值观

价值是一种关系范畴，它所体现的是主体人的需要与客体物满足这种需要之间的关系。在价值关系中，客体或曰“外界”所包含的内容是不相同的，在思想政治教育中，指的是人的思想政治品德符合社会的规范、人的全面发展的要求，就是有价值的。对人的思想政治品德从价值上进行评价，实际上是思想政治教育评价的过程。所谓价值观是指人们在对周围事物能否满足个人或社会某种需要进行评判时所持的观点。不同的阶级有不同的价值观。

2. 价值观教育要引导人们形成集体主义价值观

从价值观的类型进行分析，可以分成集体主义价值观和个人主义价值观，这是两种根本对立的价值观。

集体主义价值观的基本特征是集体利益高于个人利益，在个人利益与集体利益发生矛盾时，个人利益服从集体利益。马克思主义对集体的理解是建立在集体与个人关系辩证统一的基础上的。集体主义价值观所强调的集体利益高于个人利益，并不排斥、否定个人的正当利益。实质上，集体主义价值观是一种以人民群众为价值主体的价值观，它要求人的思想行为必须以合乎最广大人民群众的最大利益、为最广大人民群众所拥护为标准，以此来正确地处理个人利益与人民利益、眼前利益与长远利益、局部利益与全局利益的关系。

与集体主义价值观根本对立的是个人主义价值观。这种价值观在处理个人与他人的关系时，主张以个人为中心、以个人利益为出发点、以个人幸福为最终目的，并以此为价值标准，为评价思想是非、行为善恶的最高价值尺度。这种价值观所倡导的个人主义与利己主义是相联系的。

在社会主义市场经济条件下，思想政治教育的重要任务是，坚持集体主义价值观的教育，发展和完善集体主义价值观，反对个人主义价值观。

3. 人民利益高于一切的价值观教育

人民群众是物质文明、政治文明、精神文明的创造者，是推动社会进步与历史发展的根本动力，是社会主义社会和国家的主体，当然也应是价值关系的主体。人民利益高于一切，以人民利益为最高价值主体，以此判断个人与社会相互关系的意义，才能正确把握价值目标，进行价值选择和价值评价。

第一，坚持自我价值和社会价值的统一。人的价值包括人的自我价值和人的社会价值两个方面。前者是社会对个人的尊重和满足，即个人对社会的正当索取；后者是个人对社会的责任和贡献，两者是辩证统一的。统一的基础是创造和贡献。因此，实现自我价值与服务于祖国人民是统一的，个人的抱负只有同时代和人民的要求结合起来，用自己的知识和才能为人民、为国家服务，才能使自我价值得到充分的实现。任何把自我价值与社会价值对立起来的认识都是片面的，这只能产生错误的人生价值导向。

第二，坚持艰苦创业和追求正当享受的统一。马克思主义认为，人的本性是追求正当的享受，人们奋斗的一切，都直接或间接地同追求正当的享受有关。但是正当的享受总是受生产方式和其他社会因素制约的，而创业作为一种手段，为人们追求正当的享受提供物质基础和精神食粮；人们在得到一定的物质和精神享受后，反过来又为再创业提供动力源泉。这种创业与享受的统一，与享乐主义人生价值观的享乐至上是根本不同的。从这个意义上说，一个人追求正当享受的满足程度是与艰苦创业成正比的，这种价值选择与社会思想政治教育规范是相一致的。

第三，坚持义与利的统一。义利统一是中华民族的优良传统。义产生利，义是手段，利是目的，义与利是统一的。在改革开放、发展市场经济的新形势下，人们从事任何社会活动，都要把义放在首位，以义引利，见利思义，正确处理个人利益与集体利益的关系、局部利益与整体利益的关系、眼前利益与长远利益的关系。如果在价值取向和价值评价中，只讲利、不讲义，重利轻义，见利忘义，就会导致唯利是图、私利膨胀，产生人生误导；如果只讲义、不讲利，也会出现空头政治，无法调动人们的积极性，社会就不能发展，义也无所依托，同样是片面的人生误导，不利于社会形成正确的价值导向。所以，价值导向与价值取向必然是义与利的统一。

（四）世界观、人生观、价值观三者教育的内在统一

世界观、人生观、价值观三者之间是内在统一的，因而，三者的教育也是

相互联系的。

1. 世界观的教育具有决定意义

世界观教育是人生观、价值观教育的基础，因为世界观给予人生观、价值观以一般的观点和方法论的指导。人们对人生的认识要以对世界的认识为前提，人只有首先搞清楚人是从哪里来的以及人与他人、与客观世界的关系，才能确立价值取向的标准，正确处理生死、荣辱、苦乐等各种关系问题。故而，树立正确的人生观和价值观，从根本上说，就必须首先树立正确的世界观。没有正确的世界观，就不可能树立正确的人生观和价值观。

2. 人生观、价值观的教育能促进世界观的形成

人生观、价值观是世界观的反映，同时影响世界观。人类在社会实践中，不断加深了对人自身的认识，培养了适应社会的生存能力，掌握了与他人相处的本领。这些人生经验的积累尽管是零碎的、不系统的，但会影响人们对世界本原的认识。正确的人生观、价值观能够促进形成正确的世界观。

3. 世界观、人生观、价值观的形成具有同步性

世界观、人生观、价值观三者之间是相互作用、相互影响的，但是三者形成的流程与表现的形态是不相同的。由于每个人所处的环境不同，认识与理解能力的差异，因而，不同人的世界观、人生观、价值观形成的时间、成熟的程度呈现出一定的差异性。对人们的世界观、人生观、价值观的教育具有多端性。比如，在青少年中可以以人生观、价值观教育为开端；在干部中则可以以世界观教育为主。这种教育的多端性，表现在教育内容的选择与安排上可以分层次、有针对性地进行，以便因人施教，达到最佳的教育效果。

二、爱国主义、集体主义、社会主义教育

爱国主义、集体主义、社会主义教育是思想政治教育的主旋律。它集中体现着精神文明的性质和方向，对社会经济、政治、文化的发展具有巨大的能动作用。它是思想政治教育的基本任务，目的是引导人们树立建设中国特色社会主义的共同理想和信念。它是世界观、人生观、价值观教育在政治观、道德观、法制观上的具体展现。这方面的教育在整个思想政治教育中居于主导地位，起

着主导作用。

（一）爱国主义教育

爱国主义是一个历史范畴，在社会发展的不同历史阶段具有不同的内容。在当代中国，爱国主义体现人民群众对自己祖国的一种深厚感情和崇高精神。它是同促进历史发展、维护国家独立和广大人民的根本利益密切联系在一起的。爱国主义与社会主义本质上是一致的，爱党、爱国、爱社会主义是统一而紧密联系的整体。在改革开放与现代化建设的新时期，建设中国特色社会主义是爱国主义的必由之路，是爱国主义传统内容的深化，是新时期爱国主义的集中表现，是时代赋予的爱国主义教育内容的鲜明主题。爱国主义与集体主义教育的内容是相通的。在热爱祖国的大前提下，还应进行热爱家乡、热爱自己的单位的教育，这样才有利于把爱国主义教育的内容具体化、进一步落到实处。

爱国主义是民族精神的核心，开展爱国主义教育要把民族精神与时代精神相结合。具体内容有：中华民族悠久历史教育；弘扬优秀传统文化教育；国情教育；民族自尊心、自信心、自豪感教育；勤俭建国、艰苦创业教育；国防教育和国家安全教育；民族团结、祖国统一教育等。

（二）集体主义教育

集体是指相对于个人而言的社会组织。集体主义则是指一切言论行动以合乎广大人民群众的集体利益为最高标准的思想，它是共产主义思想政治教育的基本原则。它应当包含三层含义：一是从工人阶级和人民的根本利益出发，坚持集体利益高于个人利益的原则；二是在保证集体利益的前提下，把集体利益和个人利益结合起来；三是当集体利益与个人利益发生矛盾时，个人利益要服从集体利益。进行集体主义思想教育就是要求人们树立人民利益高于一切的思想意识，以此作为衡量自己言论与行为的最终评判标准。一个坚定的集体主义者必然是一个坚定的爱国主义者、社会主义者。

集体主义思想教育的内容有：公私观教育；国家、集体、个人利益三者的“结合”“统一”“兼顾”的教育；个人正当利益与勤劳致富、共同致富的教育；热爱集体、乐于奉献精神的教育；集体意识、集体荣誉感教育等。通过这些教育，发扬集体主义思想，引导教育对象正确处理国家、集体、个人利益的关系，做一个坚定的集体主义者。

（三）社会主义教育

马克思主义的诞生，使社会主义从空想变成科学。科学社会主义经历了从理论到实践、从一国到多国实践的胜利发展。这个事实说明，社会主义代替资本主义是人类历史发展不可逆转的发展趋势。“只有社会主义才能发展中国”，这是中国人民从新中国成立后的社会主义建设实践中得出的正确结论，社会主义制度比资本事义制度具有更大的优越性。邓小平理论阐述了社会主义本质的理论问题，回答什么是社会主义；而党在社会主义初级阶段基本路线与基本纲领的制定，解决了怎样建设社会主义的问题。因而，进行社会主义思想教育，就是要引导和帮助教育对象确立建设中国特色的社会主义的共同理想，推进改革开放和社会主义现代化建设事业，全面建设小康社会，实现中华民族的伟大复兴。

社会主义教育的主要内容有：邓小平理论和“三个代表”重要思想教育；建设中国特色社会主义共同理想和共产主义最高理想的教育；社会主义民主与法制教育；基本国情和党的基本路线、纲领、政策的教育等。

（四）坚持爱国主义、集体主义、社会主义思想教育的有机统一

爱国主义、集体主义、社会主义三者在本质上是一致的，是我国社会主义初级阶段的思想政治教育的主旋律，是以为人民服务为核心，以培育“四有”新人、提高全民族思想政治教育素质为目的，在马克思列宁主义、毛泽东思想、邓小平理论和“三个代表”重要思想指导下，最终统一于建设中国特色的社会主义目标。三者教育的内容有机地结合在一起，互相渗透，不可分割。

三、社会公德、职业道德、家庭美德教育

任何社会的经济活动都同时也是人的一种思想政治教育活动。要建立和完善社会主义市场经济体制，除了要使我国的市场经济体制建立在社会

主义基本经济、政治制度的基础之上，还必须开展社会公德、职业道德、家庭美德的教育。

（一）社会公德教育

社会公德是指在一定社会生活中，为了维持社会的正常生活秩序，全体社会成员应当遵守的一些最基本、最起码的公共生活准则，也是评价社会成员文明行为的基本尺度。因而，一个国家或地区的社会公德面貌，直接反映了一个国家和地区的人民思想政治教育文明水平。一个社会的精神文明建设，又必须从全民的公德教育着手。

社会公德的教育主要内容有：遵守公共秩序、爱护公共财物的教育；保持环境卫生，净化、绿化、美化环境的教育；团结友爱、助人为乐的教育；尊老爱幼、尊重妇女和残疾人的教育；见义勇为、敢于同坏人坏事作斗争的教育；文明节俭、热心公益活动的教育等。通过这些内容的教育，提高教育对象的文明素质，转变社会风尚，推进社会主义精神文明建设。

（二）职业道德教育

在现代社会中，职业分工越来越细，各行各业的相互利益关系日益密切，需要经常协调和约束。职业道德教育从自身职业的特点出发，确立具有本职业特征的道德教育准则和规范，以此调节和约束职业行为，促进行业文明新风的形成，提高全社会的思想政治教育水平。开展职业道德教育，党的十四届六中全会决议要求我们“大力倡导爱岗敬业、诚实守信、办事公道、服务群众、奉献社会的职业道德教育”。根据这些要求，要结合各行各业的职业特点，遵循“为人民服务、对社会负责”的宗旨，具体地制定本行业的职业道德教育规范，以此作为本行业人员职业道德教育的内容，增强其职业道德素质。社会的各行各业都应制定职业道德教育规范，开展职业道德教育，规范职业行为，提高社会的职业服务水平。

（三）家庭美德教育

家庭是社会的细胞，是人类社会生活的基础组织形式。它不仅是人们生存与发展的最基本环境，而且是个人走向社会的桥梁。每个人都出生在一定的家庭，并走向社会组建新的家庭。正是在家庭内部，首先开始培育人的社会化，因而，家庭美德教育能使人懂得做人的基本道理和社会责任。父母是子女的第一位教育者，所以，家庭既是人们美德教育的摇篮，又是思想政治教育实践的重要领域。

党的十四届六中全会决议指出，全面加强家庭美德教育，应当“大力倡导尊老爱幼、男女平等、夫妻和睦、勤俭持家、邻里团结的家庭美德”。这些就是家庭美德教育的内容。当前，大力开展家庭美德教育，对于保证广大人民生活幸福，提高家庭生活的质量，促进社会文明健康发展具有重要的现实意义。

（四）社会公德、职业道德、家庭美德教育相结合

思想政治教育是一个完整的体系。社会公德、职业道德、家庭美德教育是思想政治教育的基础性工程。社会公德、职业道德、家庭美德教育搞好了，全社会思想政治教育就有了扎实的基础。但同时，在全社会还要进行社会主义人道主义的教育，其核心是尊重人、关心人，维护和提高人的权利、价值和尊严，促进人的全面发展。其实，社会主义人道主义的教育是贯穿在社会公德、职业道德、家庭美德教育之中的。社会主义人道主义也是人们在处理社会公共生活、职业生活、家庭生活中人与人之间关系应当普遍遵守的一项道德规范。加强社会主义人道主义教育能促进和提高社会公德、职业道德、家庭美德教育的水平，增强思想政治教育的效果。

社会公德、职业道德、家庭美德教育是思想政治教育的重要组成部分。在进行“三德”教育的同时，还要对人们进行以为人民服务为核心，以集体主义为原则，以“五爱”为基本要求的社会主义道德教育，并在全社会提倡大公无私、先人后己的共产主义道德风尚。

在思想政治教育中，我们应当从社会主义初级阶段的实际出发，针对不同对象，提出不同的思想政治教育要求。对共产党员、先进分子特别是领导干部要坚持先进性和高标准的思想政治教育要求，对广大群众应注重基础性和广泛性的思想政治教育要求，充分体现思想政治教育建设中先进性要求与广泛性要

求、导向性与现实性的有机统一。

四、坚持集体主义价值导向，反对个人主义、享乐主义、拜金主义

（一）坚持集体主义价值导向，反对个人主义

集体主义与个人主义是根本对立的两种价值体系。集体主义价值导向主张人民利益高于一切，以此作为正确处理个人、集体、国家利益关系的价值准则。个人主义价值观强调以个人为中心，个人价值高于集体价值，把个人的一切凌驾于他人、社会、国家之上，因而对社会、对国家的危害是很大的。在思想政治教育中要弘扬集体主义，反对个人主义。

个人主义是随着资本主义生产关系发展而形成的思想体系。它直接与资本主义私有制相联系，维护资产阶级财产私有制度。而社会主义的本质之一是“要消灭剥削、消除两极分化，最终达到共同富裕”，这与集体主义的价值导向是一致的。集体主义与个人主义反映了社会主义与资本主义两种对立的思想体系，因而在我国，建立和维护以公有制为主体的多种所有制结构，就必须坚持集体主义的价值导向，反对个人主义。

个人主义作为一种政治民主思想，它强调个人的“自由”“民主”“平等”“博爱”，宣扬资产阶级的民主、自由的价值观。个人主义虽然在反对封建制度和神权统治、建立资产阶级政权的斗争中曾经起过重要的作用，但在资产阶级取得政权后，这种民主、自由的价值观充分暴露出虚伪性与欺骗性。它是直接为资产阶级政治集团的利益服务的，它是与社会主义的人民民主根本相区别的。因此，加强社会主义民主和法制建设，抵制西方资产阶级对社会主义国家的“西化”“分化”，也必须坚持集体主义价值导向，反对个人主义。

个人主义作为一种价值观，认为个人的一切都具有至高无上的价值，从而就使自己同集体、同国家疏远以至对立起来。由于个人主义价值观的导向，追求“一切以个人为中心”的一己之利，它就必然同集体利益、他人利益、国家利益产生不可调和的矛盾，为了达到追求私人的名利、权欲和物质享受，就会不择手段损害集体、国家的利益。严重的个人主义者，最终会走上违法犯罪的道路。因此，思想政治教育要引导人们充分认识个人主义的危害，警

惕个人主义的侵蚀，认真清除个人主义的影响，坚定地做一个社会主义的集体主义者。

（二）坚持集体主义价值导向，反对享乐主义

坚持集体主义价值导向，正确处理国家、集体、个人三者利益关系，说到底，是如何对待物质利益的问题。对待物质利益的态度有两种，一种是为了人的生存、发展的正当享受，一种是追求享乐至上。前一种是正确的价值导向，它是建立在为社会、为集体做出积极贡献基础上应得到的物质与精神享受，因而是正当、光荣、无可非议的。后一种则是单纯地、无节制地追求物质享乐，甚至腐化堕落，成为思想政治品德水准低下的享乐主义者。因而，对待物质利益的态度应该是劳动、创造与享受的统一，反对那种只求享乐、不劳而获的生活观念，也要反对那种大吃大喝、铺张浪费、盲目攀比、挥霍无度、奢华享受的现代享乐主义。因此，思想政治教育要在全社会倡导艰苦创业、满足正当享受的集体主义价值导向，反对不劳而获、坐享其成、贪图享乐的个人主义的价值观。

（三）坚持集体主义价值导向，反对拜金主义

拜金主义的实质，就是把人生的价值追求局限于金钱和个人的物质享受，这是一种以个人为中心的人生价值取向。在资本主义社会中，人生目的被对金钱的贪求所充斥，一切东西都可以成为商品，可以买卖。因此，有钱就有了一切，金钱的多寡就成为衡量人生价值的唯一标准。于是，拜金主义成了资本主义社会通行的价值导向。

坚持集体主义价值导向，就是以为人民服务作为人生信条，把人民利益高于一切作为人生的价值取向。这与拜金主义的人生信条是根本不同的。尽管在社会主义市场经济中，商品生产和商品交换仍是不可逾越的经济形态，商品拜物教和货币拜物教滋生的土壤仍然不可避免地存在，拜金主义思想产生的客观因素也是不可回避的。然而，思想政治教育更应该坚持集体主义价值导向，反对个人主义、享乐主义，自觉抵制拜金主义思想的侵蚀，这样才有助于引导人们树立和坚持正确的世界观、人生观、价值观。

五、法制教育

社会主义法制教育是思想政治教育的重要组成部分。法治和德治属于治理国家的两种不同的社会调节手段。法制教育的主要内容有：

（一）法律意识教育

法律意识是人们关于法律现象的观点、思想、心理和知识的总称。它主要包括：人们关于法律现象的各种学说，对法本质和作用的看法，对现行法律的理解、解释和评价，对自己和他人权利、义务的认识和对人们的行为是否合法的评判，对法律的情感知识等。法律意识是一种特殊的社会现象，它随着国家和法的产生而产生，以社会客观法律现象为其特定的反映客体。

（二）法治意识教育

公民是国家的主人，为保护公民的民主权利，首先要维护国家的根本利益，增强主人翁的责任感。市场经济是法治经济，在公民社会中，法权高于一切，政治的权威、经济的权威、人格的权威等都置于法权之下。以尊重和保护社会成员基本权利为前提的法治原则是社会生活的最基本原则。法治所强调的是公民主权、个人平等的基本自由权利与尊严，法律面前人人平等，甚至国家也必须服从法律，依法办事。所以公民教育要加强的是法治意识的培养，而不仅仅是法律、法规条款的灌输。

（三）权利和义务意识教育

权利意识是指特定社会成员对自我利益和自由的认知、主张和要求，以及对他人这样认知、主张和要求、利益和自由的社会评价。公民权利意识是作为社会主体应有的意识，只有那些最大限度地引导、启发和满足这种权利意识的社会，才是一个合理的现代社会。公民权利意识的提高不仅有利于公民主体意识的增强，维护人的尊严，追求个人自由和个性解放，而且有利于培养公民的政治责任感，从而积极参与国家管理和社会生活，充分发挥其主动性和创造性。

而权利与义务是相依相存的，无权利的义务和无义务的权利，都是不完全的，权利源于义务，是义务换来的，非尽义务就不能拥有权利，无义务的权利是不存在的。公民教育就是要大力培育人的权利主体意识及其捍卫自身权利的行动能力，以及勇于承担义务、责任的意识和能力。其指导思想应是公民权利、义务和责任的有机统一，因为公民意识的核心内容之一，就是公民权利、义务与责任相统一的意识。

（四）法制观念教育

邓小平同志早在1980年就指出：“要讲法制，真正使人人懂得法律，使越来越多的人不仅不犯法，而且能积极维护法律。”1986年邓小平进一步明确强调，要在全体人民中进行法制观念教育。他指出：“我们国家缺少执法和守法的传统，从党的十一届三中全会以后就开始抓法制，没有法制不行。法制观念与人们的文化素质有关……加强法制重要的是要进行教育，根本问题是教育人。法制教育要从娃娃开始，小学、中学都要进行这个教育，社会上也要进行这个教育。”要保证法律的严格遵循，必须使每一个公民都增强法制观念，自觉地学法、守法。社会主义法制更应当建立在人民自觉遵守、执行和维护法律的基础上，而社会成员法制观念的提高则是提高全体人民法制观念的关键。具体的要求如下：

1. 知法

知法是增强法制观念的基础。社会成员要努力学好宪法和法律知识。首先，努力学习社会主义法律体系构成的七个方面的法律知识。这七个方面的法律知识中，宪法是社会主义法律体系的基础，其他法律有民法（包括民法通则、继承法、婚姻法、收养法、著作权法、合同法、专利法、商标法等）、经济法（包括两个部分，一部分是创造竞争环境和维护市场秩序的反不正当竞争法、消费者权益保护法、广告法等，另一部分是国家对经济宏观调控和管理的预算法、审计法、中央银行法、计划法、物价法等）、行政法（包括行政组织法、行政行为法和行政监督法等）、刑法（主要指中华人民共和国刑法）、诉讼法（包括刑事诉讼法、民事诉讼法、行政诉讼法）、社会法（包括劳动法、社会保障法等）。其次，学习省、市、自治区制定的法律、法规。再者，学习政府相关部门制定的法律、法规，比如教育法等。

2. 守法

守法主要是指依法办事，自己不去做违法的事。社会成员守法的范围，主要是指宪法、法律、行政法规，中华人民共和国中央军事委员会制定的法规、地方性法规、部门法规、地方政府规章、国际条约、国际惯例。守法要有依法办事的法律意识，它是指增强法制观念的思想和心理基础，也是提高法律素质的保证。

3. 维法

维法是指当别人违法时，自己积极与之作斗争，维护法律的尊严和权威。维法相对知法、守法来说，对社会成员的法制观念的要求较高，它除了要与违法现象作斗争外，还要与犯罪分子的违法犯罪行为作斗争，敢于揭露犯罪分子的违法犯罪行为，也敢于与破坏国家财产和人身安全的犯罪行为作斗争。维法，需要见义勇为的精神，当然也要善于运用智慧使斗争取得胜利。

知法、守法、维法是相互联系的，是合格公民的基本要求。社会成员更要带头学好宪法和法律知识，模范遵守宪法和法律，提高法制观念和依法办事的能力，促进我国社会主义法制的建设。

第三节 思想政治教育内容的新拓展

思想政治教育活动是历史的产物，是随着历史的发展而发展的。同时，随着社会主义改革开放和市场经济的不断深入和发展，要加强这方面的研究，凡是对我国经济和社会发展有积极作用的外来文化，特别是先进的科学技术，具有普遍适用性的经济管理和其他管理经验，先进的教育思想和教育方法，优秀的文学艺术、文化思想以及文明健康的生活方式与生活习惯等等，都应该积极地予以吸收。

现代社会的发展使人们的生产活动和生活实践活动中出现了许多新的领域，如科技领域、网络领域、生态领域等，由此也出现了许多新的人际关系和社会问题，如人与科技的关系问题、人与自然的关系问题、人与网络的关系问题等，需要人们正确处理。这些新的思想政治道德要求是社会发展对人们提出的新要求，也是作为一个现代人应当具备的现代素质，应当自觉地予以培养。

一、网络思想政治教育

近年来，随着信息技术的迅猛发展，为思想政治教育提供了一个新领域。信息网络技术的发展，提供了现代化的手段，拓展了空间和渠道。互联网的开放性、信息的流动性，不再受时空的限制。网络具有方便快捷、信息量大、覆盖面广的特点。然而，网络也是一把双刃剑，它可以促进社会发展，但也存在不少问题。随着网络社会的迅速发展和人们对网络认识的日趋成熟，人们对开展网络思想政治教育的呼声也日益增强。因此，每一位社会成员都应当自觉培养自己的网络思想政治道德意识，遵守网络规范。网络思想政治教育是人们在处理与网络的关系时应当遵守的思想政治教育观念和行为准则。

（一）加强网络思想政治教育

网络社会的最显著的特征之一便是它的虚拟性，但是，虚拟并不等于不存在，而只是以一种虚拟的形式表现出来的另一种存在形式。透过虚拟的网络屏幕，与我们所链接、所交往的仍然是现实生活中一个个真实的人。从这个意义上说，网络社会不过是人们现实社会的拓展，网络社会关系是人们现实社会关系的延伸。在思想政治教育工作的内容中，我们必须重视互联网政治功能的研究这一新增加的时代内容，必须对传统的思想政治教育工作思路、方式方法进行改进，以适应数字化时代互联网飞速发展这一趋势。要加快思想政治教育工作进网络的步伐，增强对互联网的控制力和对有害信息的屏蔽能力，保证先进思想文化在网络上占据主导地位，扩大覆盖面，增强影响力，在网络上巩固社会主义主流意识阵地。同时，更为重要的是，思想政治教育工作者要培养人们敏锐而正确的文化判断能力。尼葛洛庞蒂提出，人们不可能也没必要掌握所有的信息，而应该掌握的是“关于信息的信息”。所谓“关于信息的信息”，就是对信息的判断能力和选择能力。只有具备敏锐、正确的文化判断力、识别力，人们才能在众多的信息中“择善从之”。

（二）遵守网络道德规范

网络生活中的道德要求，是人们在网络生活中为了维护正常的网络公共秩序需要共同遵守的基本道德准则，是社会公德在网络空间的运用和扩展。因特网是人们自主自愿、相互链接而建立起来的世界，在网络社会中，人们摆脱了现实社会中的种种束缚和顾虑，畅所欲言地表达着个人的思想、意志和情感。接受网络社会的思想政治教育与接受现实社会的思想政治教育的最大不同点在于思想政治教育主体的自觉性，网络社会的思想政治教育主要依赖于网络主体自身的思想政治教育要求和约束，即思想政治教育自律而实现的。面对全时空、无边界、虚拟自由的网络天地，正确认识“可能”与“应该”之间的关系，有助于我们自觉遵守网络思想政治道德。网络犹如给人添上了一对翅膀，任人自由飞翔，使现实生活中的诸多不可能成为可能，但是，“可能”不等于“应该”。例如，借助网络技术，可以做到私自解密，进入他人的计算机系统，得到他人的信息，但这并不等于应该窃取他人信息。在网络生活中，个体的道德自律是维护网络道德规范的基本保障，每个社会成员应该培养自觉的道德意识，充分展现良好的人格，共同建设一个健康美好的网络世界。

（三）遵守网络法律规定

为了保护人们的正当权益，在网络中也必须建立规范。规范是人们获得正当权益乃至自由的保证，规范的限制恰恰是为了保证人们能获得更大的自由，限制损害他人正当权益的行为。在网络社会中，我们必须遵循各种网络规范，如国务院 1996 年 2 月颁布的《计算机信息网络国际联网管理暂行规定》，要求社会成员在网络社会中做一名文明的网络公民。2000 年 12 月 28 日全国人大常务委员会第十九次会议通过的《维护互联网安全的决定》，从保障互联网的运行安全、维护国家安全和社会稳定、维护社会主义市场经济秩序和社会管理秩序以及保护个人、法人和其他组织人身、财产等合法权利等方面进行严格规定。要完善互联网的法律制度规定，增强网络法律意识，对利用互联网实施各种违法行为，要依法追究相关责任。

二、科技思想政治教育

科学技术的日新月异，极大地推动了社会的发展进步。严峻的现实使人们惊醒，一个严肃的问题不容回避地摆在了世人的面前："科学技术是一把双刃剑"，正确利用可以造福人类，而错误使用则足以毁灭人类，为善为恶关系到整个人类社会的生存。科技思想政治教育便在这样一种背景下应运而生。所谓科技思想政治教育指的是人在处理与科学技术的关系时应遵循的思想政治道德观念和准则。在科学技术获得高度发展的今天，进行科技思想政治教育显得尤为重要。

（一）正确处理人与科学技术的关系

人类进入近代工业文明社会之后，近代科学技术有了迅猛的发展，人类取得了一系列重大成果。在宏观领域，社会系统、经济系统、人脑和生命系统、网络系统等方面的研究和应用，对经济、社会和人类自身发展产生了重大影响。

现代科学技术以它神奇的力量，极大地促进了人类社会经济的发展、人民生活水平的提高和综合国力的增强。"知识就是力量""科学技术是第一生产力”的观点日益深入人心。但同时，也使一些人产生了科学技术崇拜过度、唯科学主义的倾向。如在唯科学主义思想的影响下，人们关注的是“何以为生”的工具理性，而将“为何而生”的价值理性忽略或排斥在外，其结果导致的是人的精神家国的迷失、人文关怀的淡薄、行为方式的失范。这些现象的出现，不能不引起人们的反思并予以纠正。应当看到，在人与科学技术的关系中，人始终是主体，是目的；科学技术是手段，是工具。人掌握科学技术，是为了运用它为人类发展服务，而不能反客为主，使人丧失了主体性，成为科学技术的奴隶，被其所异化。

（二）运用科学技术为造福人类与促进社会发展服务

科学技术是工具，运用得好可以造福人类，运用不当则会损害人类。因此，对掌握和运用科学技术的人来说，就必须要有应用科学技术的社会责任感。科学技术的应用不能违背人类的共同利益和社会发展的要求，应当运用科学技术为造福人类和促进社会发展服务。倘若缺乏或漠视这一点，则将导致难以估量的社会危机。

（三）追求真与善的完美结合

科学讲究的是真，它揭示的是客观事物内在的联系、本质和规律，它反映的是人们对客观现实的实然性的认识，求真、唯实是科学的核心，我们可以把“真”理解为合规律性。思想政治教育讲究的是善，它倡导的是人类对自身的认识、发展与完善，它反映的是人们对客观现实的应然性要求，向上向善是思想政治教育的核心，我们可以把“善”理解为合目的性。人类的一切实践活动都应当是合目的性与合规律性的有机统一，是真与善的完美结合。因此，科学技术在讲究真的同时，必须与思想政治教育的善相结合，两者相辅相成、良性互动，使之真正成为推动人类进步、社会发展的“车之两轮，鸟之两翼”。这就要求我们应当注重自身素质的全面提高，在努力提升科学素养的同时，努力提升人文素养；按科学精神的要求，培养自己具有追求真理、崇尚理性、实事求是、无私奉献、团结协作、民主平等、开拓创新等品质；按人文精神的要求，培养自己具有追求崇高与完美、公平公正、尊重人的价值尊严、关注人的心灵信仰、关心人类命运前途、富有社会责任感、向上向善等品质，使自己获得全面、平衡的发展，争取为人类，为社会做出更大的贡献。

三、生态思想政治教育

当我们全方位地审视现代人的生活状态时，看到的却是这样一幅充满矛盾的情景：一方面，现代人的生存质量较前人有了极大的提高，如便捷的交通，宽敞的住房，丰富的食品，多彩的服饰，人类的平均寿命逐年延长；另一方面，现代人正面临着严峻的生态环境恶化，人口过剩，大气污染，水流变质，土地沙化，动物种群减少甚至灭绝。“全球变暖”“臭氧层空洞”“酸雨沉降”已成为三大全球性环境问题。由生态环境恶化引发的生态问题严重地影响了地球和人类的生存与发展。面对这一现状，近年来人们对生态环境保护的呼声日益强烈，生态思想政治教育作为一种全新的思想政治教育也随之进入了人们的视野和生活。所谓生态思想政治教育是指人类在处理同自然环境的关系时应遵守的思想政治道德观念和准则。它倡导的是人与自然相互依存、和睦相处、共同进化的生态思想政治道德观，引导人们为了人类的长远利益、整体利益、根本利益，自觉养成热爱环境、保护环境、建设环境的思想政治品德和行为习惯。因此，人们要解决生态思想政治道德问题，首先要解决对待自然环境的态度问题，树立生态思想政治道德意识。这是每个社会成员都应当具备的思想政治道德素质。

（一）自然是人类赖以生存与发展的家园

人类的生存发展首先依赖的是自然环境。其一，自然环境养育了人的生物生命。早在35亿年前，在适宜的水温、气候和雷电等自然因素的综合作用下，地球上诞生了神奇的生命。从此，生物生命在与环境的相互作用下，逐渐演变，直至出现了人类的先祖古猿。古猿为了生存，在适应环境和劳动的过程中，身体结构和生活习惯不断发生变化，最终发展成能够直立行走、具有语言意识、会使用劳动工具的人，因而可以说人是自然的产物。其二，自然环境滋养了人类的精神生命。高山的险峻、大海的壮丽、四季的神奇变化，潜移默化，润物无声，陶冶着人的心灵性情，给人以情感的寄托、美的享受和无限的遐想，极大地丰富了人类的心灵世界。其三，自然界为人类提供了不断发展所需的必要资源。没有自然环境提供的生产资料和生活资料，人类便无法生存与发展。人与自然所具有的这一内在联系，决定了人类必须保护自然，尊重自然。任何破坏损害自然的行为最终必将损害人类自己，保护自然就是保护人类。

（二）人与自然应和谐相处

在现代工业发展的过程中，人类对大自然进了无限制的过度开发和索取，在改造自然的同时也在破坏自然，从而引发了一系列环境问题的产生。这迫使人类重新反思自己的行为，逐渐认识到人类和自然环境是一个整体，应和谐共处、协调发展。1962 年，美国生物学家莱切尔·卡逊发表了《寂静的春天》一书，列举了大量污染事实，指出人类一方面在创造高度文明，另一方面又在毁灭自己的文明，环境问题如不解决，人类将“生活在幸福的坟墓之中”。此书一出版立即引起轰动。1972 年，联合国在斯德哥尔摩就环境问题召开了第一次世界性会议，将人类遭遇的环境问题严肃地提出，把环境与人口、经济和社会的发展联系在一起审视，主张寻求一条健康协调的发展道路。1987 年，联合国委托以布伦特兰夫人为主席的世界环境与发展委员会提交了一份《我们共同的未来》的报告，提出了可持续发展这一崭新的理念，即可持续性发展应该是“满足当代人的需求，又不损害子孙后代满足其需求能力的发展”，为人类的发展以及处理人与环境的关系提供了新的思路。1992 年，在约翰内斯堡召开的联合国可持续发展首脑会议上，可持续发展作为一种战略被世界各国所接受，并付诸实施。会后国际社会出现了一系列积极变化：诸多环境公约相继生效；全球性、区域性和双边环境保护公约、条约和议定书不断出台；150 个国家建立了相应的组织机构；2000 多个城市制定了地方《21 世纪议程》；80 多个国家向联合国提交了执行该议程的国家报告。我国政府是世界上率先编制《21 世纪议程》的国家。1996 年，中国政府正式提出，将科教兴国和可持续发展作为国家发展的基本战略，并在推进生态环境建设，实行退耕还林、还草、还湖和“绿化祖国”等方面采取了一系列积极有效的措施。生态思想政治道德要求人类将爱的原则扩展到人与自然的关系中去，使人与自然和谐相处，共同发展。在生态思想政治教育观的指导下我们应当做到：

1. 要热爱自然和保护自然

它首先要求人要热爱自然，热爱自然才会做到保护自然，严禁对树木乱砍滥伐，严禁对动物肆意捕杀。为了人类的长远利益、整体利益和根本利益，为了子孙后代的生存与发展，生态思想政治教育引导人们树立全局观念、整体观念、可持续发展观念，自觉养成保护环境的良好行为习惯，共同营造一个富有、洁净、美丽、充满生机的良好生态环境。

2. 要珍惜自然资源

自然资源是指在一定的时空条件下，能够产生经济价值的自然环境因素的一部分，它构成人类生产过程中必不可少的物质基础。大自然虽然资源丰富，但它所内含的自然资源在一定的时空中却是有限的，许多宝贵的自然资源需要经历漫长的时光岁月的洗礼才能生成。人类的过度开采和利用会打破人与自然发展的平衡性，导致资源的不足与缺失，最终影响到人类的生存和发展。因而，开展生态思想政治教育可以促使人们养成珍惜资源、节约使用资源的良好习惯，节约一切可以节约的资源，反对和禁止浪费性生产与消费。

3. 要积极建设自然环境

自然环境为人类的生存发展提供了生产资料和生活资料，但人与环境的关系不仅仅是利用与索取，还应当是建设和发展。人类在考虑规划如何利用开发环境的同时，要考虑和规划如何建设和发展环境，使人与自然共同进化。在建设环境方面，人类有许多事情可以做，需要做，如对受到破坏的生态系统的恢复重建（退耕还林，植树造林）；对野生动物、濒临绝种的动植物给予特殊的保护；建立生态环境监测预警系统，严格监控空气质量、水源质量；在城市建设中积极推行绿化建设，提高城市绿化率；在工业集中的区域，严格监控环境质量指标，严禁各种污染；尽可能地利用非天然资源和最大限度地减少环境负荷，实现向环境的零排放等等。生态思想政治教育就是要引导人们坚持积极建设自然环境，与环境协调发展，共同进化。只有这样，才能获得人与自然环境的共存共荣和可持续发展。

第五章 思想政治教育的方法和途径

思想政治教育方法是在进行思想政治教育工作的过程中，在马克思主义世界观的指导下，为实现培养目标所运用的能够丰富人们的精神生活、提升人们的思想道德素质、调动人们的主观能动性的各种手段、办法和程序。它是思想政治教育的结构要素之一，是思想政治教育能否取得成功的重要影响因素，直接影响思想政治教育有效性、针对性的发挥，在思想政治教育中占有重要地位。思想政治教育方法在教育内容和教育目标、教育主体与教育客体之间起到“桥梁”沟通作用。

第一节 思想政治教育方法论

思想政治教育工作，要取得实效，离不开科学的方法。由于实践的需要和科学知识的发展，使得思想政治教育方法从一般工作方法中逐渐分化出来，成为一门专门的学科。

一、思想政治教育方法论的基本含义

（一）方法

一般来说，方法就是主体在认识世界和改造世界的过程中所采用的方式或手段。列宁在《哲学笔记》中曾摘录过黑格尔《逻辑学》中的一段话：“在探索的认识中，方法也就是工具，是主观方面的某个手段，主观方面通过这个手

段和客体发生关系。”这段话是对“认识方法”的概括，即主体在认识世界中所采用的方法就叫做认识方法，也称为“思想方法”。此外，主体的活动除了认识世界外，更为重要的是改造世界，那么，主体在改造世界中所采用的方法，就是工作方法或称为行动方法。思想方法与工作方法是相互联系的，思想政治教育方法，即是教育者在对教育对象进行思想政治教育的过程中所采用的思想方法和工作方法。

（二）方法的特性

方法具有客观性。方法是主体实现目的的手段，是主体为了实现自己的主观目的而制定的。因此从形式上来看，方法的选择是主观的。但必须注意的是，方法的存在具有客观性，不是可以任意设计的。这也是人们之所以对方法问题极为关注并且对其进行研究的一个重要原因。如何看待方法的客观性呢？列宁曾指出：“事实上，人们的目的是客观世界所产生的，是以它为前提的。”由此我们得出结论：在主体的目的受到客观因素制约的前提下，为了实现主体的目的而制定的方法也就必然受到这种客观因素的制约，因此我们说方法是不以人的意志为转移的，它具有客观性。把握方法的客观性是研究思想政治教育方法论必须首先把握的一个原则。

方法具有多样性。方法是主体认识与改造对象的手段，因此方法还受到主体意欲改造的客体的制约。由于对象的不同，所采取的方法必定不能千篇一律，因此客体的多样性决定了方法的多样性。

此外，方法还具有辩证性。首先，方法是不断发展变化的。随着时代的发展、社会的进步，主体认识与改造的对象必定也在变化。由于方法与对象相联系，因此，方法也必然要针对对象的变化而有所发展变化。其次，各种方法之间不是孤立的，而是相互联系的。具体表现在：一是由于不同的对象既有个性，相互区别，又有相互联系，因此，在方法上也不应彼此割裂，而是各种方法之间相互渗透、相互联结。例如，在各种交叉学科的研究中，常将自然科学与社会科学方法结合起来运用；二是各种不同层次的方法，联合成为一个既保存自己特点和功能，又相互结合的整体。唯物辩证法告诉我们，一般不能离开个别而存在，而个别又必须以一般为指导，各种不同层次的方法之间是个别、特殊和一般之间的关系，它们之间必然存在相互联系。

（三）思想政治教育方法论

那么何谓方法论呢？方法论就是关于方法的学说或理论，“方法”是它的研究对象。方法的形成、变化和发展规律，方法的性质和作用，以及各种方法的特点、功能及相互关系等都属于方法论探讨的范围。思想政治教育方法论主要探讨人们如何通过掌握和应用思想政治教育的方法，取得最佳的教育效果的规律。首先是研究思想政治教育方法的形成、变化和发展的规律，必须要以马克思主义理论为指导，着重总结和概括思想政治教育实践中的丰富经验。其次是确立思想政治教育方法的基本原则，这是由思想政治教育的目的和任务，以及人们思想活动发展的特点和规律所决定的。第三，对于思想政治教育的各种方法的研究，要注意既要探讨它们自己的特点和功能，又要注意从整体上去把握。

二、思想政治教育方法论的理论基础

任何方法都离不开哲学思想和理论的指导，思想政治教育作为一门实践性、应用性和操作性很强的学科，必须具有自己的理论基础和正确的理论指导。马克思主义哲学是马克思主义全部学说的基础，是指导人们进行科学研究的有力武器。思想政治教育方法论只有以马克思主义哲学为指导，才能坚持正确的方向。毛泽东思想、邓小平理论以及“三个代表”重要思想是马克思主义理论的中国化，是对马克思主义理论的继承与发展，我们要认真学习马列主义、毛泽东思想、邓小平理论以及“三个代表”重要思想的有关思想政治教育方法论的一系列重要论述，坚持思想政治教育方法论的科学理论基础，掌握和运用辩证唯物主义和历史唯物主义的基本原理，作为指导思想政治教育工作方法构建的理论指南。

哲学方法是与世界观密切联系着的，不存在单独的方法论。世界观亦称宇宙观，指人们对整个世界的总的看法和根本观点。方法论是人们认识世界和改造世界根本方法的理论。世界观是人们在社会生活和社会实践中形成的。方法论与世界观密不可分，有什么样的世界观就有什么样的方法论；反之，世界观如果不具体化为认识方法和工作方法，就不能体现出它的指导和改造世界的职能，也就失去了它的价值与实际意义。马克思主义哲学是科学的世界观，其方法论也就是真正科学的方法论。正如恩格斯所指出的："马克思的整个世界观不是教义，而是方法。"

马克思主义哲学，即辩证唯物主义和历史唯物主义，反映了自然界、社会和人类思维活动的最一般规律，是系统的、理论化的科学世界观和方法论。它揭示了社会发展的客观规律，是人们认识世界、改造世界的强大思想武器。它贯穿于思想政治教育全过程，指导人们形成正确的思想方法和工作方法，树立正确的世界观和人生观。掌握和运用辩证唯物主义和历史唯物主义的基本原理，无论对于我们正确认识人的思想特点和行为活动规律，以及正确认识思想政治教育实践活动的特点和规律，还是对于我们掌握、了解、分析和解决人们各种思想认识问题的科学方法来说都有重大的指导作用。

马克思主义哲学为认识和解决思想政治教育方法问题提供了科学的世界观。思想政治教育方法论只有以马克思主义哲学为指导，才能坚持正确的方向，成为真正的科学。由此，我们在研究思想政治教育方法论时，要坚持马克思主义哲学的指导，将方法问题提到世界观的高度上来认识，同时，又要注意把一般的哲学原理具体化为认识世界和改造世界的具体方法。需要指出的是，由于将世界观转化为具体方法的过程，是一个从理论到实践、从一般到个别的复杂过程。因此，现实中也不排除这种情况的出现，即世界观是正确的，但方法却错了。这就要求我们必须将理论与实践结合起来、将一般与个别结合起来，而不能将一般的规律到处乱套，却不考虑各个不同对象的特殊性，这样就会造成世界观与具体方法不一致的情况出现。所以，在研究思想政治教育方法论、探讨思想政治教育的各种方法时，既要坚持以马克思主义理论为指导，又要特别注意将理论和实际、一般和个别结合起来。

三、研究思想政治教育方法论的重要意义

毛泽东同志在《关心群众生活，注意工作方法》一文中曾形象地把工作比喻成过河，把方法比喻成桥或船，他说："我们不但要提任务，而且要解决完

成任务的方法问题。我们的任务是过河，但是没有桥或没有船就不能过。不解决桥或船的问题，过河就是一句空话。不解决方法问题，任务也只是瞎说一顿。”做工作不能没有方法，就如同过河不能没有桥或船一样。方法是完成任务、实现预定目标的必不可少的手段。但是，只有正确的、科学的、与所要解决的任务相适应的方法才能引导人们完成任务，做好工作。如果在实施教育的过程中，对教育对象采取错误的方法，即便教育的目的、内容都正确，也难以取得预期的教育效果，甚至还会产生负效果，造成不良影响。所以，必须将对于方法的学习和研究放在重要的地位。

思想政治教育方法论在完成思想政治教育任务中具有不可取代的地位和重要作用，它以马克思列宁主义、毛泽东思想为指导，将党在长期思想政治教育实践活动中所创造的许多行之有效的方法，进一步加以总结、提炼，同时吸收和应用现代科学的成果以及相关学科的知识，形成一种完整体系，便于思想政治教育工作者依据这种方法论的指导，有计划、有步骤地进行工作。这种体系，符合人们思想活动发展的规律和特点，便于教育对象接受，能提高思想政治教育的实效性。因此，思想政治教育方法论绝不是可有可无的，而是非常重要的，正确的思想政治教育方法论是促进思想政治教育科学化的一个关键点。

第二节　思想政治教育实施方法

要达到思想政治教育的目的，实施教育是一个重要的环节。思想政治教育是一门科学，也是一门艺术，作为科学和艺术的有机统一，它不仅要有正确的理论基础和方针原则，而且要有适宜的工作方法使思想政治教育的内容和目标付诸实施，这样，才能够很好地发挥它的作用。正如江泽民同志所指出的："我们不能用简单的口号去说服别人，必须用正确的观点、正确的理论进行分析，明辨是非，引导人民群众坚持走社会主义道路，坚定改革开放的信心。"

一、思想政治教育的基本方法

科学的方法是实现思想政治教育目的任务的重要手段。了解思想政治教育的基本方法，并在实践中加以运用，有助于更好地综合运用思想政治教育的各种实施方式，探索思想政治教育方法科学化的道路。

（一）正面说理

"摆事实、讲道理"是解决人们的思想认识问题的主要途径。正面说理即是通过阐述某种思想理论，利用令人信服的道理和生动的具体事实，通过正面引导，去说服人、教育人，以提高人们的思想政治觉悟的一种方法。需要运用马克思列宁主义、毛泽东思想、邓小平理论和"三个代表"重要思想，以及其他科学理论的力量，对受教育者进行正面的说服教育，以理服人，引导受教育者提高自己的思想觉悟，促进各方面的进步。

正面说理要进行经常性的系统教育，通过马克思主义理论、理想信念、民主法制、社会主义、爱国主义、集体主义、形势政策等教育内容，从根本上帮助教育对象提高思想觉悟和政治素质，树立科学的世界观和人生观，自觉地为实现社会主义事业的当前和长远的目标而努力奋斗。

运用正面说理的方法要注意一些基本要求：一是以理服人。教育者所说的“理”必须是符合客观事实、客观规律的真理，指出事物的本质，这样才能保证教育对象对教育内容的“入脑、入心”，真正体现出这一方法的力量。因此正面说理必须实事求是、以理服人。二是有的放矢。思想政治教育的对象都是具有一定思维能力和思想水平的人，他们的社会经历、生活背景以及职业、地位等各不相同，这就决定了他们之间的思想观念和思维方式也存在差异。因此，正面说理要着眼于一般、着手于个别，因人而异，精雕细刻，做到一把钥匙开一把锁。三是讲究艺术。正面说理有多种可供选择的方式，比如：讲解、谈话、讨论、学习文件书籍报刊等，教育者要根据教育对象的特点、教育内容的要求，运用适合的、生动的、具体的方法进行说理，增强感染力和说服力。

（二）情感熏陶

情感是人对客观事物态度的反映，体现人对客观事物的好恶，对人的行为产生直接影响。情感熏陶就是通过多种形式、多种因素，影响教育对象的情感，进而提高其理性认识，培养健康情感的一种方法。个别谈心、家庭访问、业余活动、社会实践等都是运用情感熏陶的有效方法。

情感熏陶法是党的思想政治教育的优良传统。将思想政治教育的内容寓于情感之中，潜移默化地感化教育对象，体现了思想政治教育的渗透性。但必须指出的是，教育者要充分信任、尊重、理解教育对象，善于运用感化的工作艺术、沟通协调的交流方法，真情实意向教育对象传递温暖和关怀，从而使教育对象受到感染，产生情感的交流与共鸣，通过移情效应，激起教育对象对党的热爱、对社会主义事业前途的信心，并转化成投入社会主义现代化建设的积极力量。

运用情感熏陶的方法，教育者首先要加强自身的修养，通过自己的人格、思想、作风的魅力去影响受教育者。在进行情感熏陶的过程中，绝不能用感情代替原则，要注意与正面说理相结合，根据教育对象的特点，以行育情，以境育情，以情育情，用自己的真情实感打开对方的心门，疏通思想渠道，达到陶冶情操的目的。

（三）榜样示范

“榜样的力量是无穷的”。在我国社会主义革命和建设的各个历史时期，都涌现出一大批先进典型，如董存瑞、黄继光、雷锋、张海迪、徐虎、李素丽、洪战辉等。这些先进典型成为群众学习的楷模，推动了千千万万先进人物的成长。榜样示范的方法是一种典型教育，以典型的人与事例来对教育对象开展教育，把抽象的说理变成生动的形象教育，将思想政治教育“实化”“具体化”，有利于引起教育对象的共鸣，便于教育对象进行学习、对照和仿效，进而提高思想认识。

唯物辩证法认为，客观事物的发展是不平衡的，有差别、有层次的。在现实生活中，客观存在着思想觉悟的高低，存在着先进与落后、好与差的差别。前苏联教育家苏霍姆林斯基曾经说过，要让学生用英雄人物的生活，作为测量自己的尺度，从英雄人物的道德财富中为自己汲取营养，找到榜样。在我国社会主义建设的过程中，在各条战线上都涌现出许多先进典型。发现典型、宣传典型、树立典型、总结推广典型的经验，使教育对象学有榜样，充分发挥先进榜样的示范作用，是思想政治教育的重要任务之一。

在社会主义事业新的历史时期，思想政治教育要根据教育环境和教育对象的发展变化，不断调整方式方法，使之更富有时代感和可接受性。榜样示范可以通过同龄人教育同龄人的方法，触动广大青年的神经，起到很好的教育效果。但在进行榜样示范时要注意：宣传典型，一定要实事求是。俗语说“金无足赤，人无完人”，先进典型不是“神”，不能把先进典型说得事事皆好，更不能把先进典型任意拔高，导致脱离群众，失去典型示范的作用。

（四）对比鉴别

毛泽东在《关于正确处理人民内部矛盾的问题》一文中说过：“正确的东西总是在同错误的东西作斗争的过程中发展起来的。真的、善的、美的东西总是在同假的、恶的、丑的东西相比较而存在，相斗争而发展的。”对比鉴别的方法就是教育者帮助教育对象通过对两种及以上事物的异同（包括属性、特点、要素等）进行分析，对照鉴别，从而作出正确判断，实现提高人们思想认识的一种科学方法。

对比鉴别可分为两种方式：一是纵向比较，这是从时间上划分的，即对事物的过去和现在加以比较，了解事物变化和发展的规律，加深对事物的了解和认识，进而得出正确的结论，提高人们的思想觉悟；二是横向比较，这是从空间上划分的，即对处在不同空间的有一定联系的不同事物加以比较，了解其异同，加深对不同事物的本质的理解，从而提高人们的思想觉悟水平。运用对比鉴别的方法是为了看到成绩，找出差距，总结经验，激发积极性。无论是纵比还是横比，结果都要落实到这个目的上。在进行比较鉴别时要注意将两种方法有机地结合起来，同时注意，没有任何联系的对象之间是不能进行比较的。

俗话说："不怕不识货，就怕货比货。"对比是认识事物的矛盾的一个很重要的方法，有比较才能有鉴别，有鉴别才有提高，这是符合事物发展规律的。但是，对比鉴别应当是有分析地、客观地进行比较，要作出全面的、历史的、本质的分析，而不能仅仅从现象上比，不能只作简单的类比。要注意事物间的可比性问题，由于历史条件、思想基础、工作环境等的不同，在思想政治教育中有些问题具有可比性，而另一些则不可比。这就要求根据教育对象的思想特点的变化，随着时间、历史条件不同，科学地灵活运用对比方法，以得出更加正确的结论。

（五）实践锻炼

"纸上得来终觉浅，绝知此事要躬行。"实践是人们树立科学的世界观、人生观和道德观，探索正确成长之路的必然途径。在思想政治教育中运用实践锻炼的方法，就是在教育者的指导下，有目的、有计划、有组织地引导教育对象积极参加各种有益的社会实践活动，使其在实践中受到锻炼和教育，促进优良品德和良好行为习惯的养成。

在实践锻炼中，教育对象得以接触和了解社会，开阔视野，增长见识，加强对马克思主义的直观理解，自觉提高执行党的方针政策的觉悟，同时在实践锻炼中可以发现自身存在的不足之处，从而有针对性地克服自身的各种思想障碍和不良的行为习惯，达到培养坚强的毅力和意志品质，实现良好思想作风和道德品质的"内化"。

实践锻炼是一种具体形象、生动活泼，容易为群众所接受的方法，使得教育对象在改造客观世界过程中，改造主观世界，不断提高自身的思想政治觉悟和认识能力。实践锻炼的形式方法是多种多样的，例如，社会调研、参观访问、公益劳动、志愿者服务活动等。要注意根据教育内容的要求和教育对象的实际状况、特点，从实际出发，选择适当的实践锻炼的形式和方法。此外，在进行实践锻炼时，要有一定的规范、制度措施，使实践锻炼活动的开展有章可循，帮助教育对象提高实践的自觉性。

二、思想政治教育的具体方法

实施思想政治教育是一个主观见之于客观的过程。在当今全球化、市场化、信息化的时代背景中，人们的思维方式、价值观念和行为方式发生了深刻变化，价值趋向呈现多元化，思想政治教育的环境与教育对象处在动态的变化发展之中，这就要求根据教育内容、教育对象、教育环境的客观实际采取恰当的具体方法，以增强针对性、实效性。故而，把握思想政治教育实施的具体方法，是圆满完成思想政治教育任务的重要保证。以下就着重论述思想政治教育实施过程中经常采用的一些具体方法。

（一）灌输

《现代汉语词典》中，“灌输”的解释为“从外部输入某种思想，相对于自发论而言”。列宁在《怎么办？》一书中，曾针对当时俄国社会民主党内存在的崇拜自发论的工联主义倾向指出：“工人本来也不可能有社会民主主义的意识。这种意识只能从外面灌输进去。”所谓灌输的方法，就是由外界向教育对象系统地、有目的地、有计划地传播某种思想理论体系的方法，也包括教育对象自身系统地学习某种思想理论体系（自我灌输）。这种方法重视学习和吸收科学理论，有助于先进思想和新鲜经验的传播、推广。

灌输的教育方法符合人们世界观形成和思想发展的规律，因为一个社会人的思想和世界观总是在外界的各种思想、理论的影响下变化发展的，而通过灌输，可以有意识、有目的地让先进的思想、理论起主要的影响作用，使社会主义、共产主义思想体系在教育对象的生活中起支配作用，从而引导教育对象的思想朝着健康正确的方向发展。灌输的主要内容应当涉及思想政治教育内容的各个方面的理论，包括：马克思主义基础理论、四项基本原则、民主法制、理想信念、爱国主义、集体主义、社会主义等等，应当根据不同教育对象以及不同的教育目的加以统筹安排。

运用灌输的方法要注意对其有正确的认识，避免陷入误区产生负效应。其一，“灌输”并非“注方式”教育。灌输具有输送、传送的本意，而非一种“强迫”获取知识的手段，要避免在教育中采取简单粗暴的“我说你听”的做法，压抑人性，导致教育对象的反感。其二，“灌输”不是一种必然的“授—受”关系。在灌输的过程中要重视教育对象主体的可接受性和能动性。其三，克服“灌输”内容的教条化和形式的单一化。在内容上，要注意灌输内容的开放性、发展性，紧密与社会、时代的发展变化相结合；在形式上，要注意多样化，结合教育对象、培养目标、教育内容的特点，采取灵活多样的形式。

（二）疏导

思想政治工作的基本原则是对人们进行教育工作、说服工作，而不是采取强制的、压服的办法和行政命令的办法。对人民群众中的思想问题、认识问题，我们要坚持疏导的方针，反对堵塞的方针。疏导，即疏通和引导、开导，就是要在思想政治教育中广开言路，让教育对象没有顾虑地敞开思想，表达出自己的观点和意见，同时要循循善诱，通过说服教育，将各种不同的思想和言论引向正确、健康的轨道。疏导的方法是我们党的思想政治教育工作的一贯方针，是我们党的优良传统之一。

疏导的方法与正确处理人民内部矛盾的理论是一致的。毛泽东同志在《关于正确处理人民内部矛盾的问题》中指出：“一般来说，人民内部的矛盾，是在人民利益根本一致的基础上的矛盾。”“凡属于思想性质的问题，凡属于人民内部的争论问题，只能用民主的方法去解决，只能用讨论的方法、批评的方法、说服教育的方法去解决，而不能用强制的、压服的方法去解决。”这种“讨论的方法、批评的方法、说服教育的方法”都是疏导教育的方法。特别是在全球化、信息化，通讯技术迅捷发展的今天，人们接收信息的渠道开放化、多样化，人们的思想认识也呈现多元化，尤其要注重采取疏导的方法，倾听各种不同的“声音”，让人们畅所欲言，将各自的思想、观点和意见都充分表达出来，在掌握教育对象思想情况的基础上，再加以引导、支持，肯定正确的思想认识，纠正不正确的、错误的思想认识，进而促进教育对象的思想沿着正确的方向发展。

疏导的形式有多种，一般地说，如果是为了解决带有共同性、普遍性的思想问题，那么可采用直接的教育方式，如报告会、演讲会、民主讨论以及新闻、出版、广播等。如果是针对个别的思想认识问题，则宜采用个别交谈、谈心的形式。

此外，要正确认识“疏导”与“灌输”的关系。疏导与灌输是并行不悖、相辅相成的。先进思想的形成离不开灌输，而灌输过程中又会遇到同原有认识、原有思想的矛盾，因此灌输当中也要讲疏导。疏导和灌输应当是相互结合的，疏导并不是对灌输的否定和排斥，恰恰相反，疏导正是为了灌输能够更有效。

（三）协调

在社会主义条件下，虽然人民群众在根本利益上是一致的，但是，由于个人在先天条件上的不平衡、地区文化和自然条件的差异、社会待遇和社会机会的多样化等等，使得自从经济社会出现以来，始终呈现出多元利益冲突与整合的复杂情境，而社会发展的历史表明，人们不可能完全在争取社会和谐的过程中，通过回避“矛盾”和压制“冲突”来谋求多元利益通向一致的道路。正确处理人民群众中利益上的大量矛盾关系，协调好人与人的关系是社会主义思想政治教育的基本任务之一。

在思想政治教育工作中，教育者要采取协调的方法调整人民群众的各种矛盾格局和人际关系，创造出团结向上的集体主义气氛和科学、文明、健康的生活方式，从而对教育对象的思想行为施加积极的影响，这就是思想政治教育的协调方法。在协调的过程中，通过灌输马克思主义的理论，形成教育对象正确的观念，教育他们树立国家利益、集体利益和个人利益相结合的利益观，在科学的利益观支配下，自觉地维护社会的集体利益，把党的利益、国家的利益高于一切落到实处。通过协调人与人之间的关系，形成互助友爱、团结一致、和谐宽容的社会氛围，促进社会主义物质文明、精神文明和政治文明的建设。

（四）沟通

沟通是人与人之间信息互动的过程，包括所有的被人们用来给予和接收信息的符号和线索。思想政治教育的过程就是沟通的过程。因此，在开展思想政治教育的过程中要注意运用好沟通的方法，掌握沟通的艺术，为增进教育主客体之间交流、了解，促进思想政治教育目标的实现打好基础。思想政治教育要想达到一个比较好的效果，必须从教育客体的现实情况出发，了解教育客体的需要，解决实际问题。这就要求教育主体根据教育客体的不同情况，进行耐心细致的沟通和交流，在此基础上，才能进一步实现提高教育客体思想认识和精神境界的目标。思想政治教育主客体之间的沟通可以通过倾听、语言沟通与非语言沟通来实现。一是倾听，即思想政治教育主体或客体通过聆听行为接收另一方的口头信息，理解其含义并对此作出反应；二是语言沟通，即思想政治教育主客体双方利用语言行为发送和接收信息，以进行信息交流；三是非语言沟通，即思想政治教育双方利用形体、表情或其他非语言信号进行信息交流。

（五）咨询

在思想政治教育过程中，咨询可以起到解答疑难、提出建议、辅助决策的作用，同时又具有教育引导的功能，是思想政治教育的重要方法。通过咨询，教育者回答教育对象的疑难问题，加强双方的思想交流，进行互动，从而使思想政治教育与教育对象的思想、生活、工作、学习等各个方面相结合，采用独特的工作艺术，帮助教育对象真正从思想上解决问题。

咨询的内容可以涉及教育对象工作、学习、生活、思想的方方面面，包括科学信仰、人生观、世界观确立的指导和咨询；社会生活问题的指导和咨询；工作、学习问题的指导和咨询；心理卫生的指导和咨询；闲暇安排和日常生活的指导和咨询等等。值得注意的是，随着社会经济加速发展，人们的生活节奏迅速加快，心理压力加重，随之而来的心理困扰、心理障碍有所增多。因此，在思想政治教育中开展心理咨询十分必要，符合社会发展的客观需要，能够满足人们心理健康发展的需要，同时其独特的优点也拓宽了思想政治教育的思路，有利于提高思想政治教育的针对性。

教育者在咨询中要注意自身的角色定位，成为教育对象的“良师益友”，以热情友好、耐心细致的态度，消除教育对象的顾虑，赢得对方的信任，在平等互动中为教育对象排忧解难。此外，在思想政治教育中运用咨询的方法，必须注意要与党团教育、形势任务教育、党的基本路线纲领的教育，以及马克思主义理论的系统教育和思想政治教育的其他内容结合起来，才会达到思想政治教育的目标，取得预期的教育效果。

（六）激励

激励能够充分调动人们的积极性、主动性和创造性，还能够强化人们的正确观念和行为，使人们正确的思想行为在生活实践中得到锻炼和升华。在思想政治教育中，利用激励的方法来塑造人们新的思想行为，具有特殊的教育意义。运用激励的方法，既可提高教育对象投身社会主义现代化建设事业的积极性，为其提供强大的精神动力，同时能够将党和人民群众的根本要求转化为每个人的思想行为准则，从而完成塑造正确的思想政治品德的任务。

激励有物质激励、精神激励。物质激励就是满足个人物质利益的合理需要，将工作报酬和工作任务相结合，使教育对象在物质动因的驱动下出色地完成自己的任务。思想政治教育中的精神激励可以分为不同的方面，比如，激发和鼓舞人们获得马克思主义的科学世界观和为社会进步与人民利益而奋斗的共产主义人生观，激励人们有理想、有目标地去追求积极的人生，这是理想信念方面的激励；提供发挥和施展个人才华的机会，激发其对事业的献身精神，满足实现人生价值的成就感，这是拼搏精神和成就感方面的激励；再有，建立亲密融洽、团结协作的集体氛围，以集体的斗志和工作效率，激发个人的潜能，这是人际关系和团队斗志的情绪激励等等。需要指出的是，任何一种激励都不是万能的。在思想政治教育中运用激励的方法，要注意将多种激励结合使用，既有精神激励，又有物质激励，将两者融为一体，促进教育对象自觉地贯彻党的路线、方针、政策，为改革开放和社会主义现代化事业贡献自己的力量。

（七）惩罚

思想政治教育的功能应当集宣传教育与防范惩罚于一身。思想政治教育内容的传授、目标的实现，除了通过和风细雨、循循善诱的方法来实现外，并不排斥其他的包括强硬的教育方法，例如，批评教育和必要的惩罚手段等。以新加坡为例，新加坡政府认为：必须通过立法和制定政策强制人们遵守共同的行为规范，以此为精神文明的建设和发展提供保障。“新加坡的法律很完备，涉及日常生活的诸多方面，如对随地吐痰、乱扔废弃物、乱涂乱画、公共场所抽烟等在世界许多地方法典中无案可查的内容，都一一立法规定相应的处罚，并严格执行。”新加坡将思想道德建设的许多内容纳入了法制化的轨道，在思想政治教育方法上采取亲切感人的理念、口号与无情严厉的法律、法规并举，在提升公民道德素质、促进文明和谐的社会风尚方向取得了良好的效果。

三、思想政治教育方法的继承与创新

对思想政治教育的一贯重视，是我们党的鲜明特点，在长期的革命和建设过程中，形成了许多行之有效的思想政治教育方法，对此我们既要理直气壮地继承这份宝贵财富，对长期以来有效的好方法加以坚持，同时又要拥有改革和创新精神，不断拓展适合时代发展和教育对象变化需要的新的方法。

（一）思想政治教育方法的继承

在我党的发展历程中，从北伐战争、土地革命、抗日战争到取得全国政权，从长期的革命斗争到社会主义事业的全面建设，始终紧密联系实际，适时进行思想政治教育，长期以来积累了丰富的、行之有效的思想政治教育方法，值得我们学习、研究、继承、发扬。我们党的思想政治教育工作之所以拥有丰富的经验和优良的传统值得继承和发扬，这是因为，它是以马克思列宁主义、毛泽东思想作为行动指南的，一切从实际出发，实事求是是我们党的思想路线，在这样的前提下，党的思想政治教育的方法具有自己的特点和优点，因而，它能够长期地保持自己的优良传统。

1. 解决思想问题和实际问题相结合

理论联系实际是思想政治教育的基本原则，表现在思想政治教育的具体方法中，就是要从教育对象的切身利益出发，将解决实际问题和解决思想问题相结合，在解决实际困难的过程中，不是空洞的说教，而是通过实际问题的解决使教育对象对眼前利益与长远利益有正确的认识，从而振奋精神，投身于社会主义事业。

2. 始终坚持和贯彻民主作风

要解决人们的思想问题和认识问题，只能采取民主的方法，通过启发、示范的方式，使教育主体与教育客体能在平等的基础上进行交流，增进了解，达到以情感人、以理服人的目的。无论在革命战争时期，还是在和平建设年代，我们党都一贯尊重人民群众的意志，支持和保护人民群众行使民主权利。在思想政治教育中民主作风具体体现为：深入人民群众、倾听人民群众的呼声、调动人民群众投入社会主义事业的积极性，将思想政治教育与教育对象的实际相结合，使他们明确不仅要做些什么，而且懂得为什么要这样做，以及怎样做、朝着什么样的目标前进。

3. 表扬与批评相结合

表扬与批评相结合是保证思想政治教育有效性的重要方法之一，使得在思想政治教育的过程中不仅有循循善诱、和风细雨，而且有情理结合、情真理切的治病救人的措施。“批评与自我批评”是我党的优良作风，每当这种作风得到发扬的时候，思想政治教育就能生气勃勃、富有活力，就体现出战斗力、生命力。但这种批评是有原则的，“有则改之，无则加勉”，最终是为了帮助教育对象更好地认识和改正错误缺点，启发内在的觉悟，用正确的思想、观点克服错误的思想、观点。

4. 言教与身教相结合

早在抗日战争时期，周恩来在《抗日军队的政治工作》一文中就提出了“全体政治工作人员以身作则的模范作用”问题，要求“政治工作人员本身必须在思想上、政治上、行动上能够做全体官兵的模范，忠实于革命主义，以百折不挠的意志、艰苦耐劳的作风去影响全体官兵；以谦虚和睦的态度、耐心说服的精神，去团结全体官兵”。在我党的思想政治教育方法中言教与身教相结合是一大特色。作为教育者首先必须先受教育，“先当学生后当老师”，全面提高自身素质，以身作则，平等待人。

实践证明，长期以来所形成的联系实际、生动活泼、交流情感的思想政治教育方法是深受教育对象欢迎的，这些优良传统值得我们继承和发扬。但我们也知道，在长期的革命和建设中，我们党的思想政治教育工作既有成功的经验，也有失败的教训，这就要求我们学会正确的分析判断，对待优良传统既不能割断历史也不能停滞不前，而要将继承与创新联系起来，这样才能保证思想政治教育的活力。

（二）思想政治教育方法的借鉴

思想政治教育方法要发挥其实际功效，首要的一点是立足于本国实际，以历史的丰富经验与现实的社会实践为参考依据，但是，实践也证明：一味自我封闭、固守传统，而不吸收借鉴外来的先进理念和成功经验，即使是最有效的传统方法，也难保其永久的效力。为此，我们必须以高瞻远瞩的眼光和海纳百川的胸怀，借鉴世界各国思想政治教育方法的成功经验，以及其他社会与自然科学的先进方法，进行充分的研究、鉴别、选择、批判、吸收和消化，进而开阔思路、提高水平，通过“古为今用”“洋为中用”和“学科整合”，不断促进本国思想政治教育方法的改进、创新。

1. 借鉴国外成功的经验开展工作

这对新形势下探索加强和改进本国的思想政治教育的方法具有重要的启发作用。例如：将思想政治教育渗透在其他各科教学的方法，在美国，很注意在专业教学中渗透德育。学生学习任何一门专业课都要回答三个问题：“这个领域的历史和传统是什么？它所涉及的社会和经济的问题是什么？要面对哪些伦理和道德问题？”通过这种方式来激发学生思考与专业有关的社会伦理问题，其中包含了德育的目标；再如，在教学方法上采取诸如讲解、讨论、看录像、演剧、唱歌、辩论等多样化的方法；还有充分运用电视、报纸、电影、书籍、网络等大众传播媒介为思想政治教育工具和途径的方法，潜移默化地影响公民的政治倾向、价值取向和生活方式等等。

2. 借鉴和应用其他学科、新兴学科的方法开展工作

在现代科学技术，尤其是信息技术迅猛发展，在人们的思想更加复杂、多变的现实境遇中，要进一步增强思想政治教育方法的有效性。一方面，要运用科学技术的先进成果，促进思想政治教育方法的提高，比如借助计算机、多媒

体、虚拟技术、激光技术，使思想政治教育的内容转化为生动事例，穿越时空，逼真地展现在教育主客体双方面前，产生声形并茂、情理交融的功效；另一方面，要结合当前自然科学与社会科学相融合，产生大量交叉学科、边缘学科的现实条件，主动吸收包括伦理学、教育学、心理学等众多学科的研究成果，积极采取系统论、信息论、控制论、突变论、协同论、耗散结构论等科学方法论，并使之有机结合，实现思想政治教育方法的多学科交叉整合。

（三）思想政治教育方法的创新

创新是思想政治教育工作的生命力，这是由思想政治教育工作的本质要求决定的。马克思、恩格斯在《共产党宣言》中指出：“人们的观念、观点和概念，一句话，人们的意识，随着人们的生活条件、人们的社会关系、人们的社会存在的改变而改变。”由于思想政治教育对象的思想是多样的、变化发展的，因此，与之相应的思想政治教育方法也必然要发展、创新。步入新世纪，思想政治教育面临许多新形势、新情况，要使其切合时代发展的需要，赢得教育对象，成为社会进步的强大精神动力支持，就必须要与时俱进地探求思想政治教育方法的创新。

当前我们所处的时代环境，既为思想政治教育方法的创新发展提供了契机，同时也提出了新的课题和挑战。一是，教育环境发生了变化。改革开放以来，我国经济发展快速，物质文明和精神文明建设都取得了巨大进步，同时，随着全球化、信息化、网络化的浪潮，与世界的交流、开放程度进一步扩大，人们新的思想观念、生活方式不断产生。时代的变化、环境的改变，要求思想教育必须根据新的形势，采取恰当的方式方法，提高教育的针对性。二是，教育对象发生了变化。在新的环境、新的条件中，人们的思想观念、行为方式等都发生了政变，在知识水平、思想认识和价值观念等方面呈现出鲜明的个性特点，若一成不变地简单沿用传统方法进行教育，其效果必然会受到制约影响。三是，思想政治教育的任务发生了变化。随着我国社会主义现代化建设事业目标的不断推进，更加需要团结一切可以团结的力量，动员各族人民，通过有效的思想政治教育方法，促进人们积极投身于祖国的振兴事业，为实现伟大任务提供坚定的思想政治保障。

1. 人本管理的方法

思想政治教育是一项研究人，对人产生作用的工作，其采取的方法必须根据人的思想形成、发展和转变的规律加以灵活运用和适当调整。人本管理的方法是一种“柔性管理”的方法，打开了现代管理的人文视界，提倡人性化的工作原则与目的。人本管理融合了管理科学与人文精神，与思想政治教育以实现人的全面发展，以培养充满活力、和谐发展的人的教育目标相契合。将人本管理作为思想政治教育工作方法的创新，要做到：营造浓郁的人文关怀的教育氛围，使教育方法贴近教育客体的实际和现实的生活，要做到尊重人、关心人，关怀教育客体的生活、学习、工作与成长、发展，创造个体自身发展的空间，搭建施展个体才华的舞台，充分激发个体的自觉性和主观能动性，切实将思想政治教育渗透于人的成长发展的全过程，为实现人的全面发展创造条件。

2. 体验教育的方法

在《中共中央国务院关于进一步加强和改进未成年人思想道德建设若干意见》中明确指出，“思想道德建设是教育与实践结合的过程。要按照实践育人的要求，以体验教育为基本途径”，组织开展道德实践活动。近年来，随着素质教育的全面实施，“在实践中体验”“在体验中成长”的育人成功经验，已在基础教育中得到运用和推广。体验是一种通过亲身经历，逐渐形成经验的过程。体验教育的方法是思想政治教育创新的成功尝试。通过丰富多彩的德育实践活动可以使教育客体在主动参与中经受锻炼，接受熏陶，获得真实的感受，从而自觉地不断省悟，把平时所学的思想政治教育内容的基本知识和基本道理，内化为自身的智慧、才能和品德，并在实际行动中得到落实，由此，教育客体的思想道德素质在“接受教育—体验实践—领悟思考—落实行动”的螺旋式上升的模式中不断提高，进而促使自身个性和人格得到不断发展与完善。

3. 情境模拟的方法

情境模拟是教育学、社会学、传播学、行为科学等学科研究的课题，构建情境，设计模拟角色，影响人们观察的效果、直接感受和真实评价。在思想政治教育中运用情景模拟的方法营造育人的氛围，有利于增强思想政治教育的吸引力与感召力，提高思想政治教育的针对性与实效性。情景模拟可分为：角色模拟，如生活角色情境模拟、职业角色情境模拟、榜样人物情境模拟等；虚拟情境模拟，即借助网络空间的虚拟平台，通过运用网上字码与符号，开展教育主体与教育客体、教育客体与教育客体之间的思想交流与行为引导；情境想象模拟，这是一种教育客体对未来品性超越的憧憬和向往，可以激发教育客体思考未来，追求美好未来。

4. 综合运用的方法

古希腊伟大的思想家、哲学家亚里士多德曾说过，整体大于它的各个部分总和。随着现代科学技术高度分化与高度综合并存的趋势，综合的方法在各个领域和各项工作中广泛运用，其作用与成效明显。思想政治教育方法，应当以唯物辩证法关于全面的观点、联系的观点和发展的观点为指导，适应当前教育客体和社会现实环境的需要，以综合教育方法为创新思想政治教育方法的突破口之一。综合的方法并不是简单地将现有的思想政治教育方法进行累加，而是要将传统的方法与现代的方法、外来的方法与本土的方法有机结合，形成最优化的综合教育体系，以适应教育客体的实际需求和变化发展。

我们在坚持运用经过实践证明行之有效的传统方式、方法和途径外，必然要根据社会发展的要求，结合教育对象的实际，不断探索、总结、开创新的方式、方法和途径。它必将有力地推进思想政治教育科学化的进程。

第三节 思想政治教育的途径

要实现思想政治教育的目标，发挥其有效性，不仅需要一个结构严密、相互配合的工作方法体系，拥有一个网络化、体系化的实现途径也是必需的。一般地说，思想政治教育的途径包括社会教育、集体教育和自我教育。

一、社会教育

“人的本质是一切社会关系的总和”，人们的思想、观念及其行为不是某个单独的客观因素作用的结果，而是一系列社会的政治、经济、文化诸因素综合作用的逻辑结果。社会教育是思想政治教育的重要途径。在个体的社会化过程中，通过学习并掌握特定的知识技能、价值观念和行为规范，从而完成由自然人向社会人的转变过程。在这个过程中，个体要将社会思想观念体系和价值评价体系内化，还要转化为符合社会所期望的良好实际行为。

总体来说，社会教育的组织形式应该包括家庭教育、舆论教育、学校教育、组织（党团组织、工青妇等群众组织）教育等。一是，家庭教育。家庭教育对教育对象的行为习惯、思想作风起到耳濡目染、潜移默化的作用，家庭是整个教育链的起始。作为社会的基本细胞单元，家庭教育的好坏，对整个社会的发展、一代新人的素质提高有直接的关系，因此，家庭教育是社会教育的重要组成部分。二是，舆论教育。即通过社会舆论、社会活动、社会影响等途径对人们进行教育的活动。思想政治教育工作者可以通过报纸、杂志、广播、电影、电视等大众传播媒介和网络、短信等新兴传播渠道，广泛地传递、传播思想政治教育的内容，影响人们的思想行为。舆论教育是对人们进行思想政治教育的大课堂，是一种广泛而深刻的教育形式。在社会舆论的推动下，人们在社会活动和社会交往中联络感情，广结人缘，激发进取心和创造精神。通过宣传和学习先进典型和模范事例，谴责和抵制不道德行为，净化社会风气。三是，学校教育。学校是培育社会主义事业合格建设者和可靠接班人的重要基地，按照党的教育方针对学生进行系统的思想政治教育和科学文化知识的教育，使学生成为有理想、有道德、有文化、有纪律的全面发展的社会主义一代新人。在思想政治教育中，学校处于特别重要的地位，由于学校本身是“专门的教育机构”，在育人方面具有不可替代的作用和优势。因此，学校既要做好校内育人的本职工作，同时，还应该在整个社会的“思想政治教育网络”中起到指导作用，做好纽带和桥梁，这是它所应担负的社会道德责任。四是，组织教育。处在社会生活中的人总是处于一定组织关系之中的。各类党团组织或企事业单位的定期学习、参观交流、志愿服务活动等，都是组织成员融入社会、接受教育的重要渠道。组织教育既可以提高组织内部的凝聚力、向心力，又可提高组织成员的素质，完善组织的整体形象，乃至对社会大环境起到有益的作用。因此，它是社会教育途径中不可缺少的一部分。

家庭教育、舆论教育、学校教育和组织教育都是社会教育的重要组织形式，它们彼此间既有区别，又有联系，虽然他们的教育对象和教育范围可能有所不同，教育者也存在区别，但教育目标是相同的。在思想政治教育中，要做到使社会教育的四个方面互相配合、有机协调，形成完整的教育网络。

二、集体教育

“一滴水怎样才能不干涸？融进大海里。”集体的教育力量是巨大的，前苏联著名教育家马卡连柯指出，“只有一点我想肯定：共产主义教育中唯一主要的教育工具就是活跃的劳动集体。因此组织者的主要努力应当是建立这种集体，爱护和安排这种集体，养成一种作风和传统，并且加以指导……”良好的集体是任何有经验的教育者个人力量所不能比拟的。

在社会生活中，每一个人都隶属于特定的集体。在集体中，人们自觉遵守集体的行为规范，实践集体的思想观念，将集体的要求纳入自己的价值观念体系之中，形成新的世界观与方法论，从而达到思想政治教育的目的。同时，也是在集体中人们的思想与行为受到一定的约束，在集体舆论氛围的影响下，其成员得以纠正错误观念，放弃错误行为。集体教育的这一重要功能，使我们明确：在思想政治教育工作中，必须要注重建立团结一致、文明健康、积极向上的集体，并且要善于发挥集体的教育优势，培养人们的集体意识、集体主义精神、团队协作精神，以充分体现集体的教育功能。

在集体教育过程中，要注意把集体的教育力量“内化”为教育对象自我教育的力量。这就要求把集体教育与自我教育结合起来，以取得良好的教育效果。

三、自我教育

我国著名教育家叶圣陶曾经说过：“教育的目的就是为了达到不教育。”思想政治教育的目的，是使人们具有自我教育、自我控制的能力。所谓自我教育，也就是教育对象自己教育自己，是指教育对象根据思想政治教育的目标和要求，依靠自身思想的矛盾运动，产生积极进取之心，主动接受先进思想和正确理论，克服错误思想，形成良好的思想品德和正确行为，不断提高自身思想觉悟。思想政治教育的过程，不仅仅是将思想政治教育的内容简单地传授给教育对象，更为重要的是使人们在接受正确理论指导的基础上，通过自我思想矛盾运动，去分析、克服错误的思想和理论，并且自觉地树立起正确的世界观和人生观。

自我教育分为个人自我教育和群体自我教育。在个人自我教育中教育对象自身既是主体又是客体，同时承担教育者与教育对象的角色，主要是通过个人的自我反省、自我总结、自我批评等方式提高自我的思想品德修养。个人自我教育可以通过自学理论、领会精神、写总结、悟心得、记日记等形式实现。群体自我教育是指某一集体内部的互帮互教，正如前苏联教育家苏霍姆林斯基曾经描述的：自我教育就是从这里开始的，让一个人去关心另一个人，力求看到自己身上的好的东西在另一个人的身上表现出来。在群体中通过帮助和教育别人，自己也可以受到教育，这是一种广泛的自我教育，可以通过集体讨论、座谈会、民主生活、参观调查、学习典型等形式来实现。

必须指出的是，“自我教育”不等于“放任自流”。教育者要在其中发挥主导作用，把握标准，引导受教育者明确自我教育的要求，帮助受教育者不断提升思想认识水平，强化良好的行为习惯。

思想政治教育的实现途径除了上述三个方面外，还有许多其他的途径，比如：结合专业工作进行思想政治教育的途径，在社会实践活动中开展思想政治教育的途径等等。有一点必须明确，在思想政治教育中选择途径时，应当与一定的教育内容、教育方式相适应，服务于一定的思想政治教育目的任务。

第六章　思想政治教育的管理

思想政治教育管理作为一种特殊的教育活动，具有教育的属性；同时它作为一种管理社会现象，也具有管理的特殊属性。它是一种以培养教育人的思想行为为目的的特殊的管理实践活动。

第一节　思想政治教育管理的含义及特征

管理活动渗透于人们日常生活的方方面面，它具有自己独特的地位。众所周知，思想政治教育是一个极为系统而复杂的活动，在这个活动中，教育者与受教育者、受教育者原有的思想道德状况与教育内容之间都存在着错综复杂的矛盾。要在这个矛盾的复合体中处理好各方面的关系，必须引入管理学的知识来解决。

一、思想政治教育管理的含义

在思想政治教育活动中，合理地组织思想政治教育的管理过程体现出很强的管理性。及时发现、协调和解决思想政治教育中遇到的各种矛盾就是对思想政治教育进行管理的过程。

（一）思想政治教育管理的概念

思想政治教育管理就其本质而言，它是为实现预期的思想政治教育目标，教育者按照一定的管理原则，有计划地进行组织、指挥、协调、监督和实施，从而促进教育对象思想政治品德发展的各种实践活动的总称。

（二）思想政治教育管理概念的理解

正确理解思想政治教育管理的概念需要注意以下内容：

1. 思想政治教育者是思想政治教育管理的主体，在管理过程中发挥主导作用。在思想政治教育过程中，思想政治教育者作为社会和组织的代表，既运用各种有效方式对社会成员进行社会主义和共产主义道德方面的教育，同时也在思想政治教育诸多环节的协调、控制、评估等方面发挥着主导作用。这主要表现在思想政治教育者作为社会和组织的代表，运用各种科学管理的方法向教育对象传递社会主义、共产主义的科学思想。这个过程是由教育者组织、筹划、实施的，充分体现了思想政治教育者及其所代表的社会和组织的意志。同时，思想政治教育管理过程的诸环节也是由教育者掌握的，思想政治教育管理活动的调节、控制、评估活动都被纳入进来。因此，教育者始终处于管理活动的支配地位。

2. 受教育者是思想政治教育管理的客体，并在管理过程中发挥着能动作用。尽管思想政治教育管理的目标和方法都是由教育者来制定并实施的，但受教育者往往存在着不同的思想状况和思维方式，管理的任何活动都必须充分考虑到受教育者的实际情况。思想政治教育管理者只有使自己的教育管理活动与教育对象的实际状况紧密结合，才能真正发挥管理活动的作用，提高管理活动的效率。因此，思想政治教育管理中的教育者与受教育者之间是相互依存、相互影响的，在管理过程中离开了教育对象的积极参加，管理的效果就难以保障。

3. 思想政治教育管理是一种特殊的管理实践。思想政治教育管理具有实践的质的规定性。首先，它是一种客观物质活动，可以直接或间接地为人们所感知。因为构成管理的诸要素如教育者（主体）、教育对象（客体）、内容、方式、手段等都是客观实在的，其结果即人的思想行为的变化也具有客观性。同样，管理的水平、广度、深度及发展过程都受制于客观条件的制约和客观规律的支配，不能违背客观规律。其次，它融进了人类的理性思维，在理性支配下，又有自觉的能动性。这种能动性不仅包括了管理主体的主动性，而且体现了管理客体的积极性。再次，它是社会的、历史的活动，受着一定社会的特定历史条件的制约，具有鲜明的社会历史性。因此，思想政治教育管理是一种特殊的管理实践活动。但它在内容上与一般的实践活动仍有严格的区别，它是一种着眼于思想政治教育的管理活动，具有教育的基本属性，主要是协调个人与他人的思想行为活动，解决人们的社会主义、共产主义思想意识问题。

二、思想政治教育管理的特征

思想政治教育管理是管理学在思想政治教育领域的应用，因而它遵循管理学的基本原则，具有管理学方向的一系列特征。然而，思想政治教育管理学是思想政治教育学的分支学科，又具有与其他管理显著不同的地方，这主要表现在以下方面：

（一）明确的政治方向

思想政治教育管理不同于其他管理的重要方面就在于其具有明确的政治方向，它始终以马列主义、毛泽东思想、邓小平理论和“三个代表”重要思想为指导。

列宁说过：“没有革命的理论，就不会有革命的运动。”坚持以马列主义、毛泽东思想、邓小平理论和“三个代表”重要思想为指导思想，是思想政治教育管理学的根本。思想政治教育管理是党的思想政治工作的一部分，是培养社会主义事业接班人的管理实践活动。作为无产阶级的科学世界观和全人类精神文明伟大成果的马克思主义是思想政治教育学的科学理论基础。没有马列主义、毛泽东思想的革命理论作指导，就没有党的思想政治教育管理实践，思想政治教育管理学也就不可能真正成为一门科学。

在我国，思想政治教育管理学的建设必须坚持社会主义发展方向，必须符合中国的国情，具有中华民族的特色。马克思主义体现了无产阶级和广大劳动人民的根本利益，是无产阶级和广大劳动人民认识世界、改造世界的强大思想武器。它科学地解决了一系列理论与实践的关系问题，既有严格的科学性又有高度的革命性。坚持马克思主义的指导就是坚持科学的世界观和方法论，正确地认识和处理中国古代和国外的思想政治教育管理经验和管理理论，剔除其糟粕，吸收其精华，以马列主义指导我们的实际工作，总结新经验，探索、发展和建立具有中国特色的社会主义思想政治教育管理学的理论体系，以促进其发展成为一门科学。

（二）坚持党的领导

中国共产党是中国工人阶级的先锋队，同时也是中华民族的先锋队。中国共产党最终要带领人民消灭剥削、消灭阶级、实现共产主义。要完成党的艰巨任务，必须通过思想政治教育来提高广大人民的思想政治觉悟，认识到社会主义革命必将取得胜利，共产主义社会是人类社会发展的高级阶段。同时，也只有通过思想政治教育工作，才能使广大人民群众理解并坚信党的路线、方针、政策，才能使之拥护中国共产党在社会主义现代化建设中的领导核心地位。

思想政治教育必须坚持党的领导，作为其重要分支的思想政治教育管理学必然也要强调党的领导作用。马列主义在中国的传播和中国共产党的诞生标志着党领导的思想政治教育管理工作的开端。只有发挥党在思想政治教育管理中的领导作用，才能确保管理活动的方向性，才能提高思想政治教育管理的效率。

（三）管理的育人性

思想政治教育管理不同于行政、工商、企业管理的重要特性之一就是它具有明显的教育性。我们知道，行政管理是围绕着行政工作的效率而展开的，服务于为人民办事的宗旨，工商企业管理则通过管理效率的提高进而实现企业利润的增长。而思想政治教育管理的各项活动都以育人为主要目标，无论思想政治教育管理的哪个环节都应考虑到该管理行为将会产生何种育人效果，产生何种教育影响。例如，各思想政治教育部门在加强制度建设和纪律建设中，除了要强调条文和纪律的约束作用外，还应把这种约束性与教育性有机结合，从而真正发挥思想政治教育的实效。

（四）管理的长期性

之所以说思想政治教育管理具有长期性，这与该活动的管理对象密不可分。

思想政治教育管理的对象是活生生的人，思想政治教育是对人的思想进行改造，进而成为社会需要的人，成为全面发展的人。而人的精神往往最不易改变，俗语说，“十年树木、百年树人”，对人们进行思想政治教育需要相当长的、反复的实施才能最终取得成效。因此，思想政治教育管理作为促进手段必然也是一个具有长期性和反复性的活动。

之所以说思想政治教育管理具有长期性还在于影响思想政治教育管理的因素十分广泛。众所周知，在一个企业，其对生产产品的质量管理主要受到劳动工人的素质、熟练程度、工作态度和机器厂房等因素的影响。而思想政治教育管理则受到学校、家庭、社会、舆论等各种因素的交叉作用，不仅有内在的影响因素，还有外在的影响因素；不仅有物质的影响因素，还有精神的影响因素；不仅有管理者的因素，还有被管理者的因素。因此，我们要全面衡量思想政治教育管理的诸多影响因素，高度重视其复杂性和长期性。

第二节 思想政治教育管理的内容

思想政治教育改变的是人的思想意志等内在因素，它本身是一个极为复杂的系统工程，思想政治教育本身充满了矛盾关系和矛盾运动，除了教育者与受教育者之间的这对基本矛盾以外，教育者与教育内容、教育方法、教育环境的矛盾，受教育者与教育内容、方法、环境的矛盾都是思想政治教育管理需要直面和解决的问题。为解决思想政治教育中的诸多矛盾，思想政治教育管理必然要涉及领导管理、队伍管理和机制管理等方面。

一、思想政治教育领导管理

（一）党对思想政治教育的领导

在我国，思想政治教育是随着中国共产党的诞生而开始的，它最初产生于党领导的军队中，在党对军队的领导中发挥着重要的作用。早在 20 世纪 20 年代，毛泽东在古田会议的决议中就强调，为了将一个由农民和其他小资产阶级出身的成员占大多数的党，建成为一个坚强的无产阶级政党，必须加强党的建设，指出了党是思想政治教育的领导核心。随后，思想政治教育被认为是“红军的生命线”“民族革命的生命线”“一切经济工作的生命线”。毛泽东后来指出：“思想政治教育是经济工作和一切工作的生命线。”因此，思想政治教育是中国共产党进行各项工作的基础和特色，其领导核心必然是中国共产党。

（二）实行党政职能分开

实行党政职能分开是我国政治体制改革的重要组成部分，也是进一步加强和改进党的思想政治教育工作的根本需要。早在 1986 年 9 月，邓小平就指出，“政治体制改革的目的是调动群众的积极性，提高效率，克服官僚主义。

改革的内容，首先是党政要分开，解决党如何善于领导的问题。这是关键，要放在第一位。”只有实行党政分开，党才能把大量繁杂的日常行政事务交给国家政权机关，集中精力来管路线、方针、政策，对政权机关实行强有力的政治领导。这是改善党对国家的领导，加强对国家的领导。“党的领导机关除了掌握方针政策和决定重要干部的使用以外，要腾出主要的时间和精力来做思想政治工作，做人的工作，做群众工作。如果一时还不能完全做到这一点，至少也必须把思想政治工作放在重要地位上，否则党的领导既不可能改善，也不可能加强。”在改革开放的新形势下，中国共产党承担着社会主义现代化建设的核心这一角色，若仍然直接管理现代化建设的方方面面，就不能很好地加强和改善党的领导，党的思想政治工作也必将得不到有力的保障。因此，实行党政分开是我国社会主义事业发展的必然要求。

实行党政分开有利于充分发挥党的监督作用。加强党的思想政治教育职能，就是要使党的经济工作和其他工作始终围绕正确的路线方针。只有在实行党政分开以后，党才有充裕的精力冷静地分析和思考当前所面临的重大问题，并实施真正有效的监督。如果党仍将主要精力放在日常行政管理方面，对国家的一切事务不分轻重一把抓，则会使党丧失接受监督和监督其他机关的可能性，从而导致官僚主义的滋生。也只有实行党政分开，党才能真正克服思想政治工作与经济工作及其他工作的脱节现象，保证国家的各项思想建设与经济建设等活动的有机结合、密切协作。

实行党政分开能够使党和行政部门各司其职，从而有利于支持和领导人民群众当家作主，并且能够充分调动人民群众的积极性和主动性，提高党政各部门的工作效率。那么在实行党政职能分开后，各级党组织在思想政治教育方面的具体职责有哪些呢？首先，各级党组织要从本地区的实际出发，制定符合要求的思想政治教育工作总体规划、年度计划及各项制度。其次，要以战略的眼光观察和分析党的作风问题，抓好行政机关及党组织的廉政建设，强化思想作风建设，完善党的监督体系。再次，要努力掌握舆论导向，使社会各界在思想上能够受到正确的引导。此外，各级党组织还应发挥模范作用，通过领导社团组织、群众组织进一步抓好全社会的思想政治教育工作。

（三）维护思想政治工作部门的权威

早在1985年9月召开的党的全国代表大会上，陈云同志就指出："各级党组织都应把思想政治工作认真地抓好，都应积极维护思想政治工作部门的权威。"维护思想政治工作部门的权威必须做到：

1. 提高党组织的权威

这是维护思想政治教育工作部门权威的关键。树立党的权威需要建立良好的党群关系，党只有始终代表最广大人民群众的根本利益，把人民群众的利益看得高于一切，才能保证党的事业不断取得胜利。对于每一名党员而言，只有加强自身的修养，端正作风，才能提高党在人民群众心目中的威望。

2. 健全思想政治教育工作机构

这是维护思想政治教育工作部门权威的组织保证。思想政治教育工作机构是各级党组织主管思想政治教育工作的职能部门，其设立和人员配备要坚持精干、高效的原则。同时，党组织要保障和维护思想政治教育工作部门应有的权力，提供必要的物质条件，使思想政治教育工作部门有能力加强宣传和教育工作。

（四）协调各方思想政治教育的作用

思想政治教育是一项系统的工作，要提高思想政治教育管理的效率必须在坚持和完善党的领导核心作用的前提下，充分发挥行政机构的保障作用，要善于依靠共青团等各种群众性组织，整合社会各方的教育力量，促使各方团结协作，共同推动思想政治教育的改革与发展。

1. 坚持和完善党在思想政治教育中的核心地位。如前所述，当今时代背景下，思想政治教育面临着复杂的形势变化，党对思想政治教育的领导也迫切需要进一步地加强，而问题的关键在于如何改进和完善党对思想政治教育的领导。

2. 发挥行政机构的思想政治教育作用。思想政治教育所解决的主要是社会成员思想问题，而思想问题的解决不能仅靠理论说服，还必须借助其他诸如行政的、经济的、法律的手段才能完成。因此，各级行政部门在实行党政分开后必须在搞好现代化建设的同时不放松思想政治教育工作。思想政治教育工作不仅是党的责任，同时也需要各级行政部门密切配合，亲身践行。

3. 发挥群众组织在思想政治教育中的作用。思想政治教育中涉及的群众组织主要是指共青团、工会、妇联等由中国共产党领导的先进青年、工人阶级和广大妇女的群众组织，它们是联系党和群众的桥梁和纽带，是党在开展思想政治教育工作中不可忽视的重要力量。因此，只有充分发挥群众组织的作用，才能顺利推进思想政治教育这一伟大事业。

（五）统筹社会力量，倡导全员育人

思想政治教育不仅是党政领导机构和学校、企事业单位的日常工作，它更是一个开放的体系，这是思想政治品德社会化的需要。当今社会正在迈进信息社会，先进的大众传播媒介日益成为联系思想政治教育与社会的纽带，并使两者之间的联系更加密切。因此，基层组织在开展思想政治教育时，必须充分发挥和整合舆论教育、社区教育、家庭教育、网络教育等社会教育力量，只有这样才能不断增强思想政治教育的时代感与有效性。

二、思想政治教育队伍管理

开展思想政治教育，必须要有一支扎根群众、相对稳定、精干务实的思想政治教育工作队伍。他们担负着塑造人们美好心灵，提高人们认识世界和改造世界能力的重要使命。因此，认真研究思想政治教育队伍建设的规律，把握这支队伍的结构、职能和培养、选拔、管理等组织措施，是加强思想政治教育组织保证的必然要求。

（一）思想政治教育队伍建设的重要意义

1. 关系到思想政治教育的性质和方向

加强思想政治教育队伍建设关系着思想政治教育的先进性质和正确方向。毛泽东曾经指出：“政治路线确定之后，干部就是决定的因素。”思想政治教育的目的是要使广大人民群众能够沿着社会主义方向发展，形成社会

所要求的思想品德和政治素质，同时也使自身的价值得到不断实现。思想政治教育的性质能否得到保障、其发展方向能否始终被坚持，这在很大程度上取决于思想政治教育队伍的素质。思想政治教育队伍一方面要宣传党的路线、方针、政策，另一方面要带头执行这些政策，发挥模范作用，在具备较高的理论水平和政策水平的前提下，坚持以马列主义、毛泽东思想、邓小平理论和“三个代表”重要思想为指导，努力开展思想政治教育，也只有这样，才能确保思想政治教育的性质和方向。

2. 有利于发挥思想政治教育队伍的主导地位

思想政治教育队伍在思想政治教育活动中发挥着主导作用，他们是各项思想政治教育活动的组织者和实施者。这突出表现在以下方面：首先，思想政治教育队伍是顺应社会主义国家和社会的要求，把国家和社会的要求输送到受教育者身上。其次，思想政治教育又是一个全社会范围内各行各业都存在的一种社会普遍教育现象。因此，思想政治教育的主体和手段、方式具有广泛性，必须充分发挥思想政治教育队伍的协调与组织作用，才能真正保障思想政治教育的顺利进行。在这一庞大和系统的工作中，思想政治教育工作者必须加强自身的建设，提高队伍的整体素质。换句话说，只有使他们具备极高的综合素质，才能在思想政治教育过程中体现其主导作用。

3. 直接影响到思想政治教育的效果

一般而言，思想政治教育效果能否实现，一靠真理的力量，二靠人格的力量。而不论哪种力量的实现都离不开思想政治教育工作者。思想政治教育工作者是协助党进行思想政治教育的骨干力量，党的思想政治教育是通过思想政治教育工作者的创造性实践活动来实现的。在整个思想政治教育过程中，教育工作者处于十分重要的地位，他们的素质状况如何将直接影响到思想政治教育的效果。一方面，他们所宣传的内容必须与客观现实相一致，能够反映事物的真实面目，深刻体现马克思主义基本原理和党的路线、方针、政策；另一方面，思想政治教育工作者必须带头实践所宣传的内容，使自身的言行一致，成为其他社会成员的模范。只有从以上两个方面着手，认真履行思想政治工作者基本义务，才能切实保证思想政治教育的效果。

4. 是思想政治教育与时俱进的关键

我国正处在经济、社会的飞速变迁时代，改革开放以前所未有的速度不断向前推进，人们在物质与精神方面的需求层次也在不断提高。这既为当前的思想政治教育带来了巨大的机遇，同时也带了诸多严峻的挑战。思想政治教育工作者必须深刻认识到自身所处的境地，时刻以一种时代的紧迫感来提醒自己，加强自身的队伍建设。思想政治教育者还要在新的形势下不断解放思想，主动研究新情况，解决新问题，总结新经验，发现新规律，以便探索新的、具有时代感的思想政治教育内容和方法，不断为思想政治教育增添活力。只有这样，才能从根本上促进思想政治教育的与时俱进，适应时代发展的要求，满足广大人民群众和国家的需要。

（二）思想政治教育者的素质

做好思想政治教育的关键在于人，在于思想政治教育队伍的素质培养和提升。由于思想政治教育工作本身的特殊性，它的工作对象是活生生的人而不是物，它不是一种物质生产劳动，而是一种无法直接以数字计量的精神劳动。同时，思想政治教育的效果产生具有长期性，人的思想问题的解决与重塑必然是存在于潜移默化的教育中，伴随着反复性和复杂性。这就要求思想政治教育队伍既具有普通人的健康素质，更需要具有专业特色的政治、思想、道德、理论、能力、身体素质。

1. 政治素质

思想政治教育首先是党的事业的重要组成部分，它是实现党的总任务和奋斗目标的一种实践活动，因而具有强烈的党性和政治性。对于思想政治教育工作者来说，良好的政治素质是首要的素质要求。

2. 思想道德素质

思想政治教育者的一言一行都是一种直接有力的教育因素，他们的言传身教将对受教育者产生潜移默化的影响。加里宁在《论共产主义教育》一书中指出：“教师的世界观，他的品行、他的生活，他对每一现象的态度都这样或那样地影响着全体学生……”车尔尼雪夫斯基曾经说：“教师把学生造成一种什么人，自己也就该是这种人。”思想政治教育者必须加强思想道德修养，培养高尚的思想道德素质。

3. 理论素质

思想政治教育必须通过科学的方法将系统的思想理论知识输入到人们头脑中，这就要求每一名思想政治教育者具有扎实的理论知识和丰富的相关学科知识。

4. 心理素质

教育活动离不开人的心理，对思想政治教育来说则更为明显，在实际工作中教育者必须遵循心理活动的科学规律，增强心理承受能力，发展积极的个性心理，养成良好的心理品质。

5. 能力素质

思想政治教育工作的系统性与复杂性要求教育者必须具有较强的工作能力，从而确保各项工作的有效实施。

6. 身体素质

思想政治教育既是一种脑力劳动，又包含着体力劳动。思想政治教育的对象是人，而人的思想具有易变形和反复性，加之受环境等其他因素的影响，思想政治教育的困难性和长期性历来为人们所重视。在这种条件下，思想政治教育者必须具备较好的身体素质，拥有健康的体魄、充沛的精力、活跃的思维，从而使自身能够胜任此项工作。

三、思想政治教育机制管理

思想政治教育机制主要是指思想政治教育通过何种方式推动管理过程中的各种因素相互作用，并最终产生良好的管理效果。而思想政治教育管理效果的实现必须依靠多种方法，其基本的管理方法有：宣传管理法、规范管理法、激励管理法、定量管理法、预测管理法等。

（一）规范管理法

所谓规范管理法就是在思想政治教育管理中依据一系列相关道德、法律、行政规定、纪律等方式使教育者与受教育者以此来约束自身的行为，促进管理活动的顺利进行。规范管理法要充分利用道德规范、法律规范、行政规范、纪律规范的综合协调作用，在管理活动中使各种规范的作用相互融合，共同发挥作用。

（二）激励管理法

激励是一种能够使个体将外来刺激内化为自觉的行为刺激，并使完成任务的行为处于激活状态的某些内心需求的外在因素。在思想政治教育管理中充分运用激励方法，能够激发人的动机，转变人的思想认识。思想政治教育者要善于利用激励方法处理好管理工作中的主客体关系，充分调动他们的积极性，从而达到教育的效果。激励管理法应合理运用精神激励和物质激励相结合的手段，推动管理工作的顺利完成。

（三）定量管理法

所谓定量管理法就是将思想政治教育各方面的因素进行量化处理，并用来调整、控制思想政治教育的管理方法。定量管理法将思想政治教育中的各种因素客观化，有利于克服管理过程中的主观任意倾向，从而有效地防止管理工作中的失真性、片面性。但在定量管理中，必须尽可能科学、详尽地设计量化指标体系，使各种量化指标具有适当的权重。此外，在实施思想政治教育量化管理的过程中，要确保实施的公正性，提升管理的科学性。

（四）预测管理法

预测管理法是根据思想政治教育形势的变化，预知可能出现的情况，并采取一定的准备措施，进行超前管理的方法。学习思想政治教育预测管理法要注意以下两个方面的问题：其一是建立合理的预测机制。即要在把握思想政治教育规律的基础上，对教育者和受教育者的行为活动进行有顺序、有条理的方向上的须知，从而为思想政治教育管理提供有价值的参考资料。其二是构建完善的预警机制。思想政治教育管理者要不断搜集多方面信息，调查研究受教育者的思想状况，预知可能出现的不利情况，从而联合相关机构制定相应的解决方案。

第三节　思想政治教育管理水平的提高

如前所述，思想政治工作是经济工作和其他一切工作的生命线，它历来受到党和国家的高度重视。而确保思想政治教育实效性的重要途径就是加强和改进思想政治教育管理工作，努力提高思想政治教育管理的水平。

一、思想政治教育管理的环节

思想政治教育管理是一个动态的过程，这个过程又是由一些前后关联的环节构成的整体，思想政治教育管理正是在这些环节的相互影响中发挥作用的。一般而言，思想政治教育管理的环节主要包括以下五个方面：

（一）目标设计

思想政治教育管理过程的起始环节是目标设计。没有一定的目标导向，就会失去决策的依据，失去决策制定和实施的科学性。

1. 调查研究，获取信息。思想政治教育者应深入基层开展对受教育者状况的研究、对教育环境的考察、对思想政治教育管理活动相关方面信息的收集。只有这样，才能为思想政治教育计划决策提供可靠而翔实的资料，增强目标设计的科学性与合理性。

2. 信息分析，确定目标。在获取大量思想政治教育管理信息的基础上，必须对其加以科学分析，去伪存真，找出管理过程中的症结所在，从而确定思想政治教育管理的目标，解决管理工作中存在的问题。

（二）计划决策

科学制定计划对于思想政治教育管理具有重要意义。计划的科学性有利于提升管理工作的效率；有利于合理组织人力、物力、财力等管理资源，减少管理中的资源浪费；有利于思想政治教育者及时调整管理活动的运行状态，确保管理活动朝正确方向运转。因此，思想政治教育管理计划的制定工作必须引起管理者高度重视，为有效开展管理工作奠定科学的基础。

在获取相关信息并加以认真分析后，思想政治教育者应对所要采取的管理措施进行理论假设，从而在理论上探究管理措施的合理性，进行科学的决策，并在此基础上设计实施方案，制定缜密的实施计划。

（三）组织实施

组织实施是思想政治教育管理的中心环节。这是因为无论对信息分析得多么透彻，计划设计得多么完美，决策制定得多么科学，它们离开了具体实践，就会失去存在的意义。而组织实施环节正是将计划和决策贯彻到具体的思想政治教育实践中来，实现预定的目标。组织实施活动是思想政治教育管理者最主要的工作。

1. 完善组织体系

思想政治教育管理的实施主要是一整套的组织活动，必须完善组织体系，协调各方的关系。

首先，管理环境的织织协调。管理环境不仅包括外部客观环境，还包括管理者和教育对象的内部心理环境。对外部客观环境的组织协调是指要做好思想政治教育有形环境的净化工作，使各方面的作用有机结合起来，防止出现管理过程中的资源浪费。对内部心理环境的组织协调是指管理者要遵循人的心理发展规律，激发和调节管理对象的心理，使其在管理过程中始终保持良好的精神状态，对思想政治教育产生浓厚的兴趣，从而提高管理对象的主观能动性，更好地配合思想政治教育管理工作。

其次，管理资源的组织协调。思想政治教育管理离不开一定的资源投入，它包括一定规模的人力、物力和财力，这是管理工作顺利进行的保障。坚持适度原则、科学统筹管理资源能够减少管理工作中的资源浪费，使其得到充分利用。

再次，管理方式的组织协调。即在管理工作中，根据目标和现实的可能性选择相应的管理方式方法，并使各种方式有机结合，相互补充、相互协调，共同发挥作用。

最后，管理主体的组织协调。思想政治教育管理的主体应为专职思想政治教育者，同时要考虑到工作的复杂性和实际需要，把一定数量的兼职人员吸收到工作中来，力求形成一种层次分明、职能互补的高效管理群体。

2. 提高实施效率

在组织实施思想政治教育活动过程中，管理者要高度重视实施效率的提高，因为，效率是管理工作的生命，坚持效率原则是管理工作遵循的重要原则。为提高思想政治教育管理实施阶段的效率，我们必须在实际工作中引入民主管理的理念，发扬民主作风，充分调动思想政治教育者的积极性。同时，还要充分领会管理目标和计划，要分清工作中的轻重缓急，抓主要矛盾。最后，还应善于总结管理工作中的经验教训，防止在以后工作中出现同样的问题，从而有效提高管理工作的效率。

（四）检查评估

检查评估是思想政治教育管理的重要环节。在管理工作中有效开展检查评估能够及时弥补计划决策中存在的缺陷，保证管理计划的顺利实施；能够在管理过程中发现新情况，从而制定相应的管理方案，充实计划的内容；能够及时了解和监督思想政治教育管理人员的工作情况，及时对其进行合理的动态分配与优化组合；能够掌握管理对象的思想变化情况，了解其对管理活动的态度，调整管理策略，促进其更好地接受思想政治教育和管理。

为做好思想政治教育管理中的检查评估工作，应从方式上不断加以完善，常见的主要有以下两种：

1. 领导观察法。即思想政治教育管理机构的领导人员或上级主管部门负责人深入管理工作的实际，现场了解思想政治教育管理工作的开展情况，直接观察管理计划的执行情况，并及时指出工作中存在的问题，当场提出指导性意见。

2. 对象调查法。即通过思想政治教育管理的客体获知管理效果，从而及时发现管理中的不足，调整管理策略。由于管理对象能够切身体会到思想政治教育管理工作的实际效果，感受到管理手段是否科学，因此，通过调查管理对象，收集他们反映的问题，能够达到检查和改进工作的目的。

（五）总结反馈

总结反馈是思想政治教育管理过程中承上启下的环节，它是对思想政治教育管理活动的经验总结，又能为下一个管理活动提供指导意见。思想政治教育是一个动态的无限循环系统，反馈是其良性运行的重要保证。在总结反馈阶段，思想政治教育者要注意以下问题：

1. 反馈的时效性。对管理工作的总结反馈具有重要的矫正作用，能够促使思想政治管理工作的不断完善。但反馈的信息具有很强的时效性，若管理机构所总结反馈的信息不够及时，则反馈的价值就不存在了。因此，在管理工作中，要保障反馈渠道的畅通和反馈环节的简化，创造一种能使决策者迅速了解反馈信息的机制，并根据反馈信息及时转化为管理计划的有益补充。

2. 组建专门的总结反馈机构。为更好地做好信息反馈和总结工作，思想政治教育管理者应设立相应的专门机构，并由这些专门机构主要负责处理来自各方面的关于思想政治教育的信息，从而为计划和决策提供可靠依据。在反馈过程中，管理者要使用多种方式，如问卷调查、座谈会、不定期考核等，来收集思想政治教育方面的信息；要采用先进的信息采集工具，也可聘请专业化的信息收集人员共同参与管理工作；还必须重视共青团、妇联等群众组织了解思想政治教育的信息，从而丰富和拓宽信息反馈的渠道。

在总结反馈的过程中，思想政治教育管理的决策者必须高度重视总结反馈的重要作用，并及时将反馈信息贯彻到计划和决策的制定中，使管理工作不断走向科学化。

二、提高思想政治教育管理水平

（一）完善思想政治教育管理体系

思想政治教育广泛地存在于我国的各行各业中，对思想政治教育进行的管理则是建立在一定组织体系基础上的。首先应当包括组织内部的专职思想政治教育管理人员，他们具有思想政治教育的专业素质，具有较为丰富的管理经验，是思想政治教育管理工作的主力军。其次，要借助于思想政治教育管理体系外的其他机构和人员的力量，充分实现各方面的有效合作。党的历史经验表明，思想政治教育是全党的事情，是全国人民的事情，不能只靠思想政治教育管理部门和少数思想政治教育管理干部去做，必须发挥群众力量在思想政治教育管理中的作用，同时不能忽视舆论和网络的管理价值。

（二）强化以人为本的管理理念

人是思想政治教育管理中最重要的因素，思想政治教育管理必须强化以人为本的管理理念，理解人、等重人、帮助人，为开展思想政治工作扫除精神障碍。首先，思想政治教育管理理念中要渗透人本精神。思想政治教育管理不仅要依靠教育者与教育对象崇高的精神境界和良好的道德情操，同时要考虑到他们的生理和精神的需求，要为思想政治教育者提供必要的生活保障，尊重受教育者在物质方面的需要。其次，思想政治教育管理在方式上要渗透人本精神。思想政治教育管理不是简单的物理管理，它的对象是活生生的人，决不能仅从法律、纪律等规范的角度使受教育者顺服，必须在尊重他们的基础上开展思想政治教育管理。

（三）发挥思想政治教育自我管理作用

思想政治教育自我管理是指思想政治教育的管理客体把主体对自己实施的思想培养、规范约束、理论灌输等活动，通过自我意识的内化后，又外化为行为自塑的活动模式，使管理的主、客体形成一种动态的互动。

发挥思想政治教育的自我管理作用具有重大的现实意义。从最深层的意义上来说，人的行为的根本动力来自于内部。任何试图仅以外部力量压服来使受教育者顺服的教育方法都无法实现最终的预期效果，即便答案是肯定的，这种顺服也只是暂时的和不稳固的，只有充分调动受教育者的积极性，让其发自内心地接受思想政治教育才能从根本上解决问题。那么如何实现思想政治教育的自我管理呢？这就涉及以下几个方面：其一是要加强指导。自我管理不等于放任自流，要把自我管理纳入计划统一管理中，使其成为思想政治教育管理体系中的一部分。其二是发挥群众组织和社团组织的作用。思想政治教育管理的对象经常会活动于群众或社团组织中，让他们在这些基层组织中锻炼意志和情操是十分必要的。其三是要加强自身学习。要为受教育者创造学习思想理论的条件，使其认识到掌握正确的思想政治理论是生存与发展的必备条件。最后是要积极参加社会实践活动。实践是考验受教育者能否做到“慎独”的主要途径，也是检验其自我管理效果的基本方式。

第七章　我国中学思想政治教育现状和问题分析

第一节　以传统课堂教学为中心

课堂教学是中学思想政治教育中最常用的方法，教师讲解知识技能，学生讨论回答问题，就构成了课堂教学的全过程。通过多年的思想政治课堂教育，我们的思想政治教育取得了很大的成果，在原有的基础上也做了一些有效的尝试。当前的课堂教育存在一些弊端，教师把教学看成是学生配合自己完成教案的过程，在一定程度上忽视了学生的主体性。整个过程中学生们都是被动地听课，而且教师基本上是按照书本上的知识讲解，禁锢了中学生的思想。在课堂上，师生间的交流也仅限于提问与回答，没有更多的心灵上的沟通和理解。这种传统的教育模式在当今经济高速发展的时代已经不能完全满足当代思想政治教育的需求。这种传统的课堂教学模式，内容具有局限性，形式也相对固定，教学目标也是既定的。学生接收到的只有老师的语言信息，久而久之，学生的学习兴趣会大大降低，学生的学习积极性也会降低。尽管中学思想政治教育在不断改革，但是仍存在知识结构不合理等问题，这就导致了中学生的显性教育有余，隐性教育匮乏；理论知识有余，实践运用不足。显性教育的优势使得我国的基础教育与发达国家不相上下，隐性教育的缺失导致了我国高等教育仍处于落后的状态。这种偏重于知识灌输的课堂教学方式，会影响思想政治教育的教学效果。

一、教材编写计课程设计不合理

（一）教材内容陈旧

随着改革开放和社会主义市场经济的发展，思想政治课的教材也进行了一系列的改革。它是以邓小平理论和“三个代表”重要思想为指导，着眼于当代社会发展和高中学生成长的需要，增强了思想政治教育的时代感、针对性、实效性和主动性。由于受中国传统的教学模式的影响，当前的我国中学思想政治课在教学方面也存在着很多的问题，据调查显示，思想政治课教学的教材编写内容大多理论性很强，大多以知识点的方式传授给学生，而且理论没有很好的与实践相结合，理论与现实在某些程度上有些脱节，教材的文字内容也很枯燥，所以很难提起学生的学习兴趣。这主要表现在：第一，教材和练习脱节。看课本内容似乎简单，想在课堂上给学生讲少些，讲浅些，但考试题题却出得很深很难。第二，教材和学生学科知识不协调。众所周知，如初中的思想政治课是中考的开卷考试科目，学生几乎没有任何理论知识，也不注意观察生活，提问许多知识他们几乎是空白，无法进行师生的互动教学。 第三，教材内容多，课时少，总觉得许多该讲内容没讲透，时间就到了，学生也没完全听懂。

（二）课程设计不合理

由于现实生活中的主观因素和客观因素的存在和限制，目前的学校思想政治课堂教育仍未摆脱“应试教育”的束缚。而且人们对思想品德教育的认识不到位，重智育，轻德育，重学业，轻品德。有的省份或县市取消中考的政治考试，使得政治老师人人可当，甚者少数政治教师成为学校的多余人员。所以在思想政治课程课时的安排上可有可无，完全应付教育，有时候思想政治课程，经常被语数外等课程取代。学生和家长都只看到分数，而没有看到品德教育带来的潜移默化的一面。另外，当前中小学的品德教育内容设计不合理。思想政治教育内容脱离时代和发展，小学就开始学习“从小立志为中华”。但是学生们易接触的电视、广播等把“洋”字升华到了一个新的高度。有些时候大人认为小孩有出息就说：这小孩有出息长大了定出国。从而使学生认为外国的东西比中国的好。课堂的爱国教育和社会上的一些丑陋现象形成了强烈的反差，而学生们的领悟能力差，认为我们宣传的灌输的都是假的东西，使得我们的课堂教育的实际成效较低。另外，由于思想品德学科所处的劣势地位以及教师队伍专业的不齐全性，学校的思想品德教师往往不是专业课的教师，他们往往不重视思想品德课，对于思想品德课，他们要么采用“划横线”满堂灌的教育方式，要么放任学生，让他们自学。

二、课堂教学及学生接受上存在的问题

（一）课堂教学模式僵化单一

在当前中学思想政治教育课程当中，往往是以老师为主体，老师采用单纯的讲授方式进行教学，学生只是被动的接收。即使有互动，都是浅层互动，形式大于内容。老师和学生之间、学生和学生之间互动的次数比以往虽有明显增加，但互动的质量并不是很高，存在形式化、机械化的倾向。几乎每节课都有分组讨论，但小组讨论并没有形成一定的讨论问题的结构，在小组中每个学生也没有明确的分工，只是自己说自己的，各人说各人的，并没有形成一个统一的模式。教学活动作为一种教学手段，最终目的还是为了让学生掌握知识，使学生真正去贴近、感悟知识，以达到最终的教学目标。

（二）学生消极被动地学习

学生消极被动地学习主要是由于教学形式单一化而造成的，所谓教学形式单一化倾向，是指在教学过程中片面强调并只使用某一种教学形式或某一种教学方法的倾向。教学形式单一化倾向的主要表现：首先，教师一讲到底，满堂灌，教学方法单一。“在内容上两耳不闻窗外事，成天内容只是局限教科书。专门搞题海战术。”其次是教学形式单一化的局限性，其局限性体现在以下几个方面：第一，课堂气氛沉闷，缺少生动性和吸引性。第二，忽视学生在教学中的主体作用，挫伤了学生学习的主动性和积极性。第三，忽视学生多种能力的培养和综合素质的提高。这就导致在中学政治教育课程当中，学生消极被动的进行学习。

三、思想政治理论课教师教学观念陈旧

（一）思想政治理论课教师教学观念陈旧

思想政治理论课的教学过程当中，很多教师在课堂上都是按照传统的方式进行教学，习惯于就课本讲课本，课程内容距现实问题有一定的封闭性，从书本到书本，教学资源不能更有效地被选择补充。教师驾驭教材的能力总体上明显不够。这主要体现在：第一，教师的评价观念落后。在思想上，教师的评价语言简单，缺少激励性。很多老师在评价学生的回答结果时不注重运用激励性语言，使评价失去了诊断、反馈和激励的功能。这就要求教师在钻研教材、设计提问时，既要从学生的学入手进行多角度、多层次的精心设计，更要精心设计自己的贴近学生，能激发学生思维的课堂评价语言。课堂上师生关系过于紧张，也影响学生的学习效果。教师对学生的回答没有及时给予评价。很多教师在学生回答完问题后不能做出及时有效的评价，而是继续上课。其原因是多方面的，既有教师教学观念的滞后，也有教师自身素质的不足，存在着不知道评价、不会评价的现象，长期下去很容易挫伤学生回答问题的积极性，进而影响学习效率。第二，教师提问只注重预设而忽略学生的回答生成。很多教师在备课时过多的关注点还是教师的教，忽视学生的学，因而课堂上预设有余，生成利用不足。有的教师甚至在备课时把教学中的一切都预设好了，不仅是教学目标、教学重难点、教学方法、甚至自己的评价语言等，当课堂进程出乎教师预设时，课堂便出现阻塞的现象，或者教师将生成放置一边，生硬地把学生的学习拉回自己的预设中，或者任由学生的思维信马由缰，将课堂教学引向“歧途”，一发而不可收拾。更有甚者，在一些公开课、研究课中，教师“固定”好了每个问题由哪几个学生回答等。对他们来说，上课只是按部就班，对课堂上出现的“新情况”则概不过问，这样的教学看似流畅，实际上是把老师和学生生硬地绑在一起，效果自然不会理想。第三，教师对学生的问题意识培养观念淡薄。

在传统的中学思想政治课堂上，学生不敢或不愿提出问题，或不能、不善于提出问题。提问这一环节都是教师一手包办，究其原因是教师对学生问题意

识培养观念淡薄，忙于抛出一个个问题，而不是引导学生自主提出问题。学生忙于应付教师提问根本无暇深思，时间久了，学生自然缺乏问题意识，提出问题、发现问题的能力势必削弱。

（二）教学方法落后

在思想政治教学当中教师没有领会到素质教育改革的精髓，还是传统的讲授为主。在思想政治理论课教师对素质教育改革的精髓领会不透彻，流于形式。如要求学生合作性学习时往往出现各种各样的问题，如合作主题的形式化。通常有两种表现：一是主题比较单一，不需要学生之间相互讨论，课堂讨论只是一种形式，只是浪费教学时间的“过场”而已；二是主题比较复杂，确实需要学生共同解决，但由于学生缺乏实践活动的经验，没有足够的思考空间和时间，也很难达到预计的效果。另外学生合作的形式化。合作学习的背后是只“作”不“合”或只“议”不“思”、只“说”不“听”，学生大多“各自为政”，有的学生搞“一言堂”，多数学生一言不发。一旦学生进入了合作学习这一环节，有的教师只是象征性地在这一组插一句在那一组提一句，看似很忙，很关注，实际上大多在摆样子，装门面，并没有投入到合作学习的过程中。这样的合作学习学生实质上没有认真思考，仍流于形式。

四、社会环境因素对思想政治理论课的冲击与影响

目前我国正处于计划经济向市场经济的转型时期，社会主义市场经济体制还不完善、不健全，新旧机制的相互碰撞，各种社会问题层出不穷，如下岗失业人员的增多、三农问题的突出、教育的收费改革、社会治安状况的恶化、贪污腐化现象的增多、贫富悬殊等等。面对这些问题，当代学生们也在思考，当找不到问题的答案时，他们就会迷茫，就会出现政治观、价值观的变化。加之改革开放，在经济全球化浪潮的冲击下，多元文化的相互激荡强化了价值取向的多样化，冲击着长久以来形成的政治思想和文化信仰，对我们社会的政治、文化以及人们的思想意识等方面产生消极影响。社会意识的多样化不可避免，意识形态冲突长期存在，现实化、物质化、契约化，传播方式走向大众化、草

根化直接影响社会道德价值。需要学生在复杂的环境当中进行正确的选择，尤其是对中学生，他们自主意识很强，接受新事物很快，如果不能正确地引导，很容易受到不良价值观念的影响。但是很多学生都不知道什么是正确的价值观，需要进行教育和指导，构建精神家园。

另外随着互联网络的快速发展，网络已成为中学生了解社会、获得信息、相互沟通的重要载体。但网络对中学生的影响同样具有双重性。一方面，它是获取知识和信息、拓展眼界、增进交流的渠道；另一方面，各种反动、迷信、黄色或不实信息的来源，必然会影响和冲击中学生的思想，由于中学生还没形成正确的价值观，这些网络信息很容易引起中学生困惑和迷茫，导致他们价值观上的错误认识，在行动上造成失误和不可弥补的损失。在当前的国际互联网的信息中，80%以上的网上信息和 95%以上的服务信息由美国提供。而据我们调查的数据表明，97%的学生使用过因特网，并且有 45%的学生平均每天上网 1 小时，36%的学生平均每天上网 3～5 小时，可见网络对中学生的影响是广泛的、深远的。而以美国为首的西方势力乘机利用互联网对我国的校园生活全面而快捷的渗透，冲击着年轻人的正确理想信念的培养，滋长了个人主义的思想，日益淡化了部分中学生的民族感情和奉献精神，削弱了中学思想政治教育的正面效应，影响了中学生思想政治状况的形成。

解决思想政治课现存问题的方法与途径有：

（一）教材内容要与时俱进

中学思想品德教材的开放。教材知识是绝对真理与相对真理的统一。作为绝对真理，他具有绝对的权威，但作为相对真理，他又具有多变性、多样性、发展性等特性。传统的教学中过分强调教材“以本为本”。但当今社会，获取信息的途径不断扩大，在思想品德教学中，使教材成为教学活动的真正的“跳板”成为学生学习创新的有利凭借。封闭的教育内容是预设性的，程序化；而开放的教学内容灵活生动，根据具体情况，进行创造和发挥。教学计划和教学内容应该为课堂上的创造性教学提供支柱，而不是束缚课堂教学，使课堂教学一成不变。开放的教材刚开始由于传统教学的影响实行会有一些困难，或者会影响一些课的进程，但用发展的眼光来看：开放的教材更有利于学生的全方面的知识结构形成。同时，思想品德教育的时代特征强，需要不断补充教材。另外，思想品德教育理论性强，在思想品德教育过程中让学生通过看资料、表演、开辩论会、作报告等形式去学习。这样的学习过程，可以培养学生的能力，培养学生的创造能力、创新意识。

在实际操作过程当中要以中共中央国务院有关学校德育工作的一系列文件为依据，增强思想政治教育的针对性、实效性和吸引力、感染力。以《基础教育课程改革纲要（实行）》为依据，突出培养创新精神和实践能力的重点。以《普通高中课程方案（实验）》为依据，体现本课程的时代性、基础性和选择性。立足当前中国特色社会主义建设的实践，采用新思想、新观点、新论断。既要保持与中学思想品德课程的衔接关系，又要区分与高校政治理论课程的递进层次。要使学生获得基础知识与基本技能的过程，同时成为学生学习和形成正确价值观的过程。体现高中课程基础性与选择性的统一，既强调综合素质的培养，又提供基于自主选择的拓展性、应用性课程。加强实践环节，拓展教学空间。面向现实生活，既提供“动手”操作的机会，又引领“动脑”思考的过程。不断充实、拓展和更新课程资源。

（二）课堂教学模式灵活多样化

1. 深入研究常规教学方式，提高课程实用性

深入研究常规的教学方式，使学生能够更有效的理解掌握所学知识，提高课程的实用性。

2. 多种教学方法并举

教学方法是指在教学过程中，教师为了更好的达到教学目的，完成既定的教学任务而在教学活动中运用的方法、途径和手段。如采用讲授法、谈话法、阅读法、演示法、归纳法和演绎法、案例教学方法。在实际的教学过程当中可以使用单一的方法，也可以使用多种教学方法并用。如在讲授思想政治《保护环境》的内容时，教师可做演示实验：将一块嚼过的口香糖放入烧杯中，然后倒入备好的硫酸，观察其化学反应，发现口香糖无任何反应。从而呼吁学生应该用实际行动保护环境，从小事做起，提高环保意识。同时提出为什么这么做，让学生去讨论。

3. 开展课外活动教学

课外实践活动是思想政治课教学过程中使学生理解运用和消化知识的环节，是实现教育教学目的的重要途径。它的任务在于老师可以根据本节课程内容组织和指导学生的课外活动，减轻学生过重的课业负担，促进学生学习的积极性，促进学生的全面发展，培养学生良好的价值观。课外实践活动有利于巩固和深化课堂教学内容，扩大学生的课堂知识领域，充实学生的生活，开阔学生的眼界，加强学生与社会的联系。能充分发挥学生的个性和特长，促进学生身心健康发展，激发学生学习的积极性。有利于培养学生的自主能力、探索意识、创造才能和实践精神。 可以通过参观访问 、报告会、录像 、演讲活动、知识竞赛、举办手抄报、墙报展览、社会服务等形式开展。

4. 采用多媒体教学

随着社会的发展，媒体式教学以各种形式进行着，最常用的就是课件、影片放映等形式。具有新颖技术特征的媒体式教学能够激发学生的新鲜感，通过多种色彩与图像的变换不断对学生的视觉器官进行冲击。媒体式教学相对与板书式教学来说，具有节约教学上做板书的时间，在很大程度上将课堂时间的利用率提高了起来。作为媒体式教学的一种集休闲、教育为一体的教学方法，影片放映可以在学生的教学过程中安排几次。教师以激发学生的爱国热情和树立正确的人生价值观为宗旨，注意对所放映的影片内容的选择。

5. 改革考核方法

思想政治课考试可采取演讲、小论文、调查报告等多种方式对学生进行综合评价。

（三）教师思想政治理论素质的全面提升与认同感的增强

政治课教师要不断地提高自身的政治素质和业务素质，担负起“传道、授业、解惑”的职责，为学生的学习行为起好启动、引导、调节、激发、定向的作用，充分发挥自己的主导作用。教师要具备创设各种情景的能力，如语言表达能力、演示能力、调动积极性能力、吸引注意力能力。教师只有具备这些能力，并充分利用这些能力，才能创设出美好的陶冶情景。思想政治教师在平时的教学过程当中要不断的进行学习，提升自己专业知识素养，同时还应该经常进行培训和参观学习，借鉴其他学校在思想政治教学过程当中的先进经验，不断提高自身理论素质水平。同时在观念上，强调为青少年儿童服务的工作价值，提倡专业化，把对青少年单纯的道德教育转化为科学成长发展的辅导；围绕社会现实和青少年儿童需求寻找教育主题；强调实践、体验、创造的过程；倡导以问题为中心的教育组织形式，重视现代社会道德价值辨析；建立多元化的评价体系；把道德能力的培养作为道德教育的重要追求，把习惯养成当作道德教育的重点。

（四）调动学生学习思想政治理论课的积极性与主动性

政治课教师要把学生当作学习的主人，充分调动其积极性、主动性和自觉性，在教学原则上要确立学生民主参与的原则；在教学方法上要实行启发式教学，倡导和鼓励探究性、研究性、废止注入式教学方法；在教学评估上，必须改变单一的以分数为标准的评价模式，深化教学改革，以确保学生学习的主体地位。

1. 启发式教学

启发式是教师在教学过程中，遵循教学规律，根据学生的特点教材内容，采取各种形式和方法调动学生的主动性和积极性，培养学生解决理论问题和实践问题的欲望和能力，引导学生进行创造性思维的基本方法。启发式教学的关键是设计并提出富有启发性的问题，让学生思维活跃起来。具体来讲要注意以下几方面：首先，要激发学生的学习兴趣，用丰富、鲜活的事例吸引学生，适当扩充教学内容，将日新月异的社会发展引入课堂，对一些众所周知、耳熟常见的“老问题”，要力争讲出新意，使学生产生耳目一新的感觉。其次，要注重启发性问题的设计，把学生的思维引导到更开阔的空间，使学生在新知与旧知、已知与未知的矛盾冲突中进行思考。再次，要注重情感启发，与学生进行积极的情感交流，调动学生积极的情感，才能真正完成思想政治课感人、化人、育人的特定任务。如在讲授思想政治《依法保护消费者的合法权益》时，引用案例：消费者赵先生在我市某商行买了一块24000元的手表。当时，服务员向其介绍，该表行手表全是真货，假一赔十。买完表后，一位朋友看出赵先生的手表是假货，赵先生立即找到消协要求商家十倍赔偿。问：如果是你接手这一诉讼，你依据什么如何处理？提示："假一赔十""缺一赔十"等，是流通市场内的一种不成文的、约定俗成的说法，但在有关规定中并没有这样的规定，只有《消法》49条规定，经营者欺诈消费者将加倍赔偿。服务员虽口头作出了承诺，但并没有写在书面，无法证明商家曾有"假一赔十"的说法。最后，让商家陪赵先生48000元。另如在讲授《经济活动中规则》，通过漫画设计问题，启发学生思考，从而掌握基础知识，培养学生分析、解决实际问题的能力。

2. 讨论式教学

讨论式教学方式是教师组织指导学生围绕某一理论或实际问题各抒己见，展开辩论，以求得正确认识的教学方法。它是与"一言堂"相对立的。讨论式教学可以让学生参与到教学过程当中，有效提高学习的积极性与主动性。如在讲授思想政治《正当防卫》的知识时，可让学生讨论如下案例：赵某经常在市场上强买强卖，是市场一霸。一天，赵某强拿李某的蔬菜，李某上前制止，双方发生争执。赵某顺手拿起铁锹将李某砍伤。李某赶紧躲闪，赵某仍不罢休，挥锹继续向李某乱砍。这时，李某退到一辆农用三轮车处，顺手从车上摸出摇把，朝赵某打去。恰打在头部，赵某当即被打翻在地。经法医鉴定，赵某颅脑损伤。检察机关根据刑法有关规定，认为李某的行为属于正当防卫，不负刑事责任。阅读以上材料，运用所学的知识讨论并回答问题：李某致伤赵某负不负刑事责任？为什么？通过实际案例的讨论既有效的使学生掌握了相关理论知识，也在一定程度上提高了学生学习的积极性。

全社会都要关心中学生的健康成长，支持中学生思想政治教育工作，引导中学生树立正确的人生观、价值观。宣传、理论、新闻、文艺、出版等方面要坚持弘扬善的主旋律，为中学生思想政治教育营造良好的社会舆论氛围，为中学生提供丰富的正的精神食粮。要坚持以团结稳定鼓劲、正面宣传为主，反映学校思想政治教育工作的先进典型和优秀学生的先进事迹。各类网站要牢牢把握正确导向，主动承担社会责任，积极开发教育资源，开展形式多样的网络思想政治教育活动。重点新闻网站要严加把关，不断改进创新，在中学生思想政治教育中发挥导向作用。要大力发展文化事业和文化产业，为学生提供更多更好的文化产品和文化服务。充分发挥爱国主义教育基地对大学生的教育作用，各类博物馆、纪念馆、展览馆、烈士陵园等爱国主义教育基地，对中学生集体参观一律实行免票。各级政府和企事业单位要鼓励和支持面向大学生的公益性文化活动。坚持不懈地开展“扫黄”“打非”，依法加强对各类网站的管理，净化文化市场和网络环境。最后，学生要充分发挥自己学习的积极性、主动性、探究性和创造性，不仅要通过自己的认识和实践（即经过主动的内化和外化过程）学会，而且要会学，充分发挥自己在教学过程中的主体地位。

（五）不断优化学生成长的社会环境，增强认同感

社会管理体系需要进一步健全，教育环境问题及事务需求加大。发展与问题是新时期学生事务的两大主题；满足学生社会福利需求日益提到工作日程，其中主要包括：获得基本生活条件；获得健康保证；获得良好的家庭生活；满足学习就业的需求；满足休闲和娱乐需求；拥有社会团体和社会生活能力的需求；获得良好心理发展的需求；免于被歧视、剥削伤害的需求，不断优化学生成长的社会环境。同时要大力加强校园文化建设，重视校园文化的育人功能。校园文化是学校的全体教职工和学生在长期的办学教学实践中逐渐形成的具有学校特色的全体意识，它体现、承载这种全体意识的行为方式和物质形态。校园文化建设的好与坏对于学生的思想政治的教育有着巨大的作用，校园是学生学习的地方，更是学生生活的地方，学生在校园里应当学会如何做人，如何让自己的这样复杂的社会中更好的生存下去，而这些了，也正是思想政治教育所要求的。因此，切实加强校园文化建设，努力建设高品位的校园文化，是社会主义精神文明建设的一项重要措施，也是现阶段中学进行思想政治教育工作的一条重要途径。

从以上的分析可以看出，我国中学思想政治教育存在不少问题，必须针对相应的问题采取系列措施。思想政治理论课作为当代中学生一个提升自身素质以及树立正确价值观的重要途径，学校、教师以及学生都应该共同努力让思想政治理论课堂的教学效果更佳显著。以往的政治课，通常只局限于课堂教学，课堂教学由于受时间，空间和教材内容限制，导致有些问题无法具体和深化。要发展个性，培养兴趣，落实素质教育，使教师轻松，学生愉快，很有必要将课堂的知识教学与课外的实践活动相结合起来。教师考核学生也可采用实践报告的形式。鼓励学生进行相关的调查研究，让学生意识到“思想政治教育”源

于生活，用于生活，并非空洞的理论，而是有用之学；同时对当代中学生深入地认识社会也有一个很好的促进作用，并将所学的知识应用到社会中去，更好地为社会服务。当代中学生也应该从自身利益出发，充分调动自身上课的积极性，让思想政治理论课的理论内容能够真正的成为自身成长和发展的向导。思想政治教育者是人类灵魂的工程师，担负着对广大青年和人民群众进行思想政治教育的光荣任务。这一使命决定着思想政治教育者的劳动不同于其他各行各业劳动的特殊性，同时也决定着思想政治教育者素质的特殊性。思想政治教育者的素质具有特殊性，除了要求具备一个现代人的基本素质外，还要求具备从事思想政治教育所必须的特殊素质。比如政治上的坚定性、敏锐性，理论上的成熟，知识的广博，能力的出众，人格的高尚等等。所以教师必须有效提高自身知识和各方面的素质，提高中学思想政治教育水平。

第二节 教育内容的单一性

我国中学思想政治教育的内容侧重于政治理论、形势政策、思想观念方面的教育，忽视了中学生正处于世界观、价值观形成的重要时期，学生还有各自独特的个性。受到各种价值观的影响，中学生可能会对单一的思想政治教育内容产生怀疑，甚至排斥。中学生除了在思想政治课堂上受到教育，很少有专门的活动或者组织去为同学们的思想政治教育进行渗透和解析。因此，学生很难对教育内容形成系统的理解。思想政治教育的内容不仅仅要作为考试的内容，更要让学校和学生认识到思想政治学习的重要性。不能只教会学生空喊口号，所学习内容没有实质性的吸收，根本没有理解思想政治教育的神圣性和重要性，这样是不行的。学生在课堂上跟随老师学习枯燥乏味的思想政治理论知识免不了产生反感的情绪。时间一长，同学们对思想政治教育开始麻木，就是把思想政治课当成一门是要考试的科目而已。我们这样的强迫式的给学生灌输教育内容，学生根本不会从内心接受。这样以来就形成了恶性循环，思想政治教育就失去了它本身的意义。思想政治教育现状是有一些历史原因的，作为我们新中国的新一代，思想政治的学习都是延续了老一辈的学习模式。面对经济全球化、文化多元化的新形势，单一的思想政治教育内容，已经不能满足社会发展的需要，也不能满足中学生发展的需要。除了书本上的内容以外，我们还要重视对中学生情感、态度、理想、审美情绪以及行为的引导。这样，中学生才能拥有健全的人格，全面地发展。

第三节 教育缺乏实践性

中学思想政治教育无论从教育内容还是目的来看，都局限于传授理论知识，培养学生的政治素养，很少考虑到学生的实际需要，忽略了培养中学生的实践能力和动手能力。中学生迟早要走入社会，单凭书本上的知识，缺乏与社会活动的联系，对复杂社会的认识会难以适应。这就使学生成了“语言上的巨人，行动上的矮子”。中学生处于特殊的成长阶段，责任感在这个时候开始出现并且逐渐增强。他们渴望参与社会实践活动，并需要把所学的知识通过实践活动进行验证。思想政治教育的实践过程，不仅是理论知识外化的过程，也能够培养受教育者知行合一的能力。由于中学思想政治教育内容的局限性，加上学校和社会对思想政治的实践活动不够重视，中学生的实践行为往往就被忽视了，思想政治教育的效果也因此大打折扣。

在教育改革整体向前发展的同时，中学思想政治学科遇到的主要问题有考试中分值及比重变小降低了学科地位；“开卷考试”没有真正改变学生的学习现状，甚至引发了鼓面影响；教学模式的不断变换陷教学于困境等。

一、师资队伍建设滞后

中学思想政治教育现代化的建设，离不开一支现代化的、团结的、高水平的优秀师资队伍。然而，当前的中学思想政治教育队伍，特别是在农村，或其它一些比较偏远、经济相对比较落后的地区，由于多方面原因，在师资队伍建设方面呈现相对滞后局面。如，一方面，相对具有较现代化思想观念及教育技能的大学生不愿意到这些地方工作，原本已经在这些较落后地区参加工作的年轻的、优秀的教师有不断地想方设法向城市调动或“悄悄”下海，使得当地具有现代化能力与水平的教师相对短缺；另一方面，继续在这些相对落后的地区任职的教师，由于年龄特征或其它心理等认识因素的影响，造成师资队伍的整体素质在现代化层面表现出与现实需要严重不符。

二、教学内容脱离现实

中学生生多是未成年人，尚未形成稳定的人生观、价值观、学习观。中学思想政治教育教学，不仅肩负传授知识的重任，还担当着对学生的心理健康、技术能力、道德培养等教育和引导的重任，即思想政治学科教学是关系到学生的品格、态度甚至人生的教育教学。所以，在教学内容的选择与设计上就更应该接近现实生活，具有时代性、现实性、真实性等特点。然而，一些人在内容选择上脱离现实社会，仅仅依赖于教材中空洞的理论与相对陈旧的事例，不加选择与修饰地灌输给学生，使得中学思想政治教育教育意义与效果大跌，在多数学生心目中的失去了其应有的地位，甚至造成思想政治教育“无用论”，包括部分家长、教师在内，很多人开始忽视中学思想政治教育教学。据此，部分学生、家长乃至教师对思想政治学科的认识是不正确的，甚至可说犯了比较严重的错误。作为中学思想政治学科的教学工作者及研究者，我们必须引导大家正确对待该学科，保证学生健康成长，促进中学思想政治教育改革与发展。

三、教学方法单一

有些人在了解到先进教育技术手段的优越性之后，为了表示自己在教育现代化建设中的彻底性、完全性，比如单一地使用电子课件等教学手段与材料，完全抛弃手写内容与方式，致使中学思想政治教育在现代化建设中产生异化。虽然现代化的电子课件是先进的，有自己的独特优势，如包含了声影图文等大量的信息资源，其鲜艳、动感等新颖展现形式刺激感官、吸引注意等有助于学习兴趣的提高；创设的情境容易激发学生求知欲，调动学习积极性，有助于教学重难点的突破。但是文字的手写，尤其是板书，作为课堂教学的重要组成部分，是完成教学任务一个传统但有效的手段，你忽视不得的。板书作为一种教学艺术再创造的过程，它能从侧面反映出教师的知识归纳水平和驾驭教材的综合能力，通过板书可以实现辅助教学、强化知识点，还可以展示教师自身的艺术魅力，促进学生对教师的非智力沟通。因此，中学思想政治教育现代化过程中，应结合具体教学内容与目标，充分并合理发挥板书与课件的优势，实现二者的互补效果。

四、考核方式与培养目标相悖

“考，考，考，老师的法宝；分，分，分，学生的命根”反映了考试成绩对学生及教师的重要性。传统教育以考试为指挥棒，以考分作为衡量教学质量的唯一标准，相对于教育过程来讲，更重视考试结果。闭卷考试是教育最常用的考试类型之一，为了取得更加理想的成绩，考生，包括教师，不得不“加班”“加点”“加压”甚至采用“题海战术”“魔鬼训练”等。这些超负荷工作，加重学生及教师课业负担，甚至扼杀了学生的个性与特长的发展。为纠正此类现象，教育部于 2000 年 3 月 13 日发出中考改革指导意见，对政治学科考试进行了重大改革——中招实行开卷考试。与闭卷考试相比，开卷考试允许考生带入并自由查阅课本及其它参考资料，试题的开放性为考生提供了充分的思考空间，有利于考生充分发表自己的见解，展现与发挥自己的能力与水平。

实行开卷考试，旨在减轻学生课业负担，保证学生能有更多的自由学习及生活空间，培养学生利用课本知识分析、处理社会问题的思维方法和创新能力，帮助学生逐步树立正确的世界观、人生观、价值观。然而，当前的开卷考试并没有从实质上改变学生的学习现状，主要原因有：平时的学业水平测试依然采用的是闭卷形式；真正做到利用课本知识分析及解决问题，必须建立在学生对课本知识的充分理解与掌握之上；为了保证考试中有足够的资料查阅，很多教师和学生甚至要整理或搜集更多的资料并带入考场。

此外，当前的开卷考试还带给思想政治教育一定的负面影响，如，有些学生不再注重平时课程学习，仅将一些考试内容简单搜集，缺乏对内容的学习与理解，更谈不上对知识的运用等。

第四节　教育模式单调且流于形式

我国中学生目前的思想政治工作流程相对比较固定。教育模式过于单调且流于形式是中学思想政治教育的一大缺陷。我国中学思想政治教育受传统教育观念的影响，教师在教学过程中扮演着主导者、组织者、传授者的角色。师生交往过程中忽视了相互信任、相互理解、相互尊重。教育模式流于形式也导致了教学效果评估不科学。思想政治教育教学评估是按照一定的规则和标准对思想政治教育效果进行评估。评估环节是思想政治教学必不可少的环节，评估的结果应该基于受教育者的综合表现。然而，在中学思想政治教育中唯独依据的是学生的考试成绩。这种评估模式忽视了中学生个性发展，忽视了中学生的全面发展。教育模式单调且流于形式导致了中学思想政治教育内容和教育评价不够科学、不够全面。

当代中学思想政治教育要求培养知识面广、能力强、素质高、发展全面的人才。但是受到教育内容、教育方式、教育环境等方面的影响，思想政治教育很难最大限度地实现这个目标。我国的学生被全世界公认为是最会考试的学生，但也不是所有的考试我们的学生都能拿出优异的成绩。遇到一些口语表达或者动手操作的考试，我们的学生就显得胆怯和信心不足了，因为这样的考试平时很少涉及，更多的是在纸上答题。如果我们的思想政治教育仅局限于书本知识和应试教育，那么我们的缺失的将不仅仅是隐性教育。为中学生创造条件，创造空间，弥补知识结构缺陷，让学生自由发挥学以致用的能力，这样才能够使我们所传授的知识得到真正的应用和发挥。

中学思想政治教育的现代化模式建设主要有两种，即内生模式与外生模式。

一、内生模式

（一）内涵

内生模式即是在中学思想政治教育中遵从由内及外的路线。由内及外是强调主体能动作用的现代化模式，指通过主体的能动作用对中学思想政治教育活动的改造影响进而影响和促进社会现代化，是一种积极的模式。但有些人将现代化误解为仅是主体对社会现代化单方面的、消极的适应。引发这种积极的，由内及外的现代化路线的最初动因并不是来源于外部社会的现代化，而是出自参与中学思想政治教育活动的主体。作为参与教育活动的主体，不论教育者还是受教育者，在现代化与中学思想政治教育活动面前，都不是简单、消极、片面地接受来自现代化社会的信息，在接受这些信息之前，各主体都会发挥自己的主观能动性，对所有的信息进行筛选，然后才逐渐内化。然而，完成信息的内化这个过程，并不是单个主体能实现的。个体对资料的确立，只有在其他主体共同作用下才能实现。对中学思想政治教育活动自身来言，这个过程决不是某个主题所独有的，而是为所有参与其中的主体所共有，即使是教育者也无例外。这种共同参与的过程提出的新的要求就构成了由内及外的现代化路线的动因。中学思想政治教育在主体的共同参与作用下发生了改变，即通过其内部作用，中学思想政治教育发生现代化。由于内部因素的共同参与，不仅中学思想政治教育活动本身变化，它还要扩展到整个现实社会，实现对社会的影响改造，促进社会现代化。由此来看，由内及外的现代化内生模式是共同参与主体对中学思想政治教育的创新，并在此基础上做出的对社会发展进一步影响的途径，他相对侧重中学思想政治教育活动中主体的共同参与，塑造新的面貌，并将其影响拓展、延伸至整个现实社会。需要说明的是，即使这个改变是由中学思想政治教育现代化由内及外的路线引起的，它也并不属于某一单个主体的意志，具有权威的教育研究者，其个人意志也做不到。只有共同参与前提下，经过多方协调产生的结果才可以形成这种现代化的改变。不仅如此，这个改变还需要能够延伸到外在社会领域。通过实践检验证明，如果其促进了社会发展，这种变化的属性就是有益于社会的变化。因此，对于由内及外的现代化的现代性与合理性，我们不用怀疑。

（二）操作化路径

中学思想政治教育的现代化，其动因也可来自于内部——中学思想政治教育主体现代性的提高及现代化人际关系的建立。

1. 主体现代性的提高

外部社会发生变化，但主体现代性得不到发展，仍然很难实现中学思想政治教育现代化。因此，主体现代性也是实现中学思想政治教育现代化的重要条件。压抑受教育者的现代性绝不是中学思想政治教育现代化所提倡的，相反，尊重受教育者的现代性是中学思想政治教育现代化必须坚持的前提。一方面，为了不断适应社会的新发展，中学思想政治教育必须要保持一定的灵活适应性，只有充分尊重主体现代性，引导主体去体验现代生活和内化现实社会标准，中学思想政治教育的现代化才能最终实现。另一方面，中学思想政治教育现代化应该是在主体的共同参与之下，发生现代化转变。按照这种理解，主体现代性的提高是前提条件。

2. 良好人际关系的建立

除了主体的现代性提高外，另外一个至关重要的条件就是在中学思想政治教育活动内部建立和谐的人际关系。思想政治教育内部的各个现代性的主体能够通过一定的人际关系网络连在一起，友善程度越高，对中学思想政治教育的现代化的实现越有利。首先，在内部建立起诸个体共同参与的充分的人际关系网络是实现中学思想政治教育现代化需要，作为现代社会生活的一项重要内容人际交往的必须在中学思想政治教育过程中得到培养。现代化的思想政治教育希望借助和谐的人际关系网络，将在受教育者的某一点获得的教育效果拓展延伸，最终为大部分受教育群体所接受。因此，帮助受教育群体建立起的人际关系网络越充分，教育的效果就会越显著。第二，离不开良好的人际关系。冷漠的，甚至是敌对的人际关系也是肯定存在的，而这些对教育效果不利，要引导受教育群体整体参与活动，增强凝聚力，建立良好的、友善的、和谐的人际关系，最大程度降低系统内耗，就成为其必备的前提条件。

此外，建立良好的人际关系，不仅是指在受教者之间，也指在教育者与受教育者之间。教育者与受教育者建立一定的互动关系是教育活动的需要，良好的关系互动将对中学思想政治教育的现代化具有进一步的促进作用。如果没有足够的互动联系，相互认同率就会较低，这样会造成受教育者对教育信息很难接受，同时教育者也会逐渐丧失信心。两者增强相互了解，彼此增进互动，改变教育活动的枯燥现象为与一定的现代的现实社会生活相联系，才能更有效实现教育的现代化。能与学生建立和谐关系的教师，即使没有出众的教学技术，学生也有较强烈的学习兴趣与动力，其教育效果得到有效提高就证明了这点。其教育效果能够得到有效提高的原因在于教育双方已经把教育过程提升为了人际关系的发展过程。因此，教育者与受教育者之间良好的人际关系是中学思想政治教育现代化得以实现的一个内部的前提条件。

二、外生模式

（一）内涵

外生模式即是在中学思想政治教育中遵从由外及内的路线。外生模式强调现代化对中学思想政治教育的影响，以现代化发展为根本导向，不断从自身活动内部做出相应的调整和改进，以不断适应社会的现代化的变化发展。这是其内在要求的集中体现，即中学思想政治教育要与现实社会的现代化保持一致。但开展中学思想政治教育的实践活动必须通过具有超越性的人。由于这里的具有超越性的人，对现实社会的领悟会存在一定的偏差，因此造成中学思想政治教育与现实社会一定程度的分化就在所难免。然而，中学思想政治教育本应以现实社会为根本导向，脱离了现实社会，中学思想政治教育就相当于失去了有力的支撑，必然会陷入形式主义境地，导致中学思想政治教育自身的工作效率低下。而这一效率低下，会造成其与现实社会差距的进一步扩大，久而久之，形成恶性循环。为了避免这种现象出现，防止恶性循环的形成，中学思想政治教育就必须参照现实社会，不断调整目标。放置逻辑层面，就是必须不断调整自身活动目标，促使其与社会发展保持一致。在此过程中必然会对包括教育者与受教育者在内的各个主体不断地提出新的要求，力争他们能适应新变化。新目标指引下，这些主体会发生新的现代化，主体新的现代化过程在共同作用的机制下又能作用于中学思想政治教育活动，如此循环，这样一个过程就组成了中学思想政治教育现代化的一条逻辑路线——由外及内的现代化逻辑路线。

（二）操作化路径

中学思想政治教育现代化的外生模式，其实现不是自然的，也不是必然的，它的发生必须依赖于一定的外部客观条件。

1. 社会变迁

社会变迁是在人类社会的发展变化之中最为主要的变化。从社会学角度而言，我们把社会结构发生的重大变化成为社会变迁，其中既包括社会形态更迭与改革形成的局部的变化，也包括进步的与退步的、自发的与有计划的自觉的。总之，社会变迁促使了社会形态转变。在社会变迁中，变化的不仅是社会本身的结构，其对人的道德观念、法制观念、哲学观念等要求也会随着社会的变化而变化。恩格斯指出道德论都是当时社会经济状况的产物。对人提出现实性的要求是中学思想政治教育现代化的重要动因。现实社会的不断发展变化，对人的要求提出了心的适应社会发展变化的现实性要求。培养人的现实性是思想政治教育活动中心目标之一，因此，社会的变迁，特别是对人的现实性要求的变化，迫使中学思想政治教育做出灵活地反应，即对其原有的目标、内容、机制进行在一定程度的改进。

2. 交往范围的扩大

原始社会，人们局限于氏族内部的交往；奴隶社会和封建社会，血缘和地缘的因素限制了人们的交往，人们选取的交往对象往往是他们的亲戚或邻居。随着社会的发展进步，特别是交通工具的出现，促使人们突破了血缘和地缘因素，交往范围成倍增长；如今的大众媒介，特别是伴随网络的出现，使得人际交往突破地域限制，扩展到全球范围。麦克卢汉用“地球村”来比喻使用大众媒介的世界，他在《麦克卢汉精粹》一书中指出人们生活中出现大众媒介的时候，人们的交往就会成几何级数增长。人们交往范围的不断扩大，也会对人的现代化的发展产生重要的影响，按照西美尔的研究结果，换一句话说就是扩展个体的社会交往范围，将促使个体具有更多的个性色彩，交往范围越大，个体发挥的空间越多，约束就越小，个体身上所显示的外在社会相似性就越少。因此，在当今社会网络化发展情况下，如果中学思想政治教育继续沿用传统的固定的内容与模式，试图自己局限在一个较小范围，又试图扩大教育影响实现教育目标，显然是不大可能的。因此，中学思想政治教育在社会人际交往范围不断扩大情况下，只有通过自身的开放，实现自身现代化，才能适应社会发展。

三、内生模式与外生模式的互构

中学思想政治教育现代化的两种模式，从其概念表象来看，很容易被理解成是两种互逆的模式——内生模式，即由内及外的路线，以主体达成的一致见解为起点，变化中学思想政治教育的模式，将其影响拓展到社会领域；外生模式，即由外及内的路线，从外部社会出发，要求中学思想政治教育做出相应调整，再影响到其中的主体，而主体的共同参与使中学思想政治教育再次发生改变。那么必然有人会提出疑问，这两个互逆的过程有可能同时发生吗？依据哲学家里夫金用熵的观点对互逆的运动同时发生的可能性的解释，该问题的答案应该是肯定的。里夫金在《熵：一种新的世界观》中指出热能传递是分子双向运动的结果，而并非仅是高能量区域向低能量区域传递。在这种双向运动下，最后达到不同温度的区域的分子运动速度相一致，也可以说是温度达到平衡。里夫金认为在现实社会中熵运动原理同样适用。因此，尽管中学思想政治教育现代化的两种模式，可能存在一个方向的影响大于另一方向的影响，但决不能因此就忽视影响相对较弱的一个方向，两者在很大程度上是互构的，而且也只有在两种模式的互构作用下，才可能最终实现中学思想政治教育的现代化建设。

第五节　家庭和社会对思想政治教育缺乏关注

家庭和社会是中学生学习和生活的重要环境。中学生在学校学习的有关思想政治的理论知识，在家庭和社会中能够更直接地表现出来。一个学生对于理论知识的认识，比如社会主义荣辱观、爱国主义、集体主义等等，在家庭生活中和社会活动中能够更真实地感知。

家长对思想政治教育的关注是不够的，父母更关注的是孩子的学习成绩和能否考上理想的大学，很少关注孩子的精神生活。现在的中学生整日被各种考试和培训班所包围，他们的精神生活是相对匮乏的。学生所做的一切都是父母和老师安排好的，例如：早上起来背英语，中午放学了要练琴，下午放学还要去参加奥数班，晚上还要去学习特长班。表面上是为了孩子的全面发展，但是很重要的一点却被忽略了，那就是没有关注孩子的内心世界。中学思想政治教育不仅要让学生学习理论知识，更要关注学生的修养和情操的培养。所以，在家庭教育里，家长要更多地关注孩子的全面发展，不能刻意的压制孩子们一味地学习理论知识，因为即使学生能考出好成绩，也不代表他就从内心接受了这些知识。

从社会角度来讲，社会的风气和环境对中学生影响很大。一些本不该是中学生触及的东西，中学生却受到了很大的影响。例如：学生模仿大人抽烟、喝酒；盲目追星，模仿明星的穿衣打扮；还有一些中学生有很强的崇洋媚外的心理等等。社会的大环境对他们的思想有着很大的影响作用，作为正处于身心都在定型的关键年龄阶段，他们很难判别对与错，是与非。社会风气以及社会上很多的公益活动，在无形的指引着广大的中学生的思想的方向，这些公益活动也对学校的思想政治教育起到了推动作用。社会所倡导的风气和社会发展的潮流对中学思想政治教育有很大的作用。改革开放以来，人们的思想观念产生了巨大的变化，对各种事物的判断标准也有了新的见解。中学生正处于人生的重要成长阶段，也是性格的形成阶段，他们对社会的观察也是只仅仅限于表面，很多思想和想法都是不成熟的，是片面的。社会大方向的引导应该是积极的、正面的，正如当前我们强调的正能量。加强家庭和社会对中学生思想政治教育的重视，使中学生拥有更加鲜明和坚定的人生观和价值观。

第八章　中学思想政治教育内容的创新

第一节　创新理想信念教育

理想信念是在一定社会经济关系基础上所产生的社会性意识形态，是人类所拥有的一种特定精神文化。理想信念教育是思想政治教育的核心内容，它集中体现了一个人的世界观、人生观和价值观。因此，帮助中学生树立科学的理想和坚定的信念，是新时代背景下学校思想政治教育的基本任务，它将成为广大中学生实现自己人生价值的航标和灯塔。

一、坚定马克思主义的主体地位

“统治阶级的思想在每一个时代都是占统治地位的思想，这就是说，一个阶级是社会上占统治地位的物质力量，同时也是社会上占统治地位的精神力量。”作为社会主义意识形态的旗帜和灵魂，新的历史条件下，我们要始终坚持马克思主义，它是我们党的指导思想。毛泽东思想、邓小平理论、“三个代表”重要思想以及“科学发展观”是被实践证明了的科学理论，是我们的立党立国之本。因此，思想政治教育创新过程中，要不断强化马克思主义、毛泽东思想、邓小平理论、“三个代表”重要思想及“科学发展观”在我国精神文明建设中的主体地位，坚持主流文化的指导地位。同时要不断增强中学生对马克思主义和社会主义的信念，并对中学生进行较为系统的马克思主义中国化的理论成果教育。通过教育，使广大中学生确认识社会思想意识中的主流与支流，将共产主义理想内化为个人理想，引中学生在自己的学习实践中为实现共同理想信念而努力奋斗。

二、创新中学理想信念教育的途径

创新思想政治教育内容，努力提高思想政治教育的目的性和实践性，我们要把中学生的思想、信念、价值观等集中表现出的精神形态作为己塑造和激励的对象。首先，完全发挥先进文化和艺术的舆论导向作用。可以充分利用批有利于促进中学生健康成长、为中学生喜闻乐见的优秀图片、影视作品、歌曲、动漫、游戏等文化产品来开展思想政治教育活动。例如：既有思想性又有艺术性和吸引力的电视剧有《恰同学少年》、《我是特种兵》、《亮剑》等；有代表性的电影作品也很多，《集结号》、《建国大业》、《建党伟业》等等。其次，确面对全球化趋势下西方文化的“输入”。引导中学生对西方文化产品进行客观地分析，合理地吸收其中的精华，不断提升中学生的审美情趣和欣赏品味。再次，为中学生树立良好的模范榜样。中学生的可塑性和模仿能力很强，一方面，可以使中学生通过阅读和讨论伟人、英雄人物的传记、报道等，从阅读中获取力量，将书中的主人公作为自己行动的楷模。另一方面，鼓励学生向现实生活中的、身边的先进模范和英雄人物学习。

三、结合网络进行理想信念教育

网络信息时代，在对中学生进行网络道德教育的同时，也要注重中学生的理想信念教育。一是要加大中学思想政治教育网站的建设力度，提高网络思想政治教育的主动性。积极创办和统筹规划一批具有马列主义观点和立场的、生动活泼的中学思想政治教育专业网站，积极利用网络服务于中学生的学习和生活，为中学生的思想政治教育提供更广阔的空间。二是努力创建一个有利于广大中学生健康成长、快乐学习的网络环境。各级政府部门和相关教育管理部门可以通过建立有效的法律法规，进一步加强网络信息管理力度，为中学生营造一个良好的思想政治教育网络环境。三是提高中学生的信息识别能力。要培养学生正确上网的习惯，教会学生自觉地选择健康的网络信息。向学生推荐一些有利于他们学习的积极健康的优秀网站，并将思想道德教育课程与网络技术和电子信息课程相结合起来，大力加强中学生的网络文明教育。四是进一步充实学校网站，提高校园文化发展。结合中学生的思想道德特点和教育热点，运用校园网络系统开发更多的思想政治教育软件，制作出包括中华民族优秀传统对中学生有影响有吸引力的数字化图书馆，积极主动开展正面宣传，将理想信念教育贯穿到学生的学习和娱乐活动中。

第二节　创新爱国主义教育

中国深厚的土壤孕育了中华民族悠久的历史和灿烂的文化，滋养了一代代优秀的中华儿女，形成了伟大的民族精神。在长期实践中，经过不断地丰富和发展，这些伟大的民族精神成为我们最宝贵的财富。作为民族精神教育的核心内容，爱国主义教育有利于帮助人们形成健康向上且富有时代内涵的民族精神。党中央非常重视民族精神教育，胡锦涛总书记特别指出："要帮助广大干部群众特别是广大青少年，充分认我们民族的历史和传统，深入了解近代以来我们民族的深重灾难和我们党领导人民进行的英勇斗争，深刻理解社会主义中国的历史性进步和光明前途，不断增强民族自尊心、自信心和自豪感。"中学生是祖国和民族的希望，新时期，中学生思想政治教育创新过程中要坚持爱国主义教育，弘扬和培育中学生的民族精神及创新意识。

一、坚持爱国主义与中国特色社会主义的统一

在我国现阶段，爱国主义和社会主义本质是统一的，它们在中国特色社会主义建设实践中相互统一，主要体现在对社会主义祖国的热爱，积极地参加社会主义现代化建设事业并投身于祖国统一大业。我们国家正是坚持了社会主义这条道路才获得了真正的独立，取得了社会主义现代化建设事业的伟大成功。这些胜利并不是轻而易举取得的，建设中国特色社会主义任重道远，我们必须坚持走社会主义道路，使祖国更加繁荣更加昌盛。某种意义上来说，坚持中国特色社会主义就是新时期爱国主义的核心内容。另一方面，对生活在不同社会制度下的祖国同胞来说，爱国主义的具体内容应有所不同。例如，对已回归的香港、澳门同胞来说，爱国的表现是："心向祖国、支持'一国两制'，自觉维护香港和澳门的长期繁荣稳定。"对台湾同胞和海外侨胞来说，只要赞成和拥护祖国统一，就是热爱祖国的表现。

二、坚持爱国主义与独立自主、改革开放的统一

当今世界是一个开放的世界，热爱祖国必须把坚持改革开放和坚持民族自尊、自信、自强有机结合起来。全球化背景下，任何一个国家和民族要发展，都必须对外开放，并且加入到世界经济政治体系中去。中国的发展离不开世界，党的十一届三中全会以来，我们实行了改革开放政策，在建设中国特色社会主义过程中，我们要积极学习和借鉴世界其他国家创造的所有伟大成就。作为当代爱国主义者，只有毫不动摇地坚持爱国主义与独立自主、改革开放的统一，才能使我国的社会主义经济获得强有力的发展而不受制于其他国家。

三、创新中学爱国主义教育的途径

爱国主义教育是一个系统工程，新时期赋予爱国主义教育新的时代内涵，我们必须对爱国主义教育的方法与途径进行创新，增强爱国主义教育的实效性。

第一，遵循中学生的身心发展规律，运用多样化的教育方法。爱国主义教育可以通过多种行之有效的方法来进行，教育者要学会综合运用。对于初中学生，要注意运用一些比较生动活泼的方式来进行爱一义教育，例如讲故事、看电影、作演讲、话剧表演等等。对于高中学生来说，则可以适当地进行理论学习。中学生的可塑性和模仿心理很强，要善于为学生塑造爱国主义典型，充分发挥榜样的作用，塑造的典型和榜样要符合学生心理需要，既具有可敬闪光的一面又具有平凡普通的一面。可以通过各种不同方式进行宣传工作，创建优良的爱国主义教育环境。比如定期办黑板报，征求校训、标语，图片展示，举办专题报告，充分发挥学校的校园广播等等，让学生随时随地都可以感受到爱国主义教疗。最后，在进行理论学习过程中，要尊重学生的主体意识，采取“灌输”与“渗透”相结合的方法，有效地消除中学生的逆反心理并激发其积极主动地参与。

第二，建立“家庭——学校——社会”爱国主义教育网络。“生活即教育，

社会即学校”，学校教育并不是唯一的决定因素。中学阶段正是学生主体意识形成的关键阶段，家庭、同伴、社会环境对他们有着重大的影响，因此，对中学生进行爱国主义教育，需要学校、家庭、社会的团结合作。学校是进行爱国主义教育的首要环境，课堂是实施爱国主义教育的主要途径，除此之外，学校可以通过家长会、学校给家长的一封信等方式与家长形成良性互动。家长要时时处处以身作则，培养中学生的优良传统、社会责任感、遵纪守法意识等。各级政府部门要加强对整个社会环境的综合治理，营造爱国主义教育氛围，为完成中学生爱国主义教育目标而共同努力。

第三，合理利用网络的优点，构筑现代化爱国主义教育环境。网络信息时代，我们要充分发挥网络传播优势，搭建起有效的思想政治教育平台，积极开展网络条件下的爱国主义教育。新形势下，通过提高网络意识，大力开发民族信息资源，建立高级中学党建和团建网站，让爱国主义理论知识“走进网络”，这不仅拓宽了爱国主义教育的空间，更重要的是寓教于乐，让学生在喜悦放松的环境中获得发展与提高。

四、将爱国思想转化为具体行为

爱国主义不仅仅是理论知识，而且是重要的实践活动。中学进行爱国主义教育，要将其贯穿于中学六年的教育中，要将其贯穿于各科教学中，要将其贯穿于学生的日常活动中。通过教育，不仅仅培养中学生的爱国主义情感，还要转化成中学生的爱国主义行为，并最终养成一生的良好习惯。作为中学生，最基本的是要打好科学文化知识的基础，培养自主创新能力，做科教兴国的栋梁之才。平时要关心时事，关注国家和世界动态，当个人利益与国家利益发生矛盾时要无条件地按照国家和党的指示实现祖国利益。要定期参加一些爱国主义的实践活动，将自己的爱国之情转化为强国之志、报国之行。

第三节　创新诚信教育

诚信是中国社会自古以来广泛认同的道德规范，是日常生活和工作中人与人交际的基础，更是现代文明的标志。诚信是培养中学生全面道德素质的基础，有利于中学生健全人格的塑造，对于中学生人际交往起着至关重要的作用。社会转型时期，虽然中学生诚信教育的主流是乐观的，但不可否认，目前校园内也存在着大量诚信缺失的现象，比如学生考试作弊、抄写或请人代写作业、言行不一、向父母骗钱等等。诚信教育是中学生思想政治教育的立足点和基础，加强中学生的诚信教育应得到进一步重视。

一、树立中学生的诚信意识

思想是行动的先导，中学生的辨别是非能力不强，自我控制力薄弱，很容易受到现实生活中不良行为的影响。首先，根据中学生的身心发展规律和认知特点，组织丰富多彩的诚信教育活动，积极宣传现实生活中有关诚信的典型人物和典型事例，使学生认识到诚信对个人和社会发展的重要意义及其基本要求，在心理上形成正确的道德认知和诚信观念。其次，常生活中充分运用各种教育资源，因势利导，逐渐提高中学生的诚信情感体验，激发其实施诚信行为的需要和动机。最后，引导学生进行多种形式的道德实践活动，让学生在不断的实践活动中去感受诚信的价值，反复地规范自己的诚信行为。通过这样“理论—实践—再理论—再实践”的循环反复实践活动，最终使学生形成坚定的诚信道德信念，养成良好的诚信道德习惯，培养真的诚信道德品质。

二、优化中学生的诚信环境

中学生处于模仿能力强、诚信道德塑造的特殊时期，其思想道德行为很容易受到周围环境的影响。因此，要真正有效地改善中学生的诚信状况，就必须优化他们的成长环境。

第一，创设诚实守信的校园环境。积极努力地为学生营造一种平等、民主、和谐的校园氛围，是实施诚信教育的重要工作之一。诚信教育首先应从教师开始，“学高为师，身正为范”，作为一名教师，不但要以自己渊博的知识、高超的智慧来教育学生，而且要以自己高尚的品行、诚实的作风取信于学生。要积极地开展各种诚信道德教育活动，通过校园广播、黑板报、校园网络向学生进行诚信道德的宣传教育，强化学生“诚信光荣，失信可耻”的道德观念，对诚信者进行表彰，对不讲诚信道德的人和事要进行舆论谴责，通过各种措施为中学少创设诚实守信的良好校环境。

第二，家长应充分发挥其诚信的模范作用。家庭是孩子接受思想政治教育的环境，父母是孩子的启蒙老师同时也是孩子终身的教师，因此，在学生的诚信教育中，家长起着至关重要的作用。中学生的逆反心理比较重，简单而空洞的理论说教很难让他们信服，重要的是父母的身教示范作用。伟大的教育家洛克曾这样评述：“教导儿童最简明、最容易而最有效的办法就是把儿童应当做的和应该避免的事情的榜样放在他们眼前，因为‘没有什么事情能像榜样这么温和的而又深刻的打进人们心理’。”在家庭诚信教育中，家长要时刻注意自己的诚信形象，以身作则，树立言行一致的诚信观。中国自古以来就有许多与之相关的家教故事，比如“孟母断机杼”，“岳母刺字”等，这些都突出说明了家长对孩子的表率作用，唯有诚信的家长才能培养出诚信的孩子。同时，家长还要与学校积极配合进行有效的诚信教育，从而提高中学生诚信教育的有效性。

第三，减少社会不良作风对中学生诚信的负效应。当今社会存在着种种诚信缺失的现象，中学生的很多不诚信行为正是受到了社会不正之风的影响。政府相关部门要严格执行中央颁布的基本道德规范，对各种不诚信的社会行为要严厉制裁，在整体上提高社会的诚信道德水平。信息化时代，广播、报刊杂志、影视作品、网络等应积极宣传诚信思想的精华和现时代各种诚信品德的典型表现，批判各种错误的思想观念，严惩各种不诚信行为，在全社会形成一种打击“假、恶、丑”，追求“真、善、美”的良好氛围。此外，学校、教师、家长应积极引导学生用辩证的思维来分析社会上的人和事，用科学的态度正确剖析社会上的不诚信行为，尽量让学生远离社会上的不正之风。将学校和家庭中的诚信教育与社会上的诚信教育结合起来，将良好的诚信品质与实践中的诚信行为结合起来，使诚信真正成为中学生的价值观和行为习惯。

三、注重诚信教育的与时俱进

现行教材中的诚信教育，列举的基本上都是一些古代的诚信史例，并且主要是通过讲故事的单一方式呈现给中学生的。由于受实际生活中诸多不诚信实例的影响，学生在理解故事内涵接受诚信教育时，往往会觉得诚信是一种“历史行为”，这样就大大地降低了诚信教育的实效性。在社会飞速发展的新时代，诚信观念应侧重实事求是，诚信教育既要继承传统，又要与时俱进，体现时代特征并突出创新性。因此，我们应该遵循社会发展的客观现实，对诚信教材内容进行改革，有针对性地开发出适合中学生身心发展的校本教材，通过古今中外的反事例进行因材施教，引导中学生把诚信看成是人的精神世界的基础，积极地去追求、去体验。

第四节　创新心理健康教育

中学生处于人生发展的关键时期，在这个关键时期，中学生要健康地成长，就必须在生理、心理和社会三方面都符合现代社会的需要。学校心理健康教育的开展从根本上就是基于学生健康成长的需要，它及时地帮助了学生解决心理发展过程中的矛盾冲突，积极地预防了学生心理问题的产生，从而有效地维护学生的身心健康。《中小学心理健康教育指导纲要》指出“中小学心理健康教育的主要内容包括：普及心理健康基本知识，树立心理健康意识，了解简单的心理调节方法，认识心理异常现象，以及初步掌握心理保健常识，其重点是学会学习、人际交往、升学择业以及生活和社会适应等方面的常识。”

20 世纪 90 年代以来，我国各级政府、教育部门开始高度重视中小学心理健康教育问题，它是思想政治教育的一项重要内容，是实现人的全面发展的重要手段之一。中学心理健康教育是一个综合性的教育过程，学校、家庭和社会各界都应携起手来，共同配合，积极努力采取多种途径、多种方法予以实施。

一、开设心理健康教育课程

学校心理健康教育的主要途径是通过课堂教学，为中学生开设心理健康教育课程，向中学生传授心理健康知识。知识是行为的基石，中学生学习心理健康知识有助于培养其自我认知能力、自我评价能力和自我调节能力等。此外，通过心理健康教育课程对中学生进行系统的教育与训练，能够有效地解决中学生中普遍存在的诸如学习方法问题、人际交往等问题，使其尽快地适应学习、生活、角色、地位等发生的变化。

因此，各级中学要针对处于不同心理发展阶段学生的心理特点，充分利用课堂适时地向学生传授心理健康知识，让心理健康教育真正进入课堂。在实施课堂教学活动时，要注重学生的自我参与、自我教育和自主活动，让学生通过活动获得心理体验来改变观念、改变行为、促进其心理发展。

二、各科教学中渗透心理教育

将心理健康教育渗透到各科教学活动中，是学校心理健康教育的一个重要途径，通过此途径，学校心理健康教育才能有效地实现其教育目标。要将心理健康教育渗透到各科教学活动中，各科老师应该对学生进行全方位的了解，在教学中根据学生的实际需要和学校心理健康教育的目标内容，恰当应用心理学理论知识、对策及心理辅导技术，有针对性地帮助学生解决生活和学习过程中所出现的不同心理困惑。

首先，积极构建新型师生关系，创设平等和谐的教学环境。爱护学生、尊重并宽容学生是一名教师所应具备的基本素养。教师所赋予学生的尊重和理解是学生健康成长的精神力量，理解也是爱的一种表现，教师应从学生的个人角度去考虑问题，尊重学生，以一颗宽容的心去对待学生，积极努力创设一种相互尊重、相互依赖、平等诚实的师生关系。其次，激发学生的探索积极性。各学科师应根据所代学科的特点，合理安排教学内容，使用符合学生认知特点、思维能力和心理需求的教学方法进行授课，激发学生学习的积极性。再次，课堂教学中，教师要根据不同学生的实际情况，提出不同的学习要求，适时地对每一位学生进行鼓励性评价。尤其要善于引导和帮助那些暂时落后的学生，使他们怀有成功的希望，迸发出学习的动机和积极性。最后，教师要善于了解和发现学生心理成长的特点和需求，有效地运用自己的知识和经验，因势利导地帮助学生克服种种不良情绪，使学生端正学习态度，养成有规律的生活习惯，塑造健全乐观的人格。

三、运用现代化教学手段

随着现代信息化社会的迅速发展，越来越多的学校在教学过程中都普遍应用现代多媒体技术和计算机网络，这有利于培养学生的创新精神，有利于提高学生的整体素养，有利于学生积极健康心理的形成。

教学活动中，传统的教学方式常常不能够很好地促使学生完全发挥出其学习积极性。所以，教师要善于积累和利用学生所熟悉的、感兴趣的知识，并与教材上的有关知识相结合，精心制作成使用文字、声音、图像等综合信息的课件。当代中学生天真活泼、求知欲高，易于接受一些新事物、新观点。信息化时代下对中学生进行心理健康教育，我们要合理利用网络资源的及时性，调动学生的主动性，帮助中学生形成良好的网络意识、树立网德，保持健康的心理。此外，我们还应充分利用网络资源的多元化，培养中学生的想象能力和科学的思维方法。

四、开展心理辅导和心理咨询

心理辅导活动是以学生为主体，通过教师的指导以培养学生良好心理素质为目的的专门活动，这是学校开展心理健康教育的基本途径之一。心理咨询是一种更为专业的行为，它从心理学、社会学、医学等角度，通过倾听、理解、鼓励和训练等方式，针对中学生的各种心理适应和发展问题，挖掘学生的潜质，培养学生优良的心理素质，提高学生的学习质量。

第九章　中学思想政治教育方法的创新

第一节　思想政治教育方法创新的重要性

自1999年开始，“创新”这一词语在教育界和实践界常常出现，在一定程度上对我国的基础教育改革产生了重要影响。江泽民同志曾在他的重要讲话中指出，我们人类社会是不断创新和不断发展的；如果没有创新，人类的进步就不会发生，人类的未来就不存在。这些话概括地阐明了创新的极端重要性，世纪，面对经济全球化、政治多极化、思想多元化和社会信息化的发展大势，我们不仅要加强科技创新，而且要加强文化、制度、教育等领域的创新。

一、中学思想政治教育创新的必要性

新形势下，我们要与时俱进，适应社会的快速发展，深入学习并全面把握胡锦涛总书记的重要讲话和中央号文件精神，就必须对中学思想政治教育进行创新。思想政治教育如果停止探索、缺乏创新，它就会丧失生命力和战斗力。

（一）全球化背景下树立正确价值观念的需要

一方面，全球化过程中部分人的民族精神和爱国意被削弱。全球化过程中，国际组织和跨国公司的活动范围扩大，超过了现实中国界和民族的疆域限制。与此同时，伴随着经济全球化，政治全球化和文化全球化也逐步实现，这个过程是隐性的、慢慢渗透的，从而逐渐淡化了人民的国家意识和民族情感。另一方面，我们的民族文化安全受到信息全球化的威胁。“西方利用互联网对我们

侵袭、腐蚀、进攻。他们推行‘文化帝国主义’、‘传媒帝国主义’。强势文化的渗透导致民族文化安全受损。”而作为思想政治教育工作的传播工具，文化安全受损，将会致使思想政治工作的信用等级降低，这正是摆在我国思想政治教育工作者面前非常艰巨的任务。

随着全球化的不断深入发展，当前的中国社会正处于飞速发展的关键时期，改革开放三十余年以来，我国的经济快速发展，政治制度趋完善，文化更加丰富多彩，社会各个方面也发生了巨大变化。十二届四中全会以来特别是十六大以来，在党中央的高度重视和确领导下，处于社会发展转型时期的中学生们的思想道德状况主流是积极、健康、向上的。他们胸怀远大理想、热爱祖国，关心祖国的途命运和社会的发展方向，希望祖国日益繁荣强大。例如：2008 年，在北京奥运会期间，北京市许多中学生走上街头积极争做奥运志愿者；当四川汶川不幸发生大地震时，全国各地的中学生们通过捐钱、捐物等各种不同的方式来支持灾区人民。但另一方面，我们也必须清醒地看到，随着市场经济体制改革在我国的不断深化，人们的思想观念、价值取向和道德观念等也在不断发生矛盾和改变。在这个充满矛盾、碰撞交织的过程中，中学生在如何确立自己的人生观、价值观等方面感到非常困惑和迷茫。部分中学生因受到社会上种种不良行为的影响，其思想政治状况让人感到担忧。因此，我们要更加重视中学生的思想政治教育，在科学发展观等科学理论思想的指导下，对中学思想政治教育的内容、机制、方式等不断进行创新，提高其主动性，增强其目的性并加强其实效性，从而开创中学思想政治教育的新模式。

（二）符合国家对创新型人才的需求

胡锦涛总书记曾指出，“我们的国家要实现创新型发展，人才是关键，创新型的科技人才更是关键。”“我们国家、民族的未来和前途命运，只要有了一批批、一代代具有较高创造性素质的创新型人才，就能创造出一个以人为本的美好的未来世界。”

具有创新精神和创新能力的人才是一切创新活动的基础，而人才的基础在于教育，创新的基础在于教育。因此有人说，世纪是创新教育的发展时期。创新教育是建设知识经济，是推进素质教育和促进社会进步的要求。国际世纪教育委员会的报告《教育——财富蕴藏其中》曾把创新教育作为教育的最高目标："教育的任务是毫不例外地使所有人的创造才能和创造潜力都能结出丰硕的果实……这一目标比其他所有的目标都重要。"创新素质对一个人的德、智、体等方面都有一定的要求，创新素质需要在个体素质全面发展的基础上才能得到高度的发展。所以，我们在实施创新教育过程中，不能只是单纯地培养学生的创新能力，而是要注重学生多方面素质的提高。创新教育要整合知识型教育和素质教育，要注重学生科学素质与思想道德修养的全面发展。这也正是教育发展的目标：培育出具备高超科学素质和优秀思想道德修养的人才。中学思想政治教育可以培养中学生健康的情感，提高他们的社会责任感和主人翁精神，进而保障建设创新型国家基础性工作的顺利进展。

（三）大学与中学思想政治教育衔接的诉求

思想政治教育具有完整的系统性。它的完整性和系统性要求大学与高中思想政治教育体现出全面性，连续性和层次性，要求大学与中学的思想政治教育进行有效的衔接。但是由于种种原因，长期以来我国的大学与中学的思想政治教育存在脱节的现象。这使得"原本系统化的大学与中学教育的链条，被人为地割裂。"随着社会的发展和时代的进步，社会各界越来越关注大学与中学思想政治教育的衔接问题。

第一，大学与中学的思想政治教育进行有效的衔接是思想政治教育的系统性要求。我们进行思想政治教育的目的，就是要使人们形成良好的思想素养，使之符合社会发展的要求。因此，它必须根据中学生的生理特点和心理特点有针对性地进行。学校的思想政治教育是以青少年为主要对象的育人活动，所以它必须遵循青少年的生理特点和心理发展规律来进行。

第二，大学与中学的思想政治教育进行有效的衔接是培养中学生良好思想素养的需要。中学生和大学生是青少年的主体，他们的思想道德状况如何，直接关系到国家的前途和民族的命运，如果中学生和大学生群体的道德水平不高，那么要想提高国民的整体道德水平将是件极其困难的事情。因此，要提高青少年的思想道德素质，就必须解决大学和中学思想政治教育脱节的问题，把大学与中学的思想政治教育有效地衔接起来。

第三，大学生犯罪率的不断上升，使得人们越来越重视大学与中学思想政治教育的衔接问题。近几年，高校不断出现的大学生犯罪现象，让社会各界更加关注大学思想政治教育的重要性，他们也强烈呼吁大学思想政治教育要与中学思想政治教育进行衔接。

要解决大学与中学思想政治教育衔接这一问题，就需要对中学思想政治教育的模式进行创新，不断创新思想政治教育的内容、方式、途径和机制等。

二、中学思想政治教育创新的科学依据

（一）社会存在与社会意识辩证关系的原理

社会存在与社会意识辩证关系的原理，是唯物史观最根本的原理，它科学地回答了社会历史观的基本问题，揭示了唯物史观的实质。马克思主义认为，社会存在是第一性的，社会意识是第二性的，前者决定后者，后者又反作用于前者。他指出："在不同的占有形式上，在社会生存条件下，耸立着各种不同的、表现独特的情感、幻想、思想方式和人生观构成的整个上层建筑……通过传统和教育承受了这些情感和观点的个人，会以为这些情感和观点就是他的行为的真实动机和出发点。""人们的社会存在，决定人们的思想。而代表先进阶级的正确思想，一旦被群众掌握，就会变成改造社会、改造世界的物质力量。"

因此，在思想政治教育创新过程中，我们应注重从物质条件和社会关系的制约来把握中学生个体思想的变化情况，来分析中学生个体对物质条件和社会关系的态度等。

（二）马克思主义关于人的本质和个人全面发展的学说

"人的本质不是单个人所固有的抽象物，在其现实性上，它是一切社会关系的总和。"这句话是对马克思主义关于人的本质学说的经典阐述。作为马克思主义人学中最重要的原理，我们只有正确地把握关于人的本质的原理，才能懂得如何根据历史的具体的现实的人来正确分析和认识各种社会历史现象。思想政治教育的对象是人，如果从不同方面来认识人的本质，对思想政治教育的相关问题就会得出不同的结论。因此，思想政治教育创新必须坚持以马克思主

义人的本质学说为指导，才有可能对学生的思想特点进行科学的分析，引导学生树立正确的人生观、世界观和价值观。

个人全面发展的本来涵义是指：在生产过程中，每个人的智力和体力都尽可能多方面地、自由地、和谐地发展，最根本的是个人的劳动能力得到全面发展，使人们都成为“各方面都有能力的人，即能通晓整个生产系统的人。”马克思主义的这一学说对人的发展观进行了科学的界定，并指明了人的发展方向，它的最高价值目标是实现每一个人的自由全面发展。因此，我们必须坚持这一学说作为思想政治教育创新的重要理论根据，并结合历史与现实来确定思想政治教育目标、方针和任务。

三、创新中学思想政治教育面临的机遇与挑战

随着国际形势的日新月异和国内形势的巨大变化，青少年的思想政治教育既面临着良好的机遇，也面临着严峻的挑战。国内改革开放的不断发展，为广大青少年认识社会、积累经验、拓宽眼界提供了更多良好的机遇。与此同时，国际敌对势力与我争夺接班人的斗争也日趋尖锐和复杂，他们利用各种途径加紧对我未成年人进行思想文化渗透，某些腐朽没落的生活方式对未成年人的影响不能低估。由此可见，中学思想政治教育创新过程中，机遇和挑战并存。

（一）创新中学思想政治教育面临的机遇

第一，经济全球化所带来的机遇。全球化的发展不仅使世界各个国家不断加强对话、紧密接触，而且使各个国家、各个地区相互合作并相互了解，当今世界的主题仍然是和平与发展。全球化、网络化为思想政治教育工作提供了更加先进的载体，从而积极地推动了思想政治教育工作手段的现代化，最终大大地提高了思想政治教育工作的效率。

第二，互联网等新兴媒体所带来的机遇。互联网等新兴媒体是大众传播载体的一种具体形式，因为它是一种比较新颖的思想政治教育形式，具有其独特的特征：即多媒体化。网络信息改变着中学生的生活方式和思维方式，为提高广大中学生的想象力、求知欲和创造力提供了发展空间，这在很大程度上使思

想政治教育具有巨大的影响力和强大的实效性。

（二）创新中学思想政治教育面临的挑战

当前，对中学生进行思想政治教育的形势是十分严峻的，面临着各个方面的严峻挑战：

第一，经济全球化所带来的挑战。许多中学生的人生观和世界观因经济全球化而受到严重的冲击；全球化过程中，中学生容易受到西方不良的生活方式和不健康文化观点的影响。当代中学生的思想还没有成熟，分辨是非的能力还需要提高，并且他们还没有形成最终的稳定的世界观、人生观和价值观。但另一方面，他们思想敏锐，更容易接受外来的文化。经济全球化的全面发展，必将对中学生的价值取向、生活习惯、道德行为等方面产生巨大的影响。

第二，互联网等新兴媒体所带来的挑战。随着现代信息网络技术的高速发展，网络与人们円常生活的联系日益紧密，也影响着中学生的思想政治教育。概括的说，网络传播的负面作用有以下三点：首先，网络传播中多元文化的交汇影响着青少年尚未成熟的人生观和价值观，这在一定程度上抵消了学校思想政治教育的效果；其次，网络传播过程中常常会携带大量的垃圾信息，这些有害信息侵蚀着中学生的道德认知，并且这些不良信息传播的隐蔽性、快捷性给中学思想政治教育工作带来了全新的挑战，尤其是手机上网的隐性特点，致使部分中学生的行为不道德，甚至会出现违法行为和犯罪行为；再次，随着网络的普及，“网络上瘾症”“网络诈骗”等网络传播的伴随品也应运而生，这对中学生身心的危害性成为社会各界关注的焦点。

第三，家庭教育和成年人所带来的挑战。我们生活和成的第一环境是家庭环境，家庭环境对中学生的健康成长起到直接影响和决定的作用。中学思想政治教育存在的问题，大部分是由家庭教育不当导致的。英著名的“曼彻斯待调查报告”显示：“教育成功的主要因素在家庭环境内，家庭因素的要性几乎两倍于学校、社区两项因素的总和。”由此可见，家庭对中学生的成长成才起着极其重要的作用，家庭教育不当将直接影响到中学生思想政治教育的效果。此外，我们成年人的生活和活动中所出现的道德失范、诚信缺失、拜金思想、享乐行为等等消极腐败现象，也深深地影响着中学生的思想政治教育。

思想政治教育方法创新的重要性在于：

1. 我们党优良传统的体现

早在革命战争时期，毛泽东同志曾经用过河的桥或船来比喻解决问题所用的方法，这一形象比喻使我们明白了方法在做好工作、完成任务过程中扮演着重要的角色。社会主义建设时期，毛泽东同志积累了许多宝贵的科学方法，这些方法对我们今天进行思想政治教育创新起着重大的作用。社会主义现代化建设时期，邓小平同志总是在认真分析国际国内环境的基础上来考察思想政治教育，总是将两者紧密地结合在一起。

新时期，江泽民同志高瞻远瞩地提出了党的思想政治教育“要结合我国社会主义改革和建设、国际形势发展变化的新实际，加强对马克思主义的研究与宣传，不断增强马克思主义理论的说服力和战斗力”。我们应与时俱进，正确把握胡锦涛同志创新思想的科学性和发展性，实事求是地通过实践不断创新思想政治教育方法。

坚持以与时俱进、实事求是的科学态度对思想政治教育方法进行创新，科学地指导着我们在思想政治教育过程中要积极采用与时俱进的思维方式，及时修改那些不符合社会进步、不适应发展的教育方法，最大程度地实现思想政治教育的创新性。

2. 思想政治教育规律的要求

思想政治教育规律，是指思想政治教育工作者根据社会发展所要求的政治思想、道德品质、理论观点和人们思想形成、变化、发展的规律，采用一定的教育手段，将社会要求的思想转化为教育对象的思想的过程。一方面，思想政治教育方法是随着社会进步、时代变化而发展的，是在继承传统和改革创新的辩证统一中实现的。改革实质上是一场深刻的社会变革，正在引起经济基础和上层建筑的深刻变化。一切与社会主义生产力发展不相适应的方式都在逐步发生改变，与之相适应的思想观念、生活方式也在发生变化。因此，思想政治教育工作者必须加强研究，深入实践，总结经验，努力探索出符合时代发展的科学方法，从而获取思想政治教育的最优效果。另一方面，思想政治教育方法是教师和学生进行交流和沟通的桥梁。所以，思想政治教育创新实践中，我们必须认真分析受教育者的身心特征和思想状况，适时创新教育方法，以更好地满足中学生身心发展的需要，进一步提高中学生的思想道德素质。

3. 中学生身心发展的需要

作为中学思想政治教育的对象，中学生的思想有其独特的特点。一方面，中学生的思想是在客观外在环境和主观内在因素的矛盾和碰撞过程中形成的，是在其积极互动过程中不断创新和延续下来的。另一方面，中学时期是青少年树立人生观和价值观的关键时期，他们思想敏锐，好奇心强，但心态不稳定，思想具有极大的波动性，自控能力较差，很容易受到一些不良行为习惯的影响和诱惑而误入歧途。社会转型时期，全球化在深入推进，科学技术得到了快速发展，伴随着信息技术和互联网的出现，中学生的学习方式和生活方式将受到重大的影响。因此，我们必须根据社会的发展状况和中学生思想的变化，不断探索适合中学生思想变化和身心发展规律的科学方法，真正实际地创新中学思想政治教育。

4. 理论和实践意义

中学阶段，由于中考和高考的压力，长期以来学校都是把知识作为教学的主要目的，形成了以知识为中心的传统教育模式。教学方法基本上是“满堂灌”、“我讲你听”，学生的思维受限于老师所教的范围，由此就造成了高分低能，学生得不到全面发展，其创新精神也得不到发展。中学思想政治教育是一项实践性较强的活动，要真正改造学生的主观世界，培养学生良好的思想品德，就应该积极创新中学思想政治教育方法，促使实践在思想政治教育中的重要作用充分发挥出来。

第二节　中学思想政治教育方法创新路径

一、理论灌输与实践锻炼相结合

20 世纪初，列宁明确地提出了灌输理论。他在《怎么办？》一书中指出："工人本来也不可能有社会民主主义的意识。这种意识只能从外面灌输进去。"灌输教学对于一切思想政治教育对象來说都是必要的。一方面，就中学生自身来说，正确的思想和科学的理论，只有经过不同方式的灌输教育，才能深深地印记在他们的脑海中。另一方面，不管在什么时间什么地点，中学生的生活实践都会受到某种思想和理论的影响。在当代我国实行对外开放和科学技术迅猛发展的新形势下，人们比以往任何时候都更加需要科学的思想和理论来指导自己进行正确的选择和抉择，以便更加有效地认识环境、适应环境，发展自己。因此，实施灌输教育就更具有重要的意义，这也是新时期思想政治教育的一个基本理念。

实践锻炼法也是中学思想政治教育的基本方法之一，实践活动对培养受教育者的思想品德具有极其重要的作用。它有利于中学生形成和巩固言行一致的优良美德；有利于进一步强化和巩固思想政治教育效果。实践锻炼的具体方式是多种多样的，随着社会的快速发展，中学生的实践活动，其内容越来越丰富，范围越来越宽广，方式越来越多样。思想政治教育过程中，教育者只有合理地运用实践锻炼法才能有效地强化思想政治教育效果。首先，根据中学生的年龄特点和思想实际以及具体的教育目的、教育内容选择恰当的实践锻炼方式。其次，将实践锻炼作为思想政治教育的经常性活动，持之以恒，使中学生在反复的实践锻炼中不断提高认识，将品德规范内化为理想信念，培养中学生高尚的道德情操和良好的性格气质。第三，加强加快实践基地的创建，确保中学生进行系统性、经常性和规范性的实践锻炼，这样有利于社会实践主体与客体之间协调工作的顺利进行，保证实践锻炼循序渐进，扎实稳定并且富有成效。

思想政治教育过程中，如果只重视对中学生进行理论知识的灌输，不重视培养中学生的政治需求意识，不重视开发中学生的思想潜质，就难以获得良好的思想政治教育效果。但另一方面，如果没有系统地进行理论知识的学习，而单纯地采用实践锻炼教育法，这样，思想政治教育的形式就比较松散并且缺乏系统性，致使其教育权威性和教育实效性被极大地削弱了。因此，我们必须将理论灌输法与实践锻炼法相结合，吸取各自的优点并补充各自的不足之处。

第一，除了课堂上系统的理论知识学习之外，丰富中学生的课余生活，增加中学生参加课外、校外实践活动的机会。第二，有意识地构建特定的生活环境，营造特定的文化氛围，让生活环境和文化氛围在中学生思想品德形成过程中的积极作用最大程度地发挥出来。加强学校图书报刊厅、文艺馆、体育场和科学会堂等设施的建设，让学生在良好的文化氛围中自我感受和领悟“学什么”和“怎么办”。第三，广泛开展多彩多样的实践活动。学校应积极地开展多彩多样的社会实践活动，以补充课堂教学的不足。例如，通过公益劳动和志愿活动，让中学生明确劳动的要求和意义，增强中学生参加劳动的主动性和自觉性。根据中学生的特点和特长，适当组织社会服务活动，培养中学生为社会、为群众尽职尽责的精神。积极组织中学生参加一些社会考察活动，让他们从社会实践中体验到思想政治繩论的确性和伟大性。

二、显性教育与隐性教育相结合

显性思想政治教育主要是教师通过规范的课堂的德育课程教学来实现的。显性教育属于知识性、理论性的德育课程教学体系，是学校有目的、有计划地组织的各种教学与社会实践活动。显性教育在思想政治教育过程中发挥着独一无二的作用，它采用正面而直接的教育形式，运用“灌输”理论知识的方式，希望学生在短期内能立即接受教育者的观点。常采用的形式有：课堂教育、时事形势报告、海报、校园报等等。隐性教育与显性教育是相对应而存在的，其教育形式是非正面的、非直接的，它通过“渗透”的方法并希望学生在长期的潜移默化中自愿接受教育者的观点。常采用的形式有：营造校园文化氛围、创设校园环境、丰富校园活动、建立新型的师生关系等等。

学校思想政治教育的主要途径是显性教育。当代中学生思想敏锐、自尊心强、意识超前，正处于任性、质疑、排斥、价值观趋向多样性的时期，此时，思想政治教育过程中若采用“理论灌输”教育法，通过正面直接的方法手段，其教育效果还是比较理想的。但是，如果采用的教育方式不适合中学生的身心发展规律，学生常常就会产生一种抵触心理，对所学的理论知识不屑一顾。这样就得不到有效的思想政治教育效果，甚至还会适得其反。针对中学生的心理特征，隐性教育符合中学生的心理发展规律，它能够有效地消除中学生的逆反抵触心理。因此，新形势下，针对中学生思想观念、行为方式和价值取向所发生的变化，在思想政治教育过程中，要转化中学生的思想，就必须将显性教育和隐性教育结合起来。显性教育和隐性教育有力地形成了中学思想政治教育模式的整体系统，它们各有各的特点，又相互补充，在创新中学思想政治教育过程中，教育者应将二者相结合，实现中学思想政治教育的最佳效果。

第一，校园文化的潜移默化。校园文化是一所学校外在面貌和内在精神的集中体现，主要内容包括：学校外在面貌、内在制度规范和教学实践活动等。学校应注重为学生创造一个文明高雅的学习区，在宿舍区、餐厅内、教室内外张贴一些名言警句等具有深刻意义的标语，让学生在高雅的分为中感受其纯正的气息并内化为具体行动。要大力绿化、美化校园，文化、艺术、体育活动区域和场所的建设，要体现思想性和娱乐性的统一。学校应准确把握时机，将积极健康、琳琅满目的校园文化与现实思想教育结合起来。充分利用节假、纪念、重大历史事件等，举行多种形式的庆祝活动和纪念活动，增强学生对祖国和生活的热爱；举办征稿活动、演讲比赛、歌咏比赛、主题展览等等，让丰富的校园文化渗透着思想教育的成分，使中学生产生一种内在的感化。

第二，学高身正的榜样教育。胡锦涛同志曾经指出，“教师在推动我国教育事业快速向前发展和培养创新型人才的过程中发挥着至关重要的作用”。这向我们明确了教师是教育发展的关键，全体教师要努力提高自身的综合素质，注重言教与身教，在思想、品德和作风上成为学生的表率。此外，良好的师生关系有利于培养学生优良的品德，有利于促进学生身心和个性的全面和谐发展。所以，每一位教师都应该注重创建一种新型和谐的师生关系，让学生真正地接纳教师所进行的思想政治教育。

第三，充分利用网络隐性育人的方式。作为一种新兴的传播媒体，网络资源具有隐蔽性、及时性和多样性的特点，它是隐性思想政治教育的主体方式。网络教育的多样性、交互性和民主性，使学生乐于参与网上的思想政治教育活动，从而增强了思想政治教育的实效性；网络教育拓展了思想政治教育的渠道，使得家长、教育专家、心理专家等都可以参与到思想政治教育活动中来，实现了开放式的思想政治教育。因此，信息时代，教育者在对中学生进行思想政治教育时，一定要密切关注并研究网络技术给思想政治教育所带来的新情况、新问题和新挑战，努力开辟思想政治教育的新空间、新境界，并根据中学生的真实思想状态，对其加以引导和帮助，真正有效地发挥出网络的隐性育人作用。

总之，隐性教育和显性教育是学校思想政治教育的两种形式，它们具有相同的教育目标。我们应利用显性教育和隐性教育相结合的方式，让学生在学习理论知识的基础上，进一步通过熏陶和感染接受思想政治教育。

三、进行多学科的交叉与整合

任何学科和知识体系都不可能是孤立存在的，它同其他学科或知识体系不可避免地存在着或多或少的渗透和融合，总是会继承或借鉴相关学科的研究经验和研究硕果。在科学现代化高速发展和人的分工劳动不断明显的今天，各个领域所体现出的相互渗透与相互融合更加深入。思想政治教育作为一门新型学科，它的发展与许多相关学科息息相关，其内容和方法，同这些相关学科都有着密不可分的联结。

思想政治教育方法，就其特征来说，它是联系教育主体、教育客体和教育环境的中介，是一种知识工具。总体上来讲，这种知识工具是相对独立的，一定条件下，它可以作用于不同的教育内容并为不同的教育任务服务。因此，思想政治教育可以借鉴和吸收相关学科的理论知识和方法，并对其进行移植和改造，使其最终成为思想政治教育方法的组成部分。

思想政治教育方法可以借鉴和吸收哲学、法学、美学、社会学、教育心理学等众多学科的理论知识和研究方法，可以运用控制论、系统论和信息论等科学方法。比如心理学除了研究人的心理活动的本质和规律之外，培养健康心理、完善个性以及治疗心理疾病等问题也是心理学的主要研究内容。保持心理健康、培养良好个性以及消除心理疾病等，也正是思想政治教育的任务。特别是当今社会，社会变化节奏加快，社会因素更加复杂，思想政治教育所面临的心理问题也更加突出。因此，思想政治教育过程中，要善于借鉴和吸取心理学中心理咨询和心理治疗方法、心理保健方法等。针对中学生常学习和生活中出现的心理困惑与烦恼，运用心理学的相关知识，调节中学生的心理状态，解决其心理问题。再如，在道德教育内容上，马克思主义伦理学和思想政治教育学基本上是一致的，它们都要研究爱国主义教育、理想教育、集体主义教育，研究艰苦奋斗、遵守纪律等道德品质教育。

综上所述，随着科学技术的快速发展和社会发生的巨大变革，多学科教育方法的相互借鉴和交叉引用已成为科学研究的必然，也成为科学进展的方向。因此，将各种相关学科进行交叉整合研究，对于拓宽思想政治教育领域，丰富和创新思想政治教育方法具有重要的意义。

四、优化信息渠道，讲求实效性

信息化时代，人们越来越关注信息。信息就是财富，人们在接受思想政治教育时，同样希望能获得一定的信息，以便得到新的发展。因此，思想政治教育创新过程中，首先要掌握丰富的信息量。一是要让中学生获得充足的信息。可以将教育学、社会学以及美学等学科的知识贯穿到思想政治教育过程中，丰富和创新思想政治教育知识。二是要让中学生获得最新的信息。当代中学生思想活跃，喜欢探索，乐于学习、掌握和接纳新思想、新理论，所以教育者一定要及时地传递给中学生最新的信息，否则思想政治教育的实效性将会降低，达不到理想的教育效果。三是要让中学生获得科学的信息。中学阶段足一个人塑造其人生观、世界观和价值观的关键时期，要帮助中学生树立正确的人生观和世界观，培养出合格的人才，所传授的知识就必须是确而科学的。只有在正确的科学理论指导下，中学生才能保持坚定的理想信念，为祖国大业贡献自己的力量。总之，要让中学生获得充足的、最新的并且科学的信息，教育者就必须得具备较高的信息素养，及时获取丰富的科学的信息资源。

思想政治教育创新过程中，强调科学性，运用科学方法的同时，也要讲究艺术性，注意教育艺术的运用。注重教育艺术的科学使用，不仅能够提高思想政治教育自身的水平，而且能够取得比较理想的思想政治教育效果。一方面，根据中学生的身心特点和兴趣爱好，对所掌握的信息资源进行严格的筛选，以中学生容易接受的方式，为中学生提供积极健康、丰富高雅的信息知识，以提高中学生的兴趣，使他们自觉地接受教育。另一方面，坚持教育艺术的科学性应用，将二者结合起来统一应用。中学生拥有丰富的情感，思想教育过程中必须采取情感陶冶和理性启迪相结合的方法，才能增强思想政治教育的实效性。“教育即艺术”，在情感陶冶中渗透理性启迪，在说理教育中融进感情色彩，做到情真理切，情理交融。

五、区分层次，逐步深化教育

层次原则是思想政治教育的主要原则之一，是指教育者承认差异，从实际出发，根据中学生思想、理解能力和个性气质的不同，因材施教，区分层次来实施教育。层次原则是在拨乱反正、总结吸取过去的经验教训、发展社会主义市场经济的过程中确立起来的一条思想政治教育的重要原则。

区分层次是由中学生自身的层次性特征所决定的。不同年龄阶段的中学生，在年龄、知识、思维和心理等方面都存在有明显的差异，所以在进行思想政治教育时，必须要分清层次，根据各年龄阶段中学生旳思维规律和特点，选择合适的思想政治教育方法。具体来讲，初中阶段的教育方法要力求生动、活泼，少讲理论知识，多提供一些具体材料；高中阶段要突出知识的结构性和逻辑性，适当增加论证和推理的比重。教学过程中，教师在备课时既要备教材又要备学生，上课要以学生为中心，充分调动学生的课堂教学参与积极性，培养学生的自主学习能力。

分层教育并非降低了教育要求，它是为了实现更高的教育目标，其关键在于要逐步深化教育。创新中学思想政治教育，提高中学生的思想道德素养，要坚持由近到远、由浅入深、由感性到理性的原则。不分层次，不实施因材施教，要求过高，急于求成，脱离实际，就难以收到显著成效。如果长期停留在一个水平上的教育，也无法实现最终目标。只有不断深入地廾展思想政治教育，才能逐渐提高学生的思想道德水准，并形成无产阶级的科学让界观，为实现宏伟的目标而永远进取。

综上所述，我们可以采收各种不同的思想政治教育方法。为了适应新形势的需要，更好地建设中国特色社会主义，思想政治教育工作者必须坚持解放思想，实事求是，与时俱进，以增强思想政治教育的实效性为蓝本要求，及时发掘新动态，自觉分析新情况，努力探索新出路，不断对思想政治教育的科学方法论体系进行创新。

第十章　中学思想政治教育机制的创新

第一节　思想政治教育机制创新的原则

一、坚持党性原则

搞好执政党的建设是搞好经济建设、政治建设、文化建设与和谐社会建设的关键，是搞好思想政治教育工作的根本保证。思想政治教育机制的创新，必须建立健全党对思想政治教育的领导机制，充分发挥基层党组织的政治核心作用，真正地将创新思想政治教育作为新形势下我党的重要事情来对待。

二、坚持科学性原则

科学正确地反映思想政治教育的本质，根据思想政治教育的自身规律解决问题，是创新思想政治教育机制过程中一定要遵循的原则。因此，机制创新不能仅仅根据自己的感性理解去分析问题，必须科学地总结前人的成功经验和失败教训，借鉴他们的成果来丰富自己的研究。要积极探索思想政治教育创新的内在规律，制定、健全并落实思想政治教育制度，最终建立一整套具有科学性的、适应发展的体制、机构和制度，确保领导力量到位，做好实际工作，并始终如一地把他抓好，抓出成效。

三、坚持时代性原则

机制创新需要顺应和反映时代的要求。在当前的思想政治教育机制创新过程中，必须着眼于培养中学生的自主性和创造性，增加思想政治教育活动的科技含量，用科学精神来武装中学生的思想；借鉴现代心理学、教育学、管理学等相关学科的理论，运用系统论和信息论等科学方法，形成与现代化发展相适应的思想政治教育机制，整体性地、多途径地开展思想政治教育；要充分利用现代化的宣传工具，促进人与人之间的思想文化交流，形成思想政治教育的网络机制。

第二节　中学思想政治教育机制创新路径

一、健全保障机制

中学生思想政治教育保障机制并不是个孤立的工作体系，它是在中学组织制度的各个有机构成要素相互整合、共同协作的基础上而形成的。新时期，面对中学生思想政治教育工作的复杂性和艰巨性，要增强中学生思想政治教育工作的生机与活力，就需要创新思想政治教育保障机制，建立和健全保障机制。

（一）加强组织领导建设

学校理念是一个学校正常运转的指挥棒，是一个学校成功发展的基本保障。只有办学理念到位，保障机制才能协调地运转，各单位、各组织机构才能形成有效的合力。因此，必须将思想政治教育工作纳入到学校理念中，纳入到学校评估考核指标体系中。尽管各个中学实行的领导体制可能会有所不同，但各学校党委都应充分重视学生的思想政治教育工作，并对工作加强领导，校长负责学生的德智体全面发展，建立和完善以校党委为领导，校长和各行政部门为主体对学生实施思想政治教育的领导管理机制。

首先，学校的各级领导必须切实转变其领导作风，深入到教育教学前线进行调查研究，研究新情况、新问题、探索新规律，制定出切实可行的规章制度，用科学的方法解决师生工作学习中的具体问题，树立“一切为了学生，为了一切学生，为了学生一切”的教育思想，赢得广大师生的信任和支持。其次，根据各年龄阶段中学生的思维规律和特点，把一般性思想政治教育和个别教育结合起來，有针对性地进行因材施教。第三，学校在制定各项管理制度时，在遵守宪法和法律的基础上，要对各方面的实际情况进行全面的考虑，做到严谨有余，宽容有度。在学校中，提倡和树立仁爱宽容的精神，给予学生认识和改正错误的机会。第四，健全中学生共青团、年级组织，发挥各自的优势，突出部门特色，建立一个拥有共同目标、协调一致的工作机制。使思想政治教育的管理工作具有科学性和制度性的特点，这是思想政治教育取得理想效果的重要保障。

（二）提高教育师资队伍素质

加强思想政治教育，必须建设一支高素质的师资队伍、党政团干部队伍、辅导员和班主任队伍作为保障。首先，思想政治教育教师队伍的数量应该像专业教师队伍那样充足，让他们通过进修、定期培训、攻读学位等多种途径提高自己的专业化水平。其次，思想政治教育教师还应积极强化自身整体素质，提高自己的道德素养。教师应树立确的人生观和价值观，自觉地营造良好的师德环境，养成优良的师德习惯，追求崇高的师德境界，建立有效的师德约束机制。第三，除课堂思想政治教育之外，团委、年级主任和班主任是其骨干力量，必须高度稳定和迚设好这支骨干队伍。可以在政治待遇、职称评聘、学习深造和岗位津贴等方面给予积极的支持和帮助，为他们提供良好的工作条件、广泛的发展空间。最后，进一步加强思想政治教育专业教师素质的培养，健全其保障机制和奖励机制。将物质和精神的奖惩手段有机地结合起来，鼓励、调动各类思想政治教育工作者的主动性和参与性，增强他们的事业心和使命感，建立相关的考核措施和制度，根据不同的业绩情况给予恰如其分的奖励。

（三）加强校园文化建设

校园育人环境建设可以从校园文化建设、心理健康教育、网络文化建设和共青团建设四方面来着手进行。校园文化建设必须结合自身的办学传统与学校文化传统，结合教育资源优势、教学组织方式，并且紧密结合校风和学风建设，创建出有特色的校园文化氛围。心理健康教育对中学生的发展有着重要意义，在中学思想政治教育中扮演着重要的角色，有针对性地开展心理健康教育是中学生思想政治教育保障机制中不可缺少的组成部分。建设一支专业化的心理健康教育队伍，为学生建立心理健康档案，定期地开展心理健康咨询，为培养心理健康、品质优秀的社会主义接班人提供保障。网络文化建设是校园文化建设不可缺少的组成部分，规范网络管理，培养网络道德是网络文化建设的关键所在。专业理论课教师在教授信息技术教育课程时，应注重讲授网络道德规范，培养当代中学生的网络认知理性、自我约束和自我控制能力。绝大多数中学生都具有强烈的自我表现欲，他们对生活充满了热情和希望。我们应该高度信任他们，为他们创造尽可能多的展示才华的机会，通过校团委的领导和帮助，在班主任和教师等相关人员的关怀和引导下，为他们创造一个优越的校园环境。

（四）增加经费和物质投入

一定的物质和经费投入，是获得理想思想政治效果，保障思想政治教育的基础。因此，应将思想政治教育的经费开支纳入到中学生培养的核算体系中，必须提高教育经费投入的力度，进一步改善教育教学条件。

但是目前有的中学管理部门对中学生思想政治教育不够重视，在思想政治教育方面的投资很少，甚至没有这方面的投资预算；有的管理部门存在挪用和克扣思想政治教育经费的现象，这些现象对思想政治教育活动的进行都起着制约作用。就学校本身而言，在每年的年度预算中应该加大对思想政治教育经费的投入。经费投入的范围应包括思想理论教育经费，如购买教材、举办时事报告活动、组织思想政治工作理论研究等；活动经费，如立传教育活动、社会实践活动、文艺体育活动等；硬件设备的购买经费，如多媒体设施、计算机设备、图书资料、室外活动设施等经费。各个中学应该注重思想政治教育物质设备建设和活动场地、社会实践基地的建设，并给予资金的保障。在措施方面，可以建立学校与社会各类慈善资助机构的联系，争取商家赞助等，通过多重渠道、利用多种方式来筹集资金。

二、完善评估机制

思想政治教育的评估，就是依照社会发展的需求，并依据评估对象的客观情况，运用一定的评估指标和评估方法，对思想政治教育效果进行客观实际的分析、检查和评定的教育环节。思想政治教育评估机制是评判思想政治教育活动实现社会价值的方向和程度的关键环节，它为有效管理教育系统和确保系统作出科学准确的决策提供了可信的参考。现阶段，要对新时期中学生进行科学合理的评估，就要积极探索出与中学生发展需求相适应，与新时代中学特点相符合的评估方法，这一评价方法应与时俱进、具有创新性的特点。此外，还应努力研究和把握新情况新形势，从而形成一整套与新时代发展要求相符合，与社会主义市场经济体制和精神文明建设需要相适应的科学评价机制。

（一）明确评估目标

中学生思想政治教育的评估机制是为了促进中学主动适应社会发展的需要，促进中学思想政治教育朝着社会主义方向前进，不断提高思想政治教育的实效性，使中学思想政治教育更好地为社会主义建设服务。因此，评估机制必须培养中学生热爱社会主义祖国，拥护党的领导和基本路线，坚定中国特色社会主义事业的政治方向；有利于强化中学生努力学习思想政治教育理论知识，逐步树立崇高的理想和坚定的理想信念；有利于帮助中学生形成乐于为人、先人后己的品德，培养他们吃苦耐劳的精神，使其具有高度的责任心和使命感，自觉地拥护法律；有利于培养中学生良好的道德品质和健康的心理素质，促进他们勤奋刻苦，积极探索，努力掌握现代科学文化知识，进而培养出一批具有共产主义觉悟的先进分子。

（二）改进评估标准

中学生思想政治教育评估只是教育评估的众多形式之一，思想政治教育评估机制必须以提高中学生的整体素质为基础。然而，当前的中学因受升学考试制度的影响，其思想政治教育仍然只是单纯地用书面考试形式来评价学生的学习效果，只强调考试分数，却不注重学生的智能、情感尤其是个人能力的发展变化。思想政治教育是以培养学生良好的道德素质为目标的，评价一名学生是否合格，既要对学生掌握知识的情况进行考查，又要对其思想品德、合作能力、技术能力、心理素质等综合素质进行考查。因此，我们应该选用一系列评估标准，创建一个“能力为主、知识为辅”的新型评估机制。

教育机制创新过程中，我们所建立的评价体系应该要以提高学生的整体素质为出发点。对学生的评价，不仅要注重学生的学习成绩，而且要善于挖掘学生各个方面的潜能。了解学生学习、生活过程中的所祟所求，及时给予学生有效的帮助和指导，让学生在认识自我的过程中充满自信心，从而实现最优发展。因此，创建“能力为主、知识为辅”的新型评估机制，既可以避免学生“死读书”的学习现象，又可以激发学生积极获取一切新知识、新信息的兴趣，鼓励学生积极参与各种学习和实践活动。这种新型的教育教学评价机制有利于培养学生的自主能力和实践能力，对开发学生的创新意识和培养学生的创新能力都有重要的意义。

（三）注重评估过程

从某种意义上来说，评估只是一种手段、一种方式，其目的是为改革思想政治教育提供参考。因此，在中学思想政治教育评估过程中，我们不能只关注学生的学习结果，更应该关注一个学生思想政治教育的全过程。将教学过程、学生发展变化过程都纳入到评估的范围，评估过程中要关注学生人生观、价值观和世界观的形成，观察学生的各种日常行为并对其道德表现进行评价，指导学生正确的道德发展方向；注重培养和提高学生的思维分析能力。

（四）实施动态性评估

“动态性评价是维果茨基的一个重要贡献。动态性评价是一种测查儿童在被帮助或指导的情况下的独立活动。它可以被认为是由最近发展区决定的。”动态评价是相对于静态评价而存在的。它有两层含义：“一是跨越多个时间点观察评估学生的进步与改变情形，了解学生动态认知能力变化的特点和潜能；二是评价者与被评价者之间产生大量的互动，强调评价与教学结合，实施个体化的诊断评价和教学补救。”提倡中学思想政治教育对学生发展做动态评价有两方面原因：一是中学思想政治教育的知识结构具有先进性和应变性的特点；二是学生的认知水平、思想状况、道德意识及行为发展等的“最近发展区”是从低层次向高水平呈螺旋式不断上升的。因此，中学思想政治教育评估过程中，应该针对每个学生的实际情况，以发展的、动态的眼光来对学生各方面的发展进行动态评估。

三、建立反馈机制

思想政治教育过程中，教师要不断地对中学生施加一定的教育影响，当发生教育作用时，中学生对教师所传递的教育信息必定会产生相应的反馈。这些积极的或消极的反馈信息以实现思想政治教育特定的功能为目的，学生又将通过不同渠道将这些信息传递到教师那里，对教育过程中的调控和再决策发挥着重要的作用。所以，信息反馈在教育创新过程中扮演着十分重要的角色。但是，要用完善的反馈机制来作为反馈调节的保障。要建立健全的思想政治教育反馈机制，首先需要通过认真的研究，在此基础上准确把握反馈调节的特征。

（一）掌握反馈调节的特点

首先，原则性与灵活性的相统一。作为中国共产党的传统政治优势，思想政治教育所具备的鲜明党性原则在整个教育体系中都会被体现出来。在进行思想政治教育反馈调节时，必须遵循其党性原则的要求，这体现了思想政治教育反馈调节的思想性、政策制约性强的特色，也正是在这一方面它与经济学科和自然科学学科表现不同。此外，表现出较强的灵活性是思想政治教育反馈调节的另一特征。反馈调节在遵循党性原则的基础上，表现出很强的弹性。思想政治教育工作者必须对客观现实、社会环境、主观承受能力等多方面因素进行充分的考虑，在弹性许可的情况下，恰如其分地实施反馈调节，只有这样才能最理想地、最成功地实现思想政治教育目标，进一步达到最佳育人效果。

其次，准确性与及时性的相统一。准确性与及时性是反馈调节的一个重要特点，是在这两方面它与其他系统反馈调节具有不同之处，这也是教育活动对它的基本要求。作为思想政治教育反馈调节的主体，要拥有思想倾向和独特观点，当思想政治教育的信息传递给他们时，他们必定会立刻表现出种种不同的反应，如果这些不同的反馈信息不能及时地得到反馈与整合，就会导致出方方面面的情绪，甚至会造成严重的社会影响。所以，创新过程中，我们应该准确地把握好思想政治教育反馈调节的这两个相统一的特点，适时地发现存在的问题，用科学理论认真地分析问题，并且及时准确地通过调节将问题解决。

再次，精确性与模糊性的相统一。与经济活动不同，思想政治教育的反馈调节没有准确无误的指标可以参考，与机械电器系统更不同，思想政治教育反馈调节不能通过各种量化数据准确无误地计算出评估过程中所存在的误差。因此，思想政治教育的反馈调节具有模糊性。然而，精确性又是思想政治教育的反馈调竹的另一特点，二者相互矛盾统一存在。通常情况下，反馈调节的内容具有相互依存、矛盾统一的关系。例如：经济与政治，客观存在与主观思想，理论讲解与情感熏陶，重视思想教育与完善规章制度等。这种辩证关系对反馈信息的影响范围和作用力度起着制约的作用，因此，反馈信息在质和量这两方面都要体现出一定的精确性。由此可见，思想政治教育反馈调节将会是一种档次高、发展性强、具有美学特征和文艺性特征的活动。

（二）健全反馈机制

第一，健全反馈调节机构。创新过程中，要注重设置一些调查机构并配备相应的调查工作人员，这些机构和工作人员专门负责调查中学生的思想动态，确保按质按量完成任务，为思想政治教育的正确决策、实施和调节提供依据。纵向系统和横向系统是反馈调节的两大系统。纵向系统所进行的相互反馈调节的思想政治教育部门，它们的级别不相同、层次不相同。横向系统所进行的相互反馈调节的思想政治教育部门，它们具有相同的层次，但是各个教育部门所担任的职能、所肩负的职责各不相同。机制创新过程中，学校不但要形成班级、年级与校团委、教导处以及校长办公室之间的反馈调节系统，而且要形成校委会、学生会与保卫科、后勤处、校医处等相关思想政治教育部门之间的反馈调节系统。这样可以使各个机构、各个部门各司其职充分展现自己的特点并完全发挥其优势，既有利于信息的传递又有利于信息的加工，有助于及时、准确地进行信息反馈。

第二，完善反馈调节制度。一是要颁布适当的法规条例对反馈调节系统的最终效果进行巩固。因此，我们要健全教育系统内部的反馈调节制度，使思想政治教育系统内部各种各样的反馈调节行为能够协调一致地实现其发展。除此之外，还应不断完善思想政治教育体系与其他体系之间的反馈调节，以便确保更好地发挥出思想政治教育的服务性特征，使其能为其他系统提供适当的服务。

二是设置岗位责任制，使得反馈调节体系能够顺利地、流畅地发挥其调节功能。反馈调节过程中，基本上不设置专门的机构，也不分配专职工作人员，所以从事思想政治教育的人员和机构都应建立岗位责任制，切实地承担起反馈调节这一职责义务，并尽职尽责地将任务完成。三是要制定合理的规章以确保反馈调节能够拥有自己的话语权，并且具备相应的令行禁改的公平环境，使民主集中制原则得到贯彻。人是思想政治教育反馈调节的主要执行者，另一方面，我们又需要依靠合理的法规政策来确保和规定自己的反馈调节行为。我们在反馈信息的过程中，必须坚持做到既民主又集中，积极营造遵循客观规律、畅所欲言的和谐氛围，保证既正确又规范地实施反馈调节，以便获取及时的、准确无误的反馈信息。

四、构建合力机制

（一）整合家庭教育，学校教育和社会教育形成整体合力

家庭教育是一切教育的基础。它拥有自己独特的特点，即：父母的观点、素养、行为对孩子存在着潜移默化的巨大影响，并且这种影响是方方面面的，具有连续性和持久性。因此，在进行中学生思想政治教育创新过程中，家长要注重不断提高自身的思想道德修养，努力掌握科学民主的家庭教育方法，提高教育子女的能力。学校教育是中学生思想政治教育的主要阵地，它在一定程度上主导存中学生的发展方向。学校教育拥有一整套严格的规章制度，其教育目标和教育方向都十分明确，它是完整的育人体系，其育人效果是持续性的、长久性的。社会是教育人们的大课堂，社会教育是一项更广泛、更具有影响的教育，它赋予中学生丰富多彩的教育内容，指引中学生多方面地发展。因此，创新中学思想政治教育，必须整合社会上各种各样有价值的教育资源，呼吁各界力量并积极团结他们，携手共同构建加强和改进中学生思想政治教育的整体效应和合力。

家庭教育、学校教育和社会教育各具有自己独特的教育特点、教育方法和教育效果，同时它们又是相互联系、密不可分地统一在思想政治教育这一整体系统中。因此，创新思想政治教育要取得理想的效果，就必须积极整合家庭、

学校和社会这三方面教育，确定共同的教育目标，实现三者相互配合、相互补充，以学校为主建立三者之间的交流沟通机制，从而获得思想政治教育的最大支持。

（二）统筹课堂教育、社会实践和校园文化教育形成整体合力

课堂活动是创新中学思想政治教育的指挥棒，它主导着教育方向。创新中学思想政治教育，推动课堂教育教学改革是首要任务。课外活动和生活实践是中学生思想政治教育的核心内容，不可缺少。通过实践活动，中学生才能真正地将所学的理论知识与客观实际联系起來，进一步深化、巩固所学的理论知识。各个中学要认真规划并精心组织中学生的社会实践活动，在校学习期间要经常组织社会调查、政治参与、参观考察等多形式的活动；此外还要鼓励学生充分利用寒暑假进行社会实践活动，将丰富的课外生活实践与课堂教学理论相结合，进一步拓宽社会实践的空间，进一步丰富社会实践的内容，最终增强社会实践的教育实效。校园文化是中学思想政治教育的另一主要形式，它为中学生提供了一个比较宽松的、自我教育的环境，对中学生所实施的教育是无形的。我们在大力进行思想政治教育理论课课堂教学改革的同时，也应重视抓好校园文化建设。用科学先进的文化思想为核心积极建设校园文化，努力促进校园民主、和谐的环境建设，创建出一个与时俱进、散发着新时代气息、具有优良校风和学风、有利于中学生全面发展的育人环境。

课堂教学是中学的基本实践活动，课外实践是课堂教学的拓展，校园文化是中学生的第二学习环境。因此，只有统筹课堂教学、课外实践和校园文化，形成整体合力，从多方位、多角度对中学生进行培养，能在根本上实现中学思想政治教育的创新。

（三）统筹思想政治教育与专业教学、管理服务工作形成整体合力

首先，我们要充分认识到思想政治教育对中学生学习和生活的重要意义，认识到它也同时深深地影响着中学其他各部门的工作，在此认识的基础上坚持“育人为本，德育为先”。其次，要认真分析专业教育和思想政治教育之间的关系。备课过程中要勤于思考，善于捕捉专业课中的隐性教育资源，注重在讲

授专业知识过程中对中学生实施思想教育，这样学生既获得了专业知识，在知识熏陶的影响下又进一步地接受了思想政治教育，从而无形地提高了自己的整体道德素养。再者，要注重培养具有良好道德素质的管理人员、服务人员、保安员等，提高他们的教育意识，让他们充分认识到在做好管理服务工作的同时也是对学生进行思想政治教育的过程。另一方面，思想政治教育工作也应与学校管理服务部门主动沟通协调，积极配合，教育引导学生遵纪守法，两者相互配合加强对学生的管理。因此，只有统筹好思想政治教育与专业教学、管理服务工作之间的关系，才能更好地实现思想政治教育创新。

此外，要整合每项工作并形成整体合力，使它们协调一致的顺利进展，仅仅依靠人的主观努力是不够的，也必定得不到理想的教育效果。因此，我们在发挥个人主观能动性的同时还必须依靠完善的机制体制，只有不断完善这些体制机制并使它们发挥出有利的统筹兼顾作用，才能取得理想的教育效果。

五、优化渗透机制

思想政治教育渗透机制，集中体现了思想政治教育的根本特征，是创新过程中教育者所采用的方法手段之一。因此，我们应将思想政治教育渗透到日常生活、学习工作、校园环境、教学管理和社会实践等环节中，促使学生在长期的潜移默化过程中不断转化自己的思想、提高自身的道德素质。

（一）强化教育者的思想渗透意识

渗透意识是思想政治教育工作者应该具备的，创新过程中他们必须不断地进行强化，自觉地将思想政治教育融入到各项具体工作以及中学生的常学习生活中，对中学生实施全方位的教育影响。将思想政治教育贯穿到中学生常生活的每一细节中，教育者才能及时地掌握中学生的思想动态，认真分析其思想变化的原因，才能有目的地、有针对性地完成教育任务，增加思想政治教育的实效性。

（二）思想政治教育与管理工作的有机结合

中学生要树立正确的人生观和社界观，培养高尚的道德行为，依靠长期思想政治教育的同时，还需要遵守一些具有明显效果的管理。将思想政治教育渗透到管理工作中，坚持教育和管理的结合，建立长效工作机制，就是将自律和他律、激励和约束进行有机的结合，有效地带领中学生的看法和行为。一是要明确中学生思想政治教育是中学教育的一个重要部分，它范围广、内容多、难度大，除了依靠行政领导干部和思想政治课教师之外，还必须充分调动所有教师和行政工作人员的积极性，才能将工作搞好。二是思想政治教育工作中，要结合中学生的思想状况和心理特点，建立并健全必要的规章制度和奖惩机制。在贯彻规章制度的过程中约束中学生的行动，通过综合运用精神和物质的奖惩手段，弘扬和奖励先进的思想，发挥榜样的作用，促使中学生自觉地规范自己的行为，逐步养成良好的思想作风和行为习惯。三是将思想政治教育思想渗透到学校的教学部门和后勤管理部门中，实现多空间、多层次和多角度的全员育人作用。

（三）思想政治教育在环境中的渗透

思想政治教育环境是指对思想政治教育活动以及思想政治教育对象的思想品德形成和发展产生影响的一切外部因素的总和。环境对中学生主要起到隐性思想政治教育的作用，对中学生的思想道德和心理发展的影响方式具有其特殊性。一是通过熏陶、感染，让学生在潜移默化中接受教育，对学生的思想和情感的作用是一种渗透性、积累式的影响；二是环境对学生思想品德的影响和塑造，是在较长时间内发生作用的，具有持久性。

根据环境对中学生思想政治教育作用的特殊性，我们要充分发挥环境的隐性育人作用，在思想政治教育机制创新中创设环境渗透机制。第一，积极利用社会大环境的良好社会风气对中学生进行思想政治教育。思想政治教育工作者应该具有敏锐的嗅觉，充分利用各种机会对中学生积极进行爱国主义、爱心教育、社会责任感等相关的思想政治教育，让中学生通过直观感受接受教育。第二，全力发挥校园环境的感染作用。思想政治教育工作者要充分发挥校园环境这一隐性载体的育人功能，从硬件与软件、组织与管理、宣传与教育、教风与学风、教师与学生等方面来构建有特色的校园文化环境。第三，构造学校与社区、家庭的一体化环境。学校与家庭和社区应积极力加强联系，形成统一的环境氛围，让中学生在协调一致的精神环境中接受教育。马克思认为：“人创造环境，同样，环境也创造人。”因此，充分发挥社会、学校、家庭环境的影响作用，实现三者的良性互动，为中学生营造良好的教育环境和氛围。

综上，这五个要素共同构成了中学思想政治教育发展运行机制的有机整体。它们在发展运行中相互作用、相互影响，直接关系着中学思想政治教育发展运行机制的整体状态。

第十一章 中学思想政治课有效课堂的方法

第一节 有效课堂概述

一、有效课堂的概念

有效课堂教学是进行全面发展教育、实现培养目标的基本途径，为个人全面发展提供科学的基础和实践，是培养学生个性全面发展的重要环节。有效课堂教学要求教育工作者遵循课堂教学活动的客观规律，在有限的课堂教学时间内，明确教学目标，取得良好的教学效果。有效课堂教学是以师生互动为中介，以学生的发展进步为本的现代教育理念，以学生自我认识的改善程度、对教学的满意程度以及学习效果作为唯一评价标准。教学的有效性包括三个方面：1.有效果：指教学活动结果与预期教学目标的吻合程度；2.有效率：教学活动是一种精神性生产活动。教学效率可表述为：教学效率教学产出（即教学效果）教学投入，也可表述为：教学效率有效教学时间实际教学时间；3.有效益：指教学活动收益、教学活动价值的实现。即指教学目标是否符合特定的社会和个人的教育需求。

教师的任务不单单是按时完成课堂教学内容、实现教学目标，同时还要提高学生自主学习的能力，实现学生学习收获效果的最佳化以及保持这种学习的可持续发展。有效课堂教学是扩大学生“学习发展区”的有效途径，所谓“学习发展区”指在有限的课堂时间和空间范围内，学生的现有水平和实现学习目标的差距。在这个有限的环节内，教师的教学理念和教学策略，直接关系到学生的学习效率和学习成效。有效课堂的评价标准也会促进教师教学技术的优化、教师专业发展以及教师的课堂教学效果的提升。

（一）有效课堂的方法

在课堂教学中教师要坚持“以生为本”的现代理念，做好课堂教学的组织者和引导者。坚持“因材施教”的教学方法，不断创新教学模式，促使课堂教学更加科学化、合理化，提高学生的创新能力和科学文化素质。课堂教学方法是实现有效课堂教学的重要方面。具体来说教学方法是教师为了完成教学任务、实现教学目标而采取的共同活动方式，是教师引导学生掌握知识技能、获取身心发展而共同活动的方法。常用的教学方法大概可分为五种：

一是以语言传递为主的教学方法，这一类教学方法运用极为广泛，主要包括讲授法、谈话法、讨论法、读书指导法四种，其中讲授法可分为讲读、讲述、讲解和讲演四种。二是以直观感知为主的教学方法，这种教学方法具有形象性、具体性、直接性和真实性的特点，主要有演示法和参观法两种。三是以实际训练为主的教学方法，这种教学方法是指以形成技能技巧，培养行为习惯和发展学生能力为主的教学方法。其特点是使学生通过实践活动动脑、动口、动手，提高学生分析问题和解决问题的能力，并养成良好的行为习惯。主要有练习法、实验法、实习作业法和实践活动法四种。四是以引导探究为主的教学方法，是指教师组织和引导学生通过独立的探究和研究活动而获得知识的方法，主要是发现法。发现法又称探索法、研究法，是指学生在教师的指导下，对所提出的课题和所提供的材料进行分、综合、抽象和概括，自行发现并掌握相应的原理和结论的一种教学方法。其特点在于关注学习过程甚于关注学习结果，要求学生主动参与到知识形成的过程中去。五是以情感陶冶为主的教学方法，指教师根据一定的教学要求，有计划地使学生处于一种类似真实的活动情境之中，利用其中的教育因素综合地对学生施加影响的一种教学方法。主要包括欣赏教学法和情境教学法。这种教学法能够改变传统教学只重认知、忽视情感的弥端，对培养学生的学习动机，丰富学生的生活体验，发展学生的创造力，培养学生高尚的道德和审美情感都起到了重要作用。

启发式教学方法是教师最常用的教学方法，指教师从学生实际出发，采取各种有效的形式去调动学生学习的积极性指导学生自己去学习的方法。在教学中，教师要注意调动学生在学习过程中的主观能动性，引发学生强烈的学习动机，引导学生开展积极的思维活动，促进学生养成独立思考的能力，进而能够为学生的创造性思维品质的形成提供良好的条件。

除此外，由于中学思想政治课具有其独特的一面，关系到学生德、智、体、美、劳等综合素质的形成，中学阶段是学生问题较多，思想极为敏感的时期。教师还应从心理上进行教学，即根据学生的心理发展的特征与规律，在一种新型的、建设性的师生关系中，运用心理学等专业知识技能，设计教学思路和教学过程，以帮助学生形成良好的心理素质，从而在课堂中放下思想包袱，全身心地投入学习，发掘个人潜能。

（二）有效课堂教学的作用

高效课堂能够有效地处理好课堂教学中的各种复杂关系，例如预设目标与动态生成，面向全体学生与促进学生个性发展，学生自主参与与教师引导，提高效率与减轻学生负担等。从时空上看，有效课堂是高效率，即花最少的时间取得最大的成果；从成果上看，有效课堂是高效益，即教学结果能使学生获得较多的效益；从关系上看，有效课堂应是高效应，即通过教学在师生之间的心里、人格、思维、情感等方面产生高效应。综合概括，有效课堂是师生遵循教学活动的客观规律，以最优的速度、最大的效益和效应促进学生在知识与技能、过程与方法、情感态度价值观“三维目标”上获得整合、协调、可持续的进步与发展，从而有效的实现预期的教学目标，满足社会和个人的教育价值需求而组织实施的教学活动。

（三）制定有效课堂的标准

《有效上课》一书中提到，判断课堂教学有效性可以从三个方面来分析。首先最重要的一点是教学主体，即学生的认可度、积极参与程度以及维持这种学习的持续性。学生的课堂收获成效直接关系到课堂教学的有效性。学生的收获不仅是对知识的吸收量，还包括持续学习的能力，世界观、人生观、价值观的正确认识和形成，学生创造力的提升。其次，一堂有效的中学思想政治课教学目标明确、突出，课堂教学思路清晰，教学过程自然流畅、协调、和谐。学生能够形成正确的社会价值观，能够学会用正确的立场、观点和方法观察社会、认识人生。能够在有限的教学时间内实现教学目标。最后，课堂教学的有效性还体现在课堂气氛的活跃上，形成乐教乐学的氛围，即教学过程的丰富性。良好和谐的课堂气氛有利于学生吸收、掌握知识，形成深屋次的知识架构，这是学习持续性的体现之一。同时，可以促进学生的情感、态度、价值观的形成进程。有利于增加学生的集体荣誉感和归属感，能够促进学生良好思想品格的形成。总之，一堂有效的思想政治课可以使学生获益终身。

二、有效课堂的探索

有效课堂是对教学时间和教学效率最优化的追求的体现。我国对有效课堂的研究，随着新课程改革的发展而不断深入。有效课堂教学作为教育科学化的教育产物，在二十世纪下半叶变成一种明确的先进教育理念和教师自觉形成的教育实践。有效课堂教学逐渐形成自己的评价标准：即关键看学生的学习效果、学生对课堂教学的满意度和轻松度，以及此后形成的自我认识的改善程度和保持这种学习感觉的持久性。有效课堂教学是学校有效教学的重要组成部分，主要考察教师在一定的空间和时间范围内，对课堂的生态资源的充分利用，实现课堂价值的最大化。

我国的教学论体系具有原理阐述多、策略方法少的特点模式，其实践意义和指导意义不明显。有效课堂的探索在某种程度上能够为教师提升课堂教学效果提供了可借鉴的科学的方法、策略和思维模式。国外对有效课堂教学研究进行微观化分析，以加涅的学习与教学理论为代表，教学方法除了合作探究、发现学习、和个别化教学等模式外，还具体分析了这些教学模式下的讲述、提问、讨论、反馈、练习、复习、课堂自评等教学方法的使用细则。

三、有效课堂存在的主要问题及原因

（一）有效课堂教学存在的主要问题

课程改革是教育改革的核心，因此，课程创新是教育制度创新的重点。我国第八次基础教育课程改革的宗旨是构建具有中国特色的、现代化的基础教育课程体系。新课程顺应时代发展的需要，全面推进素质教育，努力培养学生健全的个性和完整的人格，造就新一代高素质的社会公民。这次新课程改革的创新对思想政治课教学的发展有着很重大的意义。这一革新对中学思想政治课教师教学理念的更新、教学方法的改进、教学技能的提升、教材内容的时代性和教师人格力度影响上都有重大意义。但是，看到这些进步的同时，中学思想政治课还存在诸多问题，这些问题影响到教学目标、教学有效性的实现。

为了进一步了解中学思想政治课存在的主要问题及原因，通过对固始县丰港乡第一中学七年级（八）班的五十多名学生进行抽样调查，学生通过填写试卷问题来完成这一实际调查。问卷主要包括四个方面：第一，中学生对中学思想政治课教师的教学观念的看法；第三题，“政治课上的互动情况”选教师积极引导，学生积极参与的同学占 43%；第四题，关于政治教师的授课方式，选“满堂灌”的同学占 68%；第五题，“思想政治课教师上课使用多媒体”占 21%。这些数据说明中学思想政治课教师的教学方法有待进一步改进。第二，中学生对中学思想政治课教师的教学方法的不同见解有的同学选择不喜欢思想政治课教师的教学方法的同学认为思想政治课教师的教学方法单一。第三，中学生对中学思想政治课教师的人格魅力的分析；第十题，关于教师的人格魅力，同学选依据思想政治课教师的心情而定；有的同学认为自己的思想政治老师非常有魅力。第四，中学生对中学思想政治课本身的认识。第二题，“喜欢上思想政治课的原因”选择喜欢政治课的同学占 35%。从以上数据分析，目前中学思想政治课课堂教学存在的主要问题主要体现在一下几个方面：

1. 中学思想政治课的教学观念陈旧

新课程强调思想政治课堂教学过程是一个动态、开放的师生交往、积极互动、共同发展的过程。丰港乡第一中学的学生对政治教师的教学观念十分重视，中学生已有自己的人生价值观，对思想政治课教师有一定程度的要求。据调查的学生希望政治老师的教学观念新颖独特。有的学生认为自己的政治教师跟其他老师一样，没有新颖。有的学生希望思想政治课教师能够改变以往的教学观念。在中学思想政治课上，师生之间会相互碰撞、相互理解、相互沟通，然后会产生内化和外化“生成”知识。在培养学生创新方面，教师的教育思想观念过于单纯化和片面化，难以形成统一的教育价值观。

有效课堂教学有一个很大的误区，教师容易把课堂的有效性归结为课堂的效率要“快”，节奏要“紧”，容量要“大”，往往失去课堂的流畅优雅性。思想政治课是开放的、互动的、有生命力的。高节奏高容量的课堂氛围使学生难以捕捉教师的“隐形”影响力，教师既没有带给学生生活的艺术美，生命的节律美，又没能培养学生的认知能力和思维留白的创新，从某种意义上讲，课堂并没有实现其真正的教育价值。教师需要更新自己的教学观念，教育不仅仅是教育也是生命的启迪。

2. 中学思想政治课的教学方法单一

达尔文说过：“最有价值的知识是关于方法的知识，掌握了正确的学习方法就像有了打开知识宝藏大门的金钥匙。”赫尔巴特也认为：“教育者要为儿童的未来着想。因此，学生将来作为成年人本身所要确立的目的，是教育者当前必须关心的，他必须为使孩子顺利地达到这些目的而事先使其做好心理准备。”在长期教学实践中，中学思想政治课教师努力探求多种教学方法，使思想政治课堂“活”起来，提高学生的学习兴趣。思想政治课教材内容深邃严肃，暗含深层次的社会价值观。根据丰港乡第一中学的调查结果显示，有的学生认为中学思想政治课教师的教学方法有待改进，政治课教师采取讲授法的居多，启发式教学运用较少。的中学生认为政治课教师应该采取灵活多样的教学方法，根据课堂教学发生的实际情况，随机应变。

目前思想政治课教师采用较为传统的教学方法便是讲授法，又称讲演法，教学的基本目的是同化信息，即知识的理解，是教师向学生传授知识的重要手段。思想政治课老师为了易于让学生理解教学内容，最常用的教学方式是案例分析法，在教学中创设情境，激发学生的学习动机。案例教学法中教师引导学生通过讨论质疑的方法，做到事理结合，能够提高学生分析问题、解决问题的能力。这种教学法的成效与教师语言艺术成正比，目前为止很多思想政治课教师并不能通过此法提高课堂的有效性。长期固定的教学模式为学生提供了心理暗示，难以激发学生学习的积极性和好奇心。合作学习是新课改倡导的学习方式之一，其目的是通过营造宽松、和谐、自由的学习环境，使每一位学生的自主性都得以充分发挥。综观当前的课堂教学方式，合作学习得以广泛运用，成了课堂教学改革的“风向标”。但是，目前这种教学方式有一定的难度。在合作学习中，看似教室布置了任务，小组内的每一个成员都在“积极地”参与活动。但是，当小组出现问题时，教师并未给予针对性的指导和帮助，缺少对学生学习过程的调控，容易出现混乱的现象。

随着现代教育技术的发展，现代教育教学手段是对传统教学模式的一次革命。在课堂教学中运用电化教学手段，如多媒体课件，把抽象的概念、原理具体化、形象化，易于学生接受，可以达到预期的教学目的。但是，目前很多思想政治课教师过于依赖多媒体教学，疏忽了课堂与学生的语言精神上的互动，难以实现课堂教学效果最优化。

3. 中学思想政治课的教学语言魅力不够

教师口语表达是教师用确的语音、语调、语义，合乎语法逻辑的口头语言对教材内容和学生问题等进行叙述、解释、说明的行为方式。在调查数据中显示，思想政治课教师的人格魅力对已有独立人格的中学生影响相当大，有以上的学生认为思想政治课教师的人格魅力表现在教师语言表达上。教学口语具备传递信息，调控课堂教学，促进学生思维发展，建立和谐师生关系等功能。教师的语言是激发学生情感、实现教育教学效果的一门艺术。特别是对中学思想政治课教师的语言要求高于其他学科。教师语的技巧性、魅力和感染力是教师的职业特点所需要的。“工欲善其事，必先利其器”（《论语》）既然语言是思维的外衣，是表情达意的工具，优秀的思想政治课教师必须有能够驾驭各种不同风格的语言的能力。古人云：“操千曲而后晓声，观千剑而后识器。”教师的语言表达技能直接影响教学质量和教师形象，教师语言生动有趣、言简意赅能够充分激发学生学习的内部动机，培养其思维能力。因此，思想政治课教师应下功夫，掌握、磨砺、锤炼、广采百家之言，积累自己的语言，并广泛用于组织教学的各个环节中。

目前，中学思想政治课教师的语目表达技能有待提局。具体表现在：首先，部分教师教学时不能够完全使用普通话，用词不够恰当贴切，说话不符合语法规则；其次，教师语言不符合学生的接受能力，或与学生的生活实际脱离，不易于学生理解。再次，时代发展，现代人才观的需求标准也在变更，教师要有自己的独特美、个性美，中学思想政治课教师不能够做到结合自身的特点和任教学科的特点，创造性地运用各种语言表达技巧。难以使自己的语言表达富有创造性，以及形成独特的口语风格，难以给学生留下深刻的印象。

4. 学生对中学思想政治课有关内容的认同障碍

学校办学过分重视分数的提升，划分主课和副课，并且副课在中考中的分值比例较少，给学生形成一种“重主轻副”的错觉。中学思想政治课被纳入副科范围，学生对其重视程度较低。据调查结果显示，丰港乡第一中学有的中学生对思想政治课有一定程度的认同障碍，有的中学生对思想政治这门课处无所谓的态度，有的中学生认为完全没有必要开设这门课。一般來说，学生在学习主课时的高度集中的神经会在副课的课堂上放松休息，导致其学习的主动性、积极性不高。长期以来，中学思想政治课缺乏吸引力、感染力、说服力。许多教育思想和教育观点不能被学生完全认同，这严重制约着思想政治课的教学目标的实现，不利于思想政治课有效课堂教学目标的实现。

我国逐步完善社会主义市场经济，再加上西方文化的渗透，西方以个人主义为主的价值观与中国传统文化的集体主义价值观相冲突。人们的思想观念呈现多元化，行为方式呈现多样性，给处于成长中的中学生带来极大的思想碰撞。中学生的世界观、人生观、价值观尚未成形，产生与社会主义主导价值观相冲突的情况会时常发生。而中学思想政治课教师的教学艺术和教学方式的不足之处，会直接阻碍了中学生对思想政治课的吸收和认同。

四、中学思想政治课课堂教学存在问题的原因

根据数据统计反映的诸多问题，进一步深入分析中学思想政治课课堂教学存在问题的原因，具体体现在以下几方面：

（一）有关教师的教学观念方面

部分中学思想政治课教师完全不顾新课改的实施，继续遵循以前的说教灌输的教学方式，继续实行应试教育；或是喊着素质教育的口号，在课堂教学中进行的还是应试教育。另一种情况是教师存在思想上的误区，认为实行素质教育就是完全脱离以前的应试教育，在授课模式上，改变以前的“满堂

灌”为“满堂问”。虽然课堂提问可以引起学生的注意力，还可以深化学生对书本知识的认识和识记，但是不少教师把提问问题和学生的主体地位划等号。教师的教学观念与教育上的硬件设施是密不可分的，中学教师被称为“全能手”。教师的专业发展和教师的课程发展不能同步，这种现象在条件较为落后的农村中学尤为明显这种教育弊端与国家对教育的投资紧密相连。

（二）有关教师的教学方法和学生的学习认同障碍方面

教师对现代教育技术过分依赖，忽视了课程实际的重要性。中学政治课堂提倡教师多利用多媒体进行课堂教学，同时要求教师要提高自我创新意识。但是不少教师误解了新课改的这一精神，过分地追求教学形式的新颖性，过分强调学生活动的多样性，从而导致华丽的课堂教学模式和课堂的实际内容需求有误差。这直接影响学生接受知识、认同知识的外部动机。

（三）有关教师的专业素质培训方面

教师是新课程实施的关键环节，教师的职业素质直接影响新课程的实施效果。《基础教育课程改革纲要（试行）》强调指出：“师范院校和其他承担着基础教育师资培养和培训任务的高等学校和培训机构应根据基础教育课程改革的目标和内容，调整培养目标、专业设置、课程结构，改革教学方法。中小学教师应以基础教育课程改革为核心内容。”尽管如此，新课程改革的实施进程中，教师的培训工作仍略显滞后。课堂教学实践证明，思想政治课教师对新课改的实施不适应的成分较多。在听中学思想政治课的公开课时，不少教师比较重视学生的活动以体现对“主体”的尊重，活泼和谐的课堂氛围显示出思维的活跃。但公开课结束后给人一种愉悦感，却缺少值得人回味的元素，缺少一种厚重感，这与教师的底蕴和素养是分不开的。教师无法提出高层次的意见和建议，这会导致学生仍在原有的认知层次上徘徊，而缺乏对真理的深层次探究的精神。

第二节　增强课堂有效性的途径

中学思想政治课堂教学是培养学生形成知、情、意、行等各方面统一发展的重要手段。课堂教学的合理设计、精心安排是提高课堂有效性的关键所在。教学过程是教师的教和学生的学共同构成的双边活动。教师在课堂教学中应发挥组织和引导的作用，发挥学生的主体作用。从教学理念、教学模式、教学方法、教学语言、学生学习方式等各方面增强课堂教学的有效性。

一、更新课堂教学理念

泰勒说过："教学的成败，归根结底在于学生做了些什么，而不是教师做了些什么，现代教学要求教师的首先不是提供信息，而是组织学生学习，让学生真正实践和体验学习的过程。"简而言之，就中学思想政治课来说，学生的思想品德和价值观念的形成需要学生自身体会，教师发挥着组织和引导的作用，引导学生用理论联系实际的方法打造自己的人格和个性特征。

贯穿于第八次课程改革的核心理念是：为了中华民族的复兴，为了每位学生的发展。这一基本的价值取向体现了关注学生的主体性，每一位学生都是自由全面发展的人，在教师的课堂教学理念中，全体学生都是教师应该关注的对象。关注的实质是尊重、关心，关注本身就是最好的教育。传统的课堂教学理念以教师为主体，教师的主角意识浓厚，教学过程是教师按照课前设计好的教学方案展教学活动。新课改后的课堂教学理念由以教师为主体转变为以学生为主体，教师在教学过程中是组织者和引导者。

恩格斯曾深刻指出："只有清晰的理论分析才能在错综复杂的事实中指明正确的道路。"坚持以人为本，促进人的发展，是现代教学的最根本理念。中学思想政治课的教育内容的育人性和社会的形势政策是相吻合的，思想政治教育工作者是在做人的工作，必须以人为本，才能真正收到实效。所谓"以人为本”，就是把“人”作为一切理论和实践的主体和目标，并以“人”的利益和生存状态作为检验一切理论和实践的标准。以人为本，就是要把人放在一个重要的位置，突出人的主体作用，把人的自身价值充分表现出来，既要有人文关怀精神，富有人情味，又要尊重人、理解人、关心人、爱护人、严格要求人，促进人的全面发展。在有效课堂的教学过程中要充分体现“以学生为本”的教学理念，教师的主导作用不是体现在对知识“讲深讲透”的讲授形式上，而是教师要发挥其主导作用，引导学生善于发现问题，主动探究去获取知识和进一步发展的能力。在教学方法上，教师要注重学生有意义的接受式学习和研究性学习。教学关系应该维持“教学相长”的优良传统，注重学生的全面、协调、可持续发展，促进课堂教学氛围更加富有人文精神，更加民主、开放、和谐。

二、创新课堂教学模式

经过长期的教育教学实践探索发现，传统的教学模式有很多弊端需要改进。传统的教学模式过分强调知识的严密性、系统性、完整性和逻辑性，容易忽略学生的思想性以及知识的实用性和时代性。中学思想政治课是实践性和开放性很强的一门学科，传统的教学模式很容易造成知识和实践的脱节。思想政治课教师应充分认识到教学模式革新的重要性，认识到知识来源于实践而又服务于实践的真理。课堂教学中教师要坚持理论联系实际的原则，在实践中注重过程与方法，情感、态度、价值观的培养。在教学手段上改善教学模式，运用现代化教育技术和新型的课堂教学手段，将学生难以接受的知识通过新颖的手段表达出来。特别是多媒体课件在中学思想政治课中的运用，不仅可以使知识立体化，易于理解，还可以刺激学生的多种感官，刺激大脑皮层；利于学生潜能发挥，激活课堂教学气氛，优化教学效果。在教学程序上，课堂教学要有一个相对稳定的教学程序，但不能一成不变。中学思想政治课具有开放性、思想性、科学性等特点，思想政治课教师时刻保持教学机智，根据不同的课堂教学情况随时调整。创造一个灵活的教学程序和宽松、和谐、平等、合作的教学情境，促进学生开展积极活跃的思维活动，提高课堂教学效率。

关于课堂节奏的把握和管理，中学思想政治课思想性很强，教师往往不给学生独立的思考时间，导致课堂有效性很差。另一种情况是，新课程理念普及之后，部分中学思想政治课教师给学生过量的时间阅读、讨论、交流、练习等，没有时间标准的限制，课堂组织松散，学生没有教师的有效指导便失去了学习的方向。因此，教师要给学生一定的思考时间和思维空间，要减少“讲与听”，增加“说与做”，努力尝试“教与评”。

三、改进课堂教学方法

教师的教学方式的重要作用是创造丰富的教学环境，营造一个宽松的课堂学习气氛。思想政治课作为一门人文学科，其教材的通俗性、可读性可以使学生的自主学习顺利有效的进行。而教师的讲授、讲解课本知识的职能应适当地削弱。面对此情境，教师应给予学生足够的思维空间和判断选择的能力，培养学生的科学精神和人文思想。教师要根据思想政治课的教学内容、教学目的、教学对象等确定不同的教学方法。坚持一法为主，多法结合，灵活地运用各种手段，最大限度地发挥课堂每一分钟的作用。

经过长期的教学实践，中学思想政治课教师探求了很多教学方法，以使思想政治课“活”起来。具体表现可从以下几个方面阐述：一是创设情境，树立学生主体思想，增强学生的参与意识。教师在教学活动中创设情境，激发学生的学习兴趣，创设情境过程中教师对学生因势利导，引导学生积极地参与情境活动，来加深学生对课本的理解。这种教学方法可以发挥学生的主体作用。二是坚持理论联系实际的教学原则，注重时事教学，激发学生的求知欲。中学思想政治课具有时效性，遇到时事政治知识的时候，教师要结合时事情况与学生共同讨论书本上的“死”知识，能够增强学生对时事的敏感度，而且能够提高学生的求知欲和好奇心。三是提倡知行统一，提高实践能力。知行统一既是教学目的的要求，是全面提高学生的综合素质决定的，也是学生掌握知识的认知活动的客观要求。思想政治课教师可以在教学中精选案例，以例说教师也可引导学生在学习的过程中搜集相应的事例，通过讨论、质疑的方法做到事理结合，提高学生分析问题、解决问题的能力。四是运用现代教学手段增强教学实效。

现代教育教学手段是对传统教学模式的一次革命。在教学中恰当运用电化教学手段（多媒体课件），可以把抽象的概念、原理具体化、形象化，易于学生接受，可以达到预期的教学目的。

四、提高教师课堂管理方式与技巧

课堂管理是指教师为有效利用时间、创造愉快的、富有建设性的学习环境以及减少问题行为，而采取的组织教学、设计学习环境、处理课堂行为等一系列活动与措施。良好的课堂管理是有效课堂教学实施的基础，能够持久地维护良好的学习环境，帮助教师有效地排除干扰因素，帮助学生充分投入地参与到学习活动中去，全面提升课堂的教学效果。一方面包括对班级管理的能力，能够培养学生自我管理的意识与能力。从学生养成对自我行为的负责到自然而成的自律，这需要教师有足够的教学经验和基本职业素质。另一方面指教师在教学过程中要拥有教学敏感度，能够灵活应对教学过程中发生的问题，即教师的教育机智。良好的课堂管理可以促进学生的发展，课堂管理本身可以交给学生一些行为准则，帮助学生获得自我管理的能力。同时，良好的课堂管理是课堂教学得以顺利实施的重要辅助，但是课堂管理的时间要简短而又有效，尽可能通过眼神暗示或肢体语言暗示做到无声管理，不干扰教学进程，使课堂教学顺利进行，实现教学目标。教师在教学过程中要设计出不同的教学任务并进行教学方法的适当转换，防止学生产生课堂疲劳感。

中学思想政治课具有相对的开放性，与实际生活联系紧密，这一特征要求教师在处理好课堂秩序的前提下提供适当宽松的课堂氛围。教师要紧凑而富有节奏的安排学生的学习活动，充分调动学生学习以及维护课堂秩序的积极性和主动性。教师是课堂教学的主导者，教师的领导方式、教师的移情、教师对学生的期望、教师的情绪状态、教师的教学能力是影响课堂气氛的决定性因素。因此，教师要具备一定的课堂管理能力，如洞悉能力、兼顾能力、分段教学活动过渡的能力，维持全班学生参与学习活动的能力，营造生动活泼的教学情境的能力，同时要具备避免“微波效应”即教师责罚某一学生后，对班级中其他学生产生的负面影响。通过合理的课堂管理打造优良的教学环境，推动有效课堂的实施与发展。

五、提高课堂教学语言艺术

前苏联著名教育家马卡连柯说过“同样的教学方法，因为语言的不同，结果就可能相差二十倍。”课堂语言艺术是优化课堂教学效果的最佳手段。课堂讲授的艺术美、课堂提问的艺术美、课堂举例的艺术美以及教师教态的艺术美等都是教学语言的充分展示。在课堂教学中，语言的速度、语言的跌宕起伏以及体态语的运用都会影响整个教学效果。中学思想政治课具有时代性、严密性、思想性等特点。因此，教师的语言运用必须清晰明了，必须让学生明确感知教学目的，清楚掌握教学内容。教师必须理解学生的情感需求，走进学生的内心世界和学生亲切交流，以诚相待。切记那些不着边际的“花架子”语言，在课堂上，学生自学可以解决的问题，教师应提高教学敏感性，惜言如金，把学习的主动权交给学生。

首先，思想政治课语言表达要求真，讲真理，说真话。思想政治课老师要学会积累丰富的科学文化知识，具备丰富的专业知识，夯实深厚的语言基础，思想政治课一定会具有吸引力和诱惑力。具备严密的逻辑思维能力和良好的口头表达能力，能明确表达教学内容，正确传递教学信息。教师语言要既符合教学内容的学科特点，又能遵循事物发展的逻辑顺序和学生的思维规律。其次，教师要能用精准的语言教导学生的学习方向和发展方向，能够让学生清楚教师对其学习活动的要求，按清晰的指令做好学习准备，能够充分激发学生的内部动机，培养其思维能力，以便教师开展教学活动。最后，教师要把抽象、僵硬的课本理论讲话，讲得有吸引力生动有趣、言简意赅、富有吸引力。“感人心者，莫先乎情。”教师的语言要声情并茂，感情丰富流畅，声调跌宕起伏，能够带动学生的思维主动走向知识的海洋。

六、教师设计教案的智能化

教学设计的结果必须是经过验证，且能实现预期功能的教学产品。它是直接适用于教学过程，完成一定教学目标的资源，也是对一门课的课程标准与实施方案或对一个单元、一节课的教学计划的详细说明，即教案。教案是经过周密策划而设计出来的关于课堂教学的具体实施方案，通过以一节课为单位编写，也称之为课时教学进度计划。教案既是备课成果的提炼和升华，又是备课的继续和深入。设计教案是教师备课工作的最后一个环节，也是教师备课工作中最全面系统、深入具体的一步，是保证教师有计划、有步骤地上好课的必要手段，对提高教学质量有重要意义。

教案是根据各个教师的教学特征倾向性，不同性质的学生编写的，没有固定的模式，内容一般包括课题名称、课型、课时、教学目标、教学重点和难点、教学方法、教学过程、作业设计、板书设计和课后反思等。教案可分为讲义式教案、提纲式教案和程序式教案。中学思想政治课是一门科学性、实用性和教育性很强的学科。教师在设计教案时首先要坚持六项基本要求一是端正态度，高度重视；二是要切合实际，坚持“五性”，即科学性、主体性、教育性、经济性和实用性。三是优选教法，精设课型，即根据实际，综合考虑各种因素，认真选择教学方法，以使教学最优化。四是重视“正本”，关注“附件”。“正本”即教案的主体，它通常包括教学目的、教学内容、教学重难点、教学程序和方法、时间分配及思考题等。“附件”指板书、板面计划和直观演示计划、物资保障计划等。五是认真备课，纠“背课”。教师不要把备课当成死记硬背教材教案的过程，而是熟知教材和教案，对课堂教学的各个环节认真准备，弄清楚教什么、怎样教、怎样学等。六是内容全面，及时调整。教案编写应内容全面、环节完整、具体明确、层次清楚、各个部位的过渡衔接应自然顺畅，以确保教案在教学中的指导作用。同时，教师还要根据课堂上的实际情况随机应变，对教案进行必要的修改和调整，适应情况的变化，以便更好的完成教学任务。

七、形成良好的课堂教学氛围

在课堂教学中，教师要了解每个学生的心理特征和志向要求，真心关心和尊重学生，激发学生健康的情感，促进其产生积极的学习动机，在和谐的气氛中学习知识、培养能力。课堂气氛是在教师的课堂教学与学生的学习过程中，师生相互作用而产生和发展起来的，是课堂教学过程中教师和学生的心理过程与个性心理特征相互碰撞而共同营造的课堂氛围。它具有自己的特征：独特性、内隐形、相对稳定性和整体弥散性等。和谐的课堂教学氛围有利于学生在课堂教学中主动地配合教师，接受知识吸收知识；有利于学生健康情感的发展和情商的提高；有利于学生自主学习；有利于提高课堂教学效率。中学思想政治课具有启发性教育和思想感染性的特征，思想政治课的教学过程相对于其他学科较灵活，可以通过教学过程的思想渗透性达到教育目的。因此，在思想政治课的教学过程中，教师要积极努力营造和谐良好的课堂氛围，努力实现有效课堂。

首先，教师在教学过程中仔细观察学生的言行举止，也可以通过问卷调查法、谈话法、心理测量法等方式来判定课堂气氛。了解学生在课堂学习中的状态；了解学生在教师提问中的心理活动；了解学生与他人交流的愿望和学习交流的情况以及对于课堂教学方法所产生的情绪反应。教师要根据学生的状态对课堂教学做出相应调整；其次，教师要树立正确的舆论导向与规范，舆论是学生中占优势的言论和意见，是规范的重要表现形式。舆论和规范形成群体压力，对学生的心理、思想和行为产生极大的影响。在群体压力下，学生有可能放弃自己的意见和反应而适应大多数人的一致行为，为课堂教学带来积极的影响。再次，教师在处理学生与学生之间的矛盾以及学生与教师之间的矛盾时，应谨慎妥善处理。面对各种形式的矛盾，教师不能简单地利用教师权威来处理，一定要弄清楚矛盾症结之所在，找到切实可行的方法解决问题，以免学生产生消极抵触的心理。实现这一目标，需要建立良好的师生关系。良好的师生关系是营造良好的课堂教学气氛的最重要条件。

师生关系主要指师生之间在教育过程中所发生的直接交往和联系，包括为完成教育任务而形成的工作关系，为交往而形成的人际关系，以组织结构形式表现的组织关系，以情感认识等为表现形式的心理关系。师生关系是教育活动过程中人与人关系中最基本、最重要的关系。良好的师生关系是教育活动顺利进行的保障，是构建和谐校园的基础，是实现教学相长的催化剂。实现有效课堂教学，建立和谐互动的师生关系是基础。教师在教的过程中，促使自己不断学习、不断进步。教师的教可以促进学生的学，也可以向学生学习，共同进步。实现师生关系密切、情感融洽、平等合作的新型师生关系，这是使学生进入最佳投入状态的核心元素。

八、指导改进学生的学习方法

《全日制义务教育思想品德课程标准（实验稿）》着眼于学生的自主学习，对改善学习方式提出了明确的要求。教师要坚持以学生发展为本，引导学生自主学习。要在尊重学生个性和独特发展需要的基础上，着眼于每个学生的全面发展，不断开发学生的潜能，帮助他们形成终身学习的愿望和能力。在自主学习过程中，思想政治课教师要培养学生的创新思维，鼓励大胆合理的想象，提倡探索精神，适时地提出一些目标比较明确、富有挑战性的问题。教师要立足于激活所有学生的潜能，适时地对学生进行激励，以强化学生的自主学习动机。“予人以鱼，惠其一时，授之以渔，惠其一世。”在自主学习课堂上教师要把有限的课堂时间留给学生学习和练习，包括学习目标、学习过程、问题提出、内容总结、方法归纳等一系列课堂活动，交给学生独立完成。教师应成为学生学习能力的培养着和促进者，成为学生学习的组织者和引导者。要注重对学生的学习方法进行适当的指导，帮助学生掌握科学的认知方法，力求保证自主学习的质量。

《基础教育课程改革纲要（试行）》从课程改革目标、教学过程和教材开发与管理方面倡导“引导学生质疑、调查、探究，在实践中学习”。以此为契机，我国教育工作者提出“研究性学习”和“探究性学习”为核心的新一轮学习方式的革新。探究式学习方式定义为学生从问题或任务出发，通过形式多样的探究式活动，以获取知识和技能、发展能力、培养情感体验。思想政治课教师应该帮助学生提高探究式学习的兴趣。教师要根据学生的年龄特点、兴趣爱好、知识经验，开设一些知识讲座或一门短期的综合课程，介绍一些当前人类发展面临的普遍问题。教师也可帮助学生走出课堂，走进社会，在实践体验中发现问题，抓住契机，引导学生提出自己最感兴趣、最想研究的问题。

第十二章　中学思想政治教育中的隐性教育

第一节　中学思想政治教育实施隐性教育的必要性

一、隐性教育的涵义

隐性教育是相对于显性教育而提出的，是一种受教育者在心理上并没有察觉到的无意识的教育方式。它是指在宏观主导下通过无计划的、间接的、内隐的，使受教育者不知不觉地受到影响的过程。隐性教育和显性教育最大的区别点在于，显性教育是一种充分利用各种公开手段、公共场所，有目的、有计划、有组织的教育方法。更加注重教学的方法和形式，而隐性教育则更多的是在引导学生进入相应该的教学环境中学习，通过在教学环境中的融入，让学生在自我不知不觉中潜移默化的获得身心的全面发展，是体验式的学习方法和过程。

隐性教育不直接作用于中学生，而是以不被人觉察的形式存在于校园文化、社会环境、日常生活中。中学思想政治教育中的隐性教育是对显性教育的有效补充，能够强化教育效果。通过隐性教育能够使学生更深入、更彻底地吸收知识，使学生对日常的学习更加有兴趣，同时也减少了学生的逆反心理。如果我们把学校课程教学和隐性教育融合起来，那么我们就把教育工作真正的做到了学生的内心深处，隐性教育也会因此而更加的体现出自己的价值和意义。隐性教育不是空中楼阁，隐性教育工作的实施是建立在显性教育基础之上的。我们的隐性教育从概念上来讲是相对于显性教育而提出的，隐性教育无论如何发展，如何变化，始终要以显性教育为基础，因为显性教育是我们教育的基础和主干，是学生受教育的主要方式，显性教育的精神内容决定了隐性教育发展的方向，是隐性教育的重要依据。所以说隐性教育的发展离不开显性教育。

隐性教育的精神体现不仅在于以显性教育为基础，更在于立足于社会和国家的发展现状，根据时代的需求而发展，只有跟上时代的步伐，才不至于使隐性教育成为纸上谈兵。跟上时代潮流的发展趋势，隐性教育才不至于被时代所抛弃，同时要结合显性的教育去发挥隐性教育的功能。

二、隐性教育的特点

隐性教育就是在学生有限的生活范围内运用最灵活与最适合的方法对学生进行无形的教育，达到一种润物细无声的教育境界。因此，隐性教育具有教育方式的开放性、教育内容的多样性、教育效果的持久性、教育对象的自主性、教育评价的非程序性等特点。

（一）教育方式的开放性

在日常生活中，随时随地都可以对学生进行思想政治教育。思想政治教育不是必须要在课堂有老师讲解，潜移默化的教育往往更能被学生认可。正如柏拉图所说：“只有当学生自觉自愿地受教育时，才有可能达到目的。”

隐性教育不是很直接的说教，例如我们学校的操场上的标语，课间活动时候的广播，报刊栏中的报纸，宣传海报等等，这些东西没有特别强调学生们一定要去读，去学习，但是学生无意中接收到的信息在脑海中形成的记忆，对学生今后的实践行为也会产生影响。隐性教育没有固定的方式，它十分的灵活和开放的。教师的一句话，家长的一个眼神都可能成为隐性教育的方式。隐性教育不拘泥于课堂，不受固定的教育因素制约，无意识地体验并获取知识，是一种非封闭式的学习过程。没有一成不变的教学模式，只有最适合的教育方式，这就是隐性教育方式的开放性。

（二）教育内容的多样性

隐性教育内容不同于显性教育，显性教育要依靠课堂教学、知识灌输，隐性教育不受课堂教学的制约，没有明确的目的和教学内容。隐性教育以学校、社会、家庭的各个方面作为教育内容。隐性教育的教育信息隐藏在教育对象的日常生活中，通过对教育对象兴趣的激发，使他们自然而然地接受教育内容，达到教育效果。在无时无刻地接受教育的过程中，中学生获得的教育内容也是丰富多彩的，在这里我们不仅要鼓励学生多去接受各种各样的知识，也要注意防范不良知识对学生身心健康的危害。在我们的生活中还有我们的家庭教育也是隐性教育的主要场所，以及社会教育都体现了性教育的丰富多样性，在这样丰富多彩的内容里面如何把握住隐性教育的质量，关键在于我们教育者的引导，只有得到正确的引导，学生才能够真正把丰富多彩的知识内化为自己的品德和精神，才能更加的长久。

（三）教育效果的持久性

显性思想政治教育更多的是理论知识的灌输学习，学生学习的都是一些概念性、理论性的知识。被动地接受知识有时候达不到很好的教学效果。隐性教育使学生在无形中得到的熏陶，这样学习到的知识能够更有效地运用，从而也就能增强思想政治教育的教学效果。显性教育可以通过一张考卷测试出学生成绩好坏，隐性教育更多的可以使学生把知识进行内化，深化为自己的品格和精神，只有经过升华的知识才能够长久。显性教育往往要求的是学生考试时候的分数，隐性教育从学生的态度、情感和价值观出发，使学生不仅仅是学习到理论知识，而且领悟到终身受用的道理。所以，教育效果就更加的具有持久性。

我们的显性教育一般是教师利用教材进行备课，带有灌输意识地在课堂中对学生施教。目前，我国中学生教材经过很多年才进行改版一次，这样就造成了教学内容不能够与时俱进。学生吸收的知识有一些是内容是滞后的，不能够适应时代的发展。在隐性教育中我们教学的内容随着时间的变化，因为隐性教育更多的是在学生从事的社会活动中进行的，而不仅仅限制于课堂生活。只有把学生融入时代的潮流，才能够保证学生学习到的知识具有持久性，只有把握时代的脉搏才能使学生受到更好的教育。

（四）教育对象的自主性

教育对象的自主性，是指教育对象在教育过程中对教育信息的自主反应、自主选择、自主整合、自主内化以及自主外化。显性的教育是面对面直接传授知识给学生，采用的是传统的灌输式教育，有一定的强制性，如果采用了不恰当的方法，学生就会产生逆反心理，对所学习的内容也会产生抗拒心理，教育就达不到理想的效果。而隐性教育是一种没有具体模式的教育，教育因素和教育目的都隐藏在学生生活的环境中，教育工作者没有把知识强加于学生，使学生完全处于自愿选择和自愿学习的状态中，在学生参与的过程中不知不觉地被文化和知识感染。这样，受教育者自己主动地接受学习，甚至主动为自己创造学习的机会。受教育者在无形中受到了思想熏陶，感情得到了深化，不仅仅保证了教育效果的持久性，更重要的是受教育者学会了学以致用，他运用学到的知识约束着自己的言行举止，为下一阶段更好的学习深造打下了坚实的基础，他们下一阶段的学习又一次深化了知识对他们内心的影响，深化了他们的情感，自然也就又为下阶段的生活和学习打下了更坚实的基础。正是这样一个良好的循环过程，促使学生形成了自主学习的良好习惯。

（五）教育评价的非程序性

从一般的角度来看，对教育的评价主要是通过测验结果进行评价和考核，然而隐性思政教育更加注重过程的评价，表面上看是没有什么开始和结束的，隐性教育的实现过程比显性教育过程要复杂的多，隐性教育更能够促进个人加强对自己的监督。隐性教育的评价没有显性教育那样有可依据的具体标准。隐性教育完全是一种自我的学习状态，自我检测的状态，这种教育评价不是通过考卷而是通过受教育的实践和行为来判断受教育的程度。这样就给了受教育者更大的自由空间，减少了受教育者的逆反心理，加大了自主学习的动力。隐性教育评价的非程序性也有一定的弊端，对于一些受教育者来讲，要以显性教育作为指导，强化隐性教育的引导地位，采用程序性和非程序评价相结合的办法进行教育评价。

三、我国隐性教育的实践运用

（一）古代隐性教育的实践运用

古代思想政治教育中的隐性教育，没有明确的文字说明，在古代也没有隐性教育这种说法，但是古代隐性教育却是无处不在的。我们曾经听过岳飞“精忠报国”的故事，岳飞的事迹就是对广大老百姓最好的爱国主义教育。三国时期的刘关张的忠义之举都是最好的隐性教育典范，这些发生在当时老百姓身边的故事被古代的统治阶级越来越重视，逐渐的在国家的法制教育中渗入隐性教育方法，这些忠义的典范也影响着后人，对民族的团结统一起到了相当积极的作用。

在日常的教育过程中采用隐性教育方法，其实在我国古代就已经存在，其中最为典型和最具有代表性的就是老子的“无为而治”的思想，其顺其自然规律，循序渐进的引导，无所作为令其有所为，从而达到最终的约束、治理等目的。老子的辅万物之自然而莫敢为，“无为”并非什么都不做，而是要不妄为，不乱为，尊重大自然的规律，以自然规律为依据传授思想政治教育。老子的治理国家若烹小鲜，小鲜说的就是很小的鱼。小鱼本身就很容易脆断，如果在锅里不停的搅动，它就碎了。所以老子认为传授学生知识也是如此，不能一味的管束，强制着学生去硬学习，逼着它做某些事情，这样的话就如同小鱼一样最后变的什么都没有了。应该顺着自然规律因势利导，使其得到正确的知识。最终弟子们感觉学习这些东西都是自己的本性使自己这样做的，并不是外界的强迫而做的。对弟子的学习活动尽可能的加以少量的干涉，要让知识的学习变得润物细无声，更加的滋养到弟子们的心田，其内心的接受力才会加强，在不知不觉中弟子们的感悟能力也就随之的提升，最终达到真正学习的目的。古代思想家们在教育门生的时候，往往不会试图强制改造一个人，因为一个人的秉性是与生俱来的，古代思想家们更加注重潜移默化地引导。“无为”是老子对教育理念和教育之道的一种坚持，是对人的本性的尊重和理解。一代大师叶圣陶先生说过“教是为了不教”，不教而达到教的目的才是教育的最高境界。

古代的统治阶级为了民族的统一，使自己的子民更加的热爱自己的部落，常常运用隐性的思想政治教育方法和手段。古代的统治阶级和政治家们一般会用孝道和道德以及宗教信仰来引导人们要热爱自己的民族，热爱自己的祖国。这些道德规范、宗教信仰以及传统文化对人们的约束力具有极其大的意义，为国家的治安管理和繁荣作出了巨大的贡献。正是因为有了这些潜意识的、无形的、非官方、非正式的约束，才让社会展现出一片有条理的景象。古代的大智慧家大学问家真是这些群体效应的带头人和领军者，他们的言论和他们的教化以及思想感染着身边的人，随着统治阶级使用礼节和制度对老百姓的教育和熏陶，老百姓在这种氛围里面逐渐的形成了统一的爱国思想，爱民族的气节。这种无形的熏陶为国家的管理产生了巨大的影响。让国家的管理和民族的统一更加的顺利。为巩固自己国家的实力打下了坚实的基础。

在古代电影里面我们经常听到一句台词说："王子犯法与庶民同罪"，古代帝王意运用自己的权威在法治面前和老百姓相同的道理来说明国家律法的重要性。他以侧面的思想政治教育方法来说明国家律法的重要性，加强了国家律法的宣传和实施，巩固了显性思想政治教育的作用。古代的包拯怒铡陈世美，陈世美是皇亲国戚，他这样的举动更加地说明了国家律法的重要性，虽然没有四处地宣传说律法有多么重要，但是他用实际行动教育了天下所有的人。包拯例行国家律法的行为对国家的思想政治教育产生了巨大的影响作用。所以，有时候国家的律法以及思想教育通过事实的教育比一味的宣传更加的有效，更加的有利于民族的思想的统一，老百姓思想的教育。

民族凝聚力并不是天子的一呼百应那么简单，也绝不是完全依靠国家的律法和规则制度等规则来约束人民的爱国情结和民族团结力的。真正的感情注入需要隐性教育的注入，使人们在内心深处对国家和民族产生希望，对国家和民族的团结富有强烈的使命感和归属感。隐性教育在古代的时候是无处不在的，在民间就有相当多的民间组织。各种教派多如生毛，对青少年的思想产生了很大的影响，因为他们正处于身体和心理的成长期，对很多周围的事物没有自己的辨别能力，年少的人群更容易受到隐性教育的影响，所以为了国家的长久治安，除了自己开设的学堂之外，在民间也允许私塾之类的教育机构出现，它们的出现给儿童和青年人在思想上有矩可寻，从小的教育以及受前人民族精神的指引，无形中提升了国家下一代的素质，给国家的繁荣昌盛带来了希望。

（二）现代隐性教育的实践运用

当今的教育方法主要集中体现在学校的课堂教育上，学校一般采用集体教育的方式。这些方式都更侧重于显性教育方式，在国家教育机构的主导和带领下，中学生校园课堂教育正常有序的进行。在近几十年的教育教学活动中不断总结教训，积累经验，当前的教育方式已经从原来的教条式主义逐渐向中学生的生活中进行过度和渗透。中学生在品质和性格形成的关键时期，全方位地接受正确的、正面的、积极的、健康的思想政治教育是十分重要的。近几年来，我国的中学教育课堂经过专业老师和教育专家以及地方教育机构和学校教育者多方的努力，目前的思想政治教育有了很大的革新，教育效率和教育的效果有了巨大的提高。

中学教育的主要场所就是课堂，这是我们传授理论知识的重要场所。隐性教育打破了传统，把教育场所拓展到学生活动的各个地点，包括校园的课外活动场所，家庭生活场所，社会实践场所等等。目前我们的校园活动建设有了很大的改善，学校的硬件建设也有了很大的提高，可以说物质性的东西已经不再是影响我们教育前进步伐的主要原因，目前需要大力建设的是校园的整体文化。要从过去的向学生传授知识转变为利用校园文化对学生进行影响，只有使学生的生活完全融入到文化氛围里，隐性教育的意义才可以充分展现出来。家庭教育也是隐性教育的重要途径之一，越来越多的家长开始重视家庭环境对学生的思想的影响，这使得隐性教育得到了更好的发挥，我们的社会现在都在讲扬正气、树新风等活动，这些举措也为隐性思想政治教育的实施打下了坚实的基础，使得今后隐性教育更加的普遍，并深入学生的生活。

四、隐性教育有助于弥补思想政治知识结构的缺陷

在我国，中学思想政治教育的主要阵地就是课堂教育。显性思想政治教育重视知识的言传身教，对中学生的内心需求和心理发展特点关注不够。中学生有很强的独立意识和成才欲望，对所学的知识会产生不认可，甚至批判，这时候再对中学生一味地说教就达不到良好的教学效果了。只有充分尊重学生的主体意识，让他们自愿自觉地在潜移默化中接受知识，才能达到更好的教学目的。

我本科在郑州的一所中学实习期间，在学校领导和老师的支持下，我曾经做过这样一个小测试，在初二的十个班里挑出每个班英语前十名的学生，共一百二十名，把其他学校的期中模拟试题复印出来，让他们每人一份，开始考试。在考试的过程中抓到作弊二人，考试结束后，从这一百二十名同学中又挑选出

来了前十名同学。这一百二十名同学是班级中的学习尖子，是考试成绩优异的孩子，我们还是抓到了两名作弊的同学。这说明了一个问题，成绩优异的学生未必全都是诚实的、高素质的学生。照顾到学生的自尊心，我把这两位学生请到办公室，进行了对话，孩子很懂事，很快的承认了错误，当我问到以前考试时候有没有作弊的时候，他们忽然显得格外的紧张，从他们的眼神里我可以看出担心和惊慌，他们马上就要回答我，这时候，被我制止了下来。我说："同学，咱们不着急，我给你三分钟回想一下，你安定一下你的内心，你们想好后，一定要如实回答，无论有还是没有，我都不会批评你，因为你这次的回答会对你的人生有着很大的影响。"当我给他们强调过之后，我就走出了教室，轻轻的地把门关上。我走到视频监控室，让管理员为我调出我们谈话的那个教室的视频。他们并不知道他们是被监视着的，我开始观察他们的举动。在开始的一分钟，他们两个都低着头，谁都不说话，好像是在自我检讨，很难过的样子，到一分二十秒左右的时候，一个同学抬起头看看另外的一个同学，另外的同学也抬起头看看他，彼此说了几句话，我听不到。接着一个同学双手抱着头趴在桌子上开始哭了起来，另外一个同学也深深的低下了头。看到这里我基本明白了，我立马走进了教室，他们见我进来后，相继都坐好看我一下又低着头。我说："想好了吗？"他们坐在那里都不出声，我又问了一遍，其中那个哭了的同学对我说："老师，真的没有，我下次再也不会了。"说着二人都抽泣了。我因为这次考试而否定他们过去所有的诚信而道歉。这个测验进行到这里，说明了一个问题，那就是我们作为知识的传播者，在对学生进行显性教育的同时，缺乏对学生内心的关注，以至于伤害到了他们的内心，就算我们的课堂教学很优秀，学生也知道知识很有用，知识也很难真正地渗透到学生的心田。测试继续进行，在对这一百二十名同学里面又挑选出的前十名同学进行了一一对话。我请同学们一个一个的进入到办公室和英语老师进行简单的语言沟通，我对英语老师提出了要求，要求对学生的词汇和语法测试，都要在教材的范围之内，不允许超越课本。口语测试完毕之后，几个老师得出共同的结论：学生的实际运用能力过低，就连简单的交流都成了障碍。

中学生暴露出来的缺陷和能力不足来自于教育知识结构的缺陷。我国中学思想政治教育工作不能仅仅的行于表面的显性教育，要扩大教育的范围。如果显性的思想政治教育是一支红花，那么隐性教育就是所有的绿叶。如果没有了绿叶的支配，相信这朵花的价值也并不大。传统的思想政治教育都是从课本到卷子，我们不仅要让学生学到知识，更要学会用知识，让学生学习到的知识与实践有机结合。这些东西在我们现在的教育过程中都看作是创新，然而，我并不认为这是创新，我认为这是学习的本质意义，也是学习的最终目的。

五、隐性教育有利于消除中学生的逆反心理

在当今思想政治教育与实际脱节的现实中，实施隐性教育对消除学生逆反心理、建立良好的师生关系有重要的意义。隐性教育有利于结合学生的生活实际，从生活的各个方面渗透，这种方式会消除学生的逆反心理，更易于接受老师的观点，从而使学生不知不觉地接受思想政治教育。隐性思想政治教育主体把所要传授的观点和思想通过无形的方式分布在生活中，这种教育的方式不像显性教育那样直白明了，可以通过考试，或者课堂提问得到验证，可以显性地看到学生的掌握情况。这种润物细无声的教育方式，更能够被学生者接受，更能直接的运用于生活实际当中。

当代教育强调解放学生的思想，崇尚民主自由。中学生的思想和心理都还未完全成熟，加上他们的知识和阅历不足，容易形成认知识上的不稳定。现在独生子女数量越来越来，家长对孩子的溺爱，容易使他们产生偏激、叛逆的心理。一些知识和道理越向学生强调，他们越是否定；越是轻描淡写的东西，他们反而记忆深刻。隐性思想政治教育可以建立良好的师生关系，可以激发学生的学习主动性和学习的动力。这种教育方式也可以叫做是无讲台教育。受教育者在受教育群体中即是受教育者也是教育者。大家完全可以充分发挥个人的意见，自由的吸收别人的建议，领会别人的观点。

隐性教育中非理性因素占据了一定的地位，这种非理性因素不拘一格地对受教育者进行了微妙的渗透的工作，达到了学习情感的融入。让受教育者不知不觉的主动的接受教育内容，很大程度上减少了他们的逆反心理。思想政治教育是学生接受价值观和人生观的主要渠道。实践表明，学生在学习思想政治内容时候都表现出了反感、叛逆的心理，这种逆反心理会使我们的教育大打折扣，

加强隐性教育，减少逆反心理，建立良好的师生关系，是提高思想政治教育有效性的重要途径。

六、隐性教育符合中学生身心发展的特点

从心理学角度上看，中学生的独立性增强和叛逆性加大是心理发展的最大特点。这一阶段也就是所谓的“心理转型期”阶段。心理的转型是随着自身的特点和现代社会的发展而变化的。现代社会对知识也有了新的界限和定义。过去我们都把知识界定为可以用言语传达的概念、原理和理论体系等等。我们现在对知识定义就不局限于此了。一个中学生对知识的学习不再像小学或幼儿园的那种启蒙教育方法的学习，从他的年龄上讲，已经进入了一个对事物有新认知的阶段。学生在生理上和心理上都到了转型期，这一年龄阶段的学生都开始有自己对事物的看法和观点，这种观点基于他以前所学的知识而产生，他对他的观点坚定不移，但是毕竟他所接受的知识是有限的，更何况经验更是微乎其微的，所以这个时期的学生很容易产生叛逆心理，我们会经常听到家长朋友说我家的孩子越来越不听话了，你让往东，偏偏往西，总是和你对着干，很是无奈。在这一现象里体现出来的是我们教育的疲软和失效，因为我们没有把握住中学生的心理发展特点。

在中学课堂里面如果还像对待小学生那样去对待中学生肯定是不合适的，不合乎学生生理年龄和心理年龄特点的，我们要抓住学生这一时期的在性格和心理上所表现出来的主要矛盾，针对问题和产生的原因来解决这一年龄段学生的问题才是根本。

在这一时期学生对事物有了自己的独特看法，学校在传统思想政治教育的基础上渗透隐性教育，能够更好地适应中学生的发展特点。中学生对传统的教学方法产生了疑问，开始对课堂产生反感，上课是因为学校强制的原因。学生对课堂已经产生了很大的抵触心理，学生的内因已经越来越不起作用，这个时候我们不采用隐性的教育教学方法就无法来保证显性的课堂教育所传授的知识被学生所接受。从传统教学观来看，我们把传授知识比喻成给予学生东西，给你了你就要接受。从来都是强制性的，教师也始终是领导者的角色，学生只能

服从。在这样一种教育观的指引下，中学生将会产生巨大的压力，感到学习不是一件自己可以决定的事情，学习是一项任务，我必须去做，否则就会被批评，被瞧不起。中学思想政治教育必须把握住中学生的发展特点，这样才能激发中学生的参与性和积极性。在隐性教育过程中，每个人都是教育者，同时也是受教育者，没有强制性地灌输知识，只有自由吸纳别人的观点。让学生乐在其中，畅所欲言，在娱乐、讨论等活动中接受正确的价值观。这样才能够达到更好的思想政治教育效果。

第二节　中学思想政治教育中隐性教育的实现途径

一、优化教育环境

优化隐性思想政治教育环境，要从学校、社会、家庭各方面着手。目前，我国思想政治教育更注重校园环境的优化。隐性教育的环境优化需要从课堂的熏陶开始，逐渐渗透到家庭和社会，使中学生在良好的环境下接受思想政治教育。隐性教育的环境优化要从基础开始做起，然后慢慢层级式的渗透，逐渐地扩大隐性教育的影响力。

（一）优化校园环境

校园环境对中学生的影响是最直接的。作为学校的教育工作者，不仅仅包括教师，学校的其他教育工作者要用积极的思想政治文化对受教育者进行引导和协助。学校要从教育体系上进行改革，让显性思想政治教育与隐性思想政治教育均衡发展，让隐性教育有发展的空间。缺乏了隐性教育，思想政治教育课堂犹如只有骨架的楼阁，相对的缺少了很多内容。空洞乏味是其的主要特点，加大了学生对思想政治课堂教育的叛逆和排斥。我们要了解学生的发展需要，了解学生的知识需求方式，只有在人性化的基础上实施教育，受教育者才能更好地吸收，更好的学以致用。学生有了更强的地实践能力才能更好地学以致用。学生的实践能力来自哪里，并非来自老师的手把手地教。手把手这样教育的结果，只会让我们的学生循规蹈矩，学什么就是什么，不能够活学活用，不会把所学的知识灵活变通地运用到实际生活中。

环境优化不仅要从教育体系和方法上去建设和改变，也要从学生的思想上去改变，加强与中学生的沟通交流。老师尽量转变角色，除了主导者，还应该是协助者，深入学生的生活，了解他们需要什么，认知他们的思想发展方向，最终定位隐性文化的建设方向，从而实施文化体系的构建。文化活动是校园各活动中重要的组成部分。思政的隐性教育要在校园文化活动建设中得到体现，文化活动不失是我们隐性思想政治教育的重要宣传体。对于校园文化活动在建设时候要详细的考虑到活动对学生思想和心智的影响，在活动里面要灌输积极向上的优秀思想，使思想政治教育在无形中得到施教。

校园环境作为主要事实教育的场所，中学生的思想政治理论知识的学习都在这里进行。要优化校园环境，可以从学校建设的细节入手。比如在学校食堂贴上有关节约粮食的标语，每次学生去食堂吃饭，都会加深节约粮食的认识。学生在校园里学习，如果看到学校各个角落都是干净整洁的，即使想图方便，也不好意思随手乱扔垃圾，在这样的环境中学习、生活自然也心情愉悦。此外，学校的学风、校风对中学生的影响是至关重要的。学风和校风是能够让中学生切身感受到的，就如春雨一样无声无息地熏陶着学生，感染着学生。学生会按照高标准来要求自己，并把这种风气带到社会中去。所以，学校一定要按照严谨、规范的方式治学，让中学生有一个良好的校园环境。

校园的文化活动是思想政治隐性教育的宣传媒介之一。学校的每一次活动不一定必须加入思想政治教育的内容，但是很多的文化活动在举办的时候要考虑到它对思想政治教育的影响作用。这是很有必要的，这样一来对思想政治教育中隐性教育的实施也是有很大的帮助的。所以在校园活动欢快的进行时，作为观众无需估计太多，但是作为学校的领导和组织者要认真的考虑到活动所引发的一系列的变化。切实保证校园文化的积极、健康和趣味性。排除低级乏味且庸俗的活动节目，保证文化活动对思政隐性教育的积极影响作用。隐性思想政治教育是在学生的日常生活过程中进行的无形的教育，然而学生的日常生活中，文化活动是学生日常生活中最重要的一部分内容，这样文化活动的建设就显得尤为重要。

（二）优化家庭环境

我们也要关注社会和家庭对环境的优化，家庭教育是对学校教育的有效补充。如果说学校教育是先锋的话，那么家庭教育就是学校教育的基础和前提，家庭环境对中学生的潜移默化的影响最大。家长可以说是学生的启蒙老师和生活老师。因为家长和学生在一起的时间最长，家长的一举一动，一言一行都对学生的成长和发展起到一定的影响作用。所以，开展隐性思想政治教育要优化家庭环境，优化家庭环境家长起到了很重要的作用，一个孩子的修养有多高，关键要看父母的引导。在一定程度上，都是父母在影响着中学生的变化，所以构建隐性文化过程中，身为孩子的父母更应该担负起这个责任。在这里我们也许会有疑问，学生的家长文化层次不同，本身的素质修养高低不同，如何让他们给孩子做好榜样，这里就又要启动我们学校教育的先锋作用。作为文化构建的主力军，校方应该在教育体系中明确对学生的教育规范，对学生家长进行相应的家长会或者培训之类的活动，使隐性文化建设工作做得更加全面。

隐性思想政治教育过程中家庭教育环境是无比重要的。因为对于中学生来讲，家庭是他们生活时间最长的地方。学生的年纪还小，大多的中学生都是未成年人，他们的生活都需要父母的照顾和帮助。所以家庭环境是影响学生内心的最根本因素。对于孩子来讲，一个好的家庭氛围对他们的影响不是一点一滴，而是影响他的性格形成的最重要因素。一个家庭天天都带着火药味道，家庭不和睦，不完整等等。这样的环境对中学生的思想有很大的负面影响。就如同我们现在社会中看到的很多“问题学生”一样。说到这里，解释一下问题学生这个词语是对那些生活中的品行和文化课学习与其他学生都存在很大差距的学生。我们自己观察发现这些学生的家庭环境大都不是很完美，不是父母有些不务正业，就是单亲家庭，这些家庭的环境对孩子的身心有着巨大的伤害，他们得到的爱是不完整的爱，他们接受的家庭教育是不完整的教育，甚至就没有家庭教育。面对这些祖国的花朵，我们怎能忍心将他们放弃，我们的家庭环境是至关重要的，所以构建一个和谐融洽的家庭环境对学生的身心发展是无比重要的。

隐性思想政治教育中，家庭教育思想和教育方法是相当关键的，父母的道德修养在一定程度上对子女的教育是有很大影响的。在不知不觉中孩子在家庭中接受大量到的教育，这里不仅仅包括家庭环境的影响。更多的是人为因素的影响，在一个家庭中父母的价值观就基本决定了子女的价值观，父母的生活方式基本决定了子女的生活方式。因为子女尚处于未成年时期，很多事情和工作都需要父母的协助才可以完成。同样父母的性格和处事风格对子女的性格和处理问题的方式有一定的影响力。在我的老家，我们的村子里面有一户家庭，年年被评为贫困户。我们平时走到路上的时候，当你看到一片片的庄稼的时候，忽然映入眼帘一片很特殊的田地，里面基本杂草和庄稼完全混在一起，有时候你能看到杂草而看不到庄稼，那么这片农田必定是他们家的。他们家里有三个孩子。三个孩子中有一个和我年纪相同，在学校学习成绩也是一塌糊涂。每次上课老师都说他很爱睡觉，不听课。这是我看到的事实，我相信他的父母对他是有一定的影响的。当你走到他家的时候会发现东西堆得乱七八糟，似乎没有打扫卫生的概念，看到他们的厨房到处堆得都是锅碗瓢盆，院子里面养的羊到处乱跑，拉屎拉的到处都是。这样的家庭环境不正是这个家庭的主宰者所制造的吗？可想而知孩子在这种环境下生活，那是当然免不了要被感染了。再说这个家庭里面的小儿子，我记得在很小的时候，他很调皮，他的父亲就拿了皮鞭去打一个刚上小学的孩子，我亲眼目睹他小儿子挨打的场景，这样的暴力教育场景，让我真的很震撼。到现如今，大儿子已经将要四十岁了，小儿子已经成年，三个孩子都没有初中读到毕业，后来都是到处漂泊流浪，他们至今都没有成家。当我们看到这样活生生的教材，我们为看到这种家庭所感到悲哀，对子女受到的家庭影响而感到惋惜。

作为学生第一监护人的家长应该深刻的认清自己在学生心中的影响力，正视自己在家庭中对子女的影响的地位。只有自己做的好了，才可以给孩子们树立良好的榜样，在无穷的榜样力量的带动下，对子女施加的隐性教育就顺理成章了。如果自己不能够好好的约束自己，再加上未成年人的模仿能力很强，也许在你不知道的情况下，你的子女就模仿了你的言行举止。家庭在隐性教育中提供的不仅仅是一个平台，更是未成年人教育的第一站。在隐性思想政治教育的推广过程中我们必须优化家庭环境，将隐性思想政治教育的效能发挥到最大。

（三）优化社会环境

社会环境是我们生活的大环境，这个大环境对我们的思想政治隐性教育有很大的影响。社会在这里要负起责任，因为社会的潮流和趋势直接影响的是教育机构的教育方向。对于每个人来讲，社会就像一个大染缸，社会环境决定了每一个人的所处的生长环境。这样的一个大生长环境下，作为个人的力量就显的很渺小。在一些学校的旁边有网吧、歌舞厅的存在。这种未成年人不应该接触的东西社会要做好引导工作，让中学生了解这些场所的弊端。中学生正处于身心发展至关重要时期，他们对新鲜事物的好奇心很大，如果我们的社会环境不加以正确引导，中学生很容易误入歧途。在这里，我们的政府部门对大环境的构造应该起到一定的引导和监督的作用。引导人们，引导中学生的思想发展方向。

二、开发和利用隐性教育资源

（一）开发和利用教师自身的隐性教育资源

教师是学生的灵魂工程师，教师自身的气质形象、工作态度、知识层次和价值观的取向等，无形中都在引导和熏陶学生。教师是一本活的教科书，教师本身无时无刻的对学生产生影响。教师的人格是教师进行教育工作的基础，教师的道德品质是其他一切教课书都无法比及的，是任何名言警句都无法代替的教育力量。教师自身对教育的影响是课堂教学无法达到的。开发和利用教师自身具有的隐性教育资源。教师自身要强化修养，充分的提升自我品德，展现个人魅力，给学生做好榜样示范。另一方面，加大对教师品德建设的培养力度，强化教师品德修养评价机制，使教师在道德实践中对自我品格进行升华，自然也使学生受到了教育和熏陶。教师拥有了强大的人格魅力，对学生就更有说服力，学生也会更易于接受思想政治教育。

（二）开发和利用学校规章制度中的隐性教育资源

在中学思想政治教育中，建立科学合理的校规和纪律，把道德思想融入与学校的管理之中。在校园生活中，使中学生在自我约束和外在约束相互协调，相互融合中塑造自我的优秀思想品质。在制定学校管理规定过程中，加大学生的参与，把握以人为本的原则，集思广益，制定出符合学生心理年龄特点、尊重学生、发挥学生主体性和创造性的规章制度，形成完整的校园人本主义制度。学校的规章制度不仅能对学生起到很好的规范引导作用，而且能够建立和谐校园，规范学校的运行机制。

（三）开发和利用社会实践中的隐性教育资源

在课外，要让中学生选择有益的课余生活。创设条件鼓励学生积极参与各种社会实践活动，利用课外时间参加各种积极的社团活动。例如，利用休息的时间去养老院或者福利院看望老人和孤残儿童，让他们知道社会上还有很多弱势群体需要帮助，只要尽自己的绵薄之力，就能让他们感到温暖，把爱心延续。也可以利用寒暑假的时间加入到社区基层组织的建设实践中，把所学到的思想政治理论知识运用到实践中，不仅能够加深对知识的理解，还能够提高自身的践行能力。中学生亲身参与了各种社会活动，才能够增强责任感、使命感，切身地感受到思想政治教育的效用。

（四）加强学校、家庭、社会的沟通与合作

要想更好地开发隐性思想政治教育资源。学校、家庭、社会间的沟通与合作是少不了的。家校与学校沟通的主要平台就是家长会的召开，在家校沟通的过程中，我们作为校方和家长需要注意一些目前我们面临的主要问题，抓住了这些问题的关键我们的学校和家庭之间的沟通就能为隐性思想政治教育做好良好的铺垫，为学生的身心发展打下坚实的基础。

首先，学校和家庭双方都要对学生的全面发展从根本上重视和关注。作为家长一方，不应该因为工作、业务忙、等其他一切借口不参加学校组织的家校沟通活动，因为参加家长会是学校和家庭沟通的第一步。所以不要以任何借口打断学校和家庭沟通的第一步。那么作为学校的一方要切实负起自己的责任，除了对学生在学校的情况对家长进行反馈之外，要更多的注重和家长探讨孩子全面发展的各种因素，以便带动各种隐性因素作用的发挥。学校在对家庭传达信息的时候不仅仅局限于家长会的召开，可以从多种角度去和家长朋友进行沟通交流。现代社会通讯工具的多样化为我们的学校和家长沟通搭建了更便捷的平台。我们很多学校现在都建立了手机短信群发，通过手机短信通知各位家长学校近期的活动。我们的个别班主任还建立了聊天软件群，通过互联网和家长进行沟通，我们还可以通过一些调查问卷让学生带回家让家长填好之后重新带回学校，学校在根据问卷情况判断学生在家的生活情况。以上的种种方式都是在家长和学校通话通道正常建立情况下进行的。

要实现学校、社会、家庭的有效互动，不是一件简单的事。作为一名老师，班级里面有几十名学生，有的老师还要同时带几个班，接触的学生有上百人。对于这样一个庞大的队伍，作为教师，如何去一一的跟家长沟通是个很关键的问题。作为一名班主任而言班级里面的所有学生并不是能够从各个方面都关心和照顾的到。那么班主任就要采取自己的方法来去和家长一一沟通，班主任可以采取把班内的学生分成多个小组进行家长会的召开，这样既保证和所有的家长进行沟通，又保证了沟通的质量。有条件的要对每一组的每一位家长的谈话进行录音和做记录，虽然加大了工作量，但是确保了对每一位学生的负责。在后期的记录整理过程中我们可以把学生问题进行分类，以便以后再开家长会的时候可以进行更明确的分批进行，以后对学生的管理工作也尽量的进行分批处理。

在这里除了学校要做的这么多工作之外，家长要积极的配合学校的各种活动的召开，以免造成不必要的疏忽，进而影响中学生的身心发展。在这里我们所有的家长都有一个误区，那就是我给我的孩子交了学费，就是让他来受教育的，我的孩子受教育的优良和身心发展都取决于学校，和我的关系不大，我只要多挣钱供应他上学就行。这种观念是不正确的。一个学生的发展，绝对不完完全全是学校的责任，一个学生优秀的品格和良好的成绩是学校教育的主导以及社会和家庭影响教育的共同结果。在我们生活中经常看到一个孩子如果不懂礼貌的时候，我们会说这个孩子好没有家教，或者严重一点说是没有教养。作为孩子的主要监护人绝对不是你把他给养大成人就好了，其他教育问题都是学校的责任。作为家长这种观点不可有，否则导致的就是自己孩子的命运的改变，必须引起我们家庭的重视。在加强我们家庭和学校之间的沟通的过程中家长要尽到自己的责任和义务。首先，作为父母要为自己的孩子做一个好的榜样。当学校要求开家长会或者做家访的时候，家长要积极配合，不要以任何理由做推脱。毕竟家庭和学校的沟通机会很少，如果错过了仅有的机会，对学生造成的损失是很难弥补的。另一方面，家长在做好沟通的同时，更应该注意家庭环境对孩子的影响。中学生正处于身心成长的关键时期，家庭环境影响也是很重要的，家里脏乱不堪，那么这个孩子不会学的很讲卫生。家庭环境很是温馨舒适，那么作为他来讲，对个人的要求会不自觉的和家庭环境配套的。家庭里面的软环境更是重要，父母天天不和睦，爱吵架，这样的环境更是恶劣，对孩子造成的将是无穷的伤害。再一个就是在家校沟通的过程中，作为孩子血缘关系最近又是第一监护人的家长朋友要主动的联系学生所在的班主任老师和各任课老师，多和学校沟通了解学生在学校的表现情况，同时，也要客观的反应孩子的个性和特点，以便于双方共同努力且全方位培养一名学生。

学校还要实现与社会的良性互动，学校可以组织的各种公益活动，让学生积极地投入其中，切身感受社会活动带来的积极影响。在丰富多彩的社会实践中，让中学生得到思想上的升华。要保证学生心灵上的纯洁度，只有这样才能保证孩子良好性格的塑成。家庭应该灌输积极、健康向上的思想，让孩子在身心发展的时候输入正能量。只有真正加强了学校、家庭和社会的沟通，才能切实的提高思想政治教育的效果，才能使思想政治隐性教育得到更好的发挥。

三、隐性教育要与显性教育相结合

在中学思想政治教育中，把隐性教育和显性教育结合起来能够起到更好的教学效果。在中学思想政治教育中，一味地灌输理论知识并不可取，要结合学生的生活实际去扩展教学思路，灵活地运用教学方法，把学习理论知识和开展生活实践结合起来。如何才能更好的把学生在课堂知识的学习和社会生活实际联系起来，这里就需要借助隐性教育。在学生的知识内化过之后，学校要提供实践活动来让中学生对知识进行巩固，实践活动可以包含生活的方方面面，而不单单是在生物或物理课上的做实验。隐性教育和显性教育结合起来需要的是从中学生的兴趣爱好入手，从中学生的生活环境入手。一般隐性教育会通过校园文化，家庭文化，社会主导方向等方面对学生进行熏陶教育。学校组织的各种活动也是隐性教育和显性教育很好的结合点，隐性教育看似是配合显性教育的工作，但如果隐性教育实施的内容和方法不当直接对显性知识的教育产生抑制作用，甚至产生反作用，这些是需要引起警惕的。

显性思想政治教育采用直接的、注入式的教学方法，隐性思想政治教育采用内隐的、渗透式的教学方法，在教学过程中二者相互依存、相互补充。显性教育和隐性教育有各自的优势，也有各自的不足。显性思想政治教育注重理论知识的灌输，有时候能够起到很好的教育效果，但是往往忽视了中学生的主观能动性，抑制了他们的创新能力。隐性思想政治教育让中学生在不知不觉中自己感悟学到了什么，什么是对的，能够增强学生的自我认同感。在新时代的背景下，把显性教育和隐性教育有机结合，发挥各自的优势，扬长避短，能够形成中学思想政治教育的新型模式，提高中学思想政治教育的科学性，促进中学生的全面发展。

中学思想政治教育要立足于显性课堂教育，在课堂教育的前提下加强隐性教育资源的开发和利用，并结合显性教育方法对中学生进行全面的知识渗透。由老师单向传输知识的传统模式，转变为学生主动的要求学习。课堂的知识是我们学习思想政治知识的灵魂体现，是整个知识架构的主宰。在把握课堂教学的同时，深入开展隐性思想政治教育，对学生的理论知识进行深化，使思想政治的相关知识渗透到学生的生活，深入到学生的内心，进而对理论知识进行升华。中学生的理论知识经过内化，可以外化为学生的行为举止。通过对隐性教育资源的开发和利用，中学思想政治教育能够摆脱传统刻板的教学方法，创造出更适应学生身心发展的教育方式。使中学生逐渐减轻学习压力，并能够主动接受思想政治教育，乐于接受思想政治教育，从而提升中学思想政治的教学效果。

第十三章　中学思想政治教育生活化研究

第一节　中学思想政治教育生活化的涵义

一、中学思想政治教育生活化的内涵

（一）教育生活化

陶行知强调没有生活做中心的教育是死教育，因此教育生活化是指教育必须从生活出发，在生活中进行，最终回归生活之中。教育生活化主要包括教学目标的生活化，教学内容的生活化，教学方式的生活化等。

（二）思想政治教育生活化

“思想政治教育生活化作为一种实现思想政治教育目标的重要理念和重要方式，是指思想政治教育要以现实生活为中心，关注学生的生活世界，关心学生的生活体验，在教育引导中促进学生生活实践，全面提升学生的综合素质，它是把教育作为生活，教育即生活。”思想政治教育生活化是教育对生活世界的回归，是在日常生活中日积月累体验的结晶。总的来说，思想政治教育生活化是与知识化、理想化的传统思想政治教育相对立的，它强调了生活是思想政治教育的根基，应该充分的认识到生活对思想政治教育的重要意义。

（三）中学思想政治教育生活化

教育来源于学生的生活，现实生活中包含丰富的教育因素，中学思想政治

教育是思想政治教育的重要组成部分之一。通过前面所描述的思想政治教育生活化内涵，我们可以引申出中学思想政治教育生活化的内涵，即中学思想政治教育生活化简单的说是以中学生为主体，以学生身边的实际生活经验和生活背景作为出发点，将政治与生活联系起来，使政治问题生活化，生活问题政治化，也使学生能灵活使用政治哲学思维来了解和剖析现实社会，关注受教育者的世界，使教育目标和教育内容更加贴近中学生的实际生活，使教育手段和教育方法灵活化和多样化，使教育评价体系更为科学，引导学生树立积极而正确的思想观念，培养其社会实践能力，能够解决生活中的实际问题，促进中学生的全面发展。

二、中学思想政治教育生活化的基本理念

每个学生都是独立的个体，都有自己独特的思维方法，中学思想政治教育实践活动要求学生通过观察、思考和领悟，把所学知识转化为自己的能力和素养，教师要把学生主体看作不断追求和不断完善自身素养，有主见有思想的个体，调动学生的积极性，引导和鼓励学生主动参与思想政治活动，让学生融入社会生活，观察生活，感受生活，汲取生活中有益的思想知识，而不是把学生当做单纯的被动的受教育者；教育内容应该丰富多彩并和学生所处的生活环境息息相关，不能局限于课本知识，要结合当前的实际情况搜集教育资源，学校业要开设相应的课程来丰富教育内容，使学生能够更好的适应当前以及未来的生活；教育方式要做到知识体验和生活体验相统一，中学思想政治教育应该帮助学生把所学理论知识应用到生活中去，然后用生活体验过程中重新深层次理解的知识结合所学理论，使思想政治教育知识更加容易理解，达到“知行合一”的效果。

三、中学思想政治教育生活化的依据

（一）中学思想政治教育生活化的理论依据

1. 杜威的生活教育思想

美国著名的教育学家杜威，他的实用主义教育思想在世界上很多国家都

有深远影响，他继承和发展了卢梭的自然教育思想，提出了“教育即生活”的学说，主张教育的开展要以生活为中心，在杜威看来，现实生活本身就具有教育作用，他在《民主主义与教育》中提出，“教育是一系列的生活过程，而不是为将来生活所做的准备”，他认为学生发展的最重要的资源就是生活。在教育途径上，杜威主张开展学校教育要按照社会生活的需要而不是仅仅去单向的灌输。

2. 以人为本的教育理念

“以人为本”的教育理念是2003年10月在北京召开的中共十六届三中全会上提出的，以人为本是时代发展的产物，以人为本在教育中的含义是尊重学生的人格和主体地位，教育既然面对的是全体学生，就会出现教育对象的差异性，这就要求教师要针对每个学生特点的不同而因材施教；培养和发展学生的创造性，生命的本质在于创造，人类是有思想有、意识的生命体，人类在其生成的过程中是不断的更新、不断的自我创造的，教育应该为学生提供平等而和谐的环境，教师应该激发学生的好奇心、培养学生的创造力；以人为本的最终目的是观照学生的可持续发展，人是具体的、现实的个体，片面的残缺的学生发展很难去适应现代社会，社会的发展越来越快，对人的要求也越来越多样化，这就使得教育要以人为本，要培养出全面发展的对社会具有较强适应性的人。

3. 陶行知的生活教育理论

著名的教育家陶行知根据杜威的教育思想，悟出了“能改变教育的不是另一种教育，另一部分是在河南大学内从事教学工作的教师，采用面对面访谈和邮件访谈的形而是另一种生活”的真理。通过对杜威等西方教育思想的借鉴，梳理出了“生活即教育、社会即学校、教学做合一”为内容的生活教育，为日后研究教育和生活的关系提供了重要的理论依据。

首先，陶行知生活教育理论的核心内容就是“生活即教育”，这个观点是在批判杜威的“教育即生活”的基础上产生的。在陶行知看来，生活决定教育，教育改造生活，教育和生活是同时进行的，教育只有和生活相结合才能发生作用。生活是发展的，教育也应该随之发展，但教育改造生活并不是被动的被生活制约，而是对生活有积极的促进作用。

其次，“社会即学校”就是要扩大受教育的对象，增加学习的内容，普及大众教育。他指出学校里学的东西太少，教育的材料、工具、环境都可以大大的增加。陶行知认为“学校即社会，就好象把一只活泼的小鸟从天空里捉来关在笼里一样。它要以一个小的学校去把社会所有的一切东西都吸收进来，所以容易弄假”，把学校和社会生活隔开了，而“社会即学校”则是“要把笼中的小鸟放到天空中使它任意翱翔”。要扩大教育的范围，把社会生活完整的展现给学生，教育要迈出校门，走进社会。

最后，陶行知以种田为例，指出了教学做是一件事，而不是三件事，即“教学做合一”它的含义是教的方法要根据学的方法，学的方法要根据做的方法。陶行知认为，教育生活化的重要方法就是“教学做合一”，在此，他也着重强调了“做”的重要性这三个环节缺一不可，否则都不能算得上是真正的教育，我们要在做上教，在做上学。

（二）中学思想政治教育生活化现实和政策依据

1. 实现中学思想政治教育目标的需要

思想政治教育目标是思想政治教育实践活动顺利进行的指南针，新课改要求的思想政治教育目标，强调学生能够灵活应用所学的知识并掌握必要的道德意识和生存技能。《普通高中思想政治课程标准》（实验）通过对课程目标的调整，拉近了生活和培养目标关系（图 13-1、表 13-1）。

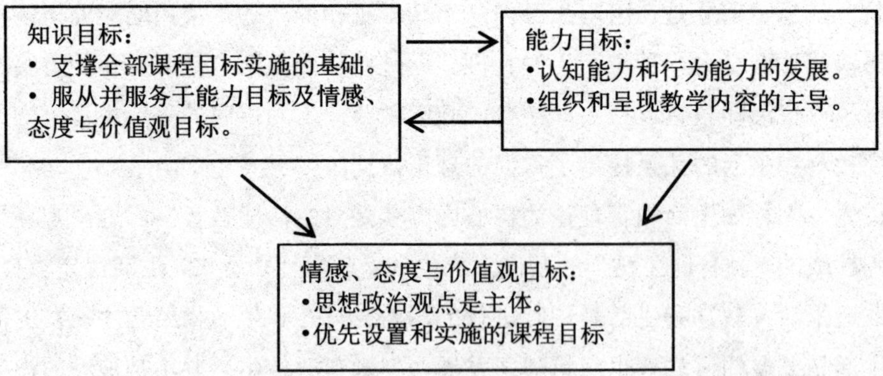

图 13-1　三维目标关系图

表 13-1　素质教育的目标

总目标	知道中国共产党是中国特色社会主义事业的领导核心，马克思列宁主义、毛泽东思想、邓小平理论和“三个代表”重要思想是中国共产党的指导思想；了解中国特色社会主义现代化建设常识；学习运用马克思主义基本观点和方法观察问题、分析问题、解决问题；具备在现代社会生活中应有的自主、自立、自强的能力和态度；具有爱国主义、集体主义和社会主义思想情感；初步形成正确的世界观、人生观和价值观。
知识目标	•知道中国共产党始终代表中国先进生产力的发展要求，代表中国先进文化的前进方向，代表中国最广大人民的根本利益。 •理解发展社会主义市场经济、社会主义民主政治、社会主义先进文化的意义。 •获得正确选择人生发展道路的相关知识。
能力目标	•提高主动参与经济、政治、文化生活的能力。 •提高在社会生活中正确处理竞争与合作关系的能力。 •培养为未来生活而自主学习、选择、探索的能力。 •增强依法办事、依法律己和依法维护自身权益的能力。
情感、态度与价值观目标	•热爱中国共产党，热爱祖国，热爱人民。 •关注社会发展，积极参加社会实践，诚实守信，增强社会责任感和民主法制观念，培养公民意识。 •热爱集体，乐于学习，热爱生活，热爱和平。

结合图表可以看出，素质教育的目标着眼于社会长远发展的要求，面向全体学生，注重其所处的生活。但是，现在的中学思想政治教育工作存在很多误区，轻个体目标、重知识目标、轻能力目标等，偏离了素质教育所要求的全面发展思想。关注今天的中学生，成绩优秀的背后却是道德沦丧、违法犯罪不断的事实。2010 年公布的数据显示，在 16～17 岁青少年罪犯中，85.1%涉嫌盗窃、抢劫、抢夺和伤害四类犯罪行为；在 14～15 岁青少年罪犯中，该比例更是达到 92%。究其原因，最终答案就是学校德育迎合社会需求，重灌输，轻个体。学生为了应付表面上接受，但不等同于认可这样的形式，他们在生活中对所学知识迷茫且无法排解疑问时，必然会产生某些过激行为。因此，我们必须让思想政治教育依附于学生的生活，通过学校德育的多样化和教师教学方式的多样化来学生的全面发展。全面发展最实际的问题就是学生能否应用所学知识解决生活中的各种难题，并使学生的所学知识内化，实现新课改的教育目标。

2. 促进中学生人格健全发展的需要

思想政治教育这个学科本身就是从学生思想政治素质和人格的健全发展方面为依托的，因此思想政治教育生活化反映了社会发展的需要和学生成长的需求，重视学生人格的形成和发展，考虑到中学生当下和今后的需求，更深层次挖掘中学生主动接受思想政治教育的可行性条件。中学生正处在人生发展的关键时期，已经开始形成自主的独立性和自我意识，开始对周遭事物尝试自主的观察、思考和处理。思想政治教育生活化契合中学生的认知规律与发展，重视中学生在生活中直接获取的生活经验，尊重学生个体的差异表现，目的在于完备中学生的生存状态，丰富他们的情感体验，引导他们探寻生活的意义和生命的价值，并能关注和解决社会生活中方方面面的问题，提高他们的生存技能。

3. 落实新课程改革的需要

新课改关注学生的个体差异，关心学生的现实生活，以人为本、全面发展。从新课改的基本理念可以看出，中学政治教学应该立足于学生的生活经验，拉近生活和教育的关系。新课改高中思想政治教育标准实验教科书的特点如下："利用案例教学促使学生从原有的知识经验中生长出新的知识；引导学生对自己的经验进行分析和反思，从而把知识变为自己的"学识"；仿真而灵活的情景设计和引入，适应社会的变化。让学生在生活中理解知识，提高其综合能力，这是教育的最终目的。"

四、中学思想政治教育生活化存在的问题

中学思想政治教育苍白的重要原因就是生活化的缺失，它偏离了学生主体功能的发展，教育方向理想化，教育内容没有走向学生的内心，实效性差。当前的中学思想政治教育远离现实生活，以下主要从教育目标、教育方式、教育内容三方面进行分析。

（一）教育目标定位不当

"思想政治教育目标是教育者根据社会的需求与人的发展要求，通过思想政治教育活动使受教育者的思想政治品德在一定时期内所要达到的预期结果。"

中学思想政治教育目标总的来说就是“育人为本，德育优先”，但是大多数学校往往忽视这一点，更多的关注思想政治教育的政治功能，德育反而成为了政治的附带品。中学思想政治教育生活化的出发点其实是德育教育，我们不能忽视其自身的现实基础而过分的去强调理想的成分。现今的中学思想政治教育是一种“适应性教育”，思想政治教育必须渗透到学生的内心，不能脱离身边现实生活而只给学生树立远大的理想，更不能忽略中学生的个体发展差异，也不能不管中学生是否能接受空洞的教育内容。

（二）教育方式存在缺陷

我国中学思想政治教育缺乏新颖的教学方式，教学方式单一化，通常采用说教和单纯的知识灌输的教学方式，课堂教学流于形式、照本宣科的现象普遍存在。同时思想政治课也是大多数学生最不感兴趣的一门课程。在课堂上，教师单纯的读课文，单纯的理论说教填鸭式的传授知识，试图把课本上的思想道德知识强行灌输给学生，而学生只能被动的接受。教师根据考试要求重点讲解并强调学生要背诵的部分，根本无法引起学生对这门课的兴趣，而中学生也默认了这种为考试而进行的教育方式，师生之间几乎没有互动交流。教育方式呆板，忽视学生的生活体验和实践，学生自身也无法对这些所谓知识进行自我转化，自我认知。思想政治教育方式总的来说就是“教师一张嘴，一本教科书，一本考试重难点”，使得思想政治教育很难取得进步。总之，教育方式僵化、单一，实践性教学、案例式教学、情景式教学等欠缺或流于形式。

（三）教育内容与现实生活的割裂与疏离

中学思想政治主要讲的是经济、哲学、政治学、马克思主义等内容，尤其是政治和经济部分，是和学生的日常生活息息相关的。教师在讲解的时候，应该结合当前的实际并搜集教学资源，让学生实实在在的体会这些政治课内容就发生在学生周遭，让学生对所学知识有更深刻的理解。但由于教育理念和教师本身的态度以及教学资源等问题，大部分中学还是“课本至上”，课堂教学完全是教师对课本内容的复述。笔者曾在母校孟州一中做过调查，将近80%的学生认为政治课没有新意、缺乏真实感，相对于教师嘴边的消费观、马克思主义、哲学思想等，学生们更愿意教师从他们身边的事例出发，让他们理解什么是正确的消费观念，如何就业，如何运用各种主义，这些对他们今后的生活和发展有实际意义的知识。在普通高中这些问题更加明显了，在高考的背景下，教师的课堂讲解完全是应付高考的理论知识，缺乏对生活知识的补充，课本上唯一的关于生活的知识，因为不是考试范围而被一笔带过。

五、中学思想政治教育生活化现存问题的原因分析

（一）教师的原因

在思想政治教育过程中，相对于学生来说， 教师处于主体地位。因此，教师自身的素质高低对中学思想政治教育具有关键性的影响。首先，教师对思想政治教育方面的知识缺乏，以及认识能力、思维方法、自身经验等原因，不能准确的领会思想政治教育的要求，对学生存在的疑惑没有及时得到解答，例如，教育的意义、教育的主体、教育的内容、教育的方法等，如果教师不能够尽可能的运用这些知识对学生思想政治素质的形成和发展进行分析，那么他们对学生提出的各种社会问题和人生问题也不可能做出合理的回答，这样学校的资源就不能最大限度的被用来进行思想政治教育。其次，在教育过程中，教师要找到最适合教学内容的教育方式，但实际上经常会出现教育方式滞后的现象，在中学政治教育课教学中，教师侧重课堂理论知识的教授，教学方法形式化，学生在学习的过程往往也提不起兴趣，索然无味。最后，部分教师职业道德有待提高，最明显的例子就是发生在安徽长丰县吴店中学的“杨不管事件”，学生破坏教学秩序，在课堂上吵架斗殴，而老师却不及时加以制止，确实有悖教师应有的职业伦理。然而“冰冻三尺，非一日之寒”，在校园暴力不断滋生蔓延的今天，“杨不管”现象的出现绝非偶然。

（二）学生的原因

一方面，要想达到思想政治教育目标，就必须正确的认识教育对象这一重要要素，就中学生自身来讲，中学生年龄一般处于 12 到 18 岁之间，虽然身体逐渐的长高长大，生理发展迅速，但是心理发展还不成熟，这对中学生接受生

活化思想政治教育非常不利。他们大多数好奇心强，精力充沛，但心态也不稳定，自制能力差，很容易就受到外界的影响，常会出现焦躁、郁闷、困惑等负面表现。而且中学生受社会大环境影响比较大，思想上比较消极，学习的功利性很强，就是为了考上名牌大学，将来找到好的工作，这些都弱化了自身的思想道德素质。

另一方面，由于思想政治教材和知识枯燥无味，学生理解起来也非常困难，绝大多数学生对于知识的汲取方式就是死记硬背，导致没有任何兴趣可言，这就使学生对这门课感觉没有意思，学习动力也低，甚至厌恶学习这门课程，甚至有的学生因为讨厌这一科目的任课老师，因为情绪问题也进而讨厌这门课，不认真听讲乃至放弃这门课的学习。这样的情况在中学的思想政治课学习中并不少见，如此下去，学生在思想政治方面的教育很难得到贯彻和实施。

（三）教材的原因

我们的生活是在不断的发展变化的，学生学习文化知识的最终目的就是运用于生活之中，借用所学知识理解生活中的疑惑，解决生活中的难题，然而，中学思想政治教材却相对稳定，虽然经历了几次教材修改，可读性增加，但还是跟不上生活的变动。为了保证教材编写的科学性和权威性，思想政治教育理论课的教材，由有关部门按照定向申报，择优遴选的原则，组织专家队伍集中编写。但是相对于教材生活却是复杂多变的，教材应该考虑到地方特色、学校特点、教师个性等，不同地方的教材要贴合当地的情况，把教材的统一性和多样性结合起来，创建有特色的教学体系，针对性的、多样性的编写教材。

（四）教育评价、考试制度的原因

我国目前的教育现状导致了中学思想政治教育的评价机制过于单一。教师对学生教育评价的高低还是取决于学生对知识的掌握和分数的高低，这使得教师很难用发展的眼光衡量学生，在实际的评价过程中，教师只关注学生的期末成绩和课堂内容背记这种显性的评价标准，对学生个人品德情况、是否与同学融洽相处、在学校之外的场所表现的是否良好等学习以外的情况几乎不在其评价范围之内，这样产生的教学评价就仅仅是学习成绩的评价，背离了思想政治教育这门课程存在的初衷。虽然大多数老师也承认这样背离了《思想政治教育新课程标准》的精神，但在高考为重的应试教育下，教师们也很无奈。

在实际的中学教育工作中，因为升学问题，学校和家庭以及学生个人都面临巨大的压力。思想政治教育仍然只是一门课程，学校和家长仍然是把学生的学习成绩放在第一位，大学的入学选拔人才方式也主要通过高考这一渠道，所以人们基本还是从考上大学的人数和重点大学的录取率这两方面来衡量其是否是好的中学，这个评判标准直接影响到一个学校的学生生源和名气。鉴于此，学校的领导和老师自然把提高升学率作为重中之重，常常忽视学生在思想政治教育中的主体地位。

第二节　改进中学思想政治教育生活化的基本策略

一、中学思想政治教育主体要置于生活之中

胡锦涛同志指出：“思想政治教育要坚持以人为本，促进个体生活能力、生活质量的提高，要以人的生存、安全、自尊、发展、幸福为出发点和归宿，思想政治工作说到底是做人的工作，必须坚持以人为本。”中学思想政治课教师要创建具有生活化的思想道德情景，使学生受到感染和渗透产生强烈的心理体验，从而激发内心的冲突，自觉调整自己的思想道德认识，养成良好的态度和行为。教师除了在课堂上进行教育引导，也要组织中学生积极地参与各种社会实践活动，用社会实践这个大课堂引导学生把自己培养成四有新人。

教师在教育过程中要充分利用学生已有生活经验，创建具有生活气息的教学场景，最好把生活中有争议的事件搜集起来，有目的有计划的引入课堂中，让学生主动地思考和积极讨论。然后根据学生的实际知识水平采取多种方式，组织和引导学生讨论并思考列举出的道德问题，使学生在激烈的争辩中思考和理解，实现思想道德的内化。

中学教师除了应该知识渊博，教育方法适当，以及较高的教学艺术，还应该注重和学生的双向交流。教师和学生要互相理解，双向互动，要全面了解学生的思想状态，及时的发现学生思想品德行为上的优点并给予积极地肯定。教师要将思想政治教育渗透到和学生的日常交流之中，要善于捕捉学生生活中的表现从而随机进行教育。教师不仅要注重自身的主导性，也要注重和学生之间的相互理解，从而提高中学思想政治教育的效果。

二、教育目标要贴近生活，实现目标的现实化

“中学思想政治课的教学目标要回归生活。”思想政治教育的目标如果不

贴近生活，融合到生活中，必然让学生望而生畏，使其成为一句空谈。所以思想政治教育的目标应该直接挂钩于中学生的现实社会生活，并和中学生的实际生活有机结合起来，使得他们觉得目标就在眼前，凭借努力就可以实现。不仅如此，还应着重发展学生个体的主体性，使得学生能够主动的接受教育过程，主动地融入到教育活动中，对教师所教授的知识能够主动的反思并进行评价，然后以此为基础引导学生展开自我教育，培养学生的创新能力和批判精神，要重视由应试教育到素质教育的转变，让学生的德智体全面发展不仅仅停留在口号上。

教师在教授的过程中，应该重点把教书和育人作为一个整体结合起来，还应在中学各科教学的各个环节中都积极主动的融入思想政治教育，把各门课程和思想政治教育有关的内容都做深入挖掘，使得学生在科学文化知识学习的过程中能够加强自身的思想道德修养，能够提高其思想政治觉悟。各科教师也要时刻关注学生的共同需要，在教学过程中潜移默化思想政治教育的价值，让思想政治教育在教学过程中慢慢的渗透，逐渐被学生接受。

思想政治教育要结合学生的自身特点。首先，思想政治教育要着眼于中学生，运用新的教育理念并把握教育规律。中学教师在教授知识的过程中应该着重于中学生的主体性，使得学生能够自觉自主的做他该做的事，对待问题要有自己的观点和立场。其次，思想政治教育还要关注中学生在生活中的发展需求。中学教师一定要明确的了解学生所处的发展阶段，并对其进行深刻的分析和研究，帮助学生完成从认识阶段向道德行为阶段的积极转化。思想政治教育只有认识并遵循学生自身的道德发展规律，才能积极有效的促进社会的进步和发展。

三、教育内容要源于生活，实现内容的具体化

创建生活化的中学生思想政治教育，就是要让思想政治教育回归生活，让中学生在各方面都得到发展和提高，即全面发展。全面发展就需要拥有正确的人生观、价值观和世界观，以及坚韧的心理素质和正确的自我认识等等。对于以上几点要求，中学生是无法单纯依靠教材内容而学习到的。学校应该开设相对应的课程来丰富教育内容，使得学生得到全面发展，使得他们能够更好更快

的适应当前以及未来的生活，这也完全符合素质教育的要求。杜威曾经指出："在各种不确定的情况下，有一点是可以永久参照的，那就是教育与个人经验之间的有机联系。"这里的"教育"当然包括思想道德教育，"个人经验"即指人们现实的、富有生命力的、充满生命气息的生活经历。中学生生活是千姿百态、丰富多彩的，在空间上它涵盖了家庭、学校和社会，现实和网络，个体和集体等等。我们大多数的思想政治教育实践，往往都窄化了这个覆盖广阔领域的空间，具体表现为：看重学校的教育，看轻家庭的教导，看重现实生活的存在，看轻虚拟世界对学生的影响，这样就很明显的降低了思想道德教育的实效性。针对这些现象，我们一要树立多层次、全方位的大含义的德育理念："把家庭教育、学校生活和社会实践完美结合起来，把现实生活和虚拟生活融汇到一起。"二要使广大学生积极走进现实生活，解放学生的头脑，使之能够多思考；解放学生的双手，使之能够活动起来；解放学生的双眼，使之能看到更多社会面；解放学生的嘴巴，使之能够畅所欲言；解放学生的时间，使之能学习他们本身想要学习的东西；解放学生的空间，使之能广泛的融入自然和社会中。

四、教育方法应融入生活，实现方法的多元化

众所周知，轻视教育者和受教育者之间的交流互动，热衷于单方面填鸭式灌输是思想政治教育中的顽疾之一。不可否认，教授知识是完全必要的，但是不看清对象、不管条件的给学生填充知识也是不可取的。基于此，我们首先要发扬创新精神，积极探索思想政治教育融入生活的新方法。例如，随着网络技术和网络文化的快速发展，产生了很多优势和缺点，如何解决这些问题，就需要我们努力探索网络思想政治教育的规律并应用到实际中同时开起网络思想政治教育这个具有新意能够引起学生兴趣的机器。当然，我们讲的关于思想政治教育方法创新的问题，并不是全面的否定以往的经验。相反，那些被实践证明仍然在教育教学中行之有效的方法，我们还要继续的广泛运用。同时我们要学习国外思想政治教育的成功模式，积极大胆的借鉴归我所用。另一方面，我们要根据学生的实际情况，针对性地运用多种方式和有效手段进行教育，而不是一刀切。

第十四章 高校学生思想政治教育

第一节 高校学生思想政治教育现状

近年来，各地高校坚持社会主义办学方向，以培养“四有”新人为宗旨，在育人中始终把德育放在首位，不断加大师资培训力度，逐步调整师资队伍学历结构，完善竞争激励机制和监督约束机制，加强教材管理，规范教学内容，着力培养合格社会新人，取得了很大进步。

一、德育工作者素质较高，思想积极向上

各地高校对德育工作始终坚持加强组织领导，完善队伍建设，加大教学和科研改革力度。首先，努力提高德育教师的学历结构，使师资配置有利于发挥德育工作的最大效能。其次，配齐配强专兼职辅导员和班主任队伍，充分发挥德育和管理相结合的优势，促进德育实效性的产生。第三，通过相应的培训中心等基地培训德育工作者，加强高校德育信息交流，以此来提高德育工作者的素质。

二、当前大学生的思想政治状况呈现持续、稳定、健康发展的态势

积极向上、务实进取是大学生价值观的主流倾向，多数人表示力求物质利益与精神追求的统一，个人与社会兼顾，奉献与社会索取保持平衡。校园出现了入党、入团热；微机、外语热；科研、辅修热；奉献意识、竞争意识、参与意识显著增强，青年志愿者活动和团支部活动比较活跃的新气象。但从

整体上看，特别是与国外同等教育水平进行横向比较，仍然面临很多问题。下面从教师和学生两方面进行分析。

（一）教师的育人意识和素质问题

部分高校德育教师的表现欠佳。一是德育教师和其他德育工作者缺乏德育效益观念。具体表现为对德育效果的主导地位缺乏正确认识，德育的精神与物质相统一、现实与长远相统一、个体与群体相统一、显性与隐性相统一的德育效益观念还没完全形成。二是有些教师，特别是一些非德育教师，认为“教好”书就行，德育是德育教师的事，因而忽视对学生的思想品德和思想品德影响。三是个别德育教师对教育理论指导缺乏深刻理解，对社会上一些现象的认识带有片面性，因此其德育教育很难有说服力，更谈不上有好的教育效果。

（二）目前大学生中存在的思想问题

在大学生中的思想问题，目前主要表现有：一是理论信念趋向淡漠，仍有相当一部分学生在一些重大理论问题上存在模糊、混乱甚至错误的认识，所以仍需要坚持不懈地加强社会主义理想信念教育。二是部分学生比较强调自我价值的实现，学习动机、择业动机和入党动机具有一定程度的功利色彩。三是相当部分的大学生心理压力大，心理健康问题比较突出，特别是女生，更感到竞争激烈和就业难。近几年来，学生中的非正常死亡率明显增加，其中多数与心理疾病有关。

所以，高校的德育教育工作还很严峻，有很多工作需要做。从系统论的观点看，德育工作是一个多维度、多层次、多因素的系统工作。因此，作为高校德育教育不能拘泥于某一角度去孤立地观察和分析问题。随着市场经济的发展，我们必须把握和研究与学校德育工作有关的一切方面和一切联系，并对其进行多维度、多方面、多变量的系统考察。只有打破单维的德育工作模式，建立多维、系统、立体、有层次、全方位的德育工作模式，才能使德育工作有创新，见实效。

三、高校大学生思想政治教育的思考

当经济转轨、社会转型、多元文化交融碰撞之际，大学生的理性迷茫，较集中地体现在道德观、价值观的识辨与选择上。怎样使高校的道德教育更贴近当代大学生的思想实际，更符合教育规律，更富有实际成效，已成为高校德育教育必须认真思考的内容。

（一）新时期大学生道德教育必须确立现代化的德育指导思想

这个思想应体现以人为本的精神，即把人作为道德主体来培养，促进人道德性的健康发展。现代德育是主体性、发展性的德育，它以满足受教育者的需要，促进其个体道德的发展及道德人格的提升为宗旨，并强调道德认知、道德情感、道德行为的作用和地位。基于这样的理解，大学的德育目标应定位在培养具有现代思想道德素质的主体上来，弘扬人的主体地位，反对纯客体化的灌输。也就是说，在大学的德育过程中，教师与学生应建立一种合作互动关系，教师的主导性地位与学生的主体性地位必须得到同等重视与加强。

德育不应以“束缚人、约束人”为目的，恰恰相反，它应力求通过发展人的主体素质，提升人的主体性，实现对现时代的超越，完善人的个性品质。因此，它不仅应重视道德规范的掌握，还应注重发展学生的道德思维能力，培养其丰富而健康的道德情感，培植其果敢的道德勇气。主体性德育对个体的目标要求是：以积极的姿态适应社会，并具有自主性、独立性、主动性、创造性等“主体性道德素质”。

作为道德实践活动的主体，应能在既有的社会规范基础上，经过自己的理性思维，独立地作出道德判断与道德选择，自主、自觉、理性地调节自己的道德行为，在生活实践中完善自身的品德，提升自己的人格。根据上述理解，新时期大学德育的模式选择，也必须充分体现主体性德育思想的实质与精要，毫不怀疑地确立学生在道德实践中的主体地位。其最大的优点是把着眼点放在学生毕生道德品行的和谐发展上，体现了可持续发展理论与思想在学生个体品德培养中的运用。

总体来说，无论我们对大学德育作出怎样的目标定位与模式选择，德育的最终目标应该是：让大学生兼具普通公民所必备的基础文明和作为社会精英分子应有的高尚的道德情操和健全的道德人格。

（二）构建科学合理重点突出的德育内容体系

国外高校德育的内容选择主要根据两个原则：一是社会需求。其中包括个体社会化必需的道德规范，维护社会秩序正常运作的社会规范，确保国家得以生存和发展的国家利益，以及有助于占统治地位的政治集团发展的政治目标。二是人的自身发展的要求。

借鉴国外高校德育经验，新时期大学生德育内容应当在传统与现实之间建立起有机联系；应当将社会需求与人自身发展的要求有机结合；应当使道德养成与个性塑造和谐统一；应当在民族价值观与人类普通的道德价值之间架起桥梁。这里不再深入具体探讨德育内容体系的建构问题，只突出强调大学道德教育不可忽视的几个重点。

1. 核心价值观教育

每一国家，每一民族，都有它自己的核心价值观与道德观。这是民族得以凝聚、延绵与发展的宝贵的精神资源。对青年学生进行核心价值观教育，有助于他们深刻了解本民族的历史与文化传统，并从优秀的文化传统中汲取营养。孟子说："富贵不能淫，贫贱不能移，威武不能屈，此之谓大丈夫。"说得最为具体生动。对"非"的东西，对"恶"的东西，必不能迁就妥协，虽牺牲性命，也在所不辞，这就叫做气节或者骨气。核心价值观往往具有很强的涵盖性和历史跨越性。其最高抽象，其实就是民族精神。民族精神，乃是德育之灵魂。大学德育倘若不能致力于培养民族精神，将是一种无法弥补的过失。美国人的核心价值观是个人主义。但美国的学校教育从来没有把个人主义超越于国家、民族之上。它首先教导青年学生做一个合格公民，"我是美国公民，我热爱这个国家"。然后通过美国的成就与西方文明史教育，培养青年学生的民族优秀感与自豪感。它把爱国主义教育与个人主义的张扬有机地结合在一起。

2. 培养青年学生健全的道德人格

这也是大学德育的核心内容之一。应当把道德人格培养与个性塑造结合起来，把传统人格与现代人格教育结合起来。中国传统文化的“代表人格”，其实也就是儒家人格。由于儒家文化本身是一种伦理型文化，儒家人格也自然表现为道德化特征。从道德意义上规定并统摄人格，就成为儒家文化甚或整个传统文化构想并设计理想人格的基本范例。

儒家重仁义道德，它所设计倡导的自然就是道德型圣贤人格，这是理想人格的最高境界。儒家的理想道德人格，既有历史局限性的一面，又有历史超越性的一面，对此必须持正确的取舍态度。对其合理而有价值的成分，亦需赋予新的时代内容。总之，倾全力培育一代青年学生健全的道德人格，始终是大学德育的最紧要的任务。

3. 道德思维能力与道德行动能力

前者着眼于学生认知判断，自主选择能力的培养，后者则强调主体的道德实践。把知、情、意、行统一于德育总体目标下，把思维型、活动型的内容教育置于比知识型、讲解型内容更突出的地位，这对于提高学生的道德自觉水平及道德行为自控能力更有意义。道德又是一种实践活动，坐而论道显然是不行的。因此，培养学生的道德行动能力与激情，激发其果敢的道德勇气，把“气节”、“骨气”、“人格正气”等高尚的字眼化解成学生的真实行为，应是大学德育题中应有之义。

（三）提高高校德育工作效果的方法

高校德育教育过程，就是以社会所要求的社会规范影响学生、启发学生自觉接受教育并转化为个人品德的过程。这一过程的基本特点是：以教师为主导，以学生为主体，以师生双方的努力程度为条件，互相作用，互相影响，共同完成教与学的两方面任务。常用的具体方法有：

1. 明确教学目的

德育教学过程的第一步，就是激发学生的学习动机。动机是学生在学习活动中自觉、能动、积极的心理状态，是一个很有效能的因素。有动机的学习，其效果就好；无动机的学习，往往敷衍了事。因此，应对影响学习动机的需要因素给予足够的重视，特别是青年人自我提高的需要，更是他们学习活动的基本动力。并且不能只注意他们在课堂学习过程中的外部表现，要设法了解他们在进行这些活动时的心理状况、心理活动过程及活动方式，研究他们在德育课学习过程中发展智力与能力的心理规律，以便根据这些心理特点和规律，有效地培养他们的德育实践能力，发展智力。

2. 营造积极的课堂心理气氛，培养学生的学习兴趣

课堂教学是师生在课堂这一特定的环境中相互作用的过程，心理气氛是课堂教学得以顺利进行的软环境。课堂心理气氛是指在课堂上教师与学生之间、学生与学生之间彼此交往，形成了某种占优势的态度和情绪状态。不同的课堂教学，心理气氛是不同的，甚至同一位教师面对不同班级的学生也会形成不同的心理气氛。而学习兴趣是指一个人对学习的一种积极的认识倾向与情绪状态，即我们经常提到的“乐学”。教育应当是快乐的，快乐的情绪状态有利于学生的智慧活动。有兴趣的学习是发展智力的最好伙伴。

3. 利用设问激发与相机诱导相结合，进行启发式教学

设置疑问、以疑造势是创造课堂气氛的途径之一。提问具有激发作用，能触及学生心理，使学生产生疑惑之情、困惑之情，从而激发思想上的波澜。大学生正处于认识向前发展的急剧积累阶段，他们不仅对各种问题感兴趣，而且已经不满足接受某种现成的结论。开始进一步探讨结论的依据。他们喜欢独立思考、钻研问题，并愿在朋友间展开争论，寻求令人更为信服的答案。这一心理特征，是教师进行教学的有利条件，因为任何研究、探索，总是从提出疑问开始的。所以教师要善于设疑、解疑，并引导学生自己发现问题，积极思维，调动他们学习的内因，从而造成学生钻研和探索的课堂情势。

4. 必须重视社会文化环境对学生的影响

社会文化是社会经济和政治的反映。在改革开放、新旧体制转换、新旧思潮碰撞的时代里，各种文化思潮风起云涌，引起了大学生价值观、道德观、人生观的重大变化。这些观念对人的影响并不是强制性的，它是以一种习俗文化背景方式对人施加影响的，但其作用不可低估。

德育课教师还应密切注意社会文化环境对大学生的心理影响，加强思想政治教育。在德育教学中，帮助学生树立正确的人生观、世界观、价值观等，从而为其人生奠定一个坚实的基础。

5. 提倡素质教育，培养学生健全的人格

面对新世纪的知识经济时代，应逐步推行素质教育。大学要实行素质教育，就是要求学生做到：有坚定的政治立场和方向、正确的世界观和人生观，有高尚的道德品质和情操，有积极进取的观念和创新精神，有完整的知识结构、渊博的基础知识和扎实的专业知识，有获取新知识并把知识转化为能力的能力，有组织管理和协调能力，有健康的人格和稳定的心理素质，有较强的适应能力，善于驾驭人际关系。总之，要德、智、体全面协调进行教育，使学生懂得如何做人、如何做事和如何思维。

（四）以社会主义荣辱观构建大学生主流生活方式的意义

首先以“什么样的生活方式决定什么样的道德水准”为前提，通过大学生生活方式的调查得知大学生对社会主义荣辱观的看法。又有马克思所言“个人怎样表现自己的生活他们自己就是怎样”，也就是知荣辱的生活方式可以表现他们自己的荣辱观，因此建立生态的、科学的、可持续性的大学生生活方式也就树立了社会主义荣辱观。最终提出大学生主流生活方式含义：凡是具备了社会主义荣辱观的大学生生活方式就是大学生的主流生活方式。也就是指作为生活主体的大学生在社会主义荣辱观指导和作用下同大学生（以健康、文明、科学为理念，以环境生态、历史责任、实体创新、物质节约、团结合作等行为准则）的生活资料、生活环境（包括自然环境、社会环境）相结合所表现出的爱国主义、集体主义倾向和特征，是大学生求知欲望、归属感和自我关注的综合体现。构建生态的、科学的、可持续性的大学生主流生活方式能更好地贯彻落实社会主义荣辱观。大学生主流生活方式为社会主义荣辱观的实践提供了现实载体，而社会主义荣辱观又为大学生主流生活方式提供了行为指南和道德基准。二者相辅相成。

四、现阶段大学生“主流”生活方式存在的问题分析

复旦大学社会学教授于海认为，相对于马列主义、毛泽东思想、邓小平理论以及“三个代表”重要思想，社会主义荣辱观具有较强的行为实践性，

更容易贯彻落实。社会主义荣辱观教育确定了两个重点对象：一是领导干部；二是青少年。因为领导干部是人民的风向标，他们的所作所为直接影响党的形象。在领导干部中进行社会主义荣辱观教育，实际上是全面的教育。青少年的人生观、价值观处于可塑阶段，使青少年接受社会主义荣辱观教育，是祖国未来的保证。因此，社会主义荣辱观既照顾了全面，又保证了未来。上海大学社会学教授邓伟志认为，没有规矩不以成方圆，要“有条”才能“不紊”，“八荣八耻”规范了基本的道德行为，更容易让广大青年大学生通过实践环节进行贯彻执行，是青年大学生的行为和道德指南。他又认为在懂得光荣的同时更要“知耻”，“知耻者勇”，只有懂得“知耻”才能获得无穷的力量。以下分析大学生生活方式中存在的诸多问题，在分析的基础上提出以社会主义荣辱观构建健康、文明、科学的大学生主流生活方式。

（一）考研生活方式与大学生心智发展分析

1. 急功近利的考研生活方式过于单一，将极大地延缓大学生的心智发展。当前社会对大学生就业的学历要求越来越高，出现了大学生“毕业即失业”的现象。为了缓解就业压力，大学生积极投身考研，努力向高学位攀登，并有愈演愈烈之势。

许多大学生早早就立志考研，他们以“考研”为中心，对丰富多彩的课余文化生活和倡导全面发展的素质教育置之不理，纯粹的考研“分数”成了追逐的目标。这使得硕士研究生的综合素质严重下滑，以高考为指挥棒的应试教育推移到“考研”，高中时“两耳不闻窗外事”的生活模式延续到了大学，导致本科生和研究生的心智发展远远跟不上时代和社会发展的要求，学位虽然提高了，但是能力发展和综合素质却停滞不前。

2. 树立以报效祖国为动机的考研生活方式，成为综合素质强的祖国栋梁。单从这些大学生的行为动机上看，也许只是应对“就业难”的无奈选择，本身并没有什么错误，但是国家的发展和民族的振兴需要又红又专、德才兼备的社会主义合格建设者和可靠接班人。研究生及以上学历的人将是未来社会的中流砥柱，既要深入学习并领会社会主义荣辱观的精髓，又要养成身心健康、科学、文明的红色主流生活方式，真正成为栋梁之才。

（二）虚拟网络生活方式与大学生思维方式分析

1. 虚拟网络生活方式太过自由，侧重结果灌输，削弱了大学生逻辑思维能力的发展新形势下，大学生信仰缺失，逻辑思维能力弱化，缺乏生活理想，处于迷茫的生活状态，而网络的盛行给他们带来了另一个精彩纷呈的世界。网络似乎成了大学生活的重要组成部分，甚至是一种重要的生活方式，成为教育家眼中的“虚拟大学”，与“现实大学”并存。网络带给人们的不仅仅是交流的自由、信息的爆炸等便利，也带来了网恋成灾、网络游戏成瘾、人际交流缺陷，而最大的消极影响莫过于大学生逻辑思维能力的弱化。面对网络，少思多看的行为方式使大学生的思维呈现出浅表性、机械性、浮躁性等特点。人的思维是人脑对客观现实的间接和概括的反映，需要个体凭借已有的知识经验或其他事物的媒介，认识事物的本质，推知事物未来的发展。而大学生从网络获取信息的便捷导致信息获取量的急剧增长，直接影响大学生思维的发展和变化。网络以其超形象化、超综合性的特征使大学生习惯于放弃思考，停留于事物表面的思维方式，而主要依靠感知觉来认知世界。因而大学生普遍只关注事物的表象，而不去深究现象背后隐藏的深刻本质。这种只重结果、忽略过程思考的行为方式，是网络生活方式下大学生的行为特征。

2. 构建健康、文明、科学的网络生活方式，尽享人类文明成果

网络时代，我们必须在虚假与真实、接受与拒绝、直接与间接之间作出选择，以不断提高大学生日益贫乏的“思考能力”。目前我国正处在社会的转型期，人们通常只在乎事物的优势，而忽略它的劣势，因此认识比较片面，不够深刻。社会主义荣辱观让我们懂得既要发扬真善美，又要遏制假恶丑，两个方面都要抓，以更好地享用人类文明的成果。

（三）团学组织生活方式与素质教育的分析

1. 太过追逐功利的团学组织生活方式，使素质教育的深刻内涵无法得以体现

目前，校内党团组织的覆盖面广，呈现网络化发展的趋势，出现了越来越多横向联系的学生会组织、社团组织、社会实践活动组织、勤工助学组织、公

寓管理组织以及青年志愿者组织等等，形成跨校、跨系、跨学科的网络化组织结构，成为许多大学生积极向上、能力培养和锻炼的主要生活方式。然而，部分大学生年龄偏低，是非分辨能力较弱，人生观、道德观、价值观尚不成熟，对人生目的、人生态度、人生价值等问题缺乏真正的理解。因此，面对众多的学生组织，往往表现出盲目的心态，参加各种团学组织更多的是在关注其是否能加"德育分"，是否能当"学生官"，是否能拿"红证书"。受不良动机的驱使，一部分同学同时参加了2到3个学生组织，把本来可以锻炼自己能力的"舞台"当成了儿戏，来也自由，去也自由，把自己来大学时的理想、愿望以及使命全部抛在了脑后。不求付出只求索取、不重过程只重结果、不愿吃苦只图享受等作风严重损害了素质教育的有效实施。

2. 构建踏实肯干、吃苦耐劳的团学组织生活方式，培养创新精神

社会主义荣辱观再次说明了什么可以做，什么不可以做。以党团组织为主流生活方式下的大学生至少是先进青年的代表。在此过程中，必须淡化功利追逐、好逸恶劳、卑劣猖狂、虚荣示假等坏习性。只有这样，才能够真正扛起素质教育的大旗，实现"建设创新性国家，培养创新型人才"的伟大使命。

（四）大学生片面的社会参与活动与拜金主义倾向的分析

1. 社会参与活动受拜金主义影响，社会实践活动往往流于形式

新时期，大学生的社会参与意识是"就业贯穿大学教育始终"的思想产物。事实证明，越早接触社会或是参与社会活动的大学生，其社会化程度就越高，社会适应能力就越强。越早熟悉社会规则的大学生，也就表现出越强的生命力。许多校园佼佼者在毕业后并没有表现出预期的竞争优势，甚至水土不服，其重要原因就在于社会适应力不强。由此，许多大学生表现出极强的社会参与意识。然而，他们在初步接触社会后缺乏较强的分析和判断能力，认为社会参与的最终标准就是"能否赚到钱"，校园内传销、直销等活动层出不穷，屡治不止。这些低层次的社会行为不仅影响了校园的正常教学秩序，还冲击了传统的校园文化，丑化了大学生的形象，导致拜金主义思想在校园盛行。

2. 倡导艰苦奋斗的社会实践活动，"身为天下人、当思天下事"

随着生产力地不断发展，人民的生活水平不断提高。但是，随之而来的社

会负面现象也必须引起我们的高度重视。比如，“一切向钱看”的拜金主义思想，“跑官”“买官”“卖官”等现象，为升官发财甚至不惜牺牲自己的尊严，一个女大学生居然不知羞耻地在网上叫卖自己的青春等等，数不胜数。这种不知何为荣辱的行为让人寒心。复旦大学教授于海认为，社会主义荣辱观的提出提醒人们，在全民奔小康的同时，请不要忘记：富裕了的社会不一定“体面”，金钱和道德从来都不是成正比发展的，社会主义荣辱观说到底就是要建设一个不仅富裕而且“体面”的社会。因此，大学生“社会参与”为主流的生活方式必须摒弃只懂得享受社会成果却不想从事创造性劳动，只梦想一夜暴富却不想奋发图强，只攀比时尚与前卫却不理会实用与技术的消极思想。要以“身为天下人、当思天下事，大事莫过于解决民众之忧乐”为己任，弘扬“板凳须坐十年冷、文章不写一句空”的研究与实践精神，倡导“挑战杯”课外科技作品竞赛、创业计划竞赛、西部志愿者计划等活动所体现出来的艰苦奋斗精神。

第二节　素质教育的生活方式与教育机制

根据大学生主流生活方式定义，即作为生活主体的大学生在社会主义荣辱观指导和作用下同大学生（以健康、文明、科学为理念，以环境生态、历史责任、实体创新、物质节约、团结合作等为准则）的生活资料、生活环境（包括自然环境、社会环境）相结合所表现出的爱国主义、集体主义倾向和特征，是大学生求知欲望、归属感和自我关注的综合体现的表述。

一、目前符合大学生主流生活方式定义的大学生生活方式有

（一）数字生活方式

就是以客观数字为基准，对大学生生活方式进行量的规定，如大学生消费的标准、闲暇时间的合理统筹安排、第二课堂教育的基数规定等，就是将大学生素质教育进行量化，通过量的积累，达到质的改变，使培养“顶天立地有本事的人”不再是一句空话。只有这样才可以真正做到对大学生现有课余时间的把握，帮助大学生养成一定的习惯，然后再进行素质拓展。

（二）原创生活方式

就是以大学生原创作品为主，鼓励大学生在音乐、舞蹈、体育、DV 设计、手工 DIY 编制等各个方面发挥聪明才智，以通过拍卖会或展销会方式荟萃师生之原创作品，拍卖所得除奖励给原创者外，余款存入学校的“原创基金”，以对一些重要原创项目及个人进行资助或重奖。

（三）语言生活方式

曾经有人说过，大学就是学语言。思想政治、汉语言文学等都是中国语言。计算机是我们的好伙伴，事实上从硬件组合到软件编程都有其固有的规

律，被誉为计算机语言。英语、日语、德语、阿拉伯语事实上都是外语，是表达的工具。

体育舞蹈、健美操、篮球、足球等体育项目实际上是肢体语言。当然还有书法语言、音乐语言、美术语言等各类语言。学习语言关键在于表达，即通过论文、演讲、辩论、小品、舞蹈、绘画、设计、主持、培训等具体形式，培养学生驾驭多类语言的能力，并以此渐入人文艺术之境。

（四）信息生活方式

就是以收集现实新信息为主，并关心时事政治，了解国家大事，洞察世界新事物，对各类新鲜事件具有浓厚兴趣，并且具备极强的敏感性，适合于新闻工作者。

（五）艺术生活方式

美学是人类必学之科，因为生活中拥有美才会有真善美以及假恶丑，才会有“荣耻观”。再则艺术的天堂是陶冶性情的佳境。艺术给世界以美丽，以艺术为生活方式的生活必定拥有美丽。

（六）博客生活方式

所谓博客生活方式，是指一种网络生活。就是给予你一定的网络版面，你可以根据自己的文学创作抒怀吟唱。它的意境来源是创造一种网络氛围，类似于现实生活中的“心情日记”。

（七）体育生活方式

所谓体育生活方式，是指在一定社会客观条件的制约下，社会中的个人、群体和全体成员为一定价值观所指导的满足多层次需要的全部体育活动的稳定形式和行为特征。作为大学校园，体育生活方式理念的提出无疑是一个必然，建设和谐校园的宏伟目标无疑又一次将体育生活方式推向了前沿。因为在培养合格建设者和可靠接班人的目标中明确指出，大学生们必须拥有强健的体魄、过硬的心理素质和特有的社会价值，也就是心理学中所言的生理自我、心理自我和社会自我。

（八）团队生活方式

通过各种别开生面的活动，增进学生与学生之间、学生与亲人之间、学生与老师之间的协作能力，会使合作更容易取得成功，树立团队精神并直观感悟优势互补、强强联合的时代潮流。

二、大学生思想政治教育社会机制的概念提出及建设意义

思想政治教育机制，是指思想政治教育运行过程中各构成要素由于某种机理形成的因果联系和运转方式。它要研究思想政治教育过程中思想政治教育现象的各个侧面和层次的整体性的功能及其规律，包括其运行所依据的原理和原则，运行过程的状况即运行中各个部分之间的相互作用，以及与思想政治教育系统之外的其他系统之间的相互作用等等。因此，它的立论重点并不在于一般地分析思想政治教育系统，而是力图通过对思想政治教育系统动态运行过程的考察，对多因素、多变量的思想政治教育运动作一种整体的、动态的刻画，从而达到实现思想政治教育运行的最优化控制的目的。思想政治教育机制是一个整体性课题，国内外对机制建设的研究亟待加强。同时，任何思想政治教育都是在复杂的社会背景下的运作过程。在这一过程中，影响接受的社会因素有哪些，它们是如何影响接受的，作用和影响的方式又是怎样的，这些问题值得我们深度关注。从理论层面上看，思想政治教育的社会机制还不是一个十分成熟或得到清晰定义的概念，我们在使用“社会机制”这一名词时只是想借以描述某一对思想政治教育实际发生一定作用和影响的社会运行体制或内在机理。当前，国内外比较系统地进行大学生思想政治教育社会机制建设的研究尚少，有的只是整体提出了类似观点，没有明确完整的概念，还未进行全面深入的剖析和建构；有的只是介绍了某个社会机制的作用情况，或是零星地圈点了部分影响机制，并未形成系统建设的思路。

从诸学科领域所给出的定义和基本阐述中，我们把思想政治教育的社会机制尝试定义为：由多个社会结构部分或变量组成，一定方式对思想政治教育行

为和现象产生相对运动或影响，并随时间发生变化的相互联动过程及其运行机体。从思想政治教育全过程来看，其不同阶段和环节都受到相关社会结构部分的影响和作用。所以，社会机制是贯穿思想政治教育始终、作用较为全面、具有举足轻重意义的重要影响因素，是思想政治教育诸多影响因素的抽象体现，是主客观因素的集中反映。当前，我国正处于“发展黄金期”和“矛盾凸显期”，不断增多的热点难点问题难免会给大学生的健康成长带来一定的负面影响。社会诸多结构部分没有从大学生的特殊性来正视其思想状况，没有针对性地促进与思想政治教育的联动过程及建立运行机体，各类社会结构部分或变量之间的随时间的作用顺序和效力也处于相对混乱状态。因此，加强和改进大学生思想政治教育，建立思想政治教育长效机制，是建设和谐社会的重要前提。

三、国外大学生思想政治教育的社会机制建设现状

诸多国家大学生思想政治教育非常重视个体与社会的关系，工作中突出体现了社会机制的建设，因而，也形成了不少较为成熟和完善的社会机制。这些机制突出坚持大学生个体价值与社会价值统一和实现的原则，对大学生这一即将步入社会并时刻与社会有这样那样接触的特殊群体产生了深刻的影响和促进作用，并且在很大程度上实现了学校、家庭等环节的思想政治教育功效。这些社会机制的作用集中体现在潜移默化的价值引导、成材意识培养、理想目标确立、感恩情怀建构等方面，很多内容恰恰都是思想政治教育至关重要却又缺乏实效抓手的工作目标。认识世界各国尤其是发达国家大学生思想政治教育中社会机制建设实践的优势、长处以及特色，有利于我们比较客观全面地认识自己国家现有水平和发展状况，从而不断增强向世界各国学习成功经验、有效方式方法的主动性和迫切性，以改进和优化我国大学生思想政治教育的社会机制及其体系。

四、国外实践对我国大学生思想政治教育社会机制建设的启示

国外在大学生思想政治教育社会机制建设中的实践有许多值得我们借鉴的

经验和成果。其中，以下几个特点尤其需要我们研究和关注：

一是具有深厚的理论基础。如无论是根据道德认知发展理论还是价值澄清理论建构的社会机制，大都以科学的调查研究和系列性的实验为依据，以哲学、心理学、教育学和社会学等学科为知识依托，通过大量的实证研究、实验、分析后制订具体措施的。这种深厚的理论基础使思想政治教育有了客观依据，使教育感到可信，更能引起共鸣和产生实际效果。二是具有较强的可操作性。建立在科学基础上的各种社会机制都不是空中楼阁，可望而不可即，而是呈现出较强的可操作性。各种社会机制的实施都能编制成易于操作的程序，或提供详尽的应用说明，这不仅便于教育工作者掌握，而且进一步扩大了应用领域。三是注重双向互动。不少社会机制的具体实施都避免说教和灌输，主张贴近生活，注重调动教育客体的内在因素。它们都不是把学生简单地看作接受某种现成答案的被动对象，而是鼓励学生以主体的身份去参与教育过程，通过给学生设立场景，角色进入，引导他们去体验，从而激发他们的积极性和创造性。四是具有层次性。国外德育的很多社会机制一方面是对不同层次的个体采用不同的教育主题，另一方面，即使是同一个教育主题，根据人的认识发展的不同阶段，其内容与形式亦是既相互连接又相互区别的。由浅入深、循序渐进的方法既符合教育对象的认知规律，也符合教育发展的规律。人的价值分为社会价值和自我价值，社会价值在于个人对社会所做的贡献，是人对社会的责任，是个人作为客体不可推卸的使命；自我价值则在于人的自我发展，表现为人的自我选择，自我超越，自我完善。“无论是人的社会价值还是自我价值的实现，都要求人的创造潜力的充分发挥，都是个人独立个性的展现，是人的自我实现和自我肯定。”马克思主义也认为，“人类的一切实践活动都在促进人的个性全面发展，发展人类自身，发展主体人，是人类一切实践活动的出发点和归宿”。社会价值与自我价值相结合的实现过程是真正的人的个性全面发展的过程。通过比较研究，我们发现，当前不少国家在思想政治教育社会机制建设实践上不谋而合地有个统一认识，即作为联系社会和个人之间的桥梁，同时又是德育主客观影响因素的抽象体现，社会机制的建设要做到既要立足社会的需求，同时也要关注个体实际，促进个体的全面发展。因此，这一思想特点值得我们深入研究并结合实际积极汲取。

第三节　实用主义道德教育思想

在杜威看来，道德的含义是宽泛的，是普遍地存在于人类的一切行为中的，是一个“大德育”的概念。

一、实用主义经验论的哲学基础

“经验”是杜威教育哲学中最重要的一个词，也是他的教育思想体系的核心。杜威认为，“经验”是人的有机体与环境相互作用的结果，是人的主动尝试行为与环境的反作用而形成的一种特殊的结合。行为与结果之间的连续不断的联系和结合就形成了“经验”。杜威认为“存在即被经验”，“经验”包含被动和主动两个因素，被动的因素是指“经受结果”，主动的因素是指“尝试”。这就把自然以及经验的对象和经验的过程一起包括到经验之中，把人（经验的主体）和环境（经验的客体）看成是同一过程的两个方面，学生是在“尝试”和“经受结果”中获得经验并学习的。没有“经验”就没有“学习”，这就是杜威的“从经验中学习”的思想。从实用主义经验论出发，杜威得出教育就是“经验的改造或改组”、教育是“以经验为内容，通过经验，为了经验的目的”的结论。

二、道德教育的目标：培养民主主义社会的合格公民

杜威坚信教育是社会进步及社会改革的基本方法，学校是社会进步和改革的最基本和最有效的工具。认为社会的改造要依靠教育的改造，教育就是要训练儿童在学校的小社会里用引导和训练的方式成为社会的成员，并使儿童具备有效的自我指导的工具，使其符合民主主义社会对公民的要求。在杜威的《旧个人主义与新个人主义》中，杜威提出了新个人主义是具有社会责任心的个人

主义，强调人与人之间的合作而不是无情的竞争，强调新个人主义代替旧个人主义，即道德教育要培养“重社会”、“理性”的新人，从而促进个人发展和社会改善。同时，杜威在关于理想的人的论述中，认为理想的人应“具有良好的道德品质，有合作意识，能处理好个人与社会的关系，有服务社会的精神”。因此，道德教育的主要任务就是协调个人与社会的关系，道德教育的目的就是培养民主主义社会的合格公民的品格。

三、道德教育是一个在生活中不断被经验改造和生长的过程

杜威认为“教育即生活”，“教育即生长”，“教育即经验的持续不断地改造”。首先，杜威认为教育是生活的过程，学校是社会生活的一种形式，“一切道德都是社会性的”。因此，杜威主张学校应是一个雏形的社会，学校应为学生参与社会生活创造种种条件，让学生在活动中不断改造自己已有的经验并获得新的经验，为未来社会更好地生活做准备。其次，“社会进步有赖于个体的生长”，“道德问题是一个生长问题”，是自我不断完善的过程。“生长”，是指儿童本能发展过程中的各个阶段，包括身体、智力和道德方面。因此，学校道德教育的目的就是通过组织保证儿童道德发展的各种力量，使儿童顺利生长。最后，学校的道德教育是一个经验不断改造和生长的过程。“道德的过程就是经验不断从坏经验转变为好经验的过程”。因此，要在道德教育中注重培养学生的主动和被动经验，并注重已有的道德经验指导最终的道德行为。杜威对传统的道德教育强调由知到行，即通过对学生灌输一定的伦理道德知识，使学生照此执行并形成习惯。杜威认为，道德教育的过程是学生养成道德观念的过程，人们必须区分道德的观念与关于道德的观念。所谓“道德的观念”即指导人的行为方向的观念，是已成为品格的一部分，因而是行为动机的一部分的那种状态。“关于道德的观念”则与实际行为无关，关于一般的道德知识、见解，“在性质上是不能自动地使这些观念变为好的品格或好的行为”，即学生“知道道德的观念”与“具备道德观念而从事有道德的行为”是两回事。

四、“三位一体”的道德教育途径与方法

学校道德教育“与学校的一切生活和精神有密切关系，学校里的一切设施都与道德教育有间接和直接的关系”，学校生活、教材和教法是学校相互联系的三大要素，三要素必须融于学校道德教育的整个过程。

（一）学校生活是德育的一种形式

杜威认为，教育的道德性和教育的社会性是相通的，道德教育应在社会性的情境中进行而不能只是停留于口头说教，“威胁着学校工作的巨大危险，是缺乏养成渗透一切的社会精神的条件；这是有效的道德训练的大敌”。杜威认为，“教育是生活的过程”，学校是社会生活的一种形式，学校生活也是生活的一种形式，学校生活要成为儿童生活和社会生活的契合点，从而使道德教育既合乎儿童需要亦合乎社会需要，使学校生活有益于儿童道德教育的发展。他提出的“学校即社会”的观点就是要使学校生活成为一种经过选择的、净化的、理想的社会生活，使学校成为一个合乎儿童发展的雏形社会。学校生活是杜威道德教育途径的重要因素之一。

（二）社会实践是德育的重要途径

杜威认为，道德教育应具备社会和心理两方面。社会方面包含社会性的情境、社会性的内容和社会性的目的，心理方面是指道德教育必须建立在学生本能冲动和道德认识、道德情感的基础上。社会方面的道德教育原理是关于道德教育的“目的和内容”方面，心理方面的道德教育原理是关于道德教育的“方法和精神”方面，前者决定应当做什么，后者决定应当如何做。传统的道德教育一方面忽视了儿童生活环境的社会性方面因素，导致学校道德教育脱离学生生活实际，把道德教育的重点放在了远离儿童生活环境的未来社会；另一方面忽视了儿童心理方面的因素，没有很好地引导学生主动地获取道德知识和观念，而是被动地接受空洞的道德教育，致使现在很多学生虽然具备了道德的知识却极度缺乏关于道德的观念，知行脱离。因此，道德教育要根据学生的天性，采

用的任何方法要有助于吸引学生的学习主动性，要摒弃那种只重视单纯吸收和背诵的教学方法。

（三）道德教育应寓于各科教学之中

课程是儿童实现其社会行为的工具，道德教育应寓于学习各科教学之中。杜威认为，道德是不能作为独立的学科来传授的，事实上道德教育在学校里无处不在、无时不在，仅仅将道德教育限定在学校活动的范围之内是不利于培养学生生气勃勃的社会精神的，因而也不会有道德教育价值。他认为，凡是一种课程，都要看作是一种能使儿童实现社会行为的工具。因此必须将道德教育融合于各科教学之中，使道德教育无所不在，才能真正达到道德教育的目的。

五、杜威道德教育思想对我国高校德育工作的启示

（一）构建一元主导、多元并存的德育指导思想

俗话说："德育是个筐，什么都往里装。"目前德育概念过分泛化，包含了政治教育、思想教育、心理健康教育、世界观教育、法制教育和环境教育等意识形态领域。首先，过于泛化的德育概念导致了目前高校德育的失效。传统德育只重视传授和灌输价值观念而忽视将其内化为学生的内在思想意识并体现于道德实践，即缺乏客观有效的德育考核和评价制度，这种只重内容传授而不重效果的教育方法导致了德育的价值性工具的缺失，成为一种工具性价值。其次，应试教育严重削弱了大学生的理想信念教育。当代大学生的人生价值信仰由过去的一元取向走向多元化，甚至有些大学生还出现了价值信仰虚无的现象。因此，在高校德育构建一元主导、多元并存的德育指导思想势在必行。确立社会的主导价值观是社会稳定的需要，坚持马列主义、毛泽东思想，特别是邓小平理论和"三个代表"重要思想，是高校德育的根本，不断深化爱国主义、社会主义和集体主义教育是高校德育的灵魂。高校德育必须坚持以马克思主义占领思想阵地，引导学生正确处理个人、集体和国家三者之间的利益关系，在多元价值观中弘扬主旋律，占据主导地位。高校德育工作者也要激励学生在价值多元社会中寻求共同的价值观，以培养社会主义社会的合格公民为目标，既坚

持社会主义意识形态的主导性，又承认教育对象思想观念的多样性。

（二）以生活为本，构建高校德育课程体系

生活是教育的基础和本源，“教育要通过生活才能迸发出力量而成为真正的教育；德育同样而且必须要通过生活发出力量才能成为真正的德育”。道德教育是生活世界的一部分，人们可以与社会生活隔离开来集中学习知识经验，却不能与社会生活相隔离去学习道德。道德是社会生活的规范和准则，真正的学习必须在社会生活中进行。

（三）以学生为本，培养“知行合一”的道德观念

首先，高校传统道德教育严重忽视了“关于道德的观念”和“道德的观念”是两个概念的事实。高校德育的教育模式以政治理论教学部门的课堂教育为主，由指导和规范学生的道德实践及日常生活行为的学生管理部门负责为辅，这样一种教育模式导致了德育理论教育和行为教育相脱离，理论教育难以在学生日常道德实践和行为中得到检验，即德育“知”、“行”难以统一的后果。其次，德育一方面强调要培养人、塑造道德人格，另一方面又把学生当作被动的接收器，强行将道德知识灌输给学生，凭借一场考试对学生的德育理论知识进行考核和评价，脱离了道德环境即实际生活，忽视了学生的主体性。没有意识到传统道德教育忽视教育过程中受教育者的主体性和能动性的发挥，忽视教育内容、方法与受教育者现实生活、道德需求的结合，难以引起受教育者的心灵共鸣，严重影响道德教育的实效性。因此，高校德育要以学生为本，构建新型的德育教学主体，根据大学生的现实生活需要，结合不同年级大学生的心理和生理特点，对大学生的集体生活、情感生活、交往生活、工作生活、学习生活、政治生活和经济生活等有针对性地设置课程内容，调动大学生的主观能动性，利用生活中的实际案例探究何为正确的道德观念和道德行为，同时将主流社会意识渗透其中，使大学生自觉形成正确的世界观、人生观和价值观。

第四节　建立正确的学生观念

一、每个人都有成功的需要

每个学生都渴望受到教师的表扬和同伴的认可，都希望自己在各方面比别人做得好，而且不断超越自己。根据马斯洛的需要层次理论可知，成功是自我价值实现的一种方式。它作为人最高层次的需要比其他低层次的需要具有更大的价值。“没有什么比成功更能增加满足的感觉，也没有什么东西比成功更能进一步鼓起追求成功的努力。”飞人乔丹就是凭着他在大学时期在关键时刻为自己的球队投进了至关重要的一个球而树立了他对自己的信心，以至于后来他在 NBA 打球时所向披靡。在一般情况下，进入独立学院学习的学生或是在中学阶段平时成绩一般，得不到教师重视和关心的；或是平时成绩优秀，但在高考中发挥不理想以“失败者”的心态走进高校校门的；又或是学习目标、学习动机不明确，学习风气不太好的。因此，独立学院的辅导员应该帮助学生成功，让学生尝试成功，消除他们的自卑和自弃，唤起他们的自尊和自信，逐步达到学生自己争取成功的境界。

二、学生是发展的主体

人类的每种智能都有其独特的发展顺序，在人生的不同时期开始生长成熟，而且这些智能并非是一个固定的、静态的实体，它们既可以被强化又可以被弱化。因此我们应该用发展的观点看待每一个学生。作为发展的人，也就意味着每一个学生都具有巨大的发展潜能，是可以获得成功的。

俗话说：十个手指不一般齐。学生之间存在着诸多差异。辅导员应该尊重学生能力上的限度和差异，要接受学生看待问题的方式方法，要容忍学生的非原则性错误，并看到错误背后隐含的合理因素。事实上，学生有自己对客观事物的独特理解方式。也许，这种理解在我们看来是不全面、不合理的，有的甚至是错误的，但是对学生自己来说却是有意义的，因为学生是在他现有思维发展水平上来理解事物的，是从他自己看问题的角度来看待事物的。

三、每个学生都可以成才

加德纳在多元智能理论中提出，人的智力是由功能不同、相对独立的不同智能组成，每个个体都在一定程度上拥有其中的多种智能。这些智能是独特的，一种智能不能由另一种智能来替代；它们对个人的成长和生活来说是必需的，不存在哪种智能最重要之说；它们也是相对独立的，某一方面弱并不意味着其他方面也弱。

可见，个体的差异只是在于其所拥有某种智能的程度和组合不同，而且每个个体都可以在相应的环境中，运用自己的智能，做出显著成绩，取得成功。重要的是教育工作者，必须承认并开发各种各样的智能及智能组合，这样才会最大限度地开发学生的全部潜能，使学生取得成功。

四、营造追求成功的氛围

（一）激励学生追求成功

我们知道每个学生都有自己的优势智能领域，有自己的学习类型和方法，学校里不存在“差生”，全体学生都是可育之才。我们所关注的不再是一个学生有多聪明的问题，而是一个学生在哪些方面聪明的问题。因此，对辅导员来说，要善于发现、利用学生的特长，从学生的个性特征、实际情况出发，帮助学生取得各自的成功，将学生引入“成功—动力—新的成功”的良性循环过程中，使他们在人生的道路上一步一个脚印地稳步前进，达到希望的彼岸。

（二）在成功中培养学生的耐挫折能力

激励学生追求成功，并不意味着不允许学生出错。过于强调“正确性”的教育观念，不仅会使学生片面地追求正确性，也会导致学生探索欲望的丧失。

俗话说：人非圣贤，孰能无过。学生在成长过程中不断出错是因为他们正在成长，正在尝试着如何做人做事。因此，即使学生说了不当的话，或是做了不对的事，如果不是原则性的错误，辅导员就不应该斥责他，而是应该同学生一起冷静、客观地分析出现错误的原因，晓之以理，动之以情，并对其进行正确的引导，让学生在不断的磨炼中明白什么是可以做的，什么是不应该做的，明辨是非，懂得为人之道，形成正确的价值观、人生观、世界观。

（三）客观公正地对待每个学生

由于人的审美倾向不同，往往容易形成不同的偏好。当然辅导员也不例外。虽然，这种现象完全可以理解，但是对辅导员来说，如果任其发展也许会预示着危险。当一个辅导员偏爱某位学生时，他会巧妙地为这个学生提供诸多便利，即使这位学生犯了错误，辅导员也自有办法大事化小小事化了。但是，其他学生往往比辅导员估计得敏感百倍，这样做不但有损辅导员在学生中的形象，而且辅导员对学生的期望也会引起多种心理效应：一是影响学生学习、工作的动力；二是辅导员可能会让学生从事不同的任务，从而使期望低的学生只能接触低水平的任务，无法获得进一步的提高；三是教师对学生的期望会影响学生的自我意向，而学生的自我意向一旦形成，就很难改变。

一名合格的辅导员必须要有客观公正对待每一个学生的态度。公正对于辅导员来说有特殊意义，它可以告诉学生是与非，它可以引导学生走向高尚而远离卑鄙。简言之，教师的公正有助于培养学生的健康人格，有助于培养真正的集体。

（四）实施鼓励性评价

以往的评价往往是用一把尺子、从一个方面对所有的学生进行分等。在这种评价体系的支配下，一再失败的学生无法发现自己的优点和挖掘点，就失去了追求成功的信心。辅导员对学生应该实行适应学生起点、鼓励学生进步的评价。与传统的总结性评价不同，鼓励性评价的主要目的是帮助学生学会评价，发现自己，发展自己。因此，评价的主要方式是鼓励、表扬；评价标准宜粗不宜细，只要能反映学生大致的发展方向和趋势即可。

五、提供取得成功的途径

（一）实行学生干部轮换制

在学生时代，是否当过干部以及干部当得好不好对其将来的发展有着不可忽视的影响。曾有机构对 148 名全国杰出青年进行分析，发现他们中 74.33%的人当过学生干部。学校是代表国家与社会对青少年进行教育的机构，其主要功能是传播社会规范与文化知识，而学生干部往往会更自觉地接受这些社会规范与文化知识。所以，他们适应社会需求的能力较强，成才率也比较高。可见，当学生被推选为一名干部时，这位学生实际上就获得了充分发挥自己某种潜能的机会。但由于缺乏面向全体学生的教育思想，大部分学生失去了这个宝贵的机会。而且在学生们的心目中，每个人在班级中的地位是不同的。一般情况下，学生的班级地位与学生班干部职位、学习成绩是正相关的。试想在这种划分等级地位的心理下，学生的身心健康将受到怎样的伤害。所以，从面向全体学生的教育观出发，从更有利于学生成才的目的出发，实行学生班干部轮换制度，让每个学生都有当干部的机会，无论对学生个人来说，还是对社会的进步来说都有诸多益处。

（二）设立个性化奖励

成功也是失败之母。对于丧失自信心、缺乏学习动力的学生来说，成功的意义要远远大于失败。但是，评选三好学生和奖学金的名额毕竟有限，而且这些激励模式只强调对结果的评价而忽视对过程的评价，注重统一要求而忽视了个性的发展。为了能让学生发现和肯定自己的每一点进步与成功，从而在巩固已有优点的同时，激发内在活力与动力，满怀信心地不断争取成功，辅导员可以尝试着设立没有名额限制的个性化奖励。学生根据自己个性化事迹，如在比赛中取得很好的名次、节约能源、乐于助人、办事认真或在某方面具有特长等等，申报填写“个性化奖励”自荐表，通过班级审核、年级推荐、学校考察等方式确定奖项和人员，最后颁发证书，获奖名单及事迹张贴在宣传栏，所在班组在量化考核时也将获得一定的加分鼓励。这一举措不仅有利于加深学生对自己、对他人的认识，促进学生个人的成长，也有利于增加学生的集体归属感和集体荣誉感，同时对自由繁荣的学校文化建设也能起到积极的推进作用，可谓一举多得。

（三）帮助家长建立成功心理

对于三本院校的学生，社会上甚至是这些学生的家长在认识上还存在误区，使独立学院的学生较易产生一定的自卑和逆反，不利于学生今后的发展。教师和家长是学生发展的双翼，仅有学校对学生进行成功教育是远远不够的。因此，帮助家长建立成功心理是非常重要的。帮助家长建立成功心理除了要帮助家长认识到家长教育的意义以及家长的言行对学生个人心理和习惯的重要影响之外，还要通过学校的家长委员会、辅导员和家长的联系制度以及公开电话和信箱等途径让家长认识到自己孩子具有提高的潜力，确立帮助自己孩子提高的成功心理。

第十五章　高校学生思想政治教育的研究

第一节　高校学生思想政治教育的科学研究

思想政治教育是大学自身建设和育人核心任务的重中之重，其科学化发展是实现大学教育现代化的关键所在。近年来，在中央有关文件指导下，高校在加强和改进大学生思想政治教育工作中不断探索实践，开创出了一番新局面，也积累了一些很好的做法，成绩斐然。

同时，我们也注意到，随着国际国内形势的深刻变化，意识形态领域的斗争更加复杂，伴随着我国高等教育的大众化进程，大学生成长成才面临的新环境、新情况、新问题对大学生思想政治教育工作提出了新的挑战。“高校是一个思想活跃的地方，是学术文化交流的重镇，也是西方敌对势力实施‘西化’和‘分化’的重要对象。对此，高校党组织必须保持高度的政治敏感性，坚持正确的办学方向和方针，不断提高领导驾驭高校意识形态建设的能力和水平。”结合院校思想政治教育工作的实践，我们认为要坚持“育人为本”，提高大学生思想政治教育工作精细化、科学化水平，就要推进工作组织系统化、教育内容科学化、教育手段现代化、教育对象主体化、教育过程创新化、教育参与全员化、思想政治教育考核综合化、思想政治教育成果有形化，坚持如上措施之“八化”并举，多方联动，最终落实在促进大学生的健康成长成才上。

一、工作组织系统化

大学生思想政治教育工作作为一项系统工程，要取得实效，必须依靠良好的工作组织体系和完善的工作机制来实现。为了克服长期以来教师和管理人员与育人工作相脱节的“两张皮”现象，在系统论观点指导下，有必要将思想政治教育工作有机整合，明确将全员育人工作的推进与深化列为学校重点工作，结合思想政治教育工作中的薄弱环节，重点加强全员育人工作运行机制建设，形成合力，取得事半功倍的效果。一是在领导机制上，进一步调整布局、统筹协调，强化院系和部门领导在育人中的组织协调功能；二是在责任机制上，进一步理顺各个部门、各层级、各岗位在学生教育管理工作中的职责、权限关系，做到责、权、利分明；三是在保障机制上，进一步加大学校及院系学生工作经费、编制、人员的投入，建立有效的监督、评价和激励约束等机制；四是在联动预警机制上，针对涉及学生的利益、安全等问题，进一步完善部门间预警、处置、沟通、合作等运作模式，形成各部门、各层次相互协调的体制机制，确保学生教育管理工作的良性运转。

二、教育内容科学化

思想政治教育内容科学化强调依据“以人为本”和“科学发展”的理念，顺应新形势发展要求，针对不同教育对象特点，开展目标环环相扣，内容层层递进，方法包罗万象的思想教育，逐步建立起与学生教育的运行规律和学生的成长规律相适应的思想政治教育的新体系，以此解决大学生思想政治教育内容不系统、不深入，浅尝辄止的问题，体现了学生思想教育的整体性、相关性、层次性、环境适应性等特点。

（一）要建立新的教育体系

必须注重发挥思想政治教育理论课的主渠道作用并实现与课外教育的有机统一。必须明确思想政治教育课教学的根本目的是确立大学生的世界观、人生观、价值观的正确取向，明确“思想政治教育课教学的根本目标是加强大学生社会主义荣辱观教育”，“积极探索用社会主义核心价值体系引领社会思潮的有效途径”。具体工作中要坚持理论教学与实践相结合，必修课与选修课相结合，课堂教学与日常教育管理工作相结合，思想政治理论课主渠道教育与课外主题活动以及党团、社团活动的潜移默化教育相结合的原则，要将人文精神和人文素质教育、职业精神和职业素质教育、心理咨询与心理健康教育、创新创业教育、行为养成教育等以选修课、讲座、主题活动等形式统一纳入思想政治教育课程体系，对教育内容进行整合、重构，实现课堂教学和课外教育在内容上的有机统一。

（二）要增强教育内容的针对性。

为了进一步细化学生日常思想政治教育内容，扩大教育的覆盖面，必须坚持树立“以生为本、德育为先、全程服务、全面发展”的工作理念，在继续加强主渠道的理想信念教育、爱国主义教育、民族团结教育、公民道德教育、形势政策教育、党团知识教育等课堂教育之外，积极探索大学生思想政治教育“系统化规划、主题化设置、精细化运作”的工作思路，结合不同教育阶段的大学生的特点，划分教育对象层级，有针对性地开展思想政治教育工作，分年级分阶段确定思想政治教育内容，将思想政治教育总目标分解细化到每一年级，开展有针对性的系列主题教育。

三、教育手段现代化

思想政治教育的载体不可能一成不变，必须与时俱进，在继承传统的基础上，不断优化创新。必须“着力创新方式方法，不断提高大学生思想政治教育工作水平”，必须适应与学会科学使用现代信息技术，提高核心价值观念的有效传播和应用途径。一方面要注重传统载体的现代化，对其不断地更新。另一方面要积极寻求新载体，不断拓宽教育渠道，扩大教育覆盖面，避免出现教育载体或教育阵地真空地带。“思想政治教育工作的信息传播也需要依附一定的载体，对载体的占有、选择和运用，直接影响着信息传播的效果。网络上的信息垃圾、黄毒、网上犯罪等，在学生的健康成长过程中有着不容忽视的负面影响。这要求学生思想政治教育工作必须要有效利用网络手段，充分发挥网络的信息优势和教育功能，把工作定位在‘引导’和‘帮助’上，加强对学生的思想教育，提高教育效果，实现教育目的。”

四、教育对象主体化

学生是教育的主体，思想政治工作应该也必须强调受教育者的参与和体验。只有充分发挥学生参与教育的主观能动性，学生自我探索、自我实践的意识得以增强，才有可能实现教育目标与学生需要的无缝对接，实现思想政治教育工作的科学化。当前，高校应在继续发挥各级学生组织自我教育、自我管理、自我服务作用的基础上，着力构建教育者与被教育者间“互动化、民主化”的新型关系，要畅通和拓宽学生利益诉求渠道，创造学生民主参与学校管理的条件，使学生在参与和体验中实现自我教育、促进自我发展。

五、教育过程创新化

大学生的个性差异和需求的多样化，决定了思想政治教育的灵活性、多样性，客观实际要求教育者具有工作创新性，才能提高教育的实效性。教育工作者在开展思想教育过程中，要针对不同学生或群体的不同特点和不同需要采取不同的方法，体现教育过程与教育效果的实效性与创新性，要善于“随机应变”，创造性地制定不同的个性化教育措施和辅导方案。同时，还要针对辅导对象在不同阶段的不同情况，不断调整辅导方案，做到“精雕细琢、好上求精、精上求巧”，以达到最佳的教育效果。

六、教育参与全员化

高校学生思想政治教育工作涉及方方面面，必须动员全校的力量，共同参与。中央明确指出：“高等学校各门课程都具有育人功能，所有教师都负有育人的职责”，“广大教职工都负有对大学生进行思想政治教育的重要责任”。素质教育的核心在于教育者，这需要全体教职员工切实把育人看成是自己的天职，把教书育人、管理育人和服务育人的理念贯穿到本职工作中去，真正形成“人人皆是教育之人，处处皆是教育之地”的工作格局。

七、思想政治教育考核综合化

思想政治教育作为系统工程，要求做到思想政治教育考核体系的完备性与考核手段、方法与范围的综合化，提高工作效率与权威性，避免资源上的浪费。可以考虑将原来部分课外教育内容纳入课堂教学范围，充实教学内容；同时发挥思想政治教育课教学实践环节的作用，思想政治理论课的实践教学环节可与党团活动、社团活动有机结合，进行整体设计，加强和改进实践教学环节。将学生思想政治教育理论学习成绩、思想素质、综合能力、学习、生活、工作的日常表现以综合测评的形式，统一纳入思想政治教育工作整体考评体系中。

八、思想政治教育成果有形化

思想政治教育过程中的教育细微性、经常性、时机性、日常性决定了教育过程的艰辛与繁杂，教育的长期性及被教育对象思想的变化性与反复性决定了教育成果的不确定性。要实现教育个体的不确定性与教育群体的稳定性有机结合，教育整体的流动性与每届学生部分群体的相对稳定性结合，促进富有成效的思想政治教育工作的开展。

将无形教育的成果有形化，是展示大学文化、校风，显现思想政治教育成果的有效手段。围绕大学文化展示思想政治教育有形化成果是大学精神与校风建设的必然要求，是成果巩固与思想政治教育效力提升的标志。

第二节　高校学生思想政治教育的科学模式研究

一、深化思想政治教育学人学科学模式研究

万光侠、潘玉腾和王智慧分别从马克思主义“人的生存论”、“人的本质论”和“人的发展论”方面探索了思想政治教育的人学基础；雷骥从人性及其历史发展的视角研究了思想政治教育的人性基础。

曹清燕基于马克思主义人的全面发展学说探讨了思想政治教育的目的论；钟明华从马克思主义人学视域解析了现代人生问题；项久雨研究了人的需要与思想政治教育价值的关系；此外，还有学者探索了马克思主义人学中的思想政治教育过程中主体性发挥、马克思主义人学视野下的思想政治教育方法论及其原则等问题。

近年来学界对思想政治教育人学科学模式的研究取得了一定的成绩。然而，目前研究还存在相当多的空场和处女地，如：如何用马克思主义人学来整体性建构思想政治教育学科的框架体系？如何用它从理论维度上来统一本学科的主要范畴系统、概念系统和方法论原则？如何用它从应用维度来构建本门学科的运行体系模式？这些问题均亟待学界同仁的关注和研究。

具体可以从以下两个方面展开：

第一，从基础理论维度研究思想政治教育学的人学基础、价值取向、范畴体系、方法论原则，即马克思主义人学与思想政治教育学的关系；人的本性与思想政治教育的本质；人的价值与思想政治教育的价值取向；人的多向度与思想政治教育学的范畴体系；人的自由与思想政治教育学的方法论原则。

第二，从实践应用维度研究人学视野下的思想政治教育运行体系模式，即人的本质与思想政治教育的对象分析，构建出人的思想政治品德形成发展的动态分析模式；人的发展与思想政治教育的目标设立，构建出人的生存发展方式的优化和提升模式；人的需要与思想政治教育的内容选择，模拟出现代人的需要图景及其引导模式；人的主体性与思想政治教育的运行模式，描绘出思想政

治教育的双主体互动模式；人的自教他教性与思想政治教育的队伍建设，构建出思想政治教育队伍建设模式。

二、深化现实维度的思想政治教育环境研究

环境（环体）是思想政治教育学科的基本范畴之一，有学者把它作为思想政治教育的4大组成要素（主体、客体、介体和环境）来研究，如张耀灿、郑永廷、李辉等。改革开放以来，中国和世界均发生了巨大的变化，在很大程度上改变了我们的物质生活、政治生活和精神生活，使得成长于这种新环境中的思想政治教育对象出现了新情况、新问题和新特征。

面对这些变化，学者陆庆壬、张耀灿从20世纪90年代初期开始关注思想政治教育环境课题的研究。新世纪以来，随着思想政治教育学学科建设的深入，学界对它的研究也越来越多。据不完全统计，国内学界关于思想政治教育环境研究的博士学位论文3篇（李辉、岳金霞、王新刚），硕士学位论文26篇，专著有近10部，如霍洪波的《思想政治教育环境构建研究：实践的视角》（2012年）、王滨的《思想政治教育环境论》（2011年）、金岳霞的《思想政治教育环境优化研究》（2007年）、李辉的《现代思想政治教育环境研究》（2005年）、沈国权的《思想政治教育环境论》（2002年）、戴钢书的《德育环境论》（2002年）和姜正国的《思想政治教育环境论》（1999年）。

对于“思想政治教育环境”和“大学生思想政治教育环境”的全文检索均在10万条以上，其中对前者的研究甚至达到了25万多条，可谓浩如烟海。但纵观近年来的研究成果，我们发现，从理论维度研究思想政治教育环境（包括概念、类型，性质、特征与功能、系统、结构等）的研究颇丰，但从现实维度研究思想政治教育环境的不够（尤其是对生存科技化和社会世俗化环境下思想政治教育研究），需要继续深化。

三、深化社会思潮与青年教育的研究

社会思潮研究应当成为思想政治教育的题中之义。据对国内40余所高校马

克思主义理论学科博士点培养方向的统计，有 12 所高校开设有“社会思潮与青年教育”的方向，他们是：北京大学（马克思主义与国外社会思潮）、清华大学（思想政治教育与当代社会思潮）、南开大学（当代社会思潮及意识形态问题、当代社会思潮与青年教育）、南京大学（马克思主义哲学与社会思潮、当代左派思潮研究）、华中科技大学（马克思主义与当代社会思潮）、同济大学（意识形态与当代社会思潮研究）、西南交通大学（社会思潮与青年教育）、武汉理工大学（经典西方马克思主义与后马克思主义思潮研究）、南京航空航天大学（马克思主义与社会思潮研究）、湖南师范大学（马克思主义与当代社会思潮）、内蒙古大学（马克思主义与当代思潮）和新疆大学（马克思主义与当代社会思潮）。因此，对社会思潮与青年教育的研究总体上是不够的，需要继续加强和深化。

社会思潮的研究主要可划分为两部分：

一部分重点研究当代西方社会思潮类别、主张、特点和影响：即第三波民主化思潮的新特点（“颜色革命”）、新趋势（“大中东民主计划”）及其对青年的影响与教育对策；新自由主义经济学思潮的主张、特点、困境和影响与教育对策；新左派的主张、特点、困境和影响及其教育对策；宗教（伊斯兰）原教旨主义的主张、特点、困境和影响及其教育对策；生态主义的主张、特点、困境和影响及其教育对策；以及西方马克思主义的主张、特点、困境和影响。

另一部分重点研究当代中国社会思潮的类别、主张、特点、影响及其与西方的异同与教育对策，即政治新权威主义的主张、特点、影响及其教育对策；文化保守主义（新儒学）的主张、特点、影响及其与海外新儒学的异同及教育对策；中国新自由主义、新左派与新民族主义的主张、特点、影响及其与西方相关思潮的异同及教育对策；民主社会主义的主张、特点、影响及其与西方社会民主主义思潮的异同及教育对策等。

只有加强和深化对这些社会思潮的研究，思想政治教育才能发挥释疑解惑，明辨是非的功能，才能统一思想、凝聚共识，才能在比较中增强理论自信、制度自信和道路自信。总之，思想政治教育理论工作者在学科建设与研究中，应当进一步关注和深化对有关课题的研究。只有这样，才能增强思想政治教育学科和思想政治教育工作者的学科自信、理论自信与实践自信，才能赢得学科同仁的认同与尊重。

四、大学生思想政治教育：科学模式期待突破

从探讨科学模式的概念出发，具体阐述了对大学生思想政治教育科学模式的认识，提出了现有的思想政治教育科学模式已不适应新的形势发展的需要，我们要从思想政治教育的地位、内容、方法、途径、评价标准、队伍建设等方面实现突破，以构建可持续发展、符合科学发展观的思想政治教育新科学模式。

（一）大学生思想政治教育科学模式的认识

大学生思想政治教育的科学模式就是在大学生思想政治教育工作中所形成的理论、模型、方法和技术等，是在思想政治教育工作中逐步形成的、相对稳定的、较为系统而具有典型意义的思想政治教育经验，并加以抽象化、结构化，从而形成独特的大学生思想政治教育理论体系。它是在一定的思想政治教育理念支配下，对思想政治教育过程及其组织方式、操作手段、评价机制作出的简要的特征鲜明的表述。

大学生思想政治教育科学模式上承抽象的科学理论，下接具体的工作实践，既是大学生思想政治教育的范型化，又是具体经验模式的概括化。它以科学模式所独具的具体性、可操作性相异于一般的思想政治教育理论，又以其内在的逻辑性和完整的科学性而有别于具体的思想政治教育经验，思想政治教育科学模式是联结思想政治教育理论和思想政治教育实践的纽带和桥梁。思想政治教育工作是高校工作的重要组成部分，也是坚持社会主义办学方向的根本保证。长期以来，我国大学生思想政治教育工作取得了可喜的成绩，但随着我国的高等教育事业飞速发展，办学规模扩大，招生人数增加，伴随着就业分配体制的改革、社会信息化、经济全球化、知识经济的到来，在这种新旧体制交替、新旧观念冲突、各种思想与行为的碰撞中，各种热点、疑点、难点问题已通过多种形式显现出来。

这些新的问题的出现与矛盾的化解，需要思想政治工作者审时度势，突破旧的科学模式的束缚，建构和整合适应新形势、解决新问题的新科学模式。这

对于全面贯彻党的教育方针，把大学生思想政治教育的各项任务落到实处，具有十分重要的意义。

（二）思想政治教育科学模式的突破与重构

大学生思想政治教育是我们党和国家在长期的高等教育社会实践中所总结出来的科学经验。思想政治教育整合了马列主义理论、毛泽东思想、邓小平理论、“三个代表”重要思想、教育学、心理学、社会学、伦理学、管理学、政治学、法学、信息学等学科的理论知识，其目的在于提升大学生的精神境界，激发大学生的道德智慧，对大学生进行精神文明与政治文明的培育。

从目前情况来看，现有的思想政治教育的科学模式已经不适应新情况新形势发展的要求，思想政治工作者要从马克思辩证唯物主义认识论和方法论的观点出发，实事求是，与时俱进。思想政治教育工作要摆脱现有的科学模式羁绊，构建新的科学模式，“把学生的人格尊严、自由、幸福和全面发展作为思想政治教育的终极关怀，培养学生公平、宽容、诚信、自主、自强、自律的自觉意识和观念”，以适应不断变化和发展的新形势，用科学发展观来统领思想政治教育工作。

1. 大学生思想政治教育地位的突破

就目前情况来看，一些高校领导没有真正把大学生思想政治教育工作摆在高校工作首位并贯穿于教育教学的全过程。重视专业教学，忽视思想政治课教学；重视专业师资队伍建设，忽视思想政治师资队伍建设。把工作重点和主要精力放在学位点建设、学科建设、扩招、基本建设、专业人才引进等看得见、摸得着，容易出绩效的方面。

对于思想政治教育工作则没有真正摆到重要地位上，在思想观念上也存在认识上的偏差，得过且过。邓小平同志曾经说过：“学校应该把坚定正确的政治方向放在第一位”。坚定正确的政治方向的培育是靠思想政治教育来进行的，所以说思想政治教育的地位是十分重要的。要认真贯彻落实《中共中央国务院关于进一步加强和改进大学生思想政治教育工作的意见》的精神，加强重视和领导，真正将大学生思想政治教育工作摆到应有的位置上，构建统领和组织思想政治教育的新科学模式，这是加强和改进大学生思想政治教育工作和维护高校稳定的重要保证和长效机制。

2. 大学生思想政治教育内容上的突破

目前思想政治教育的内容最高和唯一目标是党的方针、政策和路线教育，忽视了道德品质的系统教育；多门课程的内容有相当一部分重叠，“两课”教学中内容单一，相对僵化、机械、呆板。思想政治教育理论课的内容脱离学生的实际和社会实际，尤其在一些理论的讲授中出现前后矛盾的地方。就教材而言，思想政治教材是书抄书，教条、过时、程式化，缺少理论与实际的联系，缺少了时代性、针对性、现实性。

在当今知识经济时代，社会在飞速向前发展，新知识、新思想、新理论层出不穷，在推动社会进步中起到相当大的作用。思想政治教育要把与人的思想境界的提高和思维能力发展相关的内容纳入到思想政治教育范畴，不仅要加强人生观、世界观、价值观、政治观、法制观、道德观等教育，而且要加强理想、信念、意志、道德情操、心理、文化素养、人际关系等教育。思想政治教育课的内容就要吸收这些符合社会发展的客观规律、对社会的发展起指导作用的理论进课堂，要淘汰过时的内容，吐故纳新、推陈出新，建立起适应形势发展需要、与实际紧密相连的新的内容。

所以在对大学生进行思想政治教育时要做到以下几点：首先要掌握马克思主义、毛泽东思想、邓小平理论和“三个代表”重要思想，树立科学的世界观，学会运用马克思主义科学的认识论和方法论。其次，坚持实事求是，一切从实际出发，理论联系实际。理论面向实践、指导实践并随着客观实践的发展而发展完善，它才有强大的生命力和战斗力，才能有指导意义和理论价值。思想政治教育的教学不仅要对学生进行教材中的思想政治理论方面的教育，还要加强理论联系实际的力度，让学生利用所学的理论知识解决新问题，教师则加以理论上的指导和方向上的引导。再次，教师在教学内容的选择上，要坚持贴近实际，要深入到学生生活当中去，把讲课的内容对准火热生活，关注生活细节、聚焦生活场景，把握大学生的生活习惯和思想脉搏，建构与之交流的平台，并通过具体案例来解决理论与实际问题。

3.大学生思想政治教育方法上的突破

当前大学生思想政治教育在方法上已不适应新形势发展的要求，人们往往从说教出发，脱离人们的认知规律，没有与大学生平等对话，剥夺他们的话语权，在教与学的过程中，学生始终处于被动地位。这样的教学科学模式，吸引力、感染力不够，针对性、实效性不强，没有调动和激发学生的主观能动性、积极参与意识，使思想政治教育流于形式。要改变这种旧的科学模式，首先要改变我们的思维方式。变教与学的主客体性为主体间性范型与模式。主客体性强调了教育者的主体地位和主导作用，受教育者的客体地位和服从角色，师生关系实际上是支配与被支配的关系，这种模式极大地阻碍了客体对思想教育的内容由认知到内化和外化的效果。

主体间性是 20 世纪哲学中凸现出的用以构建交往理论科学模式的核心概念，主要是指两个或两个以上的主体的关系，体现了人与人之间相互交流、沟通、影响、作用的内在属性。在思想政治教育过程中，作为参与者的教师主体，不仅在改造客体的活动中表现出主体性，而且要与另一主体学生互相制约、设定，具有主体间性。如果说交往活动的实践性为思想政治教育的实现提供了可能性，则交往理论的主体间性为思想政治教育模式的构建提供了理论支撑。主体间性意味着师生共同享有和谐、平等的环境，从而在进行信息的交流和沟通时，能激发主体的能动性，共享精神、知识、智慧、意义，共享人际间一切精神上的成果。其次要借鉴和学习不同社会制度国家在此领域的科学方法，引进和吸收全人类优秀思想政治教育成果，博采众长，去粗取精，洋为中用。再次要在课堂教学的方法上取得突破。课堂教学变单向灌输为师生的双向交流，把被动式的教学变为主动式教学，提倡教学民主。要尊重学生，确立其主体地位，通过讨论、辩论、模拟教学等手段，与学生进行平等交流，激发和调动学生的自主意识、参与意识、责任意识。让学生体验生活、感悟生活，有目的地改变生活，这是思想政治教育的最终归宿。

4. 大学生思想政治教育途径上的突破

现有的思想政治教育途径，片面强调了理论教育，而忽视了情感教育和意志品德的实践教育；强调了学校教育，忽视了社会教育；强调思想政治教育专业人员教育，忽视了全员教育；重视了思想政治教育考试内容的教育，而忽视了思想政治教育内容的内化和外化教育；重视了对于传统载体的利用，而忽视了对新型教育媒介的利用。这就人为地割裂了大学生培养过程中知、情、意、信、行统一的整体。

要改变这种现状，须在充分发挥好“两课”教育在大学生思想政治教育中主渠道作用的同时，对思想政治教育要多渠道、多元化。“思想政治工作由党来领导，但绝不仅是党的工作，而是全社会的工作”。思想政治教育工作由全社会来做，要延伸到社会的每一个角落，特别是每一个家庭。这项工作不仅仅是大学的事，在大学里也不仅仅是“两课”教师和政工人员的事。

在教学过程中，要变单纯的灌输教育为灌输教育与自我教育相结合，树立全员育人意识，形成教书育人、管理育人、服务育人的教育网络。不仅要重视对思想政治教育内容的教育，而且要在社会生活实践中将思想政治教育的内容外化到学生的行动中，要走向社会，深入实际，坚持调查研究，在实践中获得对发展中的社会主义的新认识，明确自己的历史责任和社会责任。不仅要利用传统的渠道进行思想政治教育，而且要利用以计算机技术为核心的网络等系统对学生进行教育；要将理论与社会实践结合起来，通过实习、考察等各项社会实践活动对学生进行思想政治教育；要加强校园文化的建设，在校园文化活动中培养学生高尚的道德情操与思想觉悟。

5. 大学生思想政治教育评价标准的突破

大学生思想政治教育的考评标准，目前普遍采用卷面考试评分的办法，所评价的内容只是对学生进行思想政治理论知识水平进行考核，而没有考核学生的理解和践行情况，没有反映学生的思想境界和政治觉悟。如有的学生虽在课堂考试中得了高分，但其日常生活中的思想和行为表现却与之形成了强烈反差，知行不一，言行不一。

要解决这种旧的评价科学模式存在的问题，就要建立一个科学的评价标准，在这个评价模式中，既有对学生所掌握理论知识的测试，又有日常思想行为考核；既有定量的分数考核，又有定性的等第考核；既有教师的评价，又有同学之间和自我的评价。要对学生的知、情、意、信、行进行综合评价，全面、客观、科学地来衡量一个学生的政治思想觉悟和道德品质水准。

6.大学生思想政治教育队伍建设的突破

就大多数高校目前情况来看，作为思想政治教育骨干的“两课”教师，无论在数量上还是在质量上都没有达到应有的标准和要求。教师数量少、任务重、头绪多，思想政治教育作为公共课受重视的程度不够。尽管近年来教师的学历层次不断提高，但总体学历层次偏低，有些教师的理论知识水平与实际工作经验都有待提高和积累。

提高教师素质，建立一支稳定的高水平、数量足的教师队伍，是实施思想政治教育的基础和根本保证。高校思想政治教育的教师要有坚定的政治信念、高度的事业心和强烈的责任感；要有坚实的专业基础知识和广博的人文知识，要有健全的人格品质特征和高尚的情操；要有科学、民主的思想，与学生平等交流；要严于律己，为人表率，用良好的思想作风影响学生，成为学生治学、思想政治信仰的典范修养。

第三节　高校学生思想政治教育研究的问题

大学生政治思想状况关系党和国家的前途命运，关系中华民族的伟大复兴，关系党的执政地位和国家的长治久安。新形势下，大学生思想政治教育工作面临着许多新的问题和挑战，如何以邓小平理论和“三个代表”重要思想为指导，全面贯彻、落实《中共中央国务院关于进一步加强和改进大学生思想政治教育的意见》，卓有成效地开展高校学生思想政治教育工作，再次成为摆在我们面前的严峻课题。

一、面临的问题

（一）教育者认识上存在滞后现象

过去的大学生思想政治教育工作，长期未能摆脱“一锅煮”和“一刀切”的束缚，片面强调教育者意志的实现，单纯运用灌输式的教育方法，往往只是把教育当作是管理学生的一种手段，要求学生服从某种既定目标的约束，强调的是个人对他人、群体、社会的适应关系。在实施教育时，把学生纯粹视为教育的对象，认为思想政治工作不过是在政治上、道德上纠正学生的偏差，只是简单的规范人、教育人的工作，否认或忽视学生作为人的客观存在，否认或忽视学生的权益，忽视对学生个性和潜能的开发，很少从人文价值的挖掘上来切入思想政治工作。由此导致一些高校的思想政治工作缺乏针对性，高调却肤浅，难以找到学生的共鸣点，教育成效低下。

（二）拜金主义思潮在大学生中盛行，人生价值观出现偏差

由于我国正处于市场经济日益发展的新旧体制转换时期，市场运作法规和秩序尚不健全，加之各种不良思潮的冲击，使许多大学生的人生价值观向“自我”倾斜，被“金钱”扭曲，出现了“功利化”、“多元化”的倾向，对其人

生价值观产生了严重的不良影响。

（三）心理问题越来越突出

当代大学生绝大多数是独生子女，承受父母家庭太多的期望，他们适应社会的能力还不强，加之学习、就业、经济方面的压力及人际交往、情感、竞争等方面的因素，导致在大学生中出现各种各样的心理问题。

（四）宗教信仰有增多的倾向

近年来，对“社会主义终究可以战胜资本主义”这一关于社会主义信念的命题，大学生的坚定性存在下降趋势；对社会主义和资本主义的走向问题和私有化是否是我国社会发展的必然选择问题，有很多大学生持非主流观点或表示茫然。加之，由于高校共产主义理想信念教育不到位而留下不少空间，致使大学生信仰宗教的人数有增多的倾向。

（五）网络的负面影响对许多高校大学生产生严重的困扰

由于网络的开放性和隐匿性，诱惑着一些大学生沉溺于虚拟世界，导致现实生活的种种不协调，严重影响心理的健康发展。同时，网络信息的丰富性又极易导致信息的膨胀和泛滥，暴力、迷信、色情信息充斥网络，欺诈事件时有发生，这些都易导致大学生人生观、价值观的迷惘和自我的迷失。

（六）大学生中出现“两极分化”现象

一部分学生在外租房居住，甚至请有保姆，讲吃讲穿，生活奢华；而有的学生交不起学费，或许一日三餐都成问题。因家庭环境和经济条件的严重差异而引发的对社会的认同差异和不同心理期待，近年来在高校学生中表现得越来越显著、越来越尖锐。

（七）缺乏诚信和不讲道德的言行在大学生中时有发生

面对市场经济的不完善、利益分配的多样化，以及社会上种种不良因素的影响，大学生的诚信正受到极大的挑战，存在着一些不容忽视的问题。主要表现为：

在学习考试方面，徇私舞弊；在缴费上学方面，恶意拖欠；在助学贷款方面，逃避债务；在求职择业方面，弄虚作假。日常学习生活中，打架、斗殴、偷窃、赌博等现象时有发生，行为粗野、说话庸俗等情况更不鲜见。

二、应采取的对策

（一）提高认识，以人为本，注重实效，充分发挥好“两课”主渠道和主阵地作用

过去我们对大学生进行思想政治教育，主要是单纯依靠思想政治教育工作者，着眼点是“管理学生”，精力集中在手段上，缺乏理念和思路的创新。

大学生思想政治工作要做到切实有效，必须从正确认识、全面贯彻“以人为本”这一理念出发，对大学生的思想状况和特点作透彻的了解，特别是不能忽视人数虽少但可能影响巨大、表现典型的部分大学生深层次的思想问题；必须在重视整体有效性的同时，更多地关注个体有效性；必须注重思想政治教育方法的针对性和科学性。

（二）加强对大学生人生观、价值观和就业观的教育

随着市场（商品）经济的不断深入和发展，一些大学生把“挣很多钱”、“当官发财”作为人生幸福的标准，把奢侈、享乐作为人生追求的最大目标；他们在处理师生之间、同学之间和朋友之间等人际关系时，往往把经济利益关系放在首位，其次才讲人情友谊，相当一部分学生的就业期望值过高，奢想一蹴而就、一步登天，一毕业就想“当国家干部”“端铁饭碗”“大城市就业”“高待遇”的大学生大有人在。

这些学生价值观上的消极变化在很大程度上影响着他们的政治观、道德观和行为准则。笔者认为，对大学生进行人生观、价值观和就业观的教育必须用马列主义、毛泽东思想、邓小平理论和“三个代表”的重要思想教育学生，引导学生树立中国特色社会主义共同理想，把握好“坚持共产党的正确领导，坚持社会主义道路，坚持为大多数人谋利益”的政治方向和人生价值观导向，树立正确的世界观、人生观和价值观，建立先就业、后择业、再创业的就业思想。

加强就业观念教育要从新生抓起，可通过开设大学生职业技能指导课程和相关共选课等多种形式，增强大学生就业意识和综合能力；帮助和引导大学生调整就业期望值，正确认识自己，正确认识社会，在社会需求和个人发展上寻求就业最佳结合点；加强毕业生就业信息服务网络建设，开展各种业务，让学生全方位、多渠道地了解就业情况，增强就业选择能力、适应能力和竞争能力。

（三）高度重视大学生的心理健康教育

这几年来，我国高校在校生人数急剧增加，加之社会和自身的种种因素，使大学生面临的来自学业竞争、经济贫困、就业择业以及自身人格自尊、心理素质方面的压力越来越大，矛盾日益突出。心理困惑、经济困难、学业困扰以及就业困境，令大学生成为心理病变的“高发群体”。

因此，高校要建立健全心理健康教育工作机构，配备专兼职人员，根据大学生心理成长的规律和心理，广泛宣传、普及心理健康知识，加强大学生心理健康教育，为大学生建立心理档案。要着重从心理健康知识、心理品质和心理调适能力培养等方面加以指导和咨询，同时注意加强他们的自强自立教育，使他们善于与同学和老师沟通、交往，学会与人建立良好的人际关系，学会以正确的态度对待冲突和挫折。学生人格健全了，心理承受能力增强了，才能自尊自信，才能耐受挫折。

（四）加强对大学生进行共产主义理想信念和爱国主义教育

大学生处在人生的一个特殊时期，因而有着许多自身的特点。从科学文化知识方面说，他们已经掌握了一定程度的科学文化知识，但由于他们还没有广泛地接触社会和参与各种社会活动，所以他们的人生阅历还不丰富；他们正处于中国的经济体制转轨期，新生的、进步的东西会催生、涌动，同时消极的、腐朽的、落后的东西也会沉渣泛起；更为重要而紧迫的是，未来的社会主义现代化建设事业有赖于他们去继承和发展。这些，都决定了必须对他们加强共产主义理想的理想信念教育和爱国主义教育。

1. 要以理想信念教育为核心，切实加强“三个代表”重要思想与马列主义、毛泽东思想、邓小平理论教育，深入学习科学发展观、构建社会主义和谐社会等重大战略思想，使所有大学生都明白，党和人民对当代大学生寄予殷切期望，全面建设小康社会、实现社会主义现代化和构建社会主义和谐社会需要大学生去努力，中华民族的伟大复兴需要大学生去奋斗，青春只有在为祖国和人民的真诚奉献中才能更加绚丽多彩，人生只有融入国家和民族的伟大事业才能闪闪发光。

2. 要以爱国主义教育为重点，深入进行民族精神和改革发展成就教育，结合社会发展史和中国共产党党史教育，引导大学生增强民族自尊心、自信心、自豪感，做到以热爱祖国、贡献全部力量建设社会主义祖国为最大光荣，以损害社会主义祖国利益、尊严和荣誉为最大耻辱。

（五）对大学生进行诚信教育

一是要把诚信教育与校风建设、基础文明建设活动相结合。在大学生的各项评优活动中强化诚信要求，把诚信教育的实效作为考核各项创建工作的重要指标之一。

二是要把诚信教育与校园文化建设相结合。充分利用校园广播、校报校刊、橱窗、网络、图书馆等文化阵地，采取多种形式，开展丰富多彩、健康向上的诚信教育主题活动。

三是把诚信教育与体验实践相结合。积极开展社会实践、社区服务等活动，让学生在实践中体验“诚信”的价值。

四是把诚信教育与评估监督机制建设相结合。要逐步探索和建立在校大学生诚信档案，重点考核评估学生在考试、论文写作、申请助学贷款、学杂费缴纳以及择业方面的诚信行为，把考核结果作为大学生德育测评的重要依据，加大奖惩力度，强化约束监督。

（六）对大学生进行艰苦奋斗教育。

艰苦奋斗是中华民族的优良传统，也是中国共产党的优良作风。“艰难困苦，玉汝于成”。要使中国进入世界先进民族之林，就必须继续发扬艰苦奋斗的精神。当今世界的竞争既是知识能力的竞争，更是意志、毅力、精神的竞争，如果一个年轻人养成贪图安逸，不愿吃苦，不愿付出，只知索取的不良习惯，在今后激烈竞争的社会环境中肯定会败下阵来。

因此，要教育学生应当在生活水平不断提高的基础上，不奢侈浪费、不攀比消费、不超前消费，不挥霍父母的血汗钱，不为家庭和国家增加额外的负担。“千里之堤，溃于蚁穴”，如果平时不加强修养锻炼，必然会意志消沉，不思进取。艰苦奋斗的教育内容是丰富的，方法也是多样的。如进行艰苦奋斗的革命传统教育，组织青年学生到艰苦地区、落后地区进行社会调查，开展访贫问苦的活动，进行科技文化服务，以及对失学儿童和贫困大学生献一份爱心等都是艰苦奋斗教育的有效方法。通过这些教育方法，可以使大学生看到我们取得的成功和存在的差距，了解群众的疾苦，了解祖国和人民对他们的期望，从而自觉继承、弘扬艰苦奋斗精神。

（七）积极占领网络教育的制高点。

据中国互联网信息中心发布的报告，在数以千万计的网民中，大学生是最活跃的群体。互联网带给校园文化的丰富、庞杂，甚至鱼龙混杂的信息和资源，以往是无法想象的。其中良莠互现、正反交错、泥沙俱下，是一柄“双刃剑”，给高校思想政治教育工作增加了极大难度。

不少大学生把网络作为在校园中发表言论、交流感情的主要场所，这对他们的学习、工作、生活和思想观念产生着深刻的影响。网络使得学生的社会化程度得到很大的提高，但许多学生对网络的负面影响缺乏足够的认识。因此，要加大高校思想政治教育进网络的力度。

一是要加强大学生网络道德教育，加强国家有关互联网管理的法律法规的宣传教育，制定大学生互联网道德规范，开展大学生健康上网自律承诺活动，自觉遵守网络道德，告别不健康网吧。

二是要建立思想政治教育网站，开展健康文明的网络活动。应组织专门力量，制作一些思想性强、趣味性好、适应性广的优秀信息移植到校园网中，并针对一些热点问题提出正确的观点。还可在校园网上开设网络互动栏目，开展互联网知识竞赛、网页设计竞赛等活动，用正确、积极、健康的思想文化充实和占领网络阵地，不断提高思想政治教育网站的点击率和影响力。

三是要加强互联网的监控和管理。建立和健全互联网管理的有关法规，进一步加强网络技术监控，及时有效地对各种不良信息进行过滤，规范网络管理和行为，及时删除有害信息，严肃查处违法违纪行为。

（八）加强思想政治教育的队伍建设。

高校卓有成效的思想政治教育工作靠的是一支高素质的思想政治工作队伍。思想政治工作队伍建设靠的是制订规划、完善措施和激励机制。首先要按照一定比例配强、配足高校学生专职政工队伍，有关部门要制定政策准予选留、引进优秀本科毕业生和研究生专职从事学生政治辅导员工作。

其次，要加强政工干部队伍的培养培训工作，有计划有步骤地选送政工干部攻读硕士、博士学位或研究生课程进修班。优秀专职辅导员经过一个阶段工作实践后，可以有目的、有计划地向党务行政管理岗位输送或向业务教师发展。

第三，以人为本，从政治上、工作上、生活上关心辅导员，在政策和待遇方面给予适当倾斜。

第四，创造条件给予聘评相应的专业职称或聘任管理职务。

第五，加大“两课”教师队伍建设力度，尤其要注重要求每个教师在教学过程中以身作则，为人师表，用自己的人格品行对学生进行言传身教。

第十六章　高校思想政治工作价值与教育管理

第一节　精神价值塑造与重建

从社会学角度看，和谐直接表现为各方面的利益关系得到妥善协调，使社会共同体处于融洽状态。就教育系统来说，和谐体现为一种教育生态的平衡，它至少涉及校园内外两大系统要素。就内部环境来说，体现为校园内的教育主体与教育对象之间的和谐相处。就外部环境来说，学校应与家庭、社区和谐相处。就教育本质来看，和谐教育是一种提供适合孩子天性的教育，为每一个孩子的健康发展创造适宜的环境。因而，必须从观念上完成从“孩子适应教育”向“教育适应孩子”的转变，着眼于儿童主体性发展和独立人格的形成，处理好教育教学关系。

一、概述

和谐校园是一种以和衷共济、内和外顺、协调发展为核心的素质教育模式，是以校园为纽带的各种教育要素的全面、自由、协调、整体优化的育人氛围，是学校教育各子系统及各要素间的协调运转，是学校教育与社会教育、家庭教育和谐发展的教育合力，是以学生发展、教师发展、学校发展为宗旨的整体效应。和谐校园是一个符合人性规律与教育规律构筑的生态系统，这一系统应当具有科学、民主、人文、开放四大特征。科学是和谐校园之基石。所谓“科学”，指遵循身心发展的规律实施教育教学，使校园生活有张有弛、丰富多彩、生动活泼。民主是和谐校园之根本。所谓“民主”，指校园内的所有人与人的关系都应当是平等、尊重的，尤其是师生关系的调整，使人格得到健康发展。人文是和谐校园之灵魂。教育的真谛是人文关怀、心灵沟通、生命互动、精神感召。所谓“人文”指的是学校文化的核心价值取向。“开放”是和谐校园之源泉。现代教育关注社会生活的变革，反映现代科技的发展，打破单一的课程观、禁锢的教材观、机械的学习观，实现课内与课外、校内与校外、学校与家庭、社区的有机结合与多维互动，在这一过程中，师生的创造愿望得到尊重，创造活力得到激发，创造活动得到支持，创造才能得到发挥，创造成果得到肯定。和谐校园建设的宗旨，是为儿童的生命成长提供最适宜的土壤。所谓生命成长，最根本的是个体精神世界的丰富、思想的成熟以及人性与人格的发展。因而，和谐校园建设的核心是调整校园内外的各种关系和活动，使之成为师生身心健康协调发展的教育生态系统。和谐教育中的学生体验着校园生活的发展愉悦，和谐教育中的教师感受着职业的幸福感与成就感，学校真正成为师生的精神家园。

终极关怀：“和谐校园”建设的终极关怀是什么？应当是学生的幸福体验。让孩子通过自身的努力体验成长的快乐。成绩好不一定表明和谐，但幸福毫无疑问是一种和谐，我们决不能以发展压倒幸福，以成绩牺牲快乐。和谐校园应当十分关注学生的校园生活幸福体验：有没有拥有令人敬佩的教师、有没有结成促膝谈心的朋友、有没有开展乐此不疲的活动项目、有没有找到废寝忘食爱读的书……“和谐校园”建设力求让每一个学生，在学习生活中获得巅峰体验，在交往生活中获得归属体验，在休闲生活中获得审美体验。和谐教育最终要实现学生的和谐发展，即可持续发展。“和谐校园”的建成最终让学生体验一份生命的精彩。

和谐校园是一种办学理念。学校一切工作的出发点和归宿就是为了人的和谐发展。和谐校园在培育“四有新人”上，方向明确，思路清晰，特色鲜明，成效卓著。和谐校园是一种管理模式。这种模式的内核是人本思想。无论是学校的管理者、教师，还是学生，都能在它的催化下，发挥最大潜能。和谐校园是一种人文环境。在诚信友爱、和睦相处、充满活力的人际环境中，所有的人都得到尊重和呵护。校园的每一寸地方，洒满灿烂的人文之光。

构建要素编辑构建和谐校园，既是一个历史发展过程，又是一个复杂系统工程，可以从多方面、多角度去探索和实践。但有一点是肯定的，和谐校园的构建有五个基本要素——人、事、物、景、情的和谐。

人的和谐是关键。校园和谐最为关键的因素是人，人的和谐与否，决定了校园和谐的成败。校园中的人，主要由领导干部、教师、学生三类人构成，而其中领导班子的和谐是关键中的关键，干群关系和师生关系的和谐是基础。校园是否和谐，首先就看这个学校班子是否和谐，这是由领导班子的特殊地位和作用决定的。

领导班子的和谐并不是领导班子没有矛盾、不允许产生矛盾，也不是班子内部只有一种声音、一种意见，而是坚持民主集中制的和谐。这就是说，领导班子的和谐，是不同意见充分讨论甚至思想交锋但又形成一致意见和决议的和谐。在这过程中，班子“一把手”的言谈举止和所作所为是关键与核心。“一把手”坚持民主集中制，让大家充分说话，畅所欲言，又善于引导和集中大家的意见，形成决议和决定，这样的领导班子必然是一个心情舒畅、生动活泼、充满活力的领导班子，也必然是一个和谐的领导班子。当然班子的其他成员对于构建和谐的领导班子也负有义不容辞的责任。

经验告诉我们：没有领导班子的和谐，肯定就没有干群关系的和谐；而没有干群关系的和谐，一般就没有师生关系的和谐。如何建立和谐的干群关系和师生关系，应当说领导干部和教师始终处于主导地位。

事业和谐是核心。一个校园是不是和谐，除了要看领导班子的和谐、看干群关系的和谐、看师生关系的和谐以外，还要看是不是抓事业，树正气。事业发展兴旺，师生心气很足，正气蔚然成风，这极有利于构建和谐校园，否则就是相反的结果。如果学校教育教学质量萎缩萧条，前景堪忧，前途无望，家长投诉多，社会意见大，上级追究严，肯定是人心惶惶，人心思散。连生存和发展都成问题的学校，肯定是无和谐可言的。

由此不难看出，事的和谐是校园和谐的核心所在，校园的和谐也是通过校园内大小事体现出来的。

校园的中心工作无疑是教书育人。所有的事都是围绕这个中心工作进行的。岗位的设置、人员的安排、德育活动的组织实施、教学活动的设计落实、校园建设与后勤服务的保障、教职员工的考核评价等大小事无一不关系到校园的和谐，而所有的事均靠人来组织落实，因此，学校的事业要兴旺发展、要充满活力与生机，关键在人物的和谐是保障和谐的人际关系、干事办事的良好氛围，没有物的和谐肯定是难以为继的。这里的物既指显性的客观物资条件，又包含隐性的规章制度、管理措施。物的和谐既表现为学校教育教学设施配置的和谐、教职员工福利待遇的和谐，更表现为学校规章制度、组织管理的和谐。

学校教育教学设施配置是否和谐，关键看其是否有利于教育教学活动有效地开展，是否有利于学生身心发展。如有的学校班额数超过七十人，教室挤得水泄不通，前排的学生桌椅顶在黑板前，是为不和谐；有的学校为更多地容纳学生而将功能室改为课室，学生动手实践的活动空间几乎没有，是为不和谐；有的学校教学区与运动区、生活区功能不分或混杂一体，是为不和谐。相比显性的物的和谐，隐性的物的和谐显得更为重要。学校的组织管理、规章制度特别是奖优罚劣的机制的健全和谐，是维系校园和谐可持续性发展的保障。如学校各岗位的“职责”“安全管理制度”“奖教奖优条例”“教职工考核评比条例”等各项管理规章制度是否健全完善，直接关系到学校各项教育教学活动组织实施的成效。

景的和谐是窗口。校园的和谐是有外在的表现形式，是可以主观感知的，这即是校园的风景。这景是由人、事、物构成的。人是这风景的主宰，是这风景的主角。和谐的校园每一人、每一事、每一物都应该是一道靓丽的风景，都表现出校园的和谐。如师生良好的精神面貌、行为习惯，生动活泼的教育教学活动，布局科学合理洁净的校舍、花草树木等等，均是展现校园和谐的窗口。这个窗口是动态的，而且是感性的。女生吊带露脐衫、男生黄毛怪装在T型台上、街头是景，但在严谨、活泼的学校绝不是景；高声喧哗、追逐打闹在市场是景，但在求知务实的课堂绝不是景；大型豪华音乐喷泉在星级酒店前是景，但在活动空间狭窄的校园绝对不是景。校园景的基调是洁净、整齐、有序、合理、规范，并且是充满生机与活力的，极具特色与表现力。透过这个窗口的任一景，就可以感知校园的文化与校园的和谐。

情的和谐是基础。人的和谐、事的和谐、物的和谐、景的和谐，都是以情的和谐为基础的。人决定了事、决定了物、决定了景，人是关键；而人是有情感的人，人是情的载体，情是人的灵魂。因此，情的和谐是人、事、物、景和谐的基础。情的和谐应该是领导干部情的和谐、教职工情的和谐、学生情的和谐的内在动力。在校园三大主流人群里，领导干部因其特殊地位和作用在很大程度上影响着教职工的“情”，而教职工也因其工作性质与特点在很大程度上主导着学生的“情”。由此，领导干部情的和谐最为关键，教职工情的和谐最为重要。

价值观是一种应该和选择的意识。这种意识按性质而言，可分为科学价值观、审美价值观、功利价值观、道德价值观等，其中以道德价值观对人的生活行为影响最大。众所周知，道德价值观是一般价值观的主要方面和核心部分。所谓道德价值观，就是对道德是否具有价值及其价值大小的基本观点和看法，人与人、人与社会之间的道德关系，对道德关系的基本规范，以及人的内在德性等是道德价值的基本内容。

价值迷失有两种含义：一是弄不清价值观，或因为价值观念的不同而持有的消极态度；二是丢失或丧失了应有的积极的价值观，弄不清楚人的存在和活动的社会意义。本书所探讨的价值迷失更多的在于第二种含义，所表现为当前的价值混乱和道德下滑。价值是主体对客体的认识、评价和改造关系，是客体对主体具有的意义。价值观则是对这种关系或意义再认识、再评价的结果，是人们对价值的特殊取向，是对价值关系反思之后形成并表示出来的。因此我们这所提到的价值迷失和价值重建的“价值”，实质上是指的价值观。

也许从某种程度上来说，改革开放唤醒了人们的危机意识。然而，当人们讨论各种各样的危机时，所注意的都是“物质”领域的危机，如经济危机、交通危机、人口危机、能源危机、环境危机等等，而对“精神”领域方面的危机，则讨论得并不多，实际上，从某种意义来说，无论是对社会的发展还是对民族素质的发展，其危害比之于“物质”领域的危机要严重。随着经济的不断发展，人们的价值观有了许多不同的变化，但是这种变化的好与坏，有不同的定论。只是，不管我们愿不愿意，承不承认，这种变化都已经出现，而且已经渗透到了我们生活的每个方面。有的人认为，当前价值，特别是人们的道德，是处于一种“爬坡”时期，是随着我们的发展而带来的发展，所以理所应当的，我们应该对这种“价值的混乱”保持一种乐观的心态。

二、价值混乱的原因分析

（一）理论原因——价值观的代际差异

价值观，从其来源和基础方面看，任何人的价值观都不是凭空产生和改变的，归根到底它反映了人的社会存在，即生存方式、生活条件和实践经历等特征。价值观的深层基础是主体的根本地位、需要、利益和能力等具体情况，是人的价值生活在头脑中的反应和积淀。因此价值观总是和人的现实状况相联系，不同地位、不同条件、不同经历的人有不同的价值观，在存在着阶级、民族等多元化现实基础的人们之间，价值观也是多元的。

随着时代的发展和变迁，发达的现代医学，我们当前的代际辈分已经发展到涵盖 20 世纪 20 后时代到 21 世纪后的 10 后时代，每一个成长的时代有每一个时代自己的生存环境，形成了每一个时代的价值观，因此，不同时代的人的价值观放在一起，比如说我们最近的几代人，我们是该继承上一代所持有的价值观还是应该根据选择适应当前社会现实状况的价值观呢？不同的代与代之间的价值观，虽然是社会价值观的不同呈现，但现在人们的交流容易使人们产生混乱和冲突。这就是价值观的代际差异所带来的价值混乱。

1. 成长环境与道德价值需求的差异

不同代的人由于其成长环境的不同，导致了他们具有不同的道德价值需求，从而出现了道德价值观的代沟，这是一个难以推翻的事实。不同代的人的成长环境可以简称为“代环境”。代环境主要是由社会的政治、经济、文化、教育等因素构成。特别是面对经济环境，在一定时期和一定程度上，青年人具有更强烈的与市场取向相适应的道德价值需求，并由此产生了与这一需求相适应的道德价值观，而原来习惯计划经济体制环境的上一代人，则难以很快适应新的市场经济环境和新的道德价值观，相反，对过去计划经济和与之相适应的道德价值观有着更多的留恋和怀旧情结。这样，在经济转轨中的道德价值观的代际差异就具有某种必然性。可见，截然不同的成长环境以及培育过程是导致道德价值观变迁和代际差异的长期而主要的因素。

2. 文化特点：道德“话语霸权”与“自说自话”

这里所说的“自说自话”，是试图通过这种形象的词汇来说明一个体现在代际之间的文化现象，并力求揭示道德价值观代沟的原因。自说自话首先反映了代际间的沟通障碍，承认社会往往固守着话语权，而青年则沉浸在自身的话语氛围中，双方“各说各的话”；自说自话还意指成人社会对青年的一种困惑或指责。因此，自说自话是与话语霸权相对而言的，也就是说，不论是文化间、人际还是代际中，如果某一方拥有着话语霸权，那么，与之相对的另一方一般就只能以“独白”和“自说自话”的方式表达自己的意愿。这种表达方式表面上看不与话语霸权拥有者相对抗，不在挑战国家权力和意识形态，实际上却反映了自说自话者对话语霸权独特的反抗和疏离方式，体现了话语霸权拥有者与自说自话的无权者的分裂。

3. 教育背景：经验和知识的代际矛盾与伦理观念冲突

在传统社会，长期积累起来的经验对于个人来讲是一种十分重要的资源，这种资源可以转化为一种权力，对社会和他人进行控制的权力。而在现代社会，由于变迁迅速，经验常常不能“应验”多变的现实，因此已经失去了过去那种神圣的光环和恒久的价值，甚至常常被当作陈旧和过时的东西。瞬息万变、更新周期大大缩短的知识取代了经验的位置，尤其在现在知识社会或知识经济时代，知识可以转化为资本和权力。

传统社会崇尚经验和现代社会推崇知识的矛盾，突出地体现在现代社会的代际关系中。年龄因素毫无疑问是造成经验和知识代际差异的重要原因。然而，教育背景虽然与年龄因素密切相关，却是一个比年龄更重要的原因。由于社会变迁剧烈，信息和知识更新急速、周期缩短，因此，在青年时期所接受的教育以及这种教育所提供的最新知识和哪怕最前卫的观念，到了成年时已经过时，而成年人哪怕是坚持终身学习，由于种种原因，也不可能像后来的青年人那样接受全新的教育，拥有完全面向未来的新知识和新观念。

4. 价值依据：道德价值观代际评价的逆反

价值及价值评价是一个复杂的价值论或价值哲学问题，在这里仅从道德价值观的代际评价和自我评价的差异入手。青年人与成年人对对方道德价值观评价的差异，至少表现在以下几个方面：

第一，青年人与成年人成长的社会环境不同，他们的道德需要也就不同，因而他们对对方道德价值观的评价就有所不同。不同的成长环境，使不同代的人有着不同的生存体验和道德需要，由此而形成了不同的道德价值观念。

第二，青年人和成年人的社会地位、社会角色和社会责任不同，对对方道德价值观的要求和评价也就会有区别。评价主体之间的差异，主要来自于他们所处的社会地位、扮演的社会角色及承担的社会责任等的差异。

第三，道德价值观代际评价与代内评价的差异，也会导致青年人和成年人对对方道德价值观的评价出现差异。青年人和成年人分属于不同的代群。在代群内部即代内，由于都是同辈群体，相互之间的道德价值观评价属于代内评价，在代内往往亲和力更大，相互之间的影响力也更大，因此评价比较宽容。而在代与代之间，道德价值观的评价则属于代际评价，代际评价的差异往往更大，评价结论也更难以让对方所接受，比如上辈人对下辈人的评价带有教训的意味，而下辈人对上辈人的这种评价，往往又不太认同和接受，而更加认同代内评价。因此，道德价值观的代内评价与代际评价被分隔开。

最后，青年人和成年人在道德价值观评价标准上的不同，最明显地体现出双方在道德价值观评价上的差异。由于上述种种因素的作用，不同代的人形成了各种不同的道德价值观及其评价标准，以各自不同的道德价值观去衡量另一代人的道德价值观，必然就会出现道德价值观代际评价的差异。

5. 心理因素：心理成熟度与道德社会化的关联

心理因素是导致道德价值观代沟的一个重要因素，每一代人都有作为其基本特征标志的包括道德心理在内的心理共性和心理共识，这种心理共性和心理共识又将一代人与另一代人在心理上区别开来。由于每一代人的成长环境和生存境遇不同，他们形成了相互有异的心理特征，这些心理特征深深地印上了当时社会环境和道德状况的痕迹；同时，每一个人在其生命历程的不同阶段，其心理也会或多或少地发生变化，并形成相应的心理特征。从代际的观点来看，老年人的心理更趋“怀旧”，中年人表现为“求稳”，青年人则以“创新变革”的心态面对人生。

青年的道德心理是自我意识不断增强、独立思考的要求不断提高、渴望得到成人社会承认的需求越来越强烈，一句话，青年在不断社会化的同时，还表现出情绪化和非理性等心理不成熟的特点。这种情绪化和非理性的特点，常常是导致青年对现有道德价值观反叛的重要心理因素。

以上原因形成了价值观之间的代际差异，由于生存的环境是价值观差异的根本原因，因此，当前社会中的价值观代际差异，很多时候也扩大化为代内差异或者为不同的社会群体、社会中的不同个人之间的差异。

（二）现实原因——市场经济的冲击

什么是“价值观念”或“价值观”呢？最简要的回答是：它是指人们关于基本价值的信念、信仰、理想系统。这句话概括了价值观特有的一般思想内容和思想形式。价值观的内容：一方面表现为价值取向、价值追求，凝结为一定的价值目标；另一方面表现为价值尺度和准则，成为人们判断价值事物有无价值及价值大小、是光荣还是可耻的评价标准。

1. 自由主义的价值目标与市场经济的一致性

市场经济崇尚个人自由。从历史上看，当初资产阶级正是在争取贸易自由的过程中发展壮大起来的。市场经济就是要冲破任何人为制造的壁垒，争取自由，以赚取最大限度的利润。从学理的层面上看，市场经济是计划经济的对立物，它不相信，每个人如此丰富多样的个性、爱好和需求可以用一个庞大而“周密”的计划来加以体现，因而计划经济几乎不可避免地要走向无视个人自由发展的道路上去。只有市场才能够最准确、最灵敏地反映个人需求，也只有市场才最尊重个人的这种需求。其道理既简单又明了；如果不是这样，就无法获得最大限度的利润。

自由竞争是市场经济的铁的法则。自由主义使得整个社会的各种资源之间的流动变得更加容易。当然，从社会公正的角度而言，一个健康的社会无论如何都必须给弱者留下一席之地，保障他们生存的基本权利，维护他们做人的起码尊严。就此而言，市场经济是存在着很大的局限性的。

在我们看来，自由主义的主张有利有弊。它的弊端在于片面鼓吹自由的意义，其结果是自由的膨胀并增大经济活动的盲目性和社会生活的不确定性，而自由竞争的残酷性会导致严重的两极分化。谁来调控市场？谁来为弱势群体说话？这一问题又一次严峻地摆在了人类面前。但从另一方面来看，自由主义的有利之处在于保证了社会生活的鲜活气息——由于利益的驱动，有助于人们最大限度地把自己的潜能挖掘出来，去争取自己想要的东西，从而使生产与生活充满活力。但是这种潜能的开发，在当前的社会状况下，在利益的诱惑和金钱的刺激下，有些人完全放弃了道德和价值的约束，而将潜能用于许多虚假商品、欺骗性交易、经济骗局等，助长了享乐主义等价值观对人们已有价值的冲击和道德底线的不断下滑。

2. 功利主义的评价标准与市场经济的一致性

经济全球化以全球市场经济的形成标志。为什么市场经济会成为全世界经济活动的普遍模式和普遍规则？因为它具有一种公认的优越性，这就是它能够创造出高效率，有利于财富的快速增长。这种优越性首先来自于它唤醒了人们内心深处的功利之心，创造出一套游戏规则，让人们在一个相对公平的条件下追逐利益，从而在客观上推动了文明的进步。可见，市场经济的内在机制就是追求物质利益的最大化，毫无疑问，功利主义是它在道德伦理上竖起的第一面旗帜。

现代功利主义之父哈奇逊在其《论道德上善与恶的观念的起源》一书中有一段对功利主义伦理观的经典表述："如果由行为所发生的快乐的程度，都是相等的，那么凡称为德行的行为，总是要看此快乐所普及的人数来决定，如果人数也相等，那么，德行还须看快乐或自然善之量而定。或者说，德行是善的量与享受的人数的乘积。同样，道德的恶或罪，则视不幸的程度以及受损者之数目而定。所以凡产生最大多数之最大幸福的行为，便是最好的行为，反之，便是最坏的行为"。由此看来，功利主义的道德追求是：物质实利是构成个人幸福或不幸的重要标志；只要一个人没有侵犯其他人的利益，社会就无法反对他追名逐利；衡量一个社会道德或不道德的唯一尺度，就是看它是否满足了最大多数人的最大幸福，换言之，功利的实现是一切社会认知以及社会行为的出发点。毫无疑问，功利主义者都注重效果，他们并不怎么关注人们行为的动机。在他们眼中，动机隐藏在人的内心深处，他人难以对其做出准确的评价。而人的行为以及行为所产生的后果却是客观可见的，他们要么在为自己带来幸福的同时也惠及他人，要么损人利己，要么既损人也害己。总之，对于行为及其后果做出评价是容易的、可行的。如果承认趋乐避害、追名逐利等源自于人的天性和本能，那么主要关注和追究后果的善恶，便不啻为一种明智的、可靠的办法。

市场经济的运行机制正好体现了这一原则，即：市场不反对人追求利润，相反，所有进入市场的主体都以赢利为目的——一切美妙诱人的广告宣传、高品位的企业文化精神都不能掩盖这个目的。市场经济推崇功利主义，首肯人追逐利益的正当性。然而功利主义者十分清楚，从理论上说，参与市场经济的不同主体在追求自身利益最大化的途中，难免发生冲突，其中的一部分人可能会不择手段，通过损害他人利益去实现自我利益的最大化。这样的后果显然不符合一个善的社会的目标，即“满足最大多数人的最大利益”这个目标。但是偏偏功利主义者都是效果论者，他们认为，既然从动机上讲每个人都趋利避害，而善与恶只能跟乐与苦相联系，因此评价一个人的“动机的善恶”就是没有意义的，因为不可操作。

当然，对于当前社会的价值混乱和道德下滑的状况，除了市场经济这个主因之外，还有大众传媒、法律制度约束不力等各种原因，由于这些原因大部分是处于市场经济这一主因之下，因此，不作特别列出的探讨。

三、价值重建：针对价值混乱和道德下滑的综合治理

治理道德问题是一个系统工程，仅靠某一方面的努力是远远不够的，必须从公民个人、政府、全社会三个维度同时治理才可能收到较好的效果。

（一）个人治理：建立公民守德的微观机制

社会是由个人组成的，社会道德的堕落是因无数个人不守德而造成的。为什么会出现不守德现象，总而言之，就是个人行为没有受到道德理性的制约。一些人道德理性不强，在利益面前、在他人诱惑下、在艰苦环境里，容易失去道德的操守和其判断标准，做出一些违反道德规范的事情来。因而个人要时时刻刻加强道德理性的培养。

在任何时候，能用理性支配德性并非易事，要有深厚的道德修养才能做到。要培养自己的善根应从如下几方面入手：

1. 学习科学知识

科学讲究真，道德讲究善，一个人为善就要正直，做到实事求是，言行一致，这就是讲究一个“真”字。从求真的角度来分析，科学与道德是相通的。先进的理论、科学知识，向来都是优良德行的渊源与指南。只有具备了一定知识、一定理智的人，才能正确认识自己的责任与义务，从而确定健康的道德观念，做出有利于社会、有利于他人的道德选择。旨在提高道德水平的学习与业务学习、政治学习都不同。第一，不能搞突击，而应该作为人们的日常生活的重要内容来开展，把学习道德知识的活动渗透到人们的日常生活中。第二，不能停留在书本上，应该把书本上道德知识的学习与道德践履相结合，在道德知识的学习方面，要做到知行统一。第三，道德知识的学习，不仅是对小孩的要求，更应该是对大人的要求。绝不能因为某人已长大成人，或已进入老年，就放松学习。因为道德的警钟若不能长鸣，一些人就有可能步入丧德的歧途。而年长者的行为极易成为年轻人或小孩效仿的参照系。

2. 拒绝媚俗

社会道德的败坏不是一天两天造成的，有个漫长的演化过程。若在社会道德变坏的过程中，我们中的每一个公民，不去媚俗，而且坚决地制止和反对违反道德规范的行为，那么，社会道德是不可能变坏的。现在要改变道德状况，还是要依靠大家采取实际行动。只有保证自己不去做违反道德规则的事情，然后敢于制止他人做缺德的事情。只有通过这种办法，才能逐渐改善道德败坏状况。社会公民要做到拒绝媚俗是不容易的。第一，要有摆脱物质利益诱惑的勇气。不义之财，绝不牟取；对于应该得到的物质财富，也要做到“君子爱财，取之有道”，至于当他人牟取了不义之财，自己不能产生羡慕之情，更不能效法，而要敢于批评。第二，要超凡脱俗。在道德修养过程中努力追求高雅的道德境界，在现实生活中带头守德、倡德，成为道德典范。在这个过程中不能怕别人指责，不要怕孤立。第三，要克己修德，严防自纵。克己就是克制和约束自己，严格要求自己。克己修德要有正确的理念、顽强的意志、持久的耐力。

3. 养成日省个人德行的习惯

一个人敢于做出缺德的事，并非一日之变，是平常生活不检点、口是心非等不良习惯积累而成的。所以，要对损德行为做到防微杜渐，对于危险的苗头，要赶快消灭在心中；二是要见微知著，对于失德行为要自我检讨，要扪心自问。只有这样才会改正自己的失误；三是在心理回观周围其他人的所作所为，看看哪些人日行善行，自己应该如何向他学习；看看哪些人做了缺德事，自己又如何引以为戒。

（二）执政者治理：建立公民守德的宏观机制

执政者是社会运行的引导者，在改善道德状况方面有其他社会群体无法比拟的特殊作用。我党采取德法兼治的治国措施，已把道德建设纳入社会发展的重要范围，对改善当前的道德状况非常有利。根据我国目前的道德状况，站在执政者角度来看，应该抓好如下几方面的工作。

1. 建立公民守德的经济机制

人的道德觉悟、道德素质的提高，虽然不会随着人的文化素质的提高而自然地实现，但在今天的社会环境里，却以文化素质的相应提高为基础。所以，要提高人的道德素质，就要大力发展经济，以此来促进文化教育事业的发展和人的文化素质的提高。经济的发展，经济实力的增强，还能为加强思想道德建设提供提供必要的物力财力。此外深化经济体制改革，尽快完善市场规则、建立市场监管和调控体系，使人们的经济交往行为朝着守德方向发展。

2. 净化公民守德的社会环境

自古以来，守德与损德是道德生活中的一对矛盾，任何社会都存在不利于道德完善的社会环境，要改善道德状况就应该对这些社会因素进行整治。国家和政府可以利用特有的权威和国家机器对一切不利于道德水平提高的社会设施和社会现象进行清理，制定统一的行为规范和操作办法，并加强监管，对于违反规定和道德规范的社会单位进行严肃处理。而且这种工作应该常抓不懈，才能收到净化守德环境的效果。

3. 利用国家宣传系统制造强大的守德舆论

我国具有在全国制造强大的守德舆论的独特条件，有国家垄断经营广播、电视、出版、期刊、新闻报纸等传媒产业，并有专门的管理机构和意识形态管理政策来监管这些部门的经营。首先，要利用这些宣传工具对各种缺德、损德行为进行曝光，并发表对这种行为的社会评价，对其他人形成警戒作用。其次，大力地、频繁地报道好人好事，并给予这些人以精神奖励。第三，经常性地发布社会公德、职业道德、公民道德规范，提醒人们要做守德之人。

4. 加快政治体制改革

（1）加快干部人事制度的改革和民主政治的进程，形成科学合理的干部选拔、任命、升迁机制和民主监督机制，从制度上铲除党内和政府机关内腐败的根源，实现党风和社会风气的根本好转，为提高人的道德素质创造一个良好的社会环境。

（2）从严治党，把党的建设纳入制度化、法制化的轨道。

（3）建立内部和外部约束机制，把各种权力的行使置于法律、政策等规范、制度之下，接受群众公开监督，规范权力运行，控制权利越轨。

5. 建立以法辅德的社会运行机制

道德与法律虽然有着严格的界限，但两者作为社会调控手段却存在深刻的一致性。在当代，道德建设必须辅之以法律手段。法律中所包含的强制性、责任性的信息给人们的道德行为以启示、威慑和教育作用，使许多人的社会行为朝着符合道德规范方向发展。

6. 加强和改进道德教育

道德教育是道德建设的重要环节，只有把社会的主流道德要求变成每个人的道德自觉，才能治理好道德问题。

（三）社区治理：建立公民守德的中观机制

社区是具体而微的社会，是在一定地域内，按一定的社会制度和社会关系组织起来的，具有共同人口特征的社会生活共同体。社区治理道德问题具有一定的优势，相对个人治理而言，它拥有一定的社会舆论压力和社会评价机制；相对社会治理而言，它具有实际的直接管理的功效，社会治理的落实实际上要有社区或社区内的社会组织负责。社区治理道德问题的具体任务主要集中在如下几方面。

1. 培养人生价值观

任何人的行为都是受自己的价值观支配的。人生价值观决定着人们的社会行为是否符合社会道德规范。所以培养正确的人生价值观是彻底治理道德问题的根本措施。

2. 宣传和进行职业道德教育

职业道德可以由政府的相关部门进行教育，但由于各单位是地域性的，采取属地原则开展职业道德教育的效果会更好。因为社区是熟人社会，各单位对外服务的态度好坏、经营行为如何，由社区来评价具有更强的社会监督力和社会舆论压力。

3. 推广守德家长制

家长是一个家庭的核心人物，对一家人的道德培养、道德操守等道德生活的各方面都有监管义务。首先，自己要做到身正为范，时时刻刻为家人做道德的榜样；其次，要担负起一家人的道德修养的责任，要对家人守德状况负责。若从人人做起、家家做起，道德状况会较快改观。

总之，治理道德问题，要从每个人、每个社区、整个社会三个层次着手，层层行动、层层落实、层层相扣，形成一个全方位的治德网络，不给不法之徒、损德之人留下任何活动的空间和机会，改善我国当前的道德状况指日可待。

第二节　高校学生思想政治教育与载体

思想政治教育过程是思想政治教育者（主体）通过某种形式、手段向思想政治教育对象（客体）传输符合我国社会发展要求的思想观念、政治观点、道德规范等，使教育对象具备社会所要求的思想品德的过程。在这个过程中，主客体之间是通过一定形式、手段联系起来的。思想政治教育的形式和手段很多，我们把其中承载并能传递思想政治教育的内容或信息的形式称为思想政治教育载体。如开会、办研讨班、管理工作、文化建设、大众传媒等，都可以成为思想政治教育的载体。教育者和受教育者正是借助这些形式进行双边互动活动，从而达到一定的教育目的。

一、思想政治教育载体的含义

思想政治教育总是要通过一定载体进行。在实际工作中，思想政治教育者都会自觉不自觉地用到载体，但并不是每一个教育者对载体都有明确认识。这是因为目前对思想政治教育载体的理论研究还比较薄弱，突出地表现在对其内涵的把握不够科学，以及相应地对具体载体的划分不够合理。例如，有的文章把各级党组织、工会、共青团以及主要从事生产经营的企业班组都看做是思想政治教育载体，称其为“有形载体”，把社会环境称为“社会载体”（周世椿《企业思想政治工作载体的探索》，刊《浙江商业经济》1995 年第 2 期）；有的文章把人格、典型、实事列为思想政治教育的载体（杨振明《试论企业思想政治工作载体》，刊《求实》1993 年第 6 期）等等。这些观点值得商榷。我们认为，作为思想政治教育的载体，必须同时满足下列两个基本条件：

第一，必须承载思想政治教育信息，并能为思想政治教育者所操作。开会、办研讨班、各种活动等之所以被我们看作是思想政治教育载体，是因为它们能承载并传递思想政治教育内容或信息。事实上，它们也在这个意义上经常为思想政治教育所运用。从这个角度看，把社会环境作为思想政治教育的载体是不恰当的。环境因素非常复杂，有些因素能承载并传递思想政治教育的信息，且易于操作，可作为载体运用，有些因素则难以作这样的运用，因而不能作为教育载体。换言之，思想政治教育的载体与环境因素是可以交叉的，如文化、大众传媒，既是社会环境的重要因素，又可作为思想政治教育的载体加以运用；而当我们从特定角度研究问题或开展工作时，它们的归属又是明确的。但很多环境因素则不能作如是看，它们不符合这里提出的条件。因此，笼统地说社会环境是思想政治教育的载体既不符合实际，又把思想政治教育的载体与环境相混同了。

第二，必须是联系主客体的一种形式，主客体可借助这种形式发生互动。前述开会、办研讨班、文化建设等都具有这种特征。从这个意义上讲，党组织、工会、共青团以及企业班组等都不是思想政治教育载体，只是主体，而党团活动、工会活动则可以成为思想政治教育载体。把党组织等看作是思想政治教育载体，就会把教育主体和载体混为一谈；这就如同把思想政治教育载体和社会环境混同一样，是一种把思想政治教育载体泛化的倾向，会导致认识上的混乱，实际工作中的随意性。此外，人格、典型、实事显然不能同时满足上述两个条件，不能看作是教育载体。总之，只有同时具备上述两个基本特征的形式，才能将其看作是思想政治教育载体，也才能加以恰当地运用，而不能同时满足上述两个条件的，则不能看作是思想政治教育载体，应作为另外的范畴加以讨论。

二、思想政治教育载体与思想政治教育社会化

思想政治教育的载体并不是固定不变的。随着社会历史条件的变化和思想政治教育的发展，思想政治教育的载体也必然发生变化：原有的载体可能不适用或不够用，适应新情况的新载体在不断出现并要求我们很好地去运用它；各种载体对思想政治教育的重要性也会发生变化，等等。教育者应敏锐地注意到这种变化，及时地对思想政治教育载体的运用作出调整，善于恰当地运用各种载体尤其是与新情况相适应的载体，以增强思想政治教育的有效性。思想政治教育在过去运用得比较多的载体如政治学习、开会、办学习班、作大报告、搞

政治运动、群众运动等，多是与计划经济体制、与相对封闭的社会文化环境、与“以阶级斗争为纲”的政治路线相适应的。党的十一届三中全会以后，我们已经废止“以阶级斗争为纲”，把工作重点转移到经济建设上来，不再搞政治运动了，思想政治教育当然不能也不宜以此为载体了。改革开放以来的经济体制改革尤其是社会主义市场经济建设改变了过去那种绝大多数人都被组织在全民所有制和集体所有制的企事业单位的格局，出现了外资企业、中外合资企业、私营企业以及大量的个体工商户等多种经济成分；国有企业和集体企业出现的大量下岗职工以及数以千万计的农民的流动，使他们与原有的社会组织的联系松散化，而又未完全融入新的社会组织体系之中；全方位开放的社会环境，使人们可以从更广阔的社会领域获得各种信息，包括思想政治信息，人们的思想显然更复杂了。这种种因素，导致思想政治教育出现了明显的社会化的趋向。

在这种情况下，原来行之有效的开会、办班等思想政治教育的载体就显得不够用或不完全适用了。例如，对国有企业职工、学校学生，仅仅运用开会、办班这样的载体进行思想政治教育，其局限性就很明显；至于对个体户、下岗职工、流动农民则很难采取开会、办班等形式进行经常性的思想政治教育。因而需要创造覆盖面广的新载体如文化载体、大众传媒载体、活动载体以及管理载体等，以适应思想政治教育社会化的需要，增强思想政治教育的吸引力、渗透力。而大众传媒的蓬勃发展、文化建设的空前兴旺以及全体社会成员文化素质的普遍提高，又为思想政治教育运用这些载体提供了条件。因此，要做好市场经济条件下的思想政治工作，除了继续运用开会、办学习班、党团活动等载体以外，还应特别注意运用文化、管理、活动、大众传媒等新载体，充分发挥这些载体的思想政治教育作用。

三、思想政治教育的基本载体

（一）管理载体

以管理为载体，就是将思想政治教育内容渗透到管理活动中，渗透到人们的具体工作之中，以达到提高人们的思想道德素质、规范人们的行为、调动人们的工作、学习、生产积极性的目的。

管理是一种遍及社会生活各个领域的基本活动。从宏观上讲，它包括国家的行政管理、人事管理、经济管理、教育科学文化卫生体育事业的管理等；从微观上讲，它包括遍及所有行业的难以计数的大大小小的社会组织的管理，如企业管理，学校管理，医院管理等。思想政治教育具有广泛的社会性，它所运用的载体也必须具有广泛的覆盖面，这样才能有效地对广大社会成员进行思想政治教育。

管理活动正好具备了思想政治教育载体的这一要求，它的普遍性为思想政治教育利用其作为载体提供了外在条件。同时，管理活动的基本内容虽然是协调社会（组织）内部的人力、物力和环境之间的关系，但其实质是调适人与人之间的关系，调动人的积极性，从而达到一定的目标。思想政治教育的一个重要任务，也是要理顺人们之间的关系，充分发挥广大群众的积极性。在这一点上，管理和思想政治教育有很高的契合度。管理活动以人为本的实质为思想政治教育利用其作为载体提供了内在根据。由此可见，将管理作为具有广泛群众性的思想政治教育载体是完全可行的。葍

近几年，许多地方及部门尤其是企业的思想政治教育领导，运用管理载体进行思想政治教育，取得了一定成效。但也应看到，在思想政治教育中对管理载体的运用还是不够的，运用中也还存在一些问题。在此情况下，应进一步加强对管理载体及其运用的研究，必须充分发挥其思想政治教育功能。这是个大题目，需要做深入研究，这里仅就如何运用管理载体说几点意见。

首先，要提高思想政治教育者运用管理载体的自觉性。管理能否作为思想政治教育的载体？管理载体有什么作用？这是每一个思想政治教育者尤其是领导者都应弄清的问题。如前所述，管理活动的普遍性以及它所内含的某些思想政治教育功用，使它能够作为思想政治教育载体被我们所运用，并且能起到其他载体不可能起到的重要作用。只有对此有明确认识，才能自觉将管理作为思想政治教育载体予以运用，使之发挥更大作用。如果认识模糊，就很难自觉地去运用管理载体，即使运用，也很难有理想的效果。

当前，管理载体运用中的一些问题以及对其运用的局限性都与认识模糊有关。例如，由于对管理载体的普遍性认识不足，致使目前对管理载体的运用主要集中在企业思想政治教育中，国有企业把思想政治工作看做是现代企业管理

的重要组成部分，创造了“双文明工作法”等经验，而在其他领域运用则较少。其实，不仅企业的思想政治教育可借助企业管理进行，其他行业的思想政治教育也可借助于相应的管理进行，对干部的思想政治教育可借助于人事及行政管理进行，对学生的教育可借助于教学管理进行等等。

不仅如此，对某部分人如个体工商户借助于管理进行思想政治教育还是一种较好选择。对个体户的思想政治教育是改革开放以来思想政治教育的一个新领域，也是一个薄弱环节。对其进行思想政治教育的困难之一在于过去没有找到一种适合个体户特点的教育形式，因而其思想政治教育长期处于一种“粗放”状态。如果拓宽思路，将思想政治教育渗透到工商管理中，就能有效地解决这种困难，使个体户的思想政治教育得以加强。部分地区的实践表明，以工商管理为载体，在对个体户的经营行为用法纪以及经济手段加以约束的同时，进行经常性的爱国主义教育、改革开放的教育、职业道德教育、法制教育等，是逐步提高他们的思想道德素质以及社会文明程度的行之有效的途径。

由此可见，只有提高思想政治教育者对管理载体的认识及运用管理载体的自觉性，才能使管理载体得到普遍的恰当地运用，充分发挥其承载和传递思想政治教育内容的作用。

其次，提高管理人员的思想政治素质和思想政治意识，使其承担一部分思想政治教育职能。要用好管理载体，充分发挥其教育功能，仅靠思想政治教育者的努力是不够的，还需要广大的管理人员也来做思想政治工作，即在管理中融进思想政治教育内容，运用思想政治教育方法。而如果管理人员自身的思想政治素质不高，他就难以履行思想政治教育职能；如果缺乏思想政治教育意识，他就不会在管理中融进思想政治教育内容。因此，提高管理人员的思想政治素质以及思想政治教育意识，是用好管理载体的一个基本性的工作。这一工作有多方面的内容，其中很重要的一点就是要帮助管理人员克服那种把思想政治教育和管理分离开来的糊涂认识。

许多管理者认为，思想政治教育仅仅是思想政治教育者的事，管理人员只需管好自己的业务，这是一种囿于分工所造成的片面认识。实际上，任何工作都离不开思想政治教育，因为任何工作都是人做的，要做好工作，就要发挥人的积极性、主动性、创造性，而调动人的积极性，除了其他手段以外，思想政治教育是不可缺少的重要手段；同时，在做工作的过程中，人们不可避免地会产生这样或者那样的思想问题，不解决这些问题，工作就会受到影响。管理当然也不例外，只有切实调动人们的积极性，适时解决各种思想认识问题，管理才能有效。这就决定了在管理中要渗透思想政治教育内容，运用思想政治教育手段。可见，管理和思想政治教育是互相联系和互相作用的。管理人员对此要有明确认识，把二者紧密联系起来，自觉承担一部分思想政治教育职能。在制定和实行“岗位责任制”的时候，主管部门要大力推行和落实“一岗两责”。这既是管理工作的内在需要，也是“以管理为载体”内容的一部分。

再次，促进管理水平的提高，为思想政治教育创造良好的环境。思想政治教育要以管理为载体，就要努力促进全社会各项管理工作水平的提高。这是因为管理水平的高下，对思想政治教育有着重要影响。科学的规范的管理可以起到理顺关系、化解矛盾从而使一个地区或单位的活动有序化的作用，这就在客观上为思想政治教育创造了一个良好的环境，有利于人们良好行为习惯的养成。

相反，如果管理乱糟糟，由各种实际问题引起的思想问题必然层出不穷，这就增加了思想政治教育的难度。无怪乎有人说“科学的、民主的、公平的、规范的管理，本身也是一种思想政治教育”。这当然是在一定意义上讲的，但它也说明管理水平的高低对思想政治教育具有非常重要的意义。因此，思想政治教育者应积极支持各级管理人员大胆管理，并主动参与管理过程，包括参与制订规章制度、宣传规章制度、督促规章制度的执行、协调各种关系等，努力促进管理水平的提高。这也是以管理为载体的题中应有之义。

（二）文化载体

文化是一个有着多重含义的复杂概念。广义地说，文化是指人类不断创造和积累起来的物质财富和精神财富的总和，涵盖除自然生成物之外的一切社会事物；狭义地说，文化则是指语言、科学知识、文学艺术及一切意识形态在内的精神产品。文化既是一定时代一定社会的产物，又是一个连续不断的动态过程。所谓以文化为载体，就是将文化看做是一个动态过程，把思想政治教育的内容寓于文化建设之中。这里的“文化”主要是指狭义的文化，在很多时候也涉及广义的文化。

一般认为，文化主要是由符号和语言、价值观、规范、物质产品等因素构成，其中，价值观及其具体化的规范是文化的核心。思想政治教育的基本任务正是要向人们传输符合我国社会发展要求的价值观以及相应的法律、道德规范等，以使人们的思想和行为向着社会要求的方向发展。可见，文化本来就蕴含着大量的思想政治教育内容并潜移默化地影响着人们。只不过我们过去对文化载体缺乏自觉地运用，文化载体的思想政治教育功能未能得到充分发挥。进入 20 世纪 90 年代以来，随着社会环境的巨大变化，思想政治教育者逐渐认识到文化载体的重要作用，比较自觉地运用这一载体开展思想政治教育。党中央也非常重视文化建设，十四大报告强调要搞好社区文化、村镇文化、企业文化、校园文化的建设；十五大报告又从社会主义初级阶段党的基本纲领的高度，论述了有中国特色社会主义文化建设的问题。按照党中央的要求，运用好文化载体，是社会主义市场经济条件下加强和改进思想政治教育的重要措施。

运用好文化载体，首先是要正确地认识文化的思想政治教育功用。如前所述，文化本身就蕴含着大量的思想政治教育信息，它对人的影响本来就包含着思想政治方面的影响，具备作为思想政治教育载体的内在特质。同时，文化遍及社会生活的各个领域，无所不在，无处不有；文化的这种普遍性特征为思想政治教育利用它作为具有广泛群众性的载体提供了条件。文化的这些特质，决定了它能够作为思想政治教育的载体被我们所运用，也决定了它具有较强的思想政治教育功用。

运用好文化载体，关键是要加强文化建设。文化的内容是庞杂的，对人的影响也是复杂的。把文化作为思想政治教育载体，就是要发掘文化内涵的思想政治教育资源并赋予时代的意义，同时将思想政治教育的新内容渗透到文化中，从而使文化对人产生积极影响。为此，就必须大力加强文化建设。

首先，是要保证文化建设的社会主义性质，充分发挥文化载体培养“四有”新人的作用。文化建设的性质最终是由思想建设的内容所决定的。因而在我国的文化建设中，必须坚持马克思主义的指导地位，坚决贯彻执行党的路线、方针、政策，以确保文化建设的社会主义方向，更好地为现代化服务，为培养社会主义新人服务。

其次，是要大力发展教育、科学、文学艺术、新闻出版、广播电视、卫生体育、图书馆、博物馆等文化事业，提高我国文化建设的水平，满足人民群众日益增长的精神文化需求。教育科学、文学艺术等各项文化事业具有广泛的群众性，直接影响到人们的思想道德素质和科学文化素质。只有在大力发展生产力的同时积极发展各项文化事业并不断提高其水平，提高其覆盖面、影响力，渗透于其中的思想政治教育的内容才能更广泛更有效地去影响人。相反，如果文化事业发展缓慢，水平低下，就很难满足人们的精神文化需求，文化载体的思想政治教育功能就难以实现。可见，努力发展各项文化事业，是加强文化建设的重要内容，也是运用好文化载体的内在需求。

再次，是要建设好社区文化、村镇文化、企业文化、校园文化、军营文化以至家庭文化，借助于这些载体，把思想政治教育落实到城乡基层。在我国社会中，全体人民共同奉行并占主导地位的社会主义文化既通过教育、科学、文学艺术、新闻出版等文化事业表现出来，又通过林林总总的群体文化如社区文化等表现出来。这些群体文化既包括社会主义主文化中的基本内容，如马克思主义思想体系、共产主义信仰、社会主义法律、道德等，又包括各种群体独特的价值标准、规范和生活方式，如社区文化中的习俗、人们的社区意识，村镇文化中的乡规民约，企业文化中的企业目标、企业精神，校园文化中的校规校纪校风等。群体文化对生活于其中的人们有着直接的深刻的影响，对与其有着这样或者那样联系的人们也有着某种程度的影响。

只有建设好群体文化，即在城市建设好社区文化，在农村建设好村镇文化，在企业建设好企业文化，在学校建设好校园文化等等，使其形式多样，生动活泼，为人民群众喜闻乐见，寓于其中的思想政治教育的内容才能更好地为人们所接受。因此，建设好社区文化、村镇文化、企业文化、校园文化，是加强市场经济条件下文化建设的重要任务，也是以文化为载体的必然要求。

总之，加强文化建设，使各项文化事业和各种群体文化处于良性互动之中，是思想政治教育充分运用文化载体的前提，也是运用好文化载体的至关重要的一环。有鉴于此，思想政治教育应充分发挥自己的优势，努力促进文化建设的发展，使思想政治教育与文化建设处于良性互动之中。

（三）活动载体

以活动为载体，就是有意识地开展各种活动，将思想政治教育的内容寓于活动之中，使人们在活动的过程中受到教育，提高觉悟。

人类的活动是多方面的，包括经济、政治、军事、教育、科技活动等，这些活动多属于人们的职业活动。这里所说的作为思想政治教育载体的活动则主要是指这些职业活动以外的一般社会活动，如文化活动、社会服务活动、社会调查活动、参观访问活动、各种群众性的精神文明创建活动等，当然也包括围绕经济、业务工作开展的各种有益活动。人们在社会生活中，除了参加职业活动以外，也还要参加大量的其他的社会活动，以满足精神生活的需要。随着社会的发展，人们闲暇时间的逐渐增多，职业活动以外的社会活动越来越丰富多彩，对于人们的生活也越来越重要。这种情况既要求思想政治教育者必须重视各种群众性活动的开展，善于寓教于活动之中，学会运用活动载体开展广泛的教育活动，又为思想政治教育运用活动载体创造了有利的条件。

选择活动为载体是对思想政治教育优良传统的继承和发展。通过各种活动对人们进行思想政治教育，是党的思想政治教育的好传统。五六十年代的学雷锋、学王杰、学焦裕禄等活动，在提高人们的思想道德素质方面，曾产生过广泛而深远的影响；日常思想政治教育中的“寓教于乐”即通过各种文体活动开展思想政治教育，同样产生了很好的效果。然而过去的做法主要是经验型的，对活动方式的运用也主要限于文体活动及学英雄模范人物活动。而新时期思想政治教育对活动载体的运用，既继承了五六十年代思想政治教育的好传统，又有了新的发展。这主要表现在，在理论上明确提出以活动为载体，并对活动载体的特征、作用等进行了初步研究；在实践上，除上述活动形式外，更创造了大量的新的群众性精神文明创建活动形式，如“为您服务”活动、“十星文明户”活动、“讲文明，树新风”活动、“五好家庭户”活动、“青年文明号”活动等。这些活动有很多本身就是作为思想政治教育的活动开展起来的，有明确的思想政治教育目的，蕴含着丰富的思想政治教育信息。由此可见，新时期思想政治教育的活动载体无论是内容还是形式都比过去大大扩展了。

选择活动为载体也是思想政治教育的内在要求。思想政治教育要培养人们具备良好的思想品德并促使人们将其外化为相应的行为，而良好的思想品德只有通过教育并在社会实践活动中才能得以形成和巩固，符合社会规范的行为也只有通过社会实践活动才能得以表现。思想政治教育的过程及结果都离不开实践活动，这是思想政治教育的特点所在。而各行各业的业务活动以外的其他社会活动是人们社会实践活动的重要内容，以这些活动为载体，即积极组织和引导人们参加各种社会活动，使人们在活动中逐渐提高思想道德素质，是促使思想政治教育顺利进行并取得较好效果的内在需要。

选择活动为载体还是提高思想政治教育有效性的要求。活动载体在发挥思想政治教育作用方面有它独有的特征：

其一,活动载体能够较好地使思想政治教育内容为人们潜移默化地所接受。各种活动生动活泼，形式多样，丰富多彩，能吸引人们自愿参加其中。将思想政治教育内容渗透到活动中，人们就能在不知不觉中受到教育，其思想道德素质的提高就会呈现潜滋暗长的态势。这种效果正是思想政治教育所要追求的较理想的效果。

其二，活动载体能较好地实现教育与自我教育的统一。教育与自我教育是思想政治教育过程同时并存的两种活动，只有把这两者协调统一起来，思想政治教育才能取得较好效果。活动载体就是实现二者统一的重要形式。把思想政治教育的内容有机地融入活动中，并积极组织广大群众参加各种活动，这是教育的过程；而群众在活动的过程中，在受到感染、不知不觉地接受教育的同时，又会自我鉴别、比较、判断、取舍，从而提高认识，使自己的思想品德向社会要求的方向发展，这又是自我教育的过程。在活动中，教育与自我教育有机地统一在一起。

其三，以活动为载体在一定意义上使思想政治教育客体主体化，扩大了思想政治教育面。参加各种活动的广大群众相对于思想政治教育者来说是受教育者——思想政治教育的客体。他们在受到教育，使自己的思想道德素质提高的同时，又以自己的活动在感染着、教育着未直接参加活动的众多的人，影响着、改变着社会风气。这样，他们又在某种程度上扮演了教育者的角色，使教育面大大扩展。例如，“青年文明号”“爱心社”“青年志愿者”一类活动，无疑会使千千万万的参加者行为得到规范，文明程度得到提高，为人民服务的意识得到加强，同时，他们的优质文明服务，又会把社会主义精神文明带给更多的人，使广大群众通过他们的服务活动受到感染，言行举止趋向文明化，社会风气也得以改善。

（四）大众传媒载体

大众传媒是指多种形式的通讯手段，包括报纸、杂志、书籍、广播、电视、电影、录音、录像、电脑等工具。以大众传播媒介为载体，就是指通过上述各种传播工具，向广大人民群众传输思想政治教育内容，使人民群众在接受广泛的社会信息的同时，接受思想政治教育。20 世纪 70 年代末以来，随着科技的迅猛发展和社会交往的日益增多，我国的大众传播媒介有了长足发展。1996 年我国报纸发行量 181 亿份，杂志出版 24.4 亿册，图书出版 70.8 亿册（张）；拥有广播电台 1238 座，广播人口覆盖率 83.7%；电视台 830 座，电视人口覆盖率 86.1%。（1997 年 4 月 5 日《人民日报》）这就使得国内外政治、经济、文化等方面的信息不仅通过文字出版物传播，而且还通过光波、电波、声波更广泛而又迅速地传播，几乎所有人们的生活和思想都受到各种大众传媒的广泛而深刻的影响。大众传媒的这种发展为日益社会化的思想政治教育以其为载体提供了科技的条件和物质的基础。同时也要求思想政治教育必须以此为载体，对人民群众进行广泛的宣传教育工作。如果不充分利用这一影响极大的载体，思想政治教育的影响力就会受到很大限制，那将是当代思想政治教育的一大缺憾。利用大众传媒进行思想政治教育，有两大优点：

一是能最大限度地扩大思想政治教育的覆盖面。如前所述，大众传媒渠道多，覆盖面广，深入社会的每个角落，影响到每一个人。现代社会中的人们借助不同类型的大众传媒获得跨越家庭、学校、工作团体、社区乃至国界的各种信息，传媒传播的各种价值观念、思想观点、社会规范等，使人的精神世界受到极大的影响。可以不夸张地说，现代社会中每一个人的思想品德的形成和发展几乎都不能摆脱传媒的作用。因此，通过大众传媒如报纸、期刊、广播、电视等进行思想政治教育，就能广泛地作用于社会的各个阶级、阶层、各种利益群体乃至每一个人，使思想政治教育真正具有全民性。

二是能提高思想政治教育的时效。大众传媒与社会生活联系密切，能迅速及时地反映社会生活。这一特点由于电子媒介的发展，变得更加突出。电视、广播等电子媒介的使用，使传媒对社会生活的反映更加快捷，甚至同步化并且不受时空的限制。互联网的发展，更使得“地球变小了”，世界犹如一个“地球村”。这就使我们有可能利用它们及时地进行思想政治教育，使其作用很快体现出来。例如，现场直播江泽民在十五大上的报告，就使广大群众及时了解到十五大精神，及时了解到党对我国政治、经济、文化等方面的建设以及党自身的组织、作风建设的新的战略部署，明确了世纪之交我们的前进方向。这一现场直播无疑是一次成功的宏观思想政治教育，其效果非常明显。大众传媒的这些优点，表明它是现代化建设和市场经济条件下思想政治教育的优良载体。我们应努力用好这一现代载体，充分发挥它在思想政治教育中的积极作用。

综上所述，管理载体、文化载体、活动载体、大众传媒载体各有各的特点、功用以及适用范围，因而我们应根据思想政治教育的不同内容和教育对象的不同情况，选择相适应的载体，以充分发挥每一种载体的思想政治教育功能。但同时，它们之间又是相互联系、相互渗透、相互作用的。因此，我们又不能片面强调某一种载体的作用，而应学会综合运用或交替运用包括上述四种载体在内的多种载体，发挥多种载体的综合效应，以形成全方位的思想政治教育态势。

四、正确运用载体

新时期人们在研究思想政治工作的载体上做了大量工作，载体也渐新渐多，这本是社会的进步。然而有些单位往往单纯为了博取兴趣，不从效果着眼，结果载体虽新，形式虽多，效果反而呈下滑之势。无论多么珍贵的妙药，不能正确运用，都不能达到治病强身的目的，无论多么先进的政工载体，不能正确运用，也不能达到教育人、改造人的目的。对于思想政治工作的载体，关键在于正确运用，使之发挥最佳教育作用，在此基础上实现载体的创新和发展，才有积极意义。

第一，坚持鲜明的思想性。无论采用什么政工载体，都要把思想性放在第一位。失去了思想性，再新的载体也没有意义，甚至还会产生负效应，载体吸引力越大，负效应也越大。动用政工载体的一切活动，都应当围绕思想性展开。

例如，丰富多彩的精神文化活动，是当前思想政治工作经常运用的重要载体。这些活动可以动静结合，寓教于乐，寓庄于谐，化深奥为浅显，化精辟为通俗，有利于先进思想道德的传播与熏陶。有时甚至能将某种崇高境界隐喻于无声之中，将课堂上不易讲清的某些道理展示于明白无误之间。然而有些单位往往说是“寓教于乐”“陶冶情操”，实际上从乐到乐，对于教却未尝顾及，这就不可取。因为并非任何玩乐都能陶冶情操。能够陶冶情操的活动，必然是可以寓教的政工载体，尽管这些载体作用大小不同，表现形式各异。不管什么玩乐都冠以“陶冶情操”是不合适的，不能自觉不自觉地把“陶冶情操”当作玩乐的同义词，或变成一个似是而非、朦胧混沌的概念。而且任何事物都有个“度”，娱乐也要适度。乐可寓教，不能代教。历史上既有乐不思蜀的亡国之君，更有玩物丧志的无数先例。在组织精神文化活动中，应当作到乐要寓教，乐要适度，坚持鲜明的思想性。

鲜明的思想性，就是旗帜鲜明地坚持讲学习、讲政治、讲正气。鲜明的思想性并非要人板起脸孔、刻板说教，没有生气，而是可以追求手段的多样性和生动性的。多样性是为了发挥多种活动的互补作用，多侧面地反映思想性；生动性是根据不同年龄、性别和文化层次等特点，分别安排不同活动，并提高表现力，适应人们的鉴赏能力和爱好，用强烈的吸引力去表现思想性。为了保证鲜明的思想性，党、政、工、团应协调行动，各级领导既共同组织，又亲身参加，保证活动的正确引导，让健康向上的活动促使人们的思想道德不断进步。

第二，坚持强烈的针对性。政工载体多，只能说明可供选择的余地大，而不能无论搞什么教育，面对什么思想情况，都是各种载体一拥而上；政工载体新，为提高效率提供了可能，但只有在坚持针对性的前提下，这种可能才能变为现实。并非载体越新效率自然就越高，效果自然就越好。人的思想千差万别，每次教育内容各异，都要求运用政工载体要坚持强烈的针对性。“坚车能载重，渡河不如舟”，搞什么教育，针对什么思想情况，适于采用什么样的载体，是很值得研究的。例如进行职业道德教育，不仅要利用一般载体进行宣传教育，提高认识，启发自觉性，还要选用对其针对性最强的载体，如以严格的规章制度为载体。职业道德意识在职业道德规范制度化中得到强化，制度的他律作用又逐渐“内化”为人们的自律作用，形成良好的职业道德习惯。如果忽视严格的规章制度这个针对性最强的载体，其他载体再多再新，都可能达不到预期的目的。

第三，坚持缜密的科学性。思想政治工作本身是一种多学科构成的科学，运用政工载体，自然也要讲求科学性。不仅要讲科学性，而且要缜密些，再缜密些。不讲科学性，没有缜密的科学安排，不仅达不到教育目的，有时甚至适得其反。例如电视录像是一种很新的载体，但不仅不能用内容不健康的录像，而且即使可以用作教材的录像，也有个科学运用的问题。就拿进行廉政教育来说，过多组织观看反腐录像，过多运用反面教材，有时会使某些思想作风本来比较单纯正派的人变得复杂了，甚至走入歧途。这就是主观上教育人，客观上却产生了误导或诱变作用。如果以廉政先进典型录像为主，在正面教育中恰当穿插少量反面教材，在运用反面教材时又根据内容需要不失时机地给予剖析和批判，起到警世和教育作用，就比较科学了。

运用思想政治教育载体绝对不是万金油随便搽，而是要勤于思索，精于选择，巧于安排，工于操作，运用政工载体的过程就是科学创造的过程。这在另一方面说明，运用思想政治工作载体的政工人员队伍，应当是一支高素质的科学队伍。

第四，坚持明显的实效性。运用政工载体，一定要追求明显的实效。对此，先要有个清楚的认识。现在不少人认为思想政治工作的效果显示是缓慢的、隐性的，因此运用政工载体存在很大随意性，偏于求多求新，不注意教育效果，认为反正是隐性的，谁也看不见、摸不着。这就必须分清思想政治工作现场的效果显示，与工作对象的思想道德成长之间的关系。对于教育人、改造人、培养人的整个长过程来说，思想政治工作的确起的是潜移默化的作用。但潜移默化并非总也看不见、摸不着，而是一个渐进的量的积累过程，这个过程是由许多次教育的成果连接组合而成的，既有不显山、不露水的正确思想的植入，也有迅速转变和提高的闪光。也就是说每次教育都或多或少、或隐或现地对人有所启迪，有所促进。这说明思想政治工作现场的效果显示并不都是隐性的，在许多情况下是显而易见的。有的当场见效，或破涕为笑，重新扬起生活的风帆；或化干戈为玉帛，同唱团结胜利之歌；或勇气顿生，向着既定目标冲刺，等等；有的短期内见效，诸如理论知识丰富了，思想水平提高了，令人大有“士别三日，刮目相看”之感。

对于具体个人来说，我们无法做到每次教育都有显效，但只要不是形式主义的教育，此人在接受许多教育中，必有不少次数是有显效的。如果我们的工作对象是一个群体，这个群体接受某次教育后，在效果显示上必有一部分人是隐性的，另一部分人则是显性的。在我为隐性，在你可能为显性；在你为隐性，在我可能为显性。综观起来，当然可以看出明显实效。不承认思想政治工作具有看得见的实效，必然会走上认为思想政治工作是“软指标”“软任务”，因而“可有可无”的歧路上去。承认思想政治工作具有看得见的实效，运用政工载体就要坚持明显的实效性。

坚持明显的实效性，就要反对形式主义。形式主义表面上用了某种载体，实际上将这种载体扭曲了、变形了，起不到应有的作用。例如知识竞赛是一种很好的载体，关键在于参赛单位组织者是否讲求实效。时下有些单位组织参加上级举办的知识竞赛，是先由几个“秀才”查资料、翻本本，突击搞出一个标准答案，然后打印下发所属单位，让大家依样画葫芦照填照涂，或一个单位由一人代填代涂，填涂完了也就万事大吉了。这样，虽然有可能拿到组织奖，个人被抽上一、二个也未可知，但群众学到东西了没有？那就只有天晓得了。把知识竞赛当作弄虚作假、沽名钓誉的手段，就使知识竞赛失去了原有的意义，这是一种形式主义的歪风。只有扎扎实实地组织群众努力学习，刻苦钻研，独立思考，认真答卷，把知识竞赛变成推动学习的东风，组织参加一次知识竞赛，大家的理论知识就丰富一次，水平提高一步，知识竞赛就真正成了一种有效的载体。由此可知，坚持明显的实效性，乃是运用一切政工载体的出发点和归宿。

世界上没有一种万应灵丹，可以包医百病；也没有一种政工载体，可以打开所有的思想问题之锁。政工载体要不断创新，改进方式方法，以适应不断发展的新形势的需要。只要正确运用，新的载体能够大大提高工作效率，有时运用一种富有新意的、为群众喜闻乐见的载体，能取得令人鼓舞的教育效果。关键是不要忘记一条重要原则：就是要在坚持正确运用的前提下，来实现思想政治工作载体的创新和发展。

第三节 和谐教育与持续发展

大学生涯中，有两个时间点是至关重要的，第一个时间点是新生入学时期，这一时期学生面临的主要问题是从中学生到大学生的身份转变，这一转变的重要之处在于可以促使学生更快更好地融入到大学生活中来；第二个时间点是大学二年级（根据个体差异，这一时期也可能扩展到整个大二学期），这一时期学生面临的主要问题是如何在纷纭复杂的大学生活中抓住努力的方向，从而为后面的大学生活提供源源不绝的学习动力以及制定合理可行的人生规划和学习目标。

一、抓好大一新生的身份转变工作，迈好大学的第一步

从事物发展变化的理论来说，内因是决定事物发展的主要因素，外因是事物发展变化的重要条件，具体到大学新生身份转变而言，外因在其中所起的作用非常重要。在新生入学的特定时期，其主要作用的内因如对新事物的领悟能力或者是在新的环境下的适应能力是一个相对固定的常量，这时候不同的外因对于促使大学生向不同方向发展，其作用可能就是决定性的。如橘生淮南是为橘，生淮北是为枳就是这个道理。

一般来讲，不同新生完成身份转变的时间是不一样的，最快的可能只需要一个月左右，最慢的可能需要大半年的时间，按正常抽样结果来看，第一学期结束，完成从高中生到大学生身份转化的比例一般在 80%以上。然而这个比例还要具体分析。首先需要注意的是新生入学后分化是很明显的，大致可以分为三部分。

第一部分是最先和老师接触的人，这部分人大多担任过高中的班干部，有一定的工作能力，同时人际交往水平较高，往往会被指定为班干部，这部分同学由于和老师接触较多，所以完成转化的时间是最快的。

第二部分同学是较早参加学生会的人，这部分同学性格比较活跃，有一定的工作能力，由于和学生会比较优秀的学长或学姐接触较多，所以这一部分同学的转化也是较快的。

第三部分同学所占比例很大，约占80%左右，这中间有些也是能力较强的，有些也是性格比较活跃的，有些是学习能力较强的，他们所占比例大约为 80%左右，因为各种原因没能进入班主任的视线或者学生会，这部分同学就是通常我们所说的中间阶层，一般来讲这部分同学经过一段时间会正常地完成身份转化；最后还剩下约占全班10%左右的人，这部分学生往往由于家庭困难、性格内向、自卑心理、人际交往能力偏弱等原因导致迟迟不能完成身份转化或转化的不彻底。

传统的学生工作或者是抓两头，或者是抓中间，但即使是抓两头的时候往往也是把重心放在了前头，从而导致这部分同学成为班上最容易被人忽视的群体，他们往往朋友较少，加上家庭、性格或者心理的因素以及被冷落的原因从而形成一个恶性循环。他们往往成为问题学生的主要来源。

当然，所谓完成大学新生的身份转化并不单单是指心理或者行为的转化，更重要的一点是指学生学习方式、学习能力以及思维方式的转化。

很多同学虽然成为了大学生，但在本质上，尤其是在学习方法上仍然停留在高中水平。很多同学仍然习惯满堂灌的教学方式，不愿回答问题，不敢回答问题，把回答老师问题看成一种思想负担，或者每次回答问题总是固定的几个人，这种心态下怎么可能有积极的学习效果？更不用创新思想地培养了，同时反过来也影响了老师教学的积极性。传统观点认为转变学生学习能力的任务是交给任课教师来完成的，事实证明效果并不理想。这里面的原因非常复杂，有学校的因素，有老师的因素也有学生的因素。

高校教学改革之所以难以推进，固然有教师思维转变的因素，但学生的学习思维转变也是重中之重，所谓教学相长，互相促进就是这个道理。从学生工作的角度来看，如果能在新生入学之初，就有意识地抓好这方面的工作，势必对培养学生良好的学习习惯以及创新思维有很大的促进作用。比如某校某班准备实行的老师提问，全班必须有超过 30%学生举手的措施，虽然实践效果还有待于观察，但其对教师和学生的积极意义是不言而喻的。

二、抓好大学生人生规划从“理想”到“现实”的转变，实现大学生涯可持续发展

从以上分析可以看出，大学新生身份转变的工作往往是不充分的，而其中学习和思维方式转化的不彻底是制约大学后续发展的最重要的原因。而目前的常规学生工作似乎也没有相应的解决措施。而由此带来的直接后果是接下来大学生活的漫无目的和缺乏人生规划。

理想与现实之间的矛盾是人生发展道路永恒的话题。在大学生尤其是大二时期表现得特别明显。当大一的新生从天之骄子的光环下显现出来，理想与现实的巨大反差是对大学生心理的一次巨大考验。当班级内部同学分化完成之后，一部分人进入了班委学生会，算是暂时找到了生活的支点，一部分人学习成绩优异，也算是有了心理优势。而剩余的大部分同学，当他们刻苦学习却发现和奖学金无缘，当他们辛苦劳作干着每小时两元钱的兼职的时候，巨大的心理落差同时带来的就是巨大的思想包袱。大学不是天堂，残酷的竞争环境、优胜劣汰的自然法则、社会化的人际交往方式冲击着他们脆弱的心灵，于是逃课、沉迷网游、自我封闭、自卑等现象开始产生，所以这时候的他们内心是最迷惘的。

以某大学某班为例，通过最近问卷及谈话调查，全班共 56 人，感到迷惘的有 36 人，占 64%，而其中还包括部分班委。没有目标、情绪低落、严重内向的有 8 人，约占 14%。究其原因，主要有以下几点：

第一，对前途的悲观，对未来的担忧，这方面主要是受社会现实的价值体系和当前高校就业形势的影响。

第二，自身定位不准确，有许多同学对自己甚至没有定位，这方面主要是核心竞争力的缺乏，从而导致的自信心不足，进而自暴自弃所致。

第三，目前高校教育中课程设置与现实需求的错位。众所周知，高校文科教育普遍存在的一个悖论：文科教学承担的是培养学生人之为人的主要任务，而不是职业技术教育，但现实社会的巨大反差让学生对一技之长更感兴趣。这一原因直接导致学生学习激情和动力的丧失、教育资源的浪费以及由此可能形成的恶性循环。

以该校目前学生工作中对学生的规划而言，主要是考研、考公务员和当教师。以考研为例，这毕竟是一种高端竞争行为，无论是从报名人数还是从历年实际考取的结果来看，这个比例都不大；以考公务员为例，其录取比例和种种社会现实让更多的同学只能是抱着试试看的心态，而且大二时期离考试时间很长也很难让他们现在真正重视起来；以考教师为例，除教师资格证外，其他的硬性要求很少，这也让一部分同学失去了努力的目标。

要改变目前学生思想教育工作存在的“句句都是真理，句句都是废话”的现状，就只有深入到学生当中去，具体问题具体分析，针对不同学生的情况给予不同的关心和帮助。在这个过程中，辅导员和班主任的重要性是不言而喻的。为此有必要改变现有学生工作一线教师的评价体系，历史和经验一再证明，一个优秀的班主任对全班同学的成长好处是显而易见的。但是目前存在的一个普遍的问题是班主任工作的积极性问题，大多数的班主任在常规工作方面是没有问题的，对于班级的掌控，安全平稳等等方面都做得很好，但学生工作的精髓在于一个细字，而这就是一个没有边界的付出问题。以培养学生的核心竞争力为例，不同的学生有不同的特点，单靠学生自身是很难完成自我设计的，而老师丰富的人生阅历和经验可以相对准确地帮助学生解决这一问题，但这必须建立在对学生思想和能力状况相当了解的基础之上才行，这个工作量是相当大的，可以说目前还没有一个班主任或者辅导员能圆满完成这一任务。本来本科导师制是一个不错的解决方案，但现实的导师制度名存实亡又让这一理想的实现变得遥遥无期。

综上所述，高校学生工作的核心在于人才培养，而人才培养的核心在于学生核心竞争力的形成，而要解决除了高端学生（包括考研）以外的广大中间部分学生的思想认识问题，让他们以积极自信的心态，合理可行地制定符合个体实际的人生规划以及完成大学四年的学习目标是当前学生工作的重中之重。而要解决这一问题，就必须充分认识关键时间对学生思想学习的关键作用，抓好两个转变，促进大学生全面健康发展。

三、90后大学生恋爱观误区的表现

大学生恋爱现象由来已久。经历了十几年的寒窗苦读，高考的硝烟逐渐淡去，来到大学的象牙塔，随着大学生活的丰富，接触群体的增加以及心理、生理的不断成熟，青春的萌动使学生们开始涉足爱情这个领域。伴随着社会经济的发展，特别是互联网的发展和普及，90 后大学生的恋爱呈现出新的发展趋势和特点。由于大学生的心理、生理没有完全成熟，对恋爱问题的处理能力还不够健全，导致大学生恋爱过程会出现诸多问题。相比而言，近代中国革命中却发生了众多至死不渝、感人至深的爱情。在那样一个清贫、动荡的年代，革命前辈们能够克服客观和主观的重重困难，坚守住他们那份纯真的爱情，铸就了一幕幕感人至深的爱情经典。革命前辈们高尚的恋爱品质，值得 90 后大学生学习。因此，高校辅导员可充分挖掘革命爱情内涵，通过丰富多彩的校园文化活动大力宣传革命爱情精神，帮助 90 后大学生树立正确的恋爱观。恋爱观，是人们对恋爱的总的看法和根本观点，以及对恋爱所持的态度。生长在信息爆炸时代的 90 后大学生思想比较复杂，恋爱观也呈现出明显的时代特点。大部分 90 后大学生虽然清醒地知道大学是学习的地方，但他们表示，一旦有合适的爱情，也不会错过。有调查显示，90 后大学生曾经恋爱及正在恋爱的比例高达 60%。他们开放而前卫，不再像 80 后学生“犹抱琵琶半遮面”，他们校园内手牵手、肩搭肩地并排行走，花前月下搂抱亲吻，更有甚者，他们认为“同居”“试婚”“闪婚”都是可以理解的，他们对此也不拒绝。由此可见，部分 90 后大学生的恋爱观存在严重问题，主要表现在：

（一）恋爱动机世俗化，缺乏对爱情忠贞不渝的坚守

受社会不良婚恋现象的影响，不少 90 后大学生的恋爱动机不纯，呈现出世俗化倾向。有的借恋爱消遣孤独时光，寻求精神安慰；有的借恋爱寻求经济资助，摆脱经济困境；有的借恋爱炫耀自己，赢得身价。一项针对“大学生恋爱原因”的调查显示：有高达 24.5%选择“丰富生活，摆脱寂寞”，12.3%选择“满足自己的虚荣心”，仅有 37.2%大学生选择“寻找真爱”。

在这种世俗化恋爱动机驱使下进展的爱情不是基于共同的理想、信念和责任，也不是要和对方结成终身伴侣，而是一时冲动，仅满足于与异性交往的欲望，寻求刺激、填补精神上的空虚。他们“不求天长地久，只在乎曾经拥有”，形成一种各取所需的“契约式恋爱”，甚至异化成一场交易，一旦遭遇严峻的

现实，曾经的海誓山盟顿时化为乌有，更别提坚守诺言，执子之手，共同面对风雨。

（二）恋爱地位至上化，缺乏对恋爱对方的包容与信任

有些坠入情网的90后大学生不能自拔，强烈的感情冲击一切，他们日夜缠绵厮守在一起，并且抱有“永远控制对方”“占有”“支配”“拥有主动权”等想法，要求恋人围着自己转，要对方听从自己，服务自己，迎合自己，全然不顾对方的需要、爱好和感受。90后大学生绝大部分是独生子女，从小过着以自我为中心的养尊处优的生活，习惯于他人对自己言听计从，习惯于以自己的价值观、生活方式、兴趣爱好去衡量、评价他人的行为，不习惯站在对方的角度去思考问题。个性鲜明的90后大学生，受自我为中心的影响，缺乏对恋爱对方的包容与信任，恋爱摩擦与矛盾也必将日益凸显。

（三）恋爱道德空洞化，缺乏应有的严肃感与责任感

有些90后大学生不顾社会公德和自我形象，不分时间和场合，大庭广众之下公然勾肩搭背，做出过分亲密动作。更有甚者，有些大学生受社会上某些“性解放”“性自由”思想的影响，恋爱观念开放，传统道德淡化，责任意识淡薄，对三角恋、多角恋和婚前性行为无所顾忌。据某高校问卷调查统计，33.9%的学生认为三角恋、多角恋符合道德规范，44.1%的学生认为有机会自己会这样做，28.6%的学生认为自己不能避免婚前性行为，只有23.4%的学生表示自己将来不愿意和曾与他人有过婚前性行为的人结婚。

可见，这些恋爱道德缺失的90后大学生，并不是为了真正的爱情去爱对方，而是把恋爱当作一种感情游戏，缺乏应有的严肃感与责任感。

心理尚未完全成熟的90后大学生，一旦恋爱受挫，就会感到悲伤、痛苦、忧郁、焦虑等，而如果他们不能正确处理好恋爱关系，往往会影响正常的生活和学习。有的90后大学生感情受挫后一蹶不振，消极颓废，陷于痛苦之中不能自拔，荒废了学业，耽误了前程；更有甚者产生报复心理，触犯法律，毁人毁己，葬送掉自己和他人一生的幸福。为此，对90后大学生进行爱情教育，帮助其树立正确的人生观、价值观和恋爱观显得非常必要。

四、革命爱情教育对90后大学生形成正确恋爱观的意义

漫长的革命历程中涌现出众多可歌可泣的爱情故事，文学家们据此还创作出大量以革命和爱情为主题的文学作品，如洪灵菲的《流亡》、蒋光慈的《咆哮的土地》《少年漂泊者》、胡也频的《到莫斯科去》、巴金的《灭亡》《雨》、丁玲的《韦护》等。当下的许多爱国题材电影也多借爱情这一主线来叙事，如《湘江北去》《秋之白华》《与妻书》《人间正道是沧桑》等。无论是文学作品还是影视作品都以其独特的表现方式再现了革命者荡气回肠的红色爱情故事，挖掘这些革命爱情内涵，对引导90后大学生形成正确的恋爱观有着积极的意义。

（一）有助于端正90后大学生的恋爱动机

何为爱情？爱情是一种坚守。革命伴侣的坚守，守望的不仅是天长地久的爱情，也寄托着他们对社会、民族以及国家的未来的思考。这种思考，让他们在爱情和革命理想中找到了一个恰当的平衡点。他们在革命的岁月中结缘相知，志同道合的理想维系着爱情，生离死别没能使他们的爱情之花枯萎，反而加深了他们的感情。周恩来和邓颖超的爱情就是很好的例子，他们是一对有着特殊婚恋观和价值观的职业革命家。他们相识于“五四”运动，1925年两人在广东结成伴侣，虽历经风雨，坚定的革命理想使他们真正结合在一起，共同为中国的革命事业奋斗终生。

可见，革命爱情是建立在志同道合的基础上，恋爱双方有着真挚而纯洁的感情，并能克服一切时空障碍相扶到老，这种纯洁而坚守的品质有助于90后大学生端正恋爱动机，理清大学生涯使命，树立高远目标，实现学业与爱情的双丰收。

（二）有助于净化90后大学生的人际环境

革命年代的爱情注定彼此要承受更多的磨难，革命恋人之间的相互包容与信任演绎了诸多可歌可泣的爱情故事，革命伴侣林觉民夫妇就是其中的代表。

林觉民那封《与妻书》情真意切、感人肺腑，“吾充吾爱汝之心，助天下人爱其所爱，所以敢先汝而死，不顾汝也。汝体吾此心，于啼泣之余，亦以天下人为念，当亦乐牺牲吾身与汝身之福利，为天下人谋永福也”。林觉民为革命要抛家舍业，而陈意映也不以个人和家庭的利益为重，站在国家与民族的高度，毫无怨言地独自支撑着家庭，默默地支持着丈夫，是她的理解、包容与信任成就了林觉民的革命事业，推动了中国革命的前进。

因此，革命爱情中革命伴侣们那种抛却了个人中心和个人利益，以国家与民族利益为重,充分尊重信任并理解包容对方的优秀品质将使有助于90后大学生审视自身在恋爱及与人交往过程中的个人主义行为，能够站在时代与民族的高度，站在他人的角度思考问题，从而与恋人、同学建立良好的人际关系。

（三）有助于增强90后大学生的责任意识

心理学大师弗沙姆代表作《爱好艺术》中说：“爱的本质就是付出和责任。”真正的相爱，就应当承担彼此间的责任，也承担对家国的责任。他们在生活中锤炼真爱，他们在真爱中把责任放在心间，无论何时，无论何地，生死相许。“天空依然阴霾依然有鸽子在飞翔\谁来证明那些没有墓碑的爱情和生命\雪依然在下那村庄依然安详\年轻的人们消逝在白桦林”一首脍炙人口的《白桦林》让我们看到那个苏联小伙子拿起枪奔赴边疆，保卫国家，保卫心爱的姑娘，从小爱到大爱，既涵盖了人类最圣洁、最普遍，而且最纯真、最感人的两性之间的爱情，也展现了一个人作为个体对爱人、对民族和对国家的感情与责任。

因此，对90后大学生进行革命爱情中的责任教育，有助于他们摒弃恋爱游戏心理，深刻认识和理解爱的本质，理智行事，并勇于承担责任。

五、积极开展革命爱情教育的有效途径

90后大学生作为未来社会的建设者，他们对恋爱和婚姻的看法将主导家庭的发展趋势，古语云“齐家，治国，平天下”，家庭作为一个基本单位组成社会，家庭的和谐与稳定也将决定未来社会的稳定，因此，高校辅导员应充分挖掘革命爱情内涵，积极探索开展革命爱情教育的有效途径，引导大学生的健康

成长。

（一）以课程教学为先导，注重革命爱情教育的渗透

思想道德修养课程是对学生直接、广泛地进行恋爱教育的课程，也是高校对大学生进行恋爱教育的最佳渠道。此外，大学生心理学、人体心理学、文艺、艺术课以及其他人文课程，也都有助于培养学生爱情美的意识、道德、情感和行为。因此，立足高校课程教学，通过专业课、选修课的开设，针对本地区学生的实际情况，从现实认识切入，加强教学过程中革命爱情教育的渗透，帮助大学生树立正确的恋爱观。

（二）以校园文化建设为依托，丰富革命爱情教育的形式

一方面，高校可以围绕恋爱问题，适时地组织相关的专题活动，如，开展革命爱情主题读书月活动、征文活动、朗诵表演、舞台话剧、舞蹈史诗，召开专题讲座及专题讨论，经典爱情文学、艺术、影视欣赏等。通过各种专题活动，使学生在自由的气氛中广泛地接受爱的教育，使他们懂得爱情的力量，学会关心、学会付出、学会爱人、学会相处，从而为未来的婚姻、家庭和事业奠定可靠的基础，使恋爱在生活中成长。另一方面，高校还可以借助社会实践活动，深入到革命圣地，邀请当地的革命伴侣谈他们的相爱、相守之路，通过革命前辈的榜样示范，影响带动大学生正确恋爱观的形成。

（三）以网络平台为载体，拓宽革命爱情教育的领域

90 后大学生生活在一个网络极为发达的时代，他们的学习、情感生活与网络息息相关，高校辅导员可充分借助网络平台，展开革命爱情教育。如高校辅导员可以将当下流行的江苏卫视《非诚勿扰》等电视相亲节目，作为一个话题，借助博客或微博平台，以案例分析的形式，以平等倾听的姿态展开师生之间关于爱情的互动交流。

总之，革命爱情故事中所体现的坚守、包容和责任等崇高精神，对引导 90 后大学生树立高尚的恋爱观，正确处理恋爱问题具有非常重要的指导意义。高校学生工作者应开动脑筋，充分挖掘革命爱情内涵，并结合教育对象的新

特点，创新载体，丰富教育形式，营造良好的校园文化氛围，促进 90 后大学生文明恋爱。

六、班级心理保健员工作存在的主要问题

根据相关高校班级心理保健员的访谈和调查发现，高校班级心理保健员工作存在以下及个问题：

（一）心理保健员的培训工作缺乏系统性

很多高校设立了班级心理保健员，但是缺乏系统的培训，往往导致心理保健员不知道自己的职责，他们在刚开学时参加过几次会议，或者上过几次课，但是这些所谓的培训没有系统性，导致心理保健员根本无法胜任工作。如黄晓芳曾对浙江省 7 所高校心理保健员工作的现状进行了调查，73.4%的心理保健员认为自己没有参加过心理知识及助人技巧的培训。对一般学生的调查发现，31.2%的学生认为“学校对心理保健员的系统培训不够”。

（二）心理保健员的培训工作缺乏长效性

通常在选拔好心理保健员之后，相关老师会采用讲座等形式给新当选的心理保健员进行几个学时的岗位培训，之后可能会采用放羊的形式，让学院或系心理辅导员老师担任培训教师。分成小班进行培训有其独有的优势，如可以开展形式多样的活动，但是也存在一些问题，给心理保健员培训的周期变得非常自主，而学院或系心理辅导员通常自身都缺乏心理的相关培训，从而导致对心理保健员的后期培训缺失，培训缺乏长效性。

（三）班级心理保健员的工作内容有时与社团活动区分不明

班级心理保健员的工作多数情况下是不可见的，由于缺乏检查督导，许多班级心理保健员没有自觉开展工作。目前，班级心理保健员主要是通过开展多种形式的活动来加强宣传力度，扩大普及面，比如邀请专家举办心理讲座、开设主题班会等，希望大学生敞开心扉，与其他同学和教师进行真正意义上的心

灵沟通。但是，对于这种班级活动，大多数大学生只能得到基础性的大众心理知识，而那些真正有心理问题的大学生依然无法获得实质性的帮助。而且，在举办讲座和开设主题班会方面，学生会和一些校内学生社团做得更为专业和到位。因此，班级心理保健员开展类似的活动难免有重复之嫌，这既缺少了班级心理保健员本应有的特色，也有违其设立的初衷。

（四）班级心理保健员的工作职责与朋辈咨询员产生混淆

由于大部分高校没有开设心理学专业，缺乏心理学的师生资源，因此，相应的班级心理保健员难以掌握朋辈咨询的相关知识和技巧，也达不到朋辈咨询员的咨询水平；而将咨询工作下移至心理保健员的工作中，常常导致班级心理保健员的工作职责和定位与朋辈咨询员产生混淆，心理保健员不能达到理想的工作状况；而且设立班级心理保健员在一定程度上虽然达到了扩大咨询网络覆盖面的初衷，但在实践工作中，班级心理保健员自身的素质和工作的要求之间存在着差距。

七、健全高校心理保健员制度的有效性对策

目前，全国各高校都非常重视学生的心理健康教育，不仅从机构设置、师资建设、财力、场地上多方面推进心理健康教育的发展，而且还通过校报、校园网、广播等多种形式加大心理健康教育的宣传力度，同时心理健康教育及相关人文、社交、职业规划等课程也走进了学生的课堂，这些都为心理健康教育的开展拓宽了道路，进而减少心理保健员开展工作的阻力。但是，以下几个方面在改善高校班级心理保健员工作时的作用不容忽视。

（一）完善高校心理保健员的培训机制

通常各高校在班级中选拔心理保健员后，会进行岗位聘任及培训，这种集中式的培训可以有效地帮助心理保健员认清岗位的职责，掌握心理健康的相关知识，以及了解学校的心理健康教育工作。除了这种一级网络对三级网络的集中培训，在平时有必要以学院或系为单位对心理保健员进行分散式的培训，即

加强二级网络对三级网络的培训，这种培训可以更多地结合本学院学生心理的特点，形式上也可以更加灵活，如采用例会的时间进行团体训练、案例学习等。

心理保健员工作不仅要求学生了解基本的心理健康知识，掌握辨别心理异常的方法等，另外还需要对遇到有心理问题的学生进行简单或初步的心理干预，如安慰情绪低落的同学，以及学习如何开展班级心理健康活动、宣传心理健康知识等。因此单单掌握一些理论知识远远不能很好地胜任心理保健员的工作，学习咨询的相关技巧，学会简单处理心理事件也是必不可少的。理论学习可以通过讲座、阅读相关书籍或资料的形式进行，实践操作则需要其他有效的方式，如案例教学，情景模拟等。

（二）合理定位，明确职责

班级心理保健员应定位为高校心理健康教育阵地的“前沿哨兵”和大学生与心理咨询专家之间的“桥梁”。班级心理保健员的工作重点不是直接解决心理问题，而是发现和反映问题，或者协助解决问题。因此，对于班级心理保健员的工作职责应界定为“关注、倾听、宣传、报告”四个层面。关注主要是指关注全班学生的情绪、行为的变化等心理健康状况，及时发现不稳定因素；倾听主要是指倾听同学的忧愁和烦恼；宣传主要是开展丰富多彩的心理健康教育活动，大力宣传心理健康的基本知识；报告主要是指第一时间反映问题，以便辅导员和心理咨询教师为出现心理困惑的大学生提供及时的帮助。

（三）明确目标，精心设计方案

为了更好地发挥心理保健员的作用，要对班级心理保健员进行培训并实行资格制度。心理保健员经过心理健康教育培训和考核，合格者发予证书，持证上岗。针对学生的特点，需认真研究培训计划，增强培训力度，提高培训质量。培训形式涉及座谈、讲座、团队辅导等，内容主要包括：心理保健员的个人综合素养，学生心理素质特点和心理健康标准，班级心理保健员的职责、工作内容、原则及方法，学生心理危机干预措施，心理咨询的基本理论技巧，学生常见心理问题分析与预防等。

通过培训，心理保健员要能达到五个必备条件，即在工作中做到：尊重、热情、真诚、共情、积极关注，同时提高心理保健员的心理素质和道德修养，明确心理保健员职责，掌握心理保健员的工作方法和原则，更好地做好心理健康教育宣传工作，保证工作效果。

班级心理保健员是心理健康教育工作中非常重要的力量，明确他们的工作职责和角色定位，有利于更好发挥他们的潜能，扬长避短，使他们在学校心理健康教育和安全稳定中发挥更为积极的作用。

第十七章　高校思想政治教育与大学生心理健康教育

第一节　大学生心理健康教育的内涵与特征

随着社会的飞速发展，人们的生活节奏日益加快，竞争越来越强烈，人际关系也变得越来越复杂，由于科学技术的飞速进步，知识爆炸性地增加，迫使人们不断地进行知识更新；人们的观念意识、情感态度复杂善变。

心理健康亦称精神健康。国内外不少学者从心理学、精神医学以及社会学等多种角度对心理健康的内涵有过许多论述。综合分析各种观点，可总结为，大学生的心理健康就是指大学生对各种环境及相互关系所具有的高效而愉悦的适应。换言之，就是具有良好的心理状态和与大学生年龄发展相适宜的认识水平和情绪特征，具有同现实保持积极平衡的意志行动和良好的个性特征，在学习、工作、生活中能够充分发挥自身的潜能和价值。也就是大学生心理过程和个性特征能得到顺利和谐的发展。心理健康不像生理健康那样可以直接借助仪器或其他工具进行较为精确的度量，其标志也就比较难以确定，但根据心理测验、观察等方面的材料，进行综合分析，还是可以做出比较真实可靠的判断的。

随着我国经济水平的整体发展，人们的物质生活水平迅速提高，人们在追求身体健康的同时，也关注着心理健康，作为天子骄子的大学生也不例外。现今的大学生具有开阔的视野，活跃的思维，追求个性化的生活方式，充满着色彩浪漫的情感，但同时也面临着新的心理问题和冲突。

一、大学生心理健康教育的内涵

心理健康是由心理卫生的概念延伸过来的。心理健康通常是指一种积极的心理状态，心理卫生则是指一切维护心理健康的活动及研究心理健康的学问。

（一）心理健康普遍指标

心理健康是指这样一种状态，即人对内部环境具有安定感，对外部环境能以社会上的任何形式去适应，也就是说，遇到任何障碍和因难，心理都不会失调，能以适当的行为予以克服，这种安定、适应的状态就是心理健康的状态。衡量心理是否绝对健康是非常困难的。健康是相对的，没有绝对的分界线。这是由于人的心理健康的表现形式多种多样。也由于人的社会生活和人的遗传素质是多样的。另外，衡量人的心理状态，还应考虑到社会背景和个体差异等方面。心理建康的标准应包括情绪、智能、人际关系和社会适应等方面的内容等。总结以上的论述，我们认为心理健康标准包含如下七个方面：

1. 智力正常

智力以思维为核心，包括观察力、记忆力、思维力、想象力和认识力等。它是衡量人的心理建康的最重要的标志之一。心理健康的人，智力水准虽然有所不同，但智力应是正常的。正常的智力是人们从事生活、学习、工作和劳动的最基本的心理条件。

2. 情緒乐观并能自控

心理健康的人心胸开朗，情绪稳定和乐观，常向光明看，不往“黑暗处”钻，热爱生活，积极向上，对未来充满希望，遇到麻烦能自行解脱。心理健康的人对自己情绪的自控能力很强，在通常情况下，其内部心理结构总是趋于平衡和协调的，既有适度的情绪表现，又不为情绪所左右而言行失调。人具有自控情绪能力，即表明其中枢神经系统运行正常，身心各方面处于协调状态，不论遇到什么事总能适度地控制自己的喜怒哀乐，既不会得意忘形，也不会悲极轻生。有人认为，用情绪来表示心理健康就像用体温来表示身体健康一样准确。

3. 意志健全

意志是自觉确定目的，支配自己克服困难去实现目的的心理过程。意志健全的主要标志是行为的自觉性、果断性和意志的顽强性。心理健康的人，无论做什么事，都有明确的目的，能坚定地运用切实有效的方法解决所遇到的各种困难和问题，不优柔寡断，裹足不前，也不轻举妄动，草率行事。意志顽强的人，能较长时间保持专注和控制行动去实现某一既定目标，不屈不挠，不达目的，绝不罢休。

4. 反应适度

人对事物的认识和反应存在着个体差异，有的人反应敏捷迅速，有的人反应模糊迟缓，但这种差异是有一定限度的。心理健康的人应该是反应适度，而不是反应的异常兴奋或异常淡漠。

5. 自我意识明确

自我意识是人的意识发展的高级阶段，是个体对自己的认识和评价。它反映了个人对自己的态度。个人是在与现实环境的相互关系中，在个人的实践活动中来认识自我、确立自我形象的。心理健康的人，有明确的自我意识，能正确地认识自己，做力所能及的事，有自知之明，能把“理想的我”与“现实的我”有机地统一起来，“理想的我”总能在“现实的我”中得到体现，能根据自已的认识和评价来控制调节自己的行为，使个体和环境保持平衡。

6. 人际关系和谐

人际关系是人们在工作、生活和学习中所形成的心理关系。心理键康的人，在社会和集体中总是善于和他人交往，并能和多数人建立良好的人际关系。良好人际关系的建立是心理健康者与外界正常交往的结果，是个体对自已和对他人以及两者之间关系正确认识和评价的结果。心理健康的人，在和他人交往中，能接纳自我，并接纳他人，对集体具有一种休戚相关、荣辱与共的情感，在与人相处时，积极态度（如尊敬、信任、喜悦等）多于消极的态度（如嫉妒、怀疑、憎恶等）。

7. 适应社会生活

在日常的社会生活中，人们常以一定的社会行为规范来作为判断个体心理是否健康的标准。心理健康的人，总能和社会保持良好的接触，能正确地认识环境，处理好个人和环境的关系，能了解各种社会规范，自觉地用这些规范来约束自己，使个体行为符合社会规范的要求。另外，心理健康者还能动态地观察各种社会生活现象的变化，以及这些变化对自己的要求，以期更好地适应社会生活。

（二）大学生心理健康普遍指标

正确理解大学生心理健康的标准应重视以下几个方面：

一是标准的相对性，事实上大学生心理健康与不健康并无明显界限，面是一个连续化的过程，如将正常比作白色，将不正常比作黑色，那么在白色与黑色之间存在着一个巨大的缓冲区域——灰色区，世间大多数人都散落在这一区域内。这也说明，对多数学生群体面言，在人生的发展过程中面临心理问题是正常的，不必大惊小怪，应积极加以矫正。与此同时，个体灰色区城也是存在的，大学生应提高自我保健意识，及时进行自我调整；人的健康状态的活动在于一个人产生了某种心理障碍并不意味着永远保持或行将加重。这是一个发展性问题，反映到心理上形成心理冲突是非常正常的，许多发展性问题是可以自行解决的。

二是整体协调性，把握心理健康的标准，应以心理活动为本考察其内外关系的整体协调性。从心理过程看，健康的人的心理活动是一个完整统一的协调体，这种整体协调保证了个体在反映客观世界的过程中的高度准确性和有效性。事实表明，认识是健康心理结构的起点，意志行为是人格面貌的归宿，情感是认识与意志之间的中介因素。从心理结构的几方面看，一旦不能符合规律地进行协调运作时，可能产生一系列的心理困扰或问题，从个性角度看，每个人都有自己长期形成的稳定的个性心理，一个人的个性在没有明显的剧烈的外部因素影响下是不会轻易发生变化的，否则说明其心理健康状况发生了变化。从个体与群体的关系看，每个个人在其现实性上划分成不同的群体，不同群体间的心理建康标准是有差异的。

三是发展性，事实上，不健康的心理可能是人的发展中不可避免的发展性问题，其症状随着发展面自行消失。

根据大学生的心理特征、大学生特定的社会角色的要求以及心理健康学的基本理论，大学生心理健康的标准可以概括为以下七条：

1. 正确认识现实，善于积极适应。

2. 热爱工作、学习，善于发挥才智。

3. 情绪乐观稳定，善于避免焦虑。

4. 人家关系融洽，善于消除孤独。

5. 正确的自我意识是心理健康的重要条件。

6. 人格完善统一，善于修正错误心理。

7. 关心国家大事，善于独立思考。

二、大学生心理健康教育的特征

（一）当代大学生的普遍心理和思想特点

大学生正处在人生成长的关键时期，正在迅速走向成熟又未完全成熟，世界观和人生观正在形成，他们不停地在思考、选择和探索。思想政治教育工作者只有准确地把握不同类型、不同层次大学生的思想、心理特点和差异，加以正确引导和帮助，才能达到思想政治教育的预期效果。

1. 大学生希望正确认识社会，但又缺乏辩证思考的能力

他们即将走向社会，关注社会问题和社会变革，但是，他们不太了解中国的国情和民情，不懂得改革开放的复杂性和艰巨性，对社会转型期出现的各种问题和困难缺乏清醒的认识和辩证的思考，容易出现心理困惑，产生不满情绪，导致对改革开放缺乏信心，甚至表示怀疑。

2. 大学生追求理想，但动机功利化

同以往的大学生相比，在个人理想和社会理想的关系上，当代大学生更注重两者的有机结合。在理想的实现途径上，更注重个人的奋斗。一部分大学生的理想带有浓厚的功利色彩，讲究实惠的思想相当普遍，在社会理想与个人理想、义与利的关系问题上，他们往往选择后者。

3. 他们的智力发展达到高峰，但缺乏辨识能力

这个年龄段的抽象逻辑思维能力占据主导地位，思想活跃，反应敏捷，善于独立思考，敢于标新立异，具有顽强的探索精神。但他们毕竟缺乏社会实践，

思想易脱离实际，有时好走极端，表现出一定的片面性、表面性和盲目性。往往不分是非良莠，易受错误思潮的影响，缺乏分辨能力。

4. 他们的自我设计愿望强烈，但自我评价片面

升入大学以后，他们的许多苦恼和相互间的争论，都常常围绕自己到底能做一个什么样的人的问题。但是，他们往往不能正确评价自己，过高或过低估计自我，使理想的自我与现实的自我距离较大，从而影响自我对现实的态度和行为。

5. 他们情感丰富而强烈，但带有较大的波动性

进入大学以后，由于生理上的日渐成熟，青年人旺盛的精力及大学生活的相对自由，使他们产生了许多新的需要。同时，大学阶段又是大学生价值观形成的时期，伴随着现实生活中的矛盾和冲突，他们在需要的满足和价值判断时常常摇摆不定，涉世不深和青年人的心理矛盾又使他们的情绪往往表现得快而强烈，常因一点小事动辄振奋不已，豪情万丈，或意志消沉，悲观丧气。

6. 他们要求独立，但又存在依赖心理

大学生脱离了父母的管束和高考的压力，青春期就已萌动的独立意识迅速复苏，自我意识增强。然而，长期以来由于教育导向的弊端，学生普遍缺乏生活自理能力和心理准备，当生活、学习上碰到问题、遇到困难挫折时，他们往往最先想到的是家，表现出较大的心理依赖性，有的则采取逃避、抱怨的态度，严重的甚至走上自杀的道路。

综上所述，大学生出现的心理、思想问题是由客观环境因素、高等教育体制改革和这个年龄段特殊的成长特点所决定的。

（二）当代大学生普遍心理问题的特点

大学阶段是人生的重要转折时期，这一时期，大学生的生理、心理和所处的环境都发生着新的变化，如果大学生对这些新的变化难以适应，就会出现各种不同程度的心理问题。大学生的心理问题主要具有以下显著特点。

1. 心理问题困扰类型

根据心理问题轻重程度的不同，心理问题一般可分为三种类型，心理困扰型、心理障碍型和心理疾病型。心理困扰是指由各种原因引起短暂的焦虑、一

时的烦恼等不良情绪，没有构成可辨认的临床综合症，一般通过自我调适可以得到解决。心理障碍是非器质性的，有临床综合症，需要专业心理医生进行心理治疗，必要时辅以药物治疗。心理疾病是指大脑功能失调，导致精神活动出现障碍，需要接受精神病专科医生的诊治，主要使用抗精神病药物治疗，并辅以适当的心理治疗。总体来说，大学生心理问题绝大多数是心理困扰，只有少数大学生存在心理障碍，极少数大学生存在心理疾病。困扰型是大学生心理问题的本质属性。大学生的心理问题，是大学生成长过程中必然的心理困扰，是大学生在成长过程中出现的正常的心理反映，是大学生成长中的烦恼，发展中的困惑，是对新的环境和各种压力的短期的不适应。

2. 自我调节适应性问题

大学生的心理困扰一般可通过自我调适而自行解决。大学生的心理困扰是正常的心理反应，绝大多数大学生的心理困扰可以通过自我学习、自我控制、自我调节、自我适应面得到自我解决，不需要采取心理干预措施，少数大学生由于长期压抑而导致心理障碍，只有极少数大学生由于心理障碍而导致心理疾病。自适应性是大学生心理问题的根本特点。大学生心理困扰是大学生成长和发展过程中的必然现象，随着大学生的成长、自我意识的不断成熟、社会适应能力的逐步提高，大学生的心理困扰绝大多数会通过自我调适而自行解决。累积性大学生心理困扰具有新旧困扰累积的特点。大学生心理困扰有一个产生、发展和解决的过程，在这个过程中，旧的困扰还没有解决，新的困扰又在不断产生，新旧困扰累积交织在一起。大学生心理困扰的累积性主要表现在两个方面，其一，大学生中出现的心理困扰并非完全是在大学阶段才产生的。许多大学生的心理困扰是在高中阶段产生并积累潜伏下来，在大学阶段才显现出来。例如，不少大学生在家庭中受到保护过多，生活自理能力差，人际交往能力缺乏，社会适应能力低，这些问题在大学这个特定的学习、生活环境中突现出来。其二，大学生心理困扰是新旧心理困扰的累积突现。大学生中旧的心理困扰没有解决，新的心理困扰仍在产生，新旧心理困扰交织在一起，形成了大学生心理困扰的集中突现。可以这么说，目前大学生心理困扰的集中表现是一定时期内不断累积的结果。调查发现，大学一年级学生心理困扰更加突出，大学新生的心理困扰主要是在高中阶段产生而在大学阶段有所发展。

3. 多重问题重叠类型

大学生心理困扰具有多重并发的特点，大学生心理困扰日趋复杂多重化。自我意识模糊、价值取向迷茫、人际关系不适、社会适应不良、就业压力加大等不同层面的问题交织在一起，形成大学生心理问题的新特点。不少大学生学业、交往、就业、经济等多个心理困扰交织重合在一起，给大学生带来沉重的心理负担。大学生是一个承载社会，家长高期望值的特殊群体，他们自我定位高，成长欲望强烈，但心理发展尚未完全成熟和稳定，伴随着我国经济和社会的发展，特别是涉及大学生切身利益的各项改革，使他们面临的社会环境、家庭环境和成长过程中遇到的问题更加复杂化、多样化和具体化，竞争压力、学习压力、经济压力、就业压力、情感压力等普遍加大，由此引发的心理困扰不断增多并交汇重合在一起，构成了大学生心理困扰的多重并发。

4. 阶段性问题

在大学生的不同成长阶段，心理困扰呈现出不同的重点。大学生在进人大学后，心理发展一般会经历从不适应到逐步适应，再到基本适应三个不同发展阶段，随着大学生的成长，大学生的心理困扰在逐步减少，大学生心理困惑的重点在发生明显转移，有些心理困扰已经逐步得到解决，有些心理困扰则日现突出。在多次课堂心理调查中发现，大学生在不同年级心理困扰的重点不同，大一、大二主要是学习和人际交往问题，大三、大四则主要是就业和人际交往问题。从不同年度调查的纵向历史数据比较中也可以看出，随着大学教育从精英教育转向大众教育，大学实行收费制，大学生面临的就业环境日益严峻，就业问题和经济问题在大学生心理困扰中日益突出。

（三）心理健康对大学生学习的意义

心理健康是指这样一种状态，即人对内部环境具有安定感。对外部环境能以社会上的任何形式去适应，也就是说，遇到任何障碍和因难，心理都不会失调，能以适当的行为予以克服，这种安定、适应的状态就是心理健康的状态。当代大学生的心理素质不仅影响到自身的发展，而且也关系到全民族素质的提高，更关系到跨世纪人才的培养。一项关于当代人主要素质的调查表明，当代人的素质不能适应社会进步和发展的需要，最欠缺的是心理素质。如何使大学生避免或消除由上述种种心理压力而造成的心理应激、心理危机或心理障碍，增进心身健康，以积极的、正常的心理状态去适应当前和发展的社会环境，预防精神疾患和心身疾病的发生，加强对大学生的心理健康教育，就成为各高校迫切的需要和共同关注的问题。

三、当代大学生普遍心理问题的消除途径和方法

从根本上说,大学生心理问题的解决最终还是需要通过自身的努力来完成。为此，大学生应不断加强自我教育与自我心理训练，培养良好的个性品质，不断提高自身的心理素质和能力，要学会并掌握自我心理调适的方法，并在生活、学习实践中灵活运用。

大学生自身心理素质的提高措施包括：

1. 培养良好的人格品质。培养良好的人格品质首先应该正确认识自我，培养悦纳自我的态度，扬长避短，不断完善自己。其次应该提高对挫折的承受能力，对挫折有正确的认识，在挫折面前不惊慌失措，采取理智的应付方法，化消极因素为积极因素。

2. 养成科学的生活方式。生活方式对心理健康的影响已为科学研究所证明。健康的生活方式指生活有规律、劳逸结合、科学用脑、坚持体育锻炼、少饮酒、不吸烟、讲究卫生等。大学生的学习负担较重，心理压力较大，为了长期保持学习的效率，必须科学地安排好每天的学习、锻炼、休息，使生活有规律。

3. 加强自我心理调节。自我调节心理健康的核心内容包括调整认识结构、情绪状态，锻炼意志品质，改善适应能力等。大学生在学生过程中应学会自我心理调适，做到心理健康。大学生应主动进行自我教育，因为自我教育是大学生作为实现自我发展目标而进行的自我培养活动，既是自我意识发展到一定水平的产物又是推进自我发展的力量。自我意识、自我教育和榜样作用三者的关系是：产生自我意识——产生自我发展意识——进行自我设计——寻找自我发展的楷模——自我发展。这是人生发展的正常途径和良性循环。譬如：很多优秀学子都把自己专业的顶尖及人物当做榜样，在生活中向巨人努力的方向奋进，给自己设定目标，当取得一定成绩时，他们会表示正是榜样的力量使他们有勇

气，有干劲。正是有了这样的榜样，也有了明确的目标，奋斗就有了方向，再加上顽强的意志力，和不断摸索总结形成的经验和方法，就不愁没有辉煌。唤醒自主意识，还表现在大学生在真假、善恶、美丑、文明与陋习等方面有自己的判断标准，并能接受社会文化所给于的熏陶，在这些过程中，人格得到完善。

4. 积极参加业余活动，发展社会交往。丰富多彩的业余活动不仅丰富了大学生的生活，而且为大学生的健康发展提供了课堂以外的活动机会。大学生应培养多种兴趣，发展业余爱好，通过参加各种课余活动，发挥潜能，振奋精神，缓解紧张，维护身心健康。

5. 求助心理老师或心理咨询机构，获得心理咨询知识。心理老师具备了较雄厚的理论功底和生活实践经验，对学生所面临的心理问题具有良好的解答方式和处理技巧。大学生在必要时求助于有丰富经验的心理咨询医生或长期从事心理咨询的专业人员和心理老师。

大学生是我们建设有中国特色社会主义的主力军，是国家发展的重要力量。为了大学生的正常发展和成才，我们必须大力开展大学生心理健康教育。大学生可以进行心理咨询，培养良好的人格品质，养成科学的生活方式，发展社会交往，加强自我心理调节。不断加强对青年大学生的适应性、承受力、调控力、意志力、思维力、创造力以及自信心等心理素质的教育与培养，使他们真正懂得：要想占有未来，不仅要作思想品德、智能、体魄的储备，更要作好战胜各种困难挫折的心理准备，从而引导他们科学地走出自我认识的误区，更新观念，突破时空，超越自我。

第二节　高校思想政治教育与心理健康教育的关系

大学生思想政治教育与心理健康教育都是素质教育系统中不可或缺的组成部分，二者既有联系，又有区别。了解二者之间的关系，既有利于思想政治教育工作的科学化发展，也有利于提升大学生的心理健康水平，促进大学生素质的全面发展。

一、高校思想政治教育与心理健康教育的关系探讨

思想政治教育工作是教育者根据社会的需求与受教育者的发展要求，通过思想政治教育活动使受教育者的思想政治品德在一定时期内所要达到的预期目的。它的教育实施者是人，工作对象也是人，所以思想政治教育工作的实质就是人对人做工作，这也就决定了思想政治教育工作就是以人为基础的社会实践活动。在这一活动过程中，人的思想品德和行为的形成与发展变化规律都必然要受到人性这一深层因素的潜在制约。因此，要提高思想政治教育工作的实效性和针对性以及吸引力和感染力，就必须探索人的人性基础，从现实的人出发，综合考虑人性。思想政治教育工作是否合乎人性基础，这直接关系到教育工作的成效，合乎人性才能达到预期效果，不合乎人性就达不到预期效果。所以，要提高思想政治教育的实效性和针对性，就要以人性为基础实行思想政治教育工作。

（一）关于思想政治教育和心理健康教育关系的问题，学术界有较大的争论，形成了不同观点，主要有以下三种：

1. 相互分离说认为，思想政治教育与心理健康教育是分为两个轨道开展的，它们在各自的轨道上进行，有自身的独立性和特殊性。互相之间没有必然的联系，而是截然分开的。

2. 取代说认为，心理健康教育和思想政治教育可以相互取代。在实际工作中，有人认为心理健康教育是思想政治工作的延伸，心理健康教育是思想政治工作科学化的一种新形式；也有一些工作者认为心理咨询在塑造学生健康人格中的作用十分重要，提出心理咨询应取代高校思想政治教育工作的建议等等。

3. 相互包容说认为，两者可以在实践中相互包容，或是心理健康教育包容思想政治教育，或是思想政治教育包容心理健康教育。其中主要是后者，就是把心理健康教育纳人学校思想政治教育工作中，把专职从事心理健康教育的队伍纳入学生思想政治工作队伍管理序列。对于以上三种学说，笔者并不赞同。虽然心理健康教育与思想政治教育都属于意识形态范畴，二者之间有一定的联系，但也存在着明显的差异。因此，两者既不能等同，也不是相互分离的关系，不能互相取代，自然也不是互相包容的关系。

（二）心理健康教育与思想政治教育既有区别，也有联系。二者的关系是辩证统一的。有力健全的人格和健康的心理，人生的方向才不会出错，才能拥有科学的思想政治观念

1. 大学生思想政治教育与心理健康教育具有同一性

首先，两者的教育对象具有同一性。大学生思想政治教育与心理键康教育都以人为研究对象，都是为提高人的整体素质而服务的。思想政治教育是从总体上、从社会生活的各个方面去研究人、了解人：心理健康教育是从人的心理活动的一般规律和生理机制方面去研究人，解剖人。其次，两者教育途径具有同一性。无论是大学生思想政治教育还是心理健康教育，在操作途径上，都要通过课程，学科渗透、团队活动、课外实践活动、优化校园环境等进行实施。因此，虽然两种教育在操作的具体要求和内容上有所不同，但它们具有共通的运行模式。最后，二者根本任务具有同一性。大学生思想政治教育是引导大学生树立正确的世界观、人生观和价值观，促使其思想行为向着符合社会主义高校培养目标的方向发展的活动。心理健康教育是高校心理健康教育工作者通过心理辅导、心理咨询等方式引导和改变大学生的认知方式，预防心理疾病、提高心理素质的活动。大学生心理健康教育与思想政治教育都是为了把大学生培养成全面健康发展的社会主义建设的合格人才。

2. 大学生思想政治教育与心理健康教育可以互相补充

首先，大学生思想政治教育需要心理健康教育的支持和补充。思想政治教育过多关注社会对个人的思想政治道德规范方面的要求，但对于大学生如何认识自己和他人，如何发展自己独特的人格，如何选择与个体相适应的专业与职业等方面的关注不够。而这正是大学生心理健康教育要解决的重点问题。所以说，大学生心理健康教育弥补了思想政治教育的不足。其次，大学生心理健康教育也需要思想政治教育的导引和参与。个体健康心理的发展与心理机能的发挥受主体的思想意识所制约，而这些意识又受制于主体的世界观、人生观与价值观。这意味着心理健康的人必须有观念明确的道德准则。心理健康教育的实践证明，价值观问题是许多心理问题的诱因，缺乏道德观念与坚持“超道德”观念是人格异常者与神经症患者常见的特征。

（三）大学生思想政治教育和心理健康教育的区别

1. 理论基础不同。大学生思想政治教育是以马列主义、毛泽东思想、邓小平理论、“三个代表”重要思想和科学发展观为指导，帮助大学生树立科学的世界观，人生观和价值观，逐步提高大学生思想政治素质的一种活动。它的出发点是社会需要，主要从社会关系的层面上提高大学生的思想政治素质，具有鲜明的阶级性。面心理健康教育是心理教育工作者运用心理学原理以及心理咨询理论和技术等对大学生施加一定的影响，帮助他们化解心理矛盾、减少心理冲突、缓解心理压力、完善人格、提高心理素质和生活质量的过程。它的出发点是人本需要，侧重于从个人发展的层面上提高大学生的心理素质，一般保持价值中立。

2. 目标定位不同。大学生思想政治教育的重点在于通过对大学生进行马克思主义世界观和方法论的教育，主要是按社会和国家的要求来规范学生的行为，并帮助大学生解决社会倾向问题，培养大学生树立起共产主义的世界观、人生观和价值观，逐步提高大学生思想政治道德素质为目的。相对而言，心理健康教育的目标属于基础层次的目标，它要求大学生以一种平和的心态处理与周围环境的关系，即不焦虑、不紧张，内心没有强烈的矛盾冲突等。

3. 教育内容不同。大学生思想政治教育的内容具有鲜明的时代性，在不同的万史时期强调不同的内容，大致可以分为政治教育、思想教育和道德教育三个方面，力图使大学生辨别是非、善恶、美丑，追求高尚的思想与品行。心理健康教育主要是对大学生进行学习生活、人际关系、职业选择、心理障碍、行为异常等多方面的指导和教育。主要偏重于使大学生认识自我，培养其良好的自我意识，强化其自知、自尊、自信、自助及自控能力。

4. 教育方法不同。大学生思想政治教育重视自上而下的教导和灌输，以理论教育和宣传为主，其目标主要通过外界力量的引导来实现，主要采取正面教育、榜样示范、批评表扬、实际锻炼等方法。而心理健康教育是一种平等的讨论问题的过程，教师主要以辅导者的身份，非指导性的态度去面对大学生，主要采用心理训练、心理测量、心理咨询等方法，而反对强制和灌输。

总之，大学生思想政治教育和心理建康教育作为大学生素质教育系统中的组成部分，二者各成体系，有明显的区别，但也有着内在的联系。当前，在高校思想政治教育和心理建康教育工作上，必须了解思想政治教育和心理健康教育的关系，探索二者的结合机制，这不仅有利于思想政治工作由经验型走向科学型，更有利于提升大学生的心理健康水平，促进大学生素质的全面发展。

二、高校思想政治教育与心理健康教育的结合

（一）思想政治教育与心理健康教育结合的意义

1. 拓宽了传统思想政治教育的渠道

心理健康教育中，教育者地位由主导者、权威者变成协助者和治疗者，尊重学生人格，理解学生人格缺陷。一方面有助于了解对象的心理和思想，有利于双方都敞开心扉，显露出自已的真情实意，形成平等融洽的人际关系，这种融洽的人际关系对于思想政治工作者“渗透”工作对象的内心世界无疑起着十分重要的作用,为把握工作对象的思想实质并对症下药和因势利导提供了可能，另一方面有助于改变工作对象的态度，由于双方情感一致或基本一致，工作对象对工作者的观点看法听得进，记得牢，从而容易改变自己的原来态度和行为方式，增强思想政治教育的亲和力，增强高校思想政治教育的时代感以及实效性、针对性和主动性。

2. 对人的心理发展有主导作用

思想政治教育不仅决定教育对象思想活动的方向和内容，旨在使受教育者形成一定的思想政治观念的社会活动，同时也决定着教育对象心理成熟的程度、社会知识等。在科学发展观的指导下，能够提高教育对象认识和改造世界的能力。认识和改造自身的能力，能够陶冶教育对象的情操，培养他们的意志，指导他们逐步确立正确的人生奋斗方向和目标，树立崇高的理想和信念。这一切，将激励教育对象产生新的更高层次的需要，形成与原有心理水平的矛盾冲突，并帮助他们在实践活动中能动地解决心理活动的内部矛盾，使心理得到健康发展。思想政治工作要认识需要，研究需要，满足大学生正当的、合理的需要，根据学生需要的变化规律，用动态的、发展的思维开展学生的教育和引导工作。引导学生向学校的主导需要方向发展，向高层次的需要方向发展，使他们的思想和行动始终处于积极健康的轨道上。

3. 有利于心理健康教育的科学发展

心理健康教育一定要采用思想政治教育的“视野”和“思想方法”，主动地在心理健康实践中渗透正确的世界观、人生观和价值观，使学生心理的健康发展具有更坚实的后劲。高校思想政治教育在长期的实践中，已经形成了一整套行之有效的原则和方法，如理论与实践相结合、表扬与批评相结合的原则，灌输、榜样、评价、锻炼的方法等。这些原则与方法之所以有效，是因为符合思想政治教育的客观规律，符合人们的心理活动规律。总之，高校思想政治教育者应充分认识到大学生心理健康教育的意义，并把它作为学生思想政治教育的一项重要内容，要充分认识到心理健康不仅是一条教育途径，而且是一种思想和观念。

（二）思想政治教育与心理健康教育结合的基础

1. 两者工作对象、目标的一致性

高校心理咨询和思想政治教育都是以学生为主要服务对象，都是为了塑造学生健全的人格，使之成为适应于社会、服务于社会的跨世纪合格人才。两者是相互联系、相辅相成、共同统一在高校的培养目标之下。心理咨询的目的不仅在于消除学生的心理障碍，更高的目标是培养和塑造健全的人格。众所周知，科学的人生观、价值观会促进人的心理健康的发展，良好的心理素质也有助于促进正确人生观、价值观的形成。因此，高校心理咨询与思想政治教育工作相互交叉、相互配合、相互促进，二者的根本目标都是为了把学生培养成德智体美全面发展的社会主义建设的合格人才。高校心理咨询与思想政治教育在实施的过程中，尽管侧重点有所不同，但都是高等教育的组成部分，必须符合我国高等教育的根本目标。目标的一致性是二者结合的基础条件。

2. 两者工作内容的相关性

二者均涉及大学生心理健康、人格塑造、人生目标选择等具体内容，尽管心理咨询并不具有政治倾向性，但实际的心理咨询也不能抛开人生观、价值观等思想问题。本质上二者都是帮助学生解决思想认识问题，是互相渗透的。所以某些思想问题可以通过心理咨询来解决,而某些心理障碍也可以通过人生观、价值观教育逐步化解。

3. 两者工作方法的渗透性

高校心理咨询主要包括大学生学习，交往、恋爱、择业等方面的指导与帮助，而高校思想教育主要包括世界观、人生观、价值观的教育，两者在大学生心理健康、人格塑造、人生目标选择等具体内容上互相交叉，具有渗透性。所以学习方法、人际关系、求职择业等既需要心理咨询工作者，也需要思想政治教育工作者来解决，问题一样，方法不同。在做思想政治教育时，若借鉴心理咨询中的一些技术，如情绪疏导、行为矫正、角色互换等方法，可以提高思想政治教育的工作效率。另一方面，思想政治教育中采用的正面引导、典型示范、舆论导向等对心理咨询也有一定的借鉴作用。

（三）思想政治教育与心理健康教育结合的途径

1. 转变观念，明确心理健康教育在高校思想政治教育中的定位

高校思想政治教育者应充分认识到心理健康教育的意义，并把它作为学生思想政治教育的一项重要内容，高校思想政治教育者更应充分认识到心理健康教育不仅是一条教育途径，而且是一种思想和观念。平时的工作中，要切实转变观念，在思想政治教育中融人心理健康教育知识和方法的合理因素。

2. 教育内容和目标上的有机结合

大学生常常会碰到各种矛盾和问题，而且许多问题经常是混杂在一起的。

传统上只通过思想政治教育来帮助学生解决，实际效果并不理想。思想政治工作者要从心理健康教育方面获取新的知识和方法，提高解决实际问题的能力。这既有助于学生心理健康和顺利成长，同时也深化了思想政治教育，并为学生接受思想政治教育创造了良好的心理条件。

3. 教育方法和手段等方面的有机结合

心理健康教育要改变过去那种坐等学生上门，个别、保密进行的方法，要主动公开地对学生进行健康教育，可以采取课堂教学、小组讨论等多种方式引起学生对心理问题的重视，提高心理素质。思想政治教育要改变过去那种味正面灌输、教师讲学生听的填鸭式教育，多采用和借鉴心理健康教育的方法和手段. 特别是要把心理健康教育中已广泛使用的心理测验引进到思想政治教育中来，更全面地了解学生的特长与不足，了解学生的气质类型、性格特征和能力特点，使思想政治教育工作更符合学生实际，从而取得良好的效果。

4. 教育队伍上的有机结合

从目前的现状来看，两支队伍在人员结构, 上有很大比例的重合与交叉：思想政治教育的任务主要由班主任、辅导员、专职政工干部、思想政治理论课教师等来完成。面心理健康教育队伍尚不稳定，其人员构成中思想政治教育工作人员占很大比例，再加上心理学专业教师、医务人员等组成。要使两支队伍有机结合，就必须让思想政治教育人员掌握心理学基础知识，学习心理卫生、心理咨询等知识，这样才有助于他们更好地了解和理解学生的思想、心理行为，有利于他们及时发现学生中存在的心理障碍并提供力所能及的针对性的帮助。同时，这两支队伍应常在一起交流情况，分析学生中存在的思想和心理问题，提出改进教育工作的方法，进一步加强和改进高校思想政治工作。

5. 拓宽渠道，挖掘网络和朋辈对学生的正面教育功能

新形势下，思想政治教育者应努力拓宽思想政治教育的渠道，增强思想政治教育的感染力。近年来，思想政治教育网页或网站、QQ 群等网络资源，正发挥着日益明显的积极作用。在校园网上建立网络心理咨询室是现实心理咨询室功能的延伸。由于网络心理咨询的平等交互、虚拟隐藏性，可使有心理困惑、有求助需要却不愿走入咨询室、不敢面对咨询者的学生获得帮助，所以日渐受到学生欢迎。

三、运用心理咨询方式创新高校思想政治教育

（一）心理咨询与思想政治教育在功能作用上相互补充

心理咨询为有效地实施思想政治教育提供了良好的心理背景，思想政治教育对人的心理水平的提高从整体上指明了方向。

1. 健康、稳定的心理状态，是形成良好的政治、道德品质的基础。首先，任何政治思想品质，都是由知、情、意、行四个心理成分构成，没有心理成分的充分健康发展，就不可能有良好的思想品德的产生。例如，只有在健康情感的基础上，才能形成高尚的道德感，需要和性格影响人的思想内容和性质，气质制约思想的表现形式等。其次，只有人们处在良好的心理状态下，才能顺利地接受思想教育。思想教育不能完全脱离受教育者的心理需求基础，如果对位患神经衰弱症，常表现得拖沓、沮丧、萎靡不振的学生，只批评其“觉悟不高”“意志不强”“思想颓废”对个别有抑郁症的学生的自卑、自责、自罪行为，仅仅指责其“没有正确的人生观”，那么，不仅不能解决这些学生的思想问题，而且还会增加他们的逆反心理。最后，通过心理咨询发展起来的学生自我认识，自我调整、应付挫折、确立目标、恰当准确地表现自己的能力，本身就是健康人格的重要内容。

2. 心理咨询能够不断调整学生在人学生活过程中出现的心理偏差，帮助他们克服和消除心理障碍，为增强思想政治教育的实际效果奠定基础。思想政治教育的效果如何，不仅取决于思想政治教育工作者实施的教育内容，而且还取决于学生对思想政治教育工作者及其实施的教育内容的态度。而大学生的态度怎样，在很大程度上取决于他们的心理状况。如果他们的心理失调，心理矛盾和冲突频繁，出现了心理毛病面又不能及时得到治疗和矫正，那么，他们就很容易形成对思想政治教育的逆反心理甚至对抗心理，拒绝接受施加的教育内容；如果能及早发现学生的心理问题并及时加以治疗和矫正，沟通与学生的情感联系，就容易保证思想政治教育顺利进行。

3. 心理健康教育工作队伍与思想政治教育工作队伍有交叉和重合。各高校目前这两支队伍在人员结构上都程度不同地有比例的重合或交叉。思想政治教

育工作者要学会从心理健康教育方面获取新的知识及方法，提高解决实际问题的能力。面心理健康教育工作者也应该自觉加强思想政治教育理论和方法的学习研究，在心理健康教育过程中交融思想政治教育的基本理论及方法。要使两支队伍有机结合，就必须让思想政治教育人员掌握相关的心理学知识，这样才有助于他们更好地了解和理解学生的思想、心理行为，有利于他们及时发现学生中存在的心理障碍，并提供力所能及的针对性的帮助，

4. 心理健康教育的方法对思想政治教育有借整作用。思想政治教育以理论教育和宣传为主，主要采取正面说服、榜样示范等方法。而心理健康教育主要采用普及心理学知识，与大学生交谈、讨论，让大学生进行角色分析扮演，对大学生进行心理训练、心理测量等方法。思想政治教育的方法、手段也应多采用和借鉴心理健康教育的方法和手段，特别是要把心理健康教育中已广泛使用的心理测验引进到思想政治教育中来，更全面地了解学生的特长与不足，了解学生的气质类型、性格特征和能力特点，使思想政治教育工作更符合学生实际，从而取得更良好的效果。

（二）以心理咨询入手提高校思想政治教育效果

通过对高校心理咨询与思想政治教育之间联系的分析，可以看出，高校心理咨询与思想政治教育具有内在的、深层次的关联性，二者有结合的必要和可能，当然它们的结合应当是内在的、有机的，而不能是学科间“板块”式的结合。对于高校思想政治教育来说，应当从心理咨询中获得理论和方法上的启示。

1. 高校思想政治教育要从学生心理入手。在心理咨询中，一般把了解来访者的心理作为首要环节，在此基础上有效地开展工作。高校思想政治教育要增强针对性，也要重视对学生心理的了解。在实践中，了解学生心理健康情况要分两个层次进行：首先，要掌握学生的个性心理特征，了解他们的兴趣、爱好、气质、性格等。对不同个性心理特征的学生要采用不同的工作方法。如进行批评教育时，对强气质型的学生可以严厉一些，这样易使他们受到震动，而对弱气质型的学生要更多一些肯定和鼓励，如果过于严厉，就会使他们丧失信心。其次，要了解学生的知识基础、思想观点和价值观念。思想政治教育的过程就是将外在的社会要求内化的过程。教育者在传输新的思想观念之前，先要了解

学生头脑中已在发挥作用的观念，帮助学生摆脱思想上的困扰，引导他们接受正确的思想。许多教育者在工作中尝试了解学生的心理，但往往停留在经验阶段。高校思想政治教育可以借鉴心理咨询的做法，综合运用观察法、测量法、访谈法、问卷调查法等深入了解学生心理世界，增强思想政治教育的科学性和针对性。

2. 高校思想政治教育要拉近与学生的距离。在心理咨询中，咨询者和来访者的关系是非常重要的，平等人际关系的建立可以帮助来访者以更为合适的方式思考、行事，朝着积极的方向改变和完善自己。在以往的思想政治教育中，教育者是外在社会要求的倡导者，受教育者往往处于被动接受的地位，这样的关系容易使受教育者产生抵触情绪。情绪是认知的动力状态，抵触情绪阻碍认知的进步。因此，拉近与学生的距离，建立平等而良好的关系，应成为高校思想政治教育的普遍共识。在心理咨询中，共情是影响辅导关系的重要因素。所谓共情，是指像体验自身精神世界一样地去体验他人的精神世界，并把这种体验传达给他人。高校思想政治教育者可以通过理解、尊重、积极关注等共情态度，与学生寻求感情上的共鸣、心理上的贴近和心灵上的沟通，使思想政治教育更容易为学生接受，更容易达到教育目的。

3. 高校思想政治教育应采取群体教育与个体教育相结合的方式。人是社会的人，既有群体的共性心理，又有个性的心理特征。因此，心理咨询既要面向群体，又要注重个体。过去高校思想政治教育一般都侧重于群体教育，授课、报告、讲座等方式都是以学生集体为对象，对于学生个体的思想状况、思想转变情况缺少关心和了解。在新的历史条件下，大学生思想日益活跃并呈现多样化态势，高校思想政治教育必须改变忽视个体教育的状况。实际上，重视个体教育是了解学生心理，拉近与学生距离的前提。每个学生个体思想的转变一定程度上意味着集体教育的成功，并反过来促进集体正确的思想观念的形成。实现群体教育与个体教育的结合应成为新时期高校思想政治教育的一种有效方式。思想政治教育是我国高校教育工作的一个重要环节，是中国特色的思想政治工作的有效方式。心理咨询是提高学生心理素质、解决心理问题、增进心理健康的重要手段。把心理咨询纳入高校思想政治教育工作中，不断创新思想政治教育工作的内容和方式，是提高思想政治教育实效性、针对性的重要途径。

（三）运用心理教育创新高校思想政治教育

心理健康教育是思想政治教育的基础。要培养学生良好的道德品质，必须先有良好的社会适应能力，能够正确认识自己、欣赏自己，成功地与他人交往，有良好的情绪控制能力。在学生的日常生活中的许多问题，往往采用心理健康教育的方法能达到更佳的效果。

1. 构建立体化的工作模式

（1）学校层面。将心理健康教育纳人思想政治教育体系中，成立主管校领导牵头的大学生心理健康教育领导小组及心理危机干预领导小组，整合全校资源，齐抓共管；设立心理健康教育机构，并给予行政级别或纳人教师系列；搭建学校—院系—宿舍—班级的四级心理保健体系：从体制上将心理咨询教师纳入思想政治教育工作队伍，成为一体，促使思想政治教育工作由“单一型”体制向“复合型”体制转变。

（2）院（系）及班集体层面。院（系）具体统筹，设专人负责大学生心理健康教育工作，配备心理学生干部辅助，以班集体作为思想政治教育的主要阵地。辅导员深入了解学生，建立良好的班级心理氛围，充分发挥班干部及班级心理保健员的作用，建立心理互助小组，必要时可聘请心理学背景教师作为班级导师，督导小组成长活动，以此来提高一线心理工作的实效性。

（3）家庭层面。拓展学校一家庭联络机制，及时把特殊生信息反馈给学生父母。学生父母，多与学校联系，配合工作，关注孩子的动态发展，有些思想及心理问题只有通过家庭辅助治疗对学生才有效果。

（4）师资队伍层面。不仅要加大专职心理健康教育教师技能培训，也需要培养一支兼职心理健康教育工作者队伍。如果再加上学生心理干部队伍，就可以构建一条纵向到底、横向到边的快速、畅通的信息反馈和应急渠道，使学校在遇到危机事件的时候能迅速做出反应，也有效地加强了工作人员之间的沟通和交流，提高了工作的执行力。

2. 心理健康教育是思想政治教育实施的有效途径之一

随着高校思想政治教育内容的不断扩展，大学生的心理健康教育也被包含进来。高校学生心理健康教育是思想政治教育的重要手段，对学生进行及时有效的心理健康教育有助于其思想品德的形成和发展。在思想教育中，结合心理健康教育帮助学生树立正确的人生观、价值观、世界观，帮助学生正确认识自己的优缺点，使学生对自己有一个客观的评价，并能坦然接受现实中的自我，从而保持心理健康。

（1）利用心理教育建立心理档案，找准思想政治教育的切入点。心理档案是指对个体心理发展变化特点、心理健康状况、咨询记录、心理测试结果的集中保存。心理档案有助于教师了解学生的个性、智力发展，为制定有针对性的教育措施提供了依据，为思想政治教育服务，为促进学生全面发展服务。高校心理咨询中心可以借助于心理评鉴工具，对学生的心理健康状况和人格特征进行全面了解，建立个人心理档案，对那些心理健康状况较差或有明显个性缺陷的学生，提供及时的心理疏导，进行必要的行为矫正。与此同时，在不违反保密原则前提下及时和思想政治工作者进行沟通和联系，使思想政治教育工作者更明确地把握大学生各阶段的心理状况，更好地理解学生的心理行为，有针对性地采取不同的教育方法，尊重学生、理解学生、关心学生，使高校思想政治教育更有成效。

（2）开展心理咨询服务，为思想政治教育奠定良好的心理基础。高校要建立组织机构，配备专、兼职人员，指导并实施全校心理咨询工作。个别咨询和团体咨询是思想政治教育的新途径，为思想政治教育奠定了良好的心理基础。

（3）加强学生工作队伍的心理咨询培训，培养新型的思想政治教育者。培养一批既掌握思想政治教育和大学生成长规律，又懂得一定心理咨询方面知识的德育教师队伍，是心理咨询和思想政治教育有机结合的关键。

总之，思想政治教育少不了心理健康教育的内容，而心理健康教育与心理咨询工作是相互联系，密不可分的。高校思想政治工作者应从整体上把握二者在工作对象、目标、内容、方法以及功能作用上的一致性和统一性，将心理咨询工作真正纳入到思想政治教育工作体系之中，取得两者整体效应。

第十八章　高校学生教育管理与人文道德价值观

第一节　道德起源与人文视角

一、道德与教育的交融

什么是真正的道德生活？自觉的自己支配自己，是为道德生活。人的一切活动，都可说是精神活动。这里所谓自己支配自己，就是将个体意志力量向内用，其中涉及个体意志自由、精神自律等内容，无不关涉个体道德能力。麦金太尔在界定德性时指出："一种德性是一种获得性品质，这种德性的拥有和践行，能够获得对实践而言的内在利益，缺乏这种德性，就无从获得这些利益。"这说明德性与实践应内在统一，同时说明人类生活实践中德性的重要位置。麦金太尔在论及实践概念时划分了人类的两种利益，即"内在利益"与"外在利益"。所谓内在利益，"是某种实践本身内在具有的，除了这种实践活动，任何其他类型的活动不可能获得"。麦金太尔认为这种内在利益只有在追求这种实践活动本身的卓越的过程中才能获得。

所谓外在利益，"就是在一定的社会条件下，人们通过任何一种形式的实践（并非某种特定实践）可获得的权势、地位和金钱。"处在现代性影响下的当今社会个体，更多地关注外在利益，而相对忽视内在利益，鉴于内在利益与德性、幸福的勾连，需要通过提升个体道德能力来使个体从关注外在利益转向为关注内在利益。诚然，"我们不能脱离现实世界的物质，因我们都有感官的身体，随时都与所谓物质之指示者的形色相接，我们也并不需脱离我们之有感官的身体，或不看外面之形色。因为我们所需要的，只是要从所谓物质的形色中看出精神，把物质的形色视作精神实在的表现，把人与我的身体对外界事物之一切活动，都视作人与我精神活动的象征，把整个的物质界，视作人与我精神与精神互相交通的媒介”。因此，个体不能陷沉于物，溺于德，而要化物质为精神，化外在为内在，把外在利益转化为实现精神的工具，即让道德精神渗透在现实生活之中，或者说道德地生活。这里要求个体有道德的敏感性，因此也必须具备道德思维能力。

二、传统道德与现代教育

战国时期的告子认为：“性犹湍水也，决诸东方则东流，决诸西方则西流。人性之无分于善不善也，犹水之无分于东西也。”告子认为，“生之谓性”，“食色，性也”。这里是进一步强调人性本无善恶，因此，人是向未来无限展开的过程，为德性的培养、道德能力的提升指出了必要性和可能性。与告子不同，孟子鲜明提出了人性善的观点。在孟子看来，“恻隐之心，人皆有之；羞恶之心，人皆有之；恭敬之心，人皆有之；是非之心，人皆有之。恻隐之心，仁也；羞恶之心，义也；恭敬之心，礼也；是非之心，智也。仁义礼智，非由外铄我也，我固有之也”。他还指出：“凡有四端于我者，知皆扩而充之也，若火之始然，泉之始达。苟能充之，足以保四海；苟不充之，不足以事父母。”这说明，人性中的四个“善端”只是为人的向善德性的养成提供了基础与前提，没有后天的扩充、存养，人也不会有德性与德行，即“不足以事父母”，这里反映了道德能力培养的可能性前提。与孟子相对，荀子则认为人性恶。在他看来，“人之性恶，其善者伪也”。“故圣人化性起伪，伪起而生礼仪，礼仪生而制法度；然则礼仪法度者是圣人之所生也。”虽然他强调人性之恶，但他对人的善性的养成，还是充满乐观的态度，认为人皆可以为尧舜。“涂之百姓，积善而全尽，谓之圣人；彼求之而后得，为之而后成，积之而后高，尽之而后圣。故圣人者也，人之所积也。”

由此可见，荀子也十分重视“化性起伪”的作用，可以把它理解为道德能力培养的过程。董仲舒从性与情的关系视角，指出了人性兼有善恶的观点，他把人性的善比作“米”，把性比作“禾”，指出：“米出禾中，而禾未可全为米也。善出性中，而性未可全为善也”。虽然他强调了人性的善恶两面性，但还是认为，“人之性也，善恶混。修其善则为善人，修其恶则为恶人。”这说明了道德修养对人性善恶的分野的决定影响，道德能力的提升是人性向善的担保条件。东汉的王充提出了性三品说，后来得到韩愈的进一步完善。在韩愈看来，“性也者，与生俱生者也；情也者，接于物而生者也。性之品有上中下三，上焉者，善焉而已矣；中焉者，可导而上下也；下焉者，恶焉而已矣。”这里撇开其对人性分类的真理性不谈，它揭示的关于人性通过“导”来改变人性的善恶状况是可以借鉴的，个体道德能力提升过程在一定意义上就可以理解为是通过“导”来扬善抑恶的过程。

朱熹作为宋明理学的代表人物，提出了“性即理”的人性学说。他区分了人的天地之性与气质之性，指出：“论天地之性，则专指理言；论气质之性，则以理与气杂而言之。未有此气，已有此性。气有不存，而性却常在。”在他看来，善恶并存在人的气质之性中，个体道德修养的过程就是去气质之性而复天地之性的过程，为道德能力的提升提出了方法论的视角。应该说，上述思想家对人性善恶展开了不同视角的分析，对其理论的真理性存而不论，只是关注这些理论对道德能力的研究提供的思想资源，至少它们说明了个体道德能力生成与发展的基础、必要性及可能性，同时为研究个体道德能力的提升在如何认识先天的禀赋、后天的环境及教育所起的作用方面，提供了有借鉴的启示。

三、学界研究与人文道德

在当今中国，可以通过核心价值体系的引导，来提升个体对自我人生信念、人生意义的认识，通过对共同理想的认同增强凝聚力，克服人与社会之间的冷漠感和疏离。其中需要个体道德认识能力提升后，道德移情与道德同情能力的增强。社会整合从微观层面涉及如何处理人与人之间的关系。其中涉及人与人利益关系的调节，对他者的看法或者说人——我关系的认识等方面的内容。如果承认人是道德的存在，社会是道德的社会，那么从本体论和认识论两方面都说明了社会整合与个体道德能力的勾连性。荀子在论及人与动物的区别时强调了“群”的意义，这里群就涉及人与人的交往及关系的处理，其中蕴含了个体的道德交往能力。在人与他者的关系中，如何处理利益关系，其中必然涉及利他主义、利己主义等方面的道德意识，这里就蕴含了个体道德认识能力。杜尔凯姆曾经指出："利他主义并不是如斯宾塞所理解的那样，注定将成为社会生活某种悦人的装饰物，相反，它永远将是社会的基础。我们怎么能真的离开利他主义？如果人们不彼此承诺并相互作出牺牲，不以某种强而持久的纽带相互维系，他们就无法生活在一起。"这里说明道德的行为多少包含了自我牺牲的成分。

杜尔凯姆在谈到道德规范的作用时指出："我们可以这样认为，一般而言，道德规范的特点在于它们明示了社会凝聚（social solidarity）的基本条件。"关于广义的规范的作用，东西方智慧显示了相互的契合。荀子认为："礼起于何也？曰：人生而有欲，欲而不得，则不能无求，求而无度量分界，则不能无争，争则乱，乱则穷。先王恶其乱也，故制礼仪以分之，以养人之欲，给人以求。使欲必不穷乎物，物必不屈于欲，两者相持而生，是礼之所以起也。"（《荀子·礼论》）这里避开先王制礼的非历史社会性不谈，从这里可以看出规范对社会秩序的整合作用，其中礼多少就有道德的成分，它可以理解为道德意识或原则的制度化的产物。对社会越轨、反常及失序的社会控制，规范包括道德规范所起的整合作用不言而喻。规范是社会整合中的外在的机制，而要将规范化为行动还需要个体对规范内化的能力。

在社会整合中，就不得不关注个体道德意识层面的耻感能力。儒家对耻感非常重视，孔子提出了"行己有耻"的要求，孟子将是否有耻感作为了人和动物区分的标志之一，"人不可以无耻"。耻感能力属于个体道德认识能力的范畴，它通过个体内在良心起作用，又与个体道德意志相关联，导引个体道德行为，和道德规范共同作为社会整合的条件。社会由个人组成，而个人是以不同的角色所构成的角色群或角色集存在的。角色是权利与义务的统一，个人角色扮演的过程即权利的享受和义务的担当的过程。个人向未来无限敞开的过程，就是个人不断地角色扮演的过程。社会需要无数个人扮演好自己的角色，其中义务、责任意识理所当然的包含在其中。

这些道德意识、规范在一定条件下会以制度的方式存在，也就是说，道德意识、规范通过制度化的事实来建构社会整合的机制。共同持有的价值原则与信仰，是社会有机团结的纽带，个体是通过对共同体所秉持的价值原则的承诺和兑现来实现相互交往的。是个体对共同体价值原则的承诺导引了个体在社会交往中的“共同语言”和“一致行动”，使得社会动态平衡、运行有序。在和平时期是个体对道德等价值的共识形成社会整合，在社会急剧变迁时期，是个体道德创造能力所形成的新的价值原则导引和弥合社会震荡所带来的断裂。在社会变迁时，是新的道德规范对社会起到了整合作用。

四、道德与教育的和谐互动

古往今来，无数智者对道德的本质进行了不同的诠释，中国的朱熹用“理”来注解道德的本质，陆九渊、王阳明用“心”来注解道德的本质；西方的柏拉图从“理念”的角度来注解道德的本质，费希特从“自我”的角度来注解道德的本质，黑格尔从“绝对精神”的角度来注解道德的本质等等，不一而足。它们分别呈现了理性主义、经验主义、宗教主义和人本主义伦理学的观点，虽然有一定的合理性，但都有片面性，没有从道德的起源、道德的作用方式、道德的作用对象、道德的历史及实践基础来界定道德的本质。

马克思主义唯物史观认为，利益是道德的基础。马克思说：“群众对这样或那样的目的究竟‘关怀’到什么程度，这些目的唤起了群众多少‘热情’。‘思想’一旦离开‘利益’，就一定会使自己出丑。”恩格斯当年在批判蒲鲁东的抽象的“法权”观和“公平”观时指出：“在社会发展某个很早的阶段，产生了这样的一种需要：把每天重复着的生产、分配和交换产品的行为用一个共同规则概括起来，设法使个人服从生产和交换的一般条件。这个规则首先表现为习惯，后来变成了法律。”而恩格斯这里谈的“习惯”就包含了原始道德的意思，说明了道德的产生源于人的需要，而这种需要，我们可以逻辑地推演为人们对道德的一种规范需要与人自我完善的道德需要。

所以道德的本质应体现为道德所具有的社会历史性、规范性、主体性和向善性等方面。当今有学者提出了社会资本、道德资本等概念，从而说明道德及道德能力在社会发展中的功能与价值。还有学者认为，社会经历了“权力本位”和“资本本位”，现在应该是“能力本位”。如果这一界定有合理性的话，那么道德能力理应包括在“能力本位”之中。就当今人们所面临的诸多价值选择、工具理性的扩张、人们面临的越来越多的人与人、人与环境及人与自己等方面无法消解的难题来说，都依赖人们道德能力的提升来解决，虽然这不是唯一的出路，但至少它可以为我们走出困境提供思路。一部人类社会发展史，在某种意义上可以理解为伦理思想史，或者说道德变迁的历史。在其中逻辑地包含有人类道德能力形成、发展与创造的历史。

康德的《实践理性批判》实现了人从神的世界到属人的世界的“哥白尼式的革命”，凸显了人作为“万物的尺度”的主体性，而这种主体性，可以看着人的道德能力的变迁。虽然在处理人与人、人与社会及人与自然等关系中，人的主体性究竟应高扬到怎样的程度，是一个值得探讨的问题，但我们不能忽视在人类文明史上，道德能力所起的作用。中国古代智者虽然没有系统研究道德的能力，但也不乏关于道德能力观念的智慧火花，其中折射了道德能力的理论预制、道德能力的内容及道德能力养成的一系列思想。这些宝贵的思想资源为我们研究道德能力提供了有益的启示和借鉴。同时也说明人们对道德能力的关注由来已久，是一个亘古而又常新的话题。因为它直接关涉人的完善和社会的发展。

我国当今社会处在社会变迁中的全球化、现代化、现代性和后现代性的多重变奏中，每一次社会变迁都会给个体带来深刻的心灵震撼，尤其是以互联网络为标志的信息高速公路冲破了一个个区域文化的城堡和壁垒，将各民族本土文化贯通起来，促使多样文化进行交流、沟通和融合。正如比尔·盖茨所说：“信息高速公路将打破国界，并有可能推动一种世界文化的发展，或至少推动一种文化活动、文化价值观的共享。”汤因比在考察历史变迁时，曾揭示在文明解体、社会转型阶段，会出现灵魂的分裂，出现诸多互不相容的生活、行为、情感方式，从而产生出一种存在的杂乱感。这种杂乱感，有可能源于既有生活方式发生的根本变化，也可能源于既有文化模式中注入了新的元素，它尤其发生在社会变迁加剧的时期。对我国来说，是源于外来文化与本土文化的撞击，源于对本土既有文化的反思、对外来文化的批判汲取而造成的既有社会价值观的震荡、崩塌。

第二节 道德能力与个体道德

一、能力

行为主义心理学家托尔曼认为，在人的行为中能够观察到的自变量和可观察到的因变量之间有不能观察到的因子——中间变量，这就是能力。能力的定义中没有强调个体的心理特征，而强调“诸要因的组合”，是因为仅仅从心理学上理解能力是远远不够的。其次，能力是完成某种活动所必需的主要原因的组合。这就是说能力总是和活动（包括思维的和行为的）相联系，并且直接影响活动进程。能力总是存在于具体的活动中，在活动中得以体现，并且在活动中才能得以发展和培养。离开了活动，既不可能体现任何能力，也不可能使任何方面的能力得到培养和发展。他还比较分析了能力与智力的关系，在他看来，智力是能力的一部分，是指能力在心理活动方面所达到的水平，即认识能力或学习能力，智力属于认识活动的范畴，主要由观察力、注意力、记忆力、想象力、思维力构成。智力与能力是从属关系，智力是一个种概念，能力是一个属概念。从外延上看，能力的范围比智力大。但二者存在内在勾连，能力的强弱与知识的量、与熟练程度密切相关，知识的掌握和技能的提高有助于能力的形成和发展。

据此可以认为，能力与智力、知识、技能密切相关，不可分割，而能力是包括智力、非智力、知识、技能、行为等多因素的复合体。按照能力的作用范围，从最一般的意义上看，能力可以分为一般能力和特殊能力。所谓一般能力就是完成一切活动都需要的那些能力，包括观察能力、记忆能力、想象能力、思维能力、操作能力等。通常说的智力即一般能力。特殊能力是人们从事某种特殊职业或在某种专业活动中所需要的能力，它是一般能力的发展与延伸。韩庆祥在其《建构能力社会》与《能力本位》等专著中，从哲学与人学的视角解读了能力的含义，他认为能力理应包括以下八个方面的内涵：

一是从能力发挥的基础看，能力是人的综合素质在行为中外化的表现。这里涉及能力与人的素质的关系。人的素质是人的能力的内在基础，是人的内在的本质力量，而人的能力则是人的内在素质的外在表现、实现和确证，是人的内在本质力量的外在体现。

二是从能力发挥的内容看，能力主要指人的一般能力，即人的体力、智力、道德力、审美力和实践操作能力。

三是从能力的发挥水平看，能力是指人驾驭活动本领的大小和熟练程度。

四是从能力发挥的合理性看，能力是受道德和理性的引导而正确驾驭活动的本领。

五是从能力发挥的效果看，能力是指人的实际工作表现及其所达到的实际效果。

六是从能力发挥的载体看，它涉及与活动、行动的关系。

七是从能力发挥的价值看，能力是实现人的价值的一种有效方式。

八是从能力发挥的作用看，能力是左右社会发展和人生命运的一种积极力量。

他把能力界定为："它是人的综合素质在现实行动中表现出来的，正确驾驭某种活动的实际本领、能量和熟练水平，是实现人的价值的一种有效方式，也是左右社会发展和人生命运的一种积极力量，它包括体力、智力、道德力、审美能力、实践操作能力等一般能力，从事某种专业活动的特殊专业才能和为社会而奉献的创造能力。"在界定了能力的含义后，他简要分析了能力的特征，即能力具有经验观察性和可确证性、现实性、全面性、质量性、实效性等。

从以上学者对能力内涵、特征的分析，不难看出，能力是一个以人的素质为基础的、呈现在活动中并通过活动表现出来的、既包括心理又包括非心理的诸因素的复合体。能力以智慧、素质为基础，并通过活动表现出来。鉴于人的智慧、素质、活动的多维性，以及知识与智慧、知识与德性、素质和活动与道德的关联，可以把能力这一概念逻辑引申到道德领域，便产生了道德能力这一概念。道德能力作为一个属概念，它既从属于道德又从属于能力，兼有道德与能力的特点，但并不是二者的简单相加，道德能力作为一种一般能力中的"特殊能力"有它自己的内涵与特征。

二、个体道德能力

希腊著名哲学家柏拉图的学说以唯心论为基础，他不把感官的感知看成最终真理，而把思想看成根本，注意了内心智慧和道德能力，而不重视这种能力所表现的形式。罗尔斯在其《正义论》中，所指道德能力是主体获得正义感和善观念的能力。康德把道德理性作为个体的一种高级道德能力，是对个体所负道德责任的内心道德感和行为的一种高度自觉力量，是个体和社会道德行为合理性的保障。

朝鲜李朝哲学家，实学思想的集大成者丁若镛，他虽然承认人具有先天的理性道德能力，但却认为仁义礼智等道德概念，形成于具体的道德实践之后，指出："仁义礼智于之名，成于行事之后。"

英国近代伦理学家沙甫茨伯利的情感主义伦理思想认为，从人的天赋道德感出发，指出人心中的完美与和谐是整个大宇宙的完美和谐在人心上的映照，它反对洛克、霍布斯的理论，不赞成洛克对天赋观念的批判，认为人在情感中天生就具有区别美丑、善恶的能力。

18世纪法国启蒙运动的伟大思想家、哲学家、伦理学家、法国资产阶级革命的思想先驱者让·雅克·卢梭认为，良心作为一种道德义务感和自我评价能力，是人们在社会生活和道德实践中形成的。

直觉主义作为西方伦理学的一个派别，认为人们具有一种独特的道德能力。借助于这种道德能力，人们直接认识关于正当与错误、善与恶等基本道德原则。道德中的真理是明确的，人们仅凭当下的直觉即可把握，不需诉诸任何理性和经验。

20世纪认知发展理论在道德教育中有较大的影响力，这一理论认为，在个体道德发展过程中，知识和认知能力起着决定性的作用，所以决定了道德教育的主要任务是培养个体的道德认知能力。这里所谓的道德认知能力，属于道德理性思维能力，它包括道德理解能力、道德判断能力、道德选择能力和道德推理能力。由此可见，认知发展理论比较注重道德理性思维能力，这种能力与本书所探讨的道德能力在内涵及外延上还存在一定差别。

中国传统伦理思想史上，很少有对道德能力的专门研究。但丰富的思想资源中也蕴涵了道德能力的思想，比如中国战国时期孟子提出的人性论概念就渗透了天赋的道德知识和天赋的道德能力的观点。在他看来，人的道德知识和道德能力都是天赋的，不是从后天的学习思考中得来的。

孟子指出了“良能”的道德范畴，即人先天具有的实现天赋道德观念的道德活动能力，出自《孟子·尽心上》孟子认为良能是人和禽兽的根本区别之一，人应该不断地进行道德修养，保养先天的“良知”、培养这种道德活动能力，使之光大。明代王守仁发展了孟子的思想，提出了“致良知”的学说。

当代学者对道德能力的关注始于 20 世纪 80 年代，道德主体性问题是 20 世纪 80 年代中国伦理学界讨论的一个热点问题。个体道德能力是个体在道德生活实践中对自我道德状况及各种道德现象的意识，以及当个体处在特定道德境遇下对道德价值观评判、选择并在实践中践行的能力。为了进一步理解和把握道德能力的内涵，我们可以从个体道德能力所反映的本质上去思考。道德能力的本质是对道德能力生成与发展的内在根据及必然性的把握，是在更抽象的层面上把握道德能力的属性。道德是属人的，同样道德能力也是属人的，这样从主体出发就可以找到道德能力本质的路径，这里把它归结为三个方面，即道德能力的社会性本质、个体性本质及交互性本质。社会性本质：道德能力的社会性本质可以理解为道德能力载体即人的社会性本质的反映，在某种意义上说，道德能力是人的本质的外化与确证。道德原则、道德规范是人的理性的表达，道德关系是人的交往关系、利益关系的反映，“道德的基础是人类精神的自律”。道德能力既反映了个体又反映了类的本质特征。人的本质“在其现实性上，它是一切社会关系的总和”。

在这些关系当中，道德关系是其中重要的内容，而道德能力在某种意义上可以理解为处理道德关系的能力，所以道德能力蕴含了社会性的因素。马克思认为，个人的生命表现，“即使不采取共同的、同其他人一起完成的生命表现这种直接形式，也是社会生活的表现和确证……甚至当我从事科学之类的活动，即从事一种我只是在很少情况下才能同别人直接交往的活动的时候，我也是社会的”。换言之，道德能力的社会性本质是源于人的社会本质，可以把道德能力理解为人的本质的外化与确证。

个体性本质：这是从人的存在及道德能力的生成与发展的角度来看的，因为我们可以把人的存在样式划分为类本性存在、社会性存在与个体性存在三种方式。人的存在是向未来无限敞开的过程，在此过程中，个体同时经历着社会化与个性化的对立统一过程。个体道德能力作为个体本质的确证，最能反映个体的特殊性即个体性。道德能力系统的各种道德能力，无不反映了人的个体性特征，因为每一个人都是知情意的混合物，具有不同的道德能力。当每一个个体面临相似的道德境遇时，往往会产生不同的道德认识，作出殊为不同的道德判断及道德选择，因此而采取不同的道德行为，这说明了道德能力的个体性本质。在伦理学史上，之所以善、幸福等是如此难以定义，这在一定程度上也反映了道德认识的个体性本质。

交互性本质：本书论及的道德能力的交互性是指道德能力的发生与发展所体现的主体间性的关系属性。从发生学的视角来看，道德能力的发生就体现了这种交互性本质。道德源于交往，而道德是个体道德能力的母体，道德能力的发生因此也源于交往，这一事实得到了道德经验的证实。利益是道德的基础，对利益及利益关系的处理，往往成为道德能力的主要内容，而利益关系往往呈现为主体间的关系。道德能力的发展离不开相互交往，关于这一点，早被建构主义大师皮亚杰和科尔柏格所证实，他们强调了人与环境的交互作用对个体道德能力的影响。环境创造人，人创造环境，环境是人化的环境，人与环境的关系折射的是人与人的关系。从个体之间的游戏、协作等对个体道德发展的影响，都反映了道德能力的交互性本质。在个体道德发展的较高级阶段，都涉及对“公正”等道德价值观的理解与运用，这些原则的理解需要主体深刻的道德认知、明晰的道德判断和逻辑的道德推理，而这一切都是以人——我关系的把握为底色的，反映的是主体间的交互性。

三、个体道德能力的特点

所谓个体道德能力的特点即它与个体非道德能力相比较而显示出来的不同之处，这些特点表现为：个体道德能力具有综合性、内在性、制约性、发展性、主体性。

（一）内在性

所谓个体道德能力的内在性是指个体道德能力发挥作用时，所需要的一些能力要素是在一种比较隐蔽的状态下起作用，不易被察觉，很难说是哪一种要素明显在发挥作用，往往是一种要素相对明显在起作用，而其他要素则处在隐蔽状态，同样在其作用，只是不被察觉而已，这是个体道德能力所不同于非道德能力（一般能力）的地方。个体道德能力系统中的道德同情能力、耻感能力、直觉能力等就具有比较突出的内隐性。

（二）制约性

个体道德能力的制约性可以简单理解为道德能力对广义道德环境的依附性，其中社会制度、教育、社会文化心理、习惯、社会认知图式等都对个体道德能力有制约或影响作用。人类文明的进程表明，经济之于道德的影响是一个不争的事实，中国古人云："仓廪食则知礼节，衣食足则知荣辱"，虽然不能反映经济与道德之间必然的正相关逻辑关系，但至少表明经济状况影响个体道德。如果说道德源于交往、源于利益关系，那么经济制度、经济状况是决定道德状况及个体道德能力的一个重要方面。总的来说，经济活动决定个体道德能力的发生、经济状况决定个体道德能力状况、经济发展决定个体道德能力发展，当然这种决定与被决定关系不是简单的线性关系，二者处在双向变奏之中，而且往往会呈现出不平衡性。

（三）综合性

所谓道德能力的综合性，是指道德能力的存在方式表征出来的特点，反映了其整体性；另外从道德能力发挥作用的方式上来看，具有整体性；最后，从对道德能力发挥作用的效果的评价上来看，也具有整体性的特点。从道德能力的存在看，个体的道德能力具有复合性，包括道德认识能力、评价能力、判断能力、选择能力、实践能力等多种能力。这些能力所包含的要素也具有综合性，它们是知情意的统一，是思维与实践的统一，这些要素相互渗透，共同存在于个体道德能力之中。

从个体道德能力发挥作用的方式上看，道德能力具有综合性。个体在道德实践中的任何道德行为，必须通过道德能力发挥作用后来完成。个体在道德行为的实践中，道德能力的发挥需要运用多种要素的整合，其中知情意同时在起作用，而且个体道德能力是以过去道德能力作基础并在此基础上不断累积提升的，也就是说，个体每一次使用的道德能力，都是个体整体的道德能力在起作用，很难说是其中某一种道德能力在起作用，因为个体道德认知图式本来就具有整体性，道德能力是个体整体道德图式的外化。另外道德能力发挥作用时，是道德能力系统中多种要素起作用的结果，其中既有道德思维能力，又有道德行为能力。

（四）发展性

这里有必要先从认知心理学的视角解释一下发展的涵义，以便为我们理解个体道德的发展性问题。根据韦伯斯特新大学辞典（Webster's New Collegiate Dictionary），“发展”一词包含下列诸种定义：“引起活动；从原始的位置移向一个提供更多有效使用机会的位置；引起沿着其本身自然的线索生长和分化；经由自然生长、分化、或演进的历程继续不断的改变。”根据这一定义，说明发展不仅仅是任何行为的改变，而且是一种趋向于较大分化、统整、和适当的变化。认知发展理论根据此定义，把“发展”界定为“不仅是时间上的改变，它更是顺序的或次序的、更分化的、更适应的等种种的改变”。

认知发展心理学的理论进一步假定“发展”乃是“经由一种有顺序的进步而产生的运动；代表从一种较不适当的心理状态，运动到一种更适当的运动状态”。而且，更强调“发展”是“一种更为发展的心理状态，比一个较不发展的心理状态，更为有价值或更为适当。”美国哥伦比亚大学教授杜瑞尔以认知发展的视角，认为“发展”是“个体经由一连串的思考与行动而形成的组织结构的进步。这种进步，在个体发展中，以一种有次序的方式，经由与社会和特质环境交互作用而改变；同时，这种发展进步的历程是自我构造的和自我调节的”。换言之，这里论及的发展是指代表发生于儿童思考和行动中的变异。田培林教授认为“发展”是开扩的意思。在道德视域里，“发展”是完成的意思。他进一步指出了发展所需要的两个条件：其一是内在因素，即由先天的人的本性决定的因素；其二是外在的因素，即由环境适应而决定的因素。因此，就教育来说，发展不会停止，继续发展是在于下一代。根据上述“发展”的概念与涵义界定，“发展”大体包含了以下几层涵义：

第一，发展的改变是不可倒逆的。

第二，发展的改变有普遍性。

第三，发展的改变是一种反映的形式、模式、或特质的改变。

第四，发展的改变是连续的。

第五，发展的改变是阶层性的（hierarchical），也就是说较后的反映形式凌驾或统合较早的形式。

以上就是本书所要界定的“发展”及“发展性”。个体道德能力的发展从一般趋势来说呈现为上升性，个体道德能力的发展呈现为个体道德知识的增长、道德经验的积累、道德认知图式的不断解构与建构的过程。

（五）主体性

所谓道德能力的主体性主要是指个体在道德能力发展中的主观能动性，表现为自主性、自愿性、积极性和创造性等方面。从个体道德能力的生成与发展来看，一般经历了他律——自律——自由（或他律与自律统一）的若干阶段。在个体道德能力发展的不同阶段，呈现了受动性与主动性二者的统一，换言之，即既存在受动的一面，同时也存在主动的属性。从个体道德的发生来看，理论上大体存在三种比较一致的说法，即先天发生论、环境决定论或者说外力模塑论以及主动建构论。持先天发生论和环境决定论观点的主要有我国先秦的孟子，在他看来，“仁、义、礼、智，非由外铄我也，我固有之也，弗思耳矣。故曰：‘求则得之，舍则失之’（《孟子·告子上》）。”在这里不难看出，个体道德能力先赋性的思想，但其中也关注到了主体的“求”的作用。同样，陆九渊对“理”的解读、王阳明的“致良知”学说都或多或少反映了个体道德能力具有的受动性与主动性的属性。

在国外的思想家与教育家中，卢梭就是性善论和自然成熟论的鼓吹者。与先天发生论相对，环境决定论者往往关注后天环境的刺激或教育的影响。其中洛克的“白板说”就比较重视后天教育对儿童德性的影响。法国社会学家杜尔凯姆强调了社会在个体道德形成中的基础地位。华生和斯金纳更是典型的环境决定论者。这些学者比较注重了个体道德能力发生的受动性一面，而相对忽视了主动性的一面。

与以上学者不同，皮亚杰和科尔柏格被称为建构主义者，他们认为，个体道德只能是个体与社会道德环境交互作用的结果，并通过一系列实证研究说明了个体道德发生与发展的两重性，即受动性与主动性的统一。从个体道德的发展来看，也是受动性与主动性统一的结果。

但个体道德能力的发展从根本上看，离不开个体的主动性，所谓“为仁由己，而由人乎哉？”（《论语·颜渊》）黑格尔在《法哲学原理》中指出：“在我做一件事情的时候，我就规定着我自己。它们经过了我的手，是我造成的，它们带有我的精神的痕迹。”这说明，道德行为具有自愿性、自觉性，它是个体反思的结果，是个体经过选择的结果。

当代美国伦理学家弗兰克纳在其《善的求索——道德哲学导论》中指出：“道德的建立是为了人，但不能说人的生存是为了体现道德。”作为道德的存在物，人具有未来性、不确定性。在人的一生中，要遭遇无数道德境遇、道德冲突或道德悖论，因此道德冲突的化解需要个体对道德原则创造性的理解和运用，也就是需要充分发挥个体的主观能动性。道德能力的发展是人与环境交互作用的结果，仅有环境的刺激，而没有主体诸种道德能力的发挥，道德能力同样不可能发展。

第三节　人文价值与思想道德

我国的道德状况伴随着我国社会的历史变迁，无论在道德价值取向还是道德领域拓展等方面都发生了相当大的变化。从归根结底的意义上来说，一个社会经济基础的变化，决定道德面貌的变化，虽然道德作为一种社会意识或社会意识形态有它相对的独立性，但随着经济基础尤其是社会制度的变革，迟早会引起道德的变革。

我国的现代化进程如果从宽泛的意义上来说，是起源于 1840 年的鸦片战争，但真正意义上的现代化进程，或者说现代化高歌猛进的时期，还是 1978 年之后。理论界普遍认为，我国的现代化从性质上属于后发外生型的。我国的现代化受着中外及传统与现代的双重挤压，而且要完成工业化、现代化与改革等多重历史任务。

历史经验证明，我国的现代化从某种意义上来说，只用了近 30 年的时间，走完了西方国家近 150 年的进程（我国人均 GDP 由 1980 年的 250 美元，通过 27 年，达到了 2460 美元；而西方国家从 250 美元到 2500 美元用了 140 时间）。在这里，借用“时空压缩”概念和理论来说明我国的社会变迁及其对我国社会尤其是道德领域的影响。

一、“时空压缩”的内涵与特点

在美国社会学家 R.D. 麦肯齐的《都市社区》一书最初出现了“时空压缩”概念。他根据公路货运资料数据，制作了一个“美国近代空间缩短形势图”，并探讨了交通对个人与社会组织的影响。通过“时空压缩”提高了人际交往的频率与办事效率，密切了人际关系，在一定程度上加强了社区的凝聚力，沟通了社区之间的联系。时空压缩理论突出了交通通讯技术与方式对现代社会生活和人际交往的重要作用，为人们进一步认识社区的内部区位结构和外部联系，完善社区的各种分工，改善人们的交往关系等，提供了重要的理论依据。

把这一理论应用到社会学的分析领域是美国著名新马克思主义者戴维·哈维在其《后现代的状况》一书里完成的。他使用这一概念是试图表明：“资本主义的历史具有在生活步伐方面加速的特征，而同时又克服了空间上的各种障碍，以至世界有时显得是内在地朝着我们崩溃了。”

在人类社会发展进程中的“时空压缩”就其这一历史现象本身来说，蕴含着两面性，即正面效应和负面效应。在我国现代化进程中的“时空压缩”所带来的正面效应具体表征为以下方面：（1）通过以科技为动力引擎，极大促进了生产力的发展，为社会发展奠定了强有力的物质基础，不断打造了一系列“中国制造”，大幅度缩短了与西方发达国家的差距，综合国力大大提升。（2）在一定程度上增强了民族的自信心。（3）从长远来看，为人的自由全面发展提供了基础条件。但在我国现代化进程中的“时空压缩”所带来的负面效应也不得不引起重视：

第一，“时空压缩”的性质本身所蕴含的易变性及短暂性和冲击力，使处在现代化进程中人们的价值观念、生活方式等方面带来极大的震荡，由此深刻影响个体的道德价值选择能力和行为能力。

第二，在生活世界，一方面极大便利了人们的交往和沟通，使空间距离缩短，但另一方面，也使人们的心灵距离拉长，人与人产生了隔膜，导致了人们情感世界的荒漠化，由此带来了对个体道德能力发展的道德氛围的消解。

第三，有可能导致理性的癫狂及人们信仰与精神家园的丢失，最终找不到“回家”的感觉，由此深度消解个体道德信仰能力。

第四，由“时空压缩”夹裹着的科学主义、经济主义、消费主义等思潮会全面消解人们的道德判断和道德选择能力，从而导致道德相对主义、怀疑主义和虚无主义。

总之，它有可能使一切坚固的东西都烟消云散，固有的符号系统全面瓦解。以上分析可能是道德社会学的粗线条描述，稍后就“时空压缩”对我国近几十年尤其是改革开放以后，给社会和人们道德价值领域的变革以及由此所带来的道德领域所谓的“道德爬坡”与“道德滑坡”的争论作一解释学的说明。

二、“时空压缩”进程中价值观的演变

改革开放几十年来，我国社会经历了剧烈的“时空压缩”，在这段历史时空中要完成市场化、现代化和社会主义改革等多重历史任务，因此，由一系列社会变迁所带来的社会结构、价值观念及其道德意识的变化也是必然的，这些年来我国社会实现了一系列变化：政治上，实现了以阶级斗争为纲向以经济建设为中心的转变，经济上，实现了从单一的公有制经济向以公有制为主体、多种经济成分共同发展的转变，文化思想及价值取向上，实现了由过去的一元价值观占统治地位向一元价值主导、多种价值取向并存的转变，社会运转方式上，实现了从封闭半封闭型向开放社会的转变——而在一系列转变中，最深刻的变迁发生在价值观领域，其中尤以道德价值观的转变最为剧烈。因为利益是道德的基础，而社会变迁往往伴随着人们利益的调整，所以，社会变迁对道德领域的影响是剧烈的。

三、“时空压缩”中的文化多样性与个体道德能力

多样性文化在这里指文化在“时空压缩”过程中呈现为共时性和历时性的相对于不同地域及不同时期的文化样式。当今，伴随着经济全球化的文化全球化已席卷全球。对于每个国家和民族来说，文化多样性的存在已成为一个不争的事实。

在这生动的文化视景中，存在着各种文化样式，按不同的视角可作不同的划分。从社会学的视角看，有物质文化与非物质文化、主文化与亚文化、主文化与反文化、评比性文化与非评比性文化；从时空视角来分，有古代文化、近现代文化及当代文化，还有本土文化及外来文化；从性质上来界定，有社会主义文化、资本主义文化和封建文化；从其存在方式来说，有哲学、政治学、道德、宗教、艺术等形式；从其在社会运行中发挥的作用来看，有主导文化和大众文化。这些文化模式在社会中并存，争奇斗艳、动态发展，有时又呈现为良莠不齐，共同构成了一个文化生态环境，形成了当今的文化生态，本书借用生

态学的这一语词，来描述我国当今多样性文化存在及其相互作用的这一事实。伴随多样性文化存在的是人们价值取向的多元化、思想观念的复杂化和文化需要的多样化，而这一切深刻影响着我国高校的德育工作，因为，当今的大学不再有“围墙”，生生不息的网络太阳已普照全球，信息高速公路已通向四面八方，高校已被多样性文化层层包裹着。

多样性文化的存在是人类社会的特质和客观规律，是人类历史发展的基本趋势和必然结果，也是人类卓越的创造精神的体现，更是人类社会展示出蓬勃生机的活力源泉。文化多样性的客观事实，昭示了各种文化之间的互补性、兼容性和交融性。当然，我们需要的多样不是杂多，杂多只是形式的多样而不是真实的多样。真实多样中的“每一样”应是各得其所，整个社会才生动有序。真实的多样即为合理的多样，而杂多是无序。正如欧文·拉兹洛在联合国教科文组织国际专家研究报告中指出的那样，“在一个多种文化的星球上，产生于多样性的那种差别需要整合来加以平衡。”因为“只有多样性是构不成一个世界的；它充其量只构成一种由一个个碎片凑成的镶嵌品，形成一个有趣而非真正相互影响的图案”。

（一）文化多样性的成因

关于文化多样性存在的必然性，马克思、恩格斯早在《共产党宣言》中作了深刻的揭示：“资产阶级，由于开拓了世界市场，使一切国家的生产和消费都成为世界性的了。过去那种地方的和民族的自给自足和闭关自守状态，被各民族的各方面的互相往来和各方面的互相依赖所代替了。物质的生产是如此，精神的生产也是如此。各民族的精神产品成了公共的财产。民族的片面性和局限性日益成为不可能，于是由许多民族的和地方的文学形成了一种世界的文学。”

马克思、恩格斯这段话揭示了经济全球化与文化全球化相伴随的过程，阐明了文化作为上层建筑，能动反映和反作用于经济基础的唯物史观的基本思想，同时，说明了文化多样性存在是势不可挡的潮流。如果说文化全球化催生了文化多样性的形成，那么，从某种程度上可以说，我国改革开放的纵深发展、多种所有制形式的形成、利益主体多样化的生成就更进一步加剧了文化多样性的形成。

马克思曾经指出："社会生活在本质上是实践的，凡是把理论导致神秘主义方面去的神秘东西，都能在人的实践中以及对这个实践的理解中得到合理的解决。"马克思这句话揭示了任何观念与意识，都植根于人们的现实的能动的实践之中，它们都是现实的反映，作为文化也不例外。哪怕是宗教文化也不过是世俗基础自我分裂的产物，不过是世俗基础的神秘化的幻想。由于人们的实践是无限丰富和变动不居的，所以，建构在实践基础上的文化也应该是多样的。

当代中国正在经历全球化、城市化、现代化及改革与开放等较为剧烈的社会变迁，伴随变迁中的经济基础的变动，必然会带来观念与思想领域的重大变革，由此成为文化多样性形成的前奏。尤其是以互联网络（Internet）为标志的信息高速公路冲破了一个个区域文化的城堡和壁垒，将各民族本土文化贯通起来，促使多样文化进行交流、沟通和融合。正如比尔·盖茨所说："信息高速公路将打破国界，并有可能推动一种世界文化的发展，或至少推动一种文化活动、文化价值观的共享。"汤因比在考察历史变迁时，曾揭示在文明解体、社会转型阶段，会出现灵魂的分裂，出现诸多互不相容的生活、行为、情感方式，从而产生出一种存在的杂乱感。这种杂乱感，有可能源于既有生活方式发生的根本变化，也可能源于既有文化模式中注入了新的元素，它尤其发生在社会变迁加剧的时期。

对我国来说，是源于外来文化与本土文化的撞击，源于对本土既有文化的反思、对外来文化的批判汲取而造成的既有社会价值观的震荡、崩塌。社会在经历这种杂乱感受中，会经历一个痛苦的心灵历程。我国文化的多样性是在传统与现代、本土与国外等多层双重变奏中形成的，它表征为本土文化与外来文化、传统文化与现代文化、主导文化与大众文化并存、交融的多样性文化的格局，深刻地影响着人们的社会生活、文化价值取向。

（二）多样性的文化对个体道德价值取向的影响

多样性的文化对高校德育的影响是全方位的、立体的，从影响源来看，有来自本土文化、西方文化、主导文化、大众文化等文化的影响；从影响对象来说，有德育工作者、德育对象、德育工作本身，还包括高校德育的原则、内容、方法、效果、介体、环体等方面；从影响的效果来看，存在利与弊以及不干涉价值评价的另一方面等几方面的影响。多样性的文化，引起了价值观领域前所未有的复杂和多变，这样对高校德育工作的目标制定、内容选择及德育的预测和德育的有效性带来了挑战。

多样性文化产生常常伴随经济全球化而来，伴随着以资本输出为核心的经济全球化是以价值观为核心的文化全球化。文化中心主义常常将本民族、本群体的文化模式当作中心和标杆，以此来衡量和评价其他文化，常常敌视和怀疑为自己所不熟悉的文化模式。而文化相对主义则认为，各种不同的文化模式是不能评价和比较的，他们之间没有通约性，没有优劣之分。多样性文化的存在，消解了学生对主导文化、主导价值观及主导意识形态的认同力，深深地影响了学生的价值选择、道德认同。

多样性文化，尤其是西方的影视文化、娱乐文化、音乐文化、舞蹈文化、体育文化，从价值层面深深影响着当代大学生的生活方式、思维方式和行为方式。学生寝室和校园甚至食堂里，流行着以好莱坞为代表的影视文化、以迪斯尼为代表的娱乐文化、以摇滚乐和爵士乐等为代表的音乐文化、以街舞和拉丁舞等为代表的舞蹈文化、以《读者文摘》及科幻作品和侦探小说为代表的通俗书刊、以 NBA 和英超联赛等为代表的体育文化，这些文化产品中常常夹裹着一系列价值附加，对大学生进行着无孔不入的价值渗透。在面临诸多价值选择时，学生在缺失理解能力和鉴别能力情况下，往往茫然失措，出现无所适从之感，极易形成价值取向的虚无主义、伦理相对主义和怀疑主义。他们常常喝着可口可乐、啃着汉堡包、跳着街舞、说着洋英语、听着随身听（walking man）以“酷”为时尚。常常表现为反传统、反常规、反共性的“后现代性”，消解主导文化价值观。

面临西方文化价值观的渗透和冲击，中国传统文化的价值观的结构会因为新的文化的融合而逐渐变形。以美国为首的西方个人主义的文化价值观，以自我为中心，以个人为本位，强烈表现为对个人的人格、价值、尊严等多方面的肯定，对人的个体独立性的尊重与倡导。这种价值观与封建制度的压制人性、禁锢思想相比无疑是一大进步，但过分注重自我，甚至把个人凌驾于集体和社会之上有可能发展为利己主义、自由主义和无政府主义。

文化是以蕴含的价值为核心来深度影响个体的精神世界。文化多样性往往呈现为各种思潮或“主义”的弥散，其中夹裹的非理性和异质的道德价值观从不同方面消解着个体的道德价值取向及道德能力。多样性文化可能导致道德价值共识的偏离，因为道德价值共识表现为认同，而价值认同是以文化认同为基础的，多样性文化本身存在消解文化认同的可能。由于价值认同就可能导致价值相对主义，在道德领域即走向道德相对主义或伦理相对主义，常常表现为道德主观主义、道德情感主义、道德文化主义、道德虚无主义、道德怀疑主义、道德历史主义等表现形式。道德相对主义它消解崇高、神圣、敬畏，消解个体道德追求的信仰力量，“对终极价值和绝对真理的虔敬，是一切教育的本质，缺少对‘绝对’的热情，人就不能生存，或者人就活得不像一个人，一切就变得没有意义”。与带来个体价值选择的困境相关的是，道德教育面临的困境，即在多样性文化影响下产生的“教什么”与“怎么教”的问题，由于“什么都可以”带来了教育内容合法性的危机。文化多样性可能导致人与人共契的不再，社会有机团结的纽带松绑，个人行为标准的紊乱，正如齐美尔所言：“没有人们相互间享有的普遍的信任，社会本身将瓦解。”

国内学者对我国当代价值观的变迁进行了比较深刻的认识，认为：（1）价值、价值观、价值观变迁属于十分复杂的范畴，如果不客观、辩证、历史地理解，就很难达到“视阈融合”，结论就不具有“可公度性”，也就是说，结论说服力、解释力不够。（2）比较笼统地谈价值观的变迁而不是针对某一具体价值观的历时性分析，缺少了历史感。（3）可以进一步探讨道德领域价值观的变迁。

价值观的变迁始终处在一种未完成的状态，即一种生成状态，所以价值观变迁的研究，理应从动态的、历史的维度来分析。这一观点同样适用于对我国当今个体道德能力、伦理实况的评价和研究。20 世纪末学界曾经有过“道德爬坡”与“道德滑坡”的争论，折射了个体道德能力的状况。把我国当代道德实况的结论定性为“道德爬坡”与“道德滑坡”虽然不够辩证，但也折射了个体道德能力提升与消解的两极并存状况。每个时代都会产生一些“道德楷模”，也会存在一些所谓“道德沦丧者”。在当代中国，涌现了一大批无私奉献的道德高尚者，如汶川地震中个体爱心的涌动，奥运会上的志愿者的志愿行为等都反映了个体道德能力的提升；而与之并存的是，社会上依然存在的道德的恶，诸如官员的腐败、行业的不正之风、商业交往中的坑蒙拐骗等现象，这又表征了个体道德能力的缺乏。每个时代的思想者都会对各自时代的道德问题或道德危机作出评价，不可能无动于衷，这说明了人们对道德问题的敏感。但问题是，对道德实况的评价如果不是建立在“可公度”的基础和前提下，就不能得出“重叠共识”。

对我国当今道德实况作出“道德爬坡”与“道德滑坡”的结论，主要是相对于个体的道德认知能力、道德行为能力而言的。随着改革的深入与社会的转型，个体会随着社会经济基础的变化变革一系列道德价值观念，诸如公正的伦理价值观、对个人利益与集体利益的重新审视等都反映了个体道德认识能力的提升，呈现出所谓的“道德爬坡”现象；而在社会变迁加剧的时期，个体也会在价值链断裂的情况下茫然失措，消解价值判断与选择能力，进而出现所谓“道德失范”现象，在道德行为上呈现为“道德滑坡”现象。所以对道德现状的认识，本身也反映了个体道德认识能力。人类社会的发展是多种因素耦合勾连的结果，其中道德意识及道德行为等因素与社会变迁处于复杂的关联中。

道德作为一种社会意识或社会意识形态相对于经济基础具有相对独立性，呈现为滞后性、超前性、历史继承性及其对经济基础的能动的反作用等方面。在社会现代化过程中有可能出现所谓社会发展与道德进步、改革与道德、科技进步与道德发展等方面的吊诡现象。比如在现代化进程中，由于科学技术的宰制力量，它必然会大大促进生产力的发展，从而给社会带来勃勃生机，由此带来人们观念系统的变革，可能会形成诸如新的民主观、人生观、效益观、公正观、幸福观等；但另一方面，在社会变迁剧烈的时候，又有可能造成传统价值链的断裂，使人们感到茫然无措，再加上体制改革的滞后影响，外来思潮的纷至沓来，所以一系列道德沉渣泛起，导致了权利寻租等一系列腐败现象。在这种情况下有人就持多少有些悲观主义的观点，得出当今中国“道德滑坡”的结论。

进一步分析，“道德滑坡”的结论至少存在以下原因：

第一，片面夸大了当今中国社会变迁中所出现的消极现象，是在权威和信仰暂时失落情况下的一种情感发泄。

第二，至少没有注意到道德作为一种“惰性因素”在社会变迁中相对于经济基础变革的滞后性。道德的变革与经济基础的变革可以用“中心”和“周围”的关系来说明，易言之，即道德作为“中心”它的变化滞后于经济等“周围”因素的变化。所以在社会变迁进程中，当经济基础变革后，道德领域的变革尚未同步时，就会带来道德观念与社会发展的某种不适应情况，必然给人们心灵带来震荡感。

第三，在思想史上，这种面临社会变迁所引发的悖论观点早已有之。《庄子·天地篇》中就谈到了“功利机巧必忘夫人之心”的观点。卢梭在《论科学与艺术》中也指出了“科学和文化日益进步，可是人类却变得愈来愈坏了”的观点。控制论创始人维纳认识到“新的工业革命是一把双刃的剑，它可以造福人类——也可以用来毁灭人类”。在《展望 21 世纪——汤因比和池田大作对话录》甚至谈到了“人的道德水平，随着技术的进步反而有所降低”。“道德滑坡”的观点多少受到了上述思想不同程度的影响。马克思主义唯物史观认为，经济基础决定上层建筑，从归根结底的意义上，物质生产和科技进步决定道德的发展：“个人怎样表现自己的生活，他们自己也就怎样。因此，他们是什么样的，这同他们的生产是一致的——既和他们生产什么一致，也和他们怎样生产一致。”

列宁也指出了无产阶级的富于组织性和集体主义精神，“不是天上掉下来的，也不是出自善良的愿望，它是从资本主义大生产的物质条件中成长起来的，而且只有在这种条件下才能成长起来”。这些观点说明了物质生产与科技进步对人的道德观念、道德品质及人的道德完善等方面的影响。

由此，也可以有理由认为，从最终意义上来看，社会的发展会带来道德的进步，而不是“道德滑坡”。对我国道德实况，作出“道德爬坡”与“道德滑坡”两种结论，缺乏具体的历史的分析。我们可以借用哲学解释学的观点来具体分析我国当今道德实况，从而得出较具说服力的结论。

海德格尔和加德默尔关于解释学方面的观点，对我们如何理解我国当今道德实况有指导性的意义。海德格尔把“先有”、“先见”和“先知”作为任何理解的先决条件。任何理解都是从“前理解”开始。

这个观点反映在认识过程上，即肯定所有人的认识与理解都是具有时间性的，因而是历史的。加德默尔把“先有”“先见”和“先知”三方面的内容融为一体，统称它们为“偏见”或“先见”。因为“先见”在时间上潜在地包含着未来，加德默尔又称“先见”或“偏见”为“视野”或“境界”。其涵义是指：（1）历史与传统给个人形成了他理解的存在背景，有如由历史延伸而来的地平线一般。（2）指个人由他在历史的存在中开始理解活动的起点，他不可能超越这个视野去理解人生。（3）比喻人们从历史的地平线上起步，开辟新的人生和未来。

加德默尔还区分了两种不同的“先见”，其一是历史给予的，对理解有正面的价值，人永远无法摆脱的“先见”，因为它来自人对历史文化的继承，所以是合法的先见；其二是个人在后天现实人生中不断接触吸收的见解，加德默尔称之为“盲目的先见”。

在人文科学研究中，理解的对象都有它们自己的历史“视野”，当我们带着自己由历史给予的“视野”去理解对象时，就会出现两个不同的“视野”。只有通过“视野的融合”即解释者的“先见”和被解释者的内容，能够融合在一起，产生意义，才会出现真正的理解。我们可以利用如上理论观点来理性分析我国当今的道德实况，以及客观认识所谓的“道德滑坡”与“道德爬坡”观点，同时也有助于我们正确认识我国历史变迁进程中道德价值观的变迁。只有客观认识我国当今道德实况，才有可能找到我国当今道德存在的问题或症候。

我国自改革开放以来，在全球经济一体化与知识经济的背景下，社会文化价值观及道德伦理发生了深层变化。运用道德现实主义立场和经验分析的方法来看，我国当今道德领域所呈现的进步主要表征为：人们的道德观念伴随着现代化的历程，也处在现代化的生成之中，这些观念包括现代民主观念、权利观念、公正观念、主体观念、责任观念、自律观念等方面；道德领域伴随社会变迁的纵深推进，也得到了进一步拓展，一系列应用伦理学的产生就是其标志；道德在社会发展中的功能、地位的重要性引起了越来越多的关注；道德在人的发展与社会发展中的渗透力越来越强。

与此同时，伴随社会变迁，我国社会伦理秩序的失衡或失序也是一不争的事实：道德失范比较严重、道德冷漠相当普遍、社会腐败还很严重、个人实利主义价值取向相当凸显、德性伦理正在沦丧、终极关怀与精神家园逐渐丢失。

关于我国当今道德与伦理领域所出现的这些问题，有其复杂的深层原因，主要源于：社会转型所导致的伦理“真空状态”即价值链断裂所带来的茫然失措；道德资源合法性的丧失，即传统的“革命道德”“领袖权威”道德模式与不合理的灌输教育模式等方面的瓦解；经济主义、消费主义、科学主义和工具理性主义等思潮的僭越。

第四节　制度运作与思想教育

一、制度的理念与个体道德能力

罗尔斯在其《正义论》中谈道："正义是社会制度的首要美德，正像真理是思想体系的首要美德一样。"在这里正义就成为了制度设计的价值取向，而且正义既是一种政治价值观，更是一种伦理价值观，它体现了政治伦理的客观要求，在这里本书对政治伦理的涵义界定为制度所蕴涵的基本伦理规范及道德意义。制度设计的价值取向，就是设计的制度中所遵循的价值标准，制度所追求的目的要求，如设计的制度是效率优先还是正义优先？是关注社会功利、政府效率、权力效能还是政治责任伦理？

任何制度包括"显形制度"和"隐形制度"都必然与道德产生或多或少的关联，不与价值关涉的所谓"价值中立"的制度是不存在的，因为人先于制度的存在，而人又是复合的存在，它是"自然人""社会人""经济人""道德人""政治人"，在某种意义上说，还是"文化人"，在一定条件下，也可以是"工具人"等。那么，制度中蕴涵的道德、伦理因素，在某种意义上预制了制度的属性、运作、结果，在最终意义上将产生对人和社会的影响，其中当然包括对人的道德能力的影响，本书主要涉及非道德的制度及反道德的制度对人的道德能力的消解。

受马克斯·韦伯官僚科层制理论影响而产生的现代公共行政管理理论，凸显了制度的工具理性而相对忽视制度的伦理追求，尤其是所谓"企业家政府理论"所表征的工具理性不言而喻。由这种价值理念所制定的制度，它激励人追求最大的效率，主要是经济效率，在一定程度上就会消解人的道德敏感性，漠视人对道德的追求，最终把人模塑为单向度的"经济人"，从而制约人的全面发展和对幸福的追求，偏离对人的存在意义的价值追求。在经济领域中，一些组织、企业单位如果只以利益（主要是经济利益）、短期的功利为制度设计的价值追求，那么经济组织就会以牺牲生存环境、人的健康等为代价换取经济的最大利益，这样人的其他利益、社会利益被消解，在工具理性的宰制下，这种制度理念所导致的结果只能是在某种意义上的制度的异化，也是特种意义上的人的异化，它消解的是人与人的道德情感，人的道德同情能力。

在工具理性宰制下，同样影响对人们的评价标准，如成功与否的评价，荣与辱的评价等，在一定程度上消解了人们的道德认识能力。在这里我无意指责经济领域的丛林法则及优胜劣败，只是想指出，“优”的胜出要基于全面的标准，而不只是经济效益的单向度标准，除此之外还要关注社会效益等标准，要惠顾社会上的最少得益者，否则的话，制度设计的后果，就会消解人的道德同情能力。在我国当今社会生活中，经济领域以GDP为唯一标准所出台的制度及规范、教育领域以分数为唯一标准的制度及规范都在某种程度上消解了个体的道德追求。近年来我国各领域发生的如“三鹿奶粉事件”“太湖蓝藻污染事件”“煤矿矿难事件”等事件都反映了制度设计的理念对道德能力的消解。

二、制度的形成与个体道德能力

制度的生成是一个非常复杂的过程，它既涉及制度背景的广义的制度文化，又涉及很多复杂的主体。除此之外，特定制度所涉及的对象内容及历史情境，生成制度的主体的文化素质、专业素质、政治素质、管理素质、心理素质等都会对制度的生成产生各种直接、间接，有形和无形的影响。在这里，出自主题的需要，只探讨在制度生成过程中，有悖于科学、合理、道德的因素对个体道德能力的影响情况。一般来说，制度规范的出台要经历如下四个阶段：

（1）发现问题，确立目标。

（2）拟订方案，寻求路径，再遴选方案。

（3）局部试验确定方案。

（4）反馈修正。

关于行政决策的理论与模式对制度的生成有借鉴意义，因为本书是在广义与狭义两种意义上来使用制度范畴的。以赫伯特·西蒙为代表的决策理论学派认为：组织中人的协作、管理、决策三者融为一体，决策贯穿于管理的全过程。

美国学者查尔斯·林德布洛姆提出了渐进决策理论，这一理论把政策制定过程看着是不断修改、调整以往政策的过程。阿米泰·埃佐尼提出了试图把理性综合决策与渐进决策两种模式结合起来的混合扫描决策模式，这一模式的特点是，把主要力量集中在那些“重要的决定”上面。还有以决策者的智慧、知识、经验、胆略、逻辑思维能力等为主要依据的经验决策模式，其特点是凭直觉判断和经验制定政策。虽然有许多关于制度生成的理论，但由于制度生成的自然因素及社会因素等方面的复杂性，从而制度总是趋向完美，就像西蒙所提出的“有限理性决策”理论一样。现实生活中，有一些制度、政策、规范的出台，偏离了科学性、人本性、合理性，偏离了制度的伦理价值取向。

制度的生成需要通过宽泛意义上的博弈的过程来产生，从而防止价值霸权的僭越，防止对弱话语权和无话语权阶层的漠视。制度生成流程一般表现为：

（1）首先必须具有一种博弈格局。

（2）这种博弈格局能够产生一种均衡：各方通过一种稳定的协作关系，以实现群体利益的最大化，这种协作关系就是群体中自发（每一成员基于自身利益作出决策）形成的秩序（从系统理论的角度，指出现了一耗散结构）。

（3）环境条件的变化（环境涨落）导致协作关系出现解体趋向，于是在一些群体中产生制度结构，通过专门的机构来保障群体内的秩序，使这些秩序以制度形式稳定下来（系统理论角度，系统产生“超稳定结构）”。还要防止制度生成过程中的“多数人的暴政”及广义的“虚假的集体”对大众利益的侵害。利益是道德的基础，侵害了大众的利益，也就是撼动了道德的根基。

富兰克林有句名言：“民主就是两只狼和一只羊投票决定午饭吃什么，而自由就是一只武装的羊反对这次投票。”富兰克林这句话说明，民主存在像托克维尔说的“多数人的暴政”的弊端，即多数人以众暴寡。在制度的生成过程中，有些“虚假的集体”把部分的利益说成普遍的利益，甚至采取“多数人的暴政”通过制度化来剥夺社会成员的基本权利，这样的结果，势必影响制度的最核心的价值观：公正。而公正不仅是一政治价值观，还是一重要的伦理价值观。“多数人的暴政”会导致正义的脆弱性局面，会形成“不道德的社会”，最终消解社会成员的向善力和全社会的道德氛围。

在制度生成后，随着社会的变迁，制度迟早会发生变迁。因为制度作为社会意识或社会意识形态，会随着经济基础的变革发生变化，但它的变化往往滞后于经济基础的变革。新中国成立以来，我国道德领域伴随着我国社会的变迁，先后经历了一系列变迁，从“革命道德”转变为“领袖权威道德”再到以执政合法性为基础的“理性道德”阶段。在这一过程中，道德领域经历了“文化大革命”“改革开放”“市场经济”“现代化及后现代”等宏大叙事，制度理念正在实行从人治到法治的转变，从以阶级斗争为中心向以经济建设为中心的转变，从计划取向到市场取向的转变，生活在社会变迁时代的人们的道德状况从道德价值追求、道德信仰、道德能力等方面发生了一系列变化。

三、制度的运作与个体道德能力

制度的残缺性对个体道德能力的消解。任何制度都是一定历史、文化、传统的产物，从制度的生成背景来看，它受许多自然因素及社会因素的影响，除此之外，人的政治素质、文化素质、心理素质等方面的因素，都对制度的生成有一定的影响。基于人的理性的有限性和人的复杂性，社会发展、变迁的快速性，制度对象的复杂性等一系列因素的作用，制度往往呈现为不完善性。

没有最完善的制度，只有满意的制度。良好的制度理应具有公开性、透明性、公正性、权威性等特征，还应体现人文性、全面性等理念。欧阳一帆与庄国波在《公共政策的缺陷分析》一文中，论述了导致公共政策存在缺陷的原因，她（他）们认为，我国存在如下几种有缺陷的公共政策，即“目标冲突”型公共政策、“利益短视”型公共政策、“操作困难”型公共政策、“自私自利”型公共政策、“闭门造车”型公共政策。

她（他）们分别从政策所应蕴涵的价值理念、政策的生成过程、政策的操作等方面论述了公共政策存在的缺陷。还分析了导致政策缺陷存在的原因：目标确定不合理导致政策缺陷、政策方案拟订和选择不科学导致政策缺陷、价值取向偏离公共性导致政策缺陷。在现实生活中确实存在有些组织的制度偏离了良制所本应具有的属性，如制度的不透明（遮蔽性、不公开）、不公正、非人文等，造成了社会成员对制度的不信任，直接动摇了制度的合法性基础，导致了对制度所蕴涵的深层的价值理念的动摇。由于引起了制度的合法性的危机，就会带来社会成员对组织公信力的下降，对社会诚信的消解，产生主体间的疏离，导致道德冷漠，从道德认知、道德选择、道德判断及道德评价等方面消解个体道德能力。

制度的先在性、工具理性、外在化、形式化属性对个体道德能力的消解。“在经验上，制度是一个客观的现实。它是个人出生前即已存在，而当人死后仍持续下去，这种历史之自身就是现存各制度的传统，具有高度的客观性；相对而言，个人的一生只是客观的历史和社会中的插曲。无论个人是否喜欢，制度是外在于人，并且持续存在于现实中。”人从抛入这个世界开始，制度作为一种广义的文化，就对人的道德能力产生了控制性的影响。因为人是社会的产品，也是制度的孵化物。背离制度是对人的压制，福柯称之为“规训”。这种制度体现了对道德的僭越，控制了人对道德自我的追求，消解人的道德选择能力和道德创造能力。如果制度偏向于禁止与惩罚而忽视倡导与激励，那么这样的制度将不会引导人们对道德的追求，它保证的最多是消极自由，而不会是积极自由。以工具理性为核心的制度，因为它关注的是人的行为效果，具有实证性、手段性，在某种意义上，多少忽视了人的行为动机、目的和愿望等情感因素，在一定意义上讲，消解了个体道德动机的追求，也消解人的道德评价能力。因为我们主张对道德行为的评价，应根据道德动机与道德效果的统一来进行，而着眼于工具理性的制度，完全拒斥了人们良好的道德动机，这样就可能钝化个体的道德情感，使人产生道德冷漠。

从制度的运作的偏离和缺陷来分析制度对个体道德能力的消解。这里的制度的运作过程即制度生成后的实施过程，也可以理解为制度化过程。制度本身具有形式化的特点，是无生命的存在，它靠制度的运作者赋予其生命，因此，在某种意义上说，它又具有本体论存在的意义。既然制度的运作着既代表制度的存在又是其个人的存在，那么，制度的运作过程，反映了人与人及人与社会等多重关系，所以，不得不涉及伦理关系。儒家的“礼之用，和为贵。”（《论语·学而》）就反映了制度运作与伦理规范的相互关系。在这里，我们可以把“礼”理解为宽泛意义上的制度，“礼之用”即制度的运作，“和为贵”的“和”代表了伦理原则，“和为贵”即以“和”为交往过程的伦理原则。这里“和”从积极自由和消极自由的视角来看，可以作积极与消极两种理解，从积极的角度来说，即同舟共济、同心同德；从消极的角度来说，即化解矛盾，避免冲突的意识。另外，作为权力腐败还会带来消极的制度示范，影响个体的道德信仰。

四、制度运作的主体与个体道德能力

行政人员是制度运作的主体，政府的德性通过行政人员表征出来。基于行政人员的社会声望及其社会阶层位置，我们认为行政人员对公众的影响力是不同一般群体的。行政人员的言行，在某种意义上说既属于私德的范畴，但又具有公德的意蕴。行政人员的言行直接或间接影响个体的道德价值取向与道德行为。出自研究的视角，本书探讨的是行政人员对应有德性的偏离而产生的对个体道德能力的消解。

官员的腐败，导致了社会信用、个人诚信的消解，消解了人与人之间的互信，不利于形成道德宽容的氛围，甚至导致个体的社会怨恨。官员的腐败还导致大众对伦理价值取向的扭曲，使人们可能弃置对崇高德性的追求，而转向对金钱等实利的偏好，最终影响个体道德自我的构建。官员的腐败尤其是高官的“落马”，消解了个体对崇高、神圣、敬畏的向往，使个体转向了对底线伦理的持有，消解了个体道德创造能力。

第五节　教育理念与思想教育

教育在人的社会化过程中的功能到底是像福柯所言的“规训”还是一种润物细无声的教化？以及由此而产生的是对个体道德能力的提升还是消解？教育对个体是福音还是隐忧？它使人从善还是趋恶？德性可教吗？如果可教，教什么？怎样教？针对这一系列的问题，从教育的政策、教育的理念、我国教育对个体道德能力培养的模式分析、我国道德教育中存在的问题分析等因素入手，探索制约和导致个体道德能力消解的司芬克司之谜。

如果认为人是制度的产物，人是传统的存在，人是道德的存在，那么就可以逻辑引申出人是教育的存在的结论，这里的教育是广义上的教育，即凡是对个体产生影响的人为的一切观念与行为。“所谓教育，不过是人对人的主体间灵肉交流活动（尤其是老一代对年轻一代），包括知识内容的传授、生命内涵的领悟、意志行为的规范，并通过文化传递功能，将文化遗产教给年轻一代，使他们自由地生成，并启迪其自由天性。”

通过这一定义，可以看出，教育是人与人主体间的活动，是人对人的影响，其功能包括知识的传授，或者说文明的绵延、对生命意义的把握与追寻，即生命意义的领悟、通过人的理性对情感、欲望等的控制，引导人符合其自由天性的发展。所以这里的教育，理应包括一般知识的传授，同时也包括人的德性的培育，即道德自我的形成。本书所探讨的教育除了在上面所指的涵义上使用外，还专门讨论思想政治教育中的道德教育。

一、德育政策的不足与个体道德能力

固然在阶级存在条件下，就像无道德的政治不能持续一样，也不可能存在无政治的道德，但对道德意识形态功能的过分关注，会影响道德的其他功能，这样会使道德疏离人们的生活世界，会消解个体对道德的吸引力、认同感。“过

分强调这种政治思想上的期望，把它作为唯一的期望并拔高到不恰当的位置，就会造成对社会一般公德教育的冲击和忽视。”“阶级斗争”和“政治挂帅”在新的政治体系中正在失去宰制的地位，“革命道德”“领袖权威道德”在当今时代，正在丧失其合法性。政治化取向明显，道德化取向显得不足。

从小学开始就被要求做道德高尚的人，做“共产主义的接班人”，做一个近乎完美的人，这种理想化、成人化的高要求、高标准，导致德育目标脱离学生生活实际和道德认知水平，学生只能肤浅地理解和被动地接受，因而缺乏应有的感召力，这样的目标必然使人感到无法遵循而难以实现，其结果是忽略了基础性的德育要求，也就不可能培养出我们所要求的高尚道德品质，有时甚至带来一些不良后果。我们过去的大中小学德育“注重了总体目标，而对阶段性目标研究不够，并以总体目标掩盖或替代了阶段性目标。于是大、中、小学的德育目标虽有各自的系统，但重复的东西太多，缺乏层次性，构不成整体系列。”这样在一定程度上消解了个体对道德目标的追求，使道德的追求出现连续性的断裂。对学生道德教育关注多，而对成人的道德教育关注相对少，使道德教育缺乏连续性，使学校带来无法承受之重。

国家及教育部自1978—2002年，专门针对中小学生德育共出台了98个文件，而对成人出台的相关文件较少。社会取向强调多，而个体取向关注不够。1979年9月《教育部印发全国中小学思想政治教育工作座谈会纪要》要求学生“助人为乐”“英勇对敌”“艰苦奋斗”等，却缺乏对学生个人德性发展的表述。1983年8月《教育部关于学习贯彻“关于加强爱国主义宣传教育的意见”的通知》强调了要“做出贡献”“甚至牺牲自己的生命”的观点。我们固然需要“公而忘私”“大公无私”作为核心的德育目标，需要“社会本位”和“集体本位”“为人民服务”“牺牲自己的生命”“履行崇高责任”等观念，但片面强调要关注个人对社会、对他人的责任与贡献，而漠视甚至无视社会对个人的尊重与满足，结果会造成德育内涵的严重缺失，这样也有悖德福一致，消解了个体道德自我的构建。道德教育的前瞻性不够。近年来，“非公有制经济飞速发展；私人利益和个人财产得到承认和引导；政府权力逐步下放，对社会特别是对个人的生活方式不再进行全方位的控制，个人自由活动空间明显增大”。

党的十六届六中全会通过的《中共中央关于构建社会主义和谐社会若干重

大问题的决定》指出："我国已进入改革发展的关键时期，经济体制改革深刻变革，社会结构深刻变动，利益格局深刻调整，思想观念深刻变化。"这"四个深刻"折射出我国当代社会发生的一系列深刻变化，其中包括城乡结构发生的显著变化；社会阶层结构发生的深刻变化以及社会组织形态发生的新的变化，这些变化导致了越来越多的"单位人"变成了"社会人"，利益主体日益多元化，利益关系更趋复杂。同时，人们思想活动的独立性、选择性、多变性和差异性明显增强。种种迹象表明，我国社会伴随着一系列社会变迁的结果是，社会分层与社会流动加快。我国社会已由过去传统的"熟人"社会向"陌生人"社会转变，人们之间的空间距离缩小了，而心灵距离在逐渐拉大。在这种社会大变动的背景下，为了使社会良性运行和协调发展，避免中性运行和模糊发展尤其是恶性运行和畸形发展，就需要采取一系列控制手段。其中，道德规范的控制显得十分必要，而道德中作为最基础性的部分——社会公德的介入则呼之欲出。

在这样的背景下，《公民道德建设实施纲要》的颁布，多少回应了时代变迁对道德秩序构建的需要。它作为中国共产党关于公民道德建设的纲领性文件，为公民道德教育提供了制度性与资源性的支撑，并将公民道德教育推至德育的前台，也为德育政策指明了发展方向。但总的来看，我国道德教育对社会的变迁把握得还不够及时，显得有些滞后，关于这一点，在德育文件及中小学甚至大学道德教育教材的内容中能反映出来，这样在某种程度上消解了个体的道德敏感性。道德的法制化滞后。1994 年 8 月《中共中央关于进一步加强和改进学校德育工作的若干意见》提出了"学校德育的地位、任务和主要方针、原则要有权威性和稳定性，必须制定相应的法律法规，以保证教育者、受教育者及社会有关方面共同遵循。社会主义市场经济体制的逐步建立和教育改革、发展使这种法制建设更为必要和迫切，要把这个问题进一步纳入到整个法制建设中加以解决。"这一规定，明确提出了德育的法制建设问题，为道德教育的法制化提供了思路。然而，我国道德教育的法制化进程还不够，导致了道德的脆弱，甚至会带来"道德的人与不道德的社会"的后果，在一定程度上消解了个体道德追求的社会道德氛围。道德教育的评估研究不够。

1980 年 9 月《教育部关于印发改进和加强中学政治课的意见的通知》中规

定，政治课应与其他主要学科统筹安排考试的时间，实行记分，政治课成绩是学生能否升级或毕业的根据之一，政治课成绩的评定，“只能根据学业知识考试结果，不能混同于平时政治表现的操行鉴定”这种要求不考虑德育学科的不同特点，过分强调了学业考试成绩，而且还特别强调“不能混同于平时政治表现的操行鉴定”导致了原本就知识化的德育更加学科化了。在德育实践中的大德育观念，导致道德教育针对性不强、效果不理想。《中学德育大纲》中德育内容包括：“爱国主义、集体主义、社会主义、理想教育、道德教育、劳动教育、社会主义民主和遵纪守法教育、良好的个性心理品质教育。”

1998 年 3 月《中小学德育工作规程》提出了“德育即对学生进行政治、思想、道德和心理品质教育”的观点。这样的德育涵盖了极其广泛的内容，在一定程度上影响了个体对德性的注意力。对外在规范伦理关注多，而对内在个体德性伦理关注不够。

1993 年 2 月，《中国教育改革与发展纲要》提出了“建立适应社会主义市场经济体制和政治、科技体制改革需要的教育体制”的观点，要求教育要由适应社会主义计划经济的旧教育体制向适应社会主义市场经济的新体制转变，这对中小学德育而言具有重要的指向作用。1994 年 8 月，《中共中央关于进一步加强和改进学校德育工作的若干意见》提出了“在科学技术迅速发展，社会主义市场经济体制逐步建立的情况下，如何指导学生在观念、知识、能力、心理素质方面尽快适应新的要求”的观点，“要教育学生明确，建立社会主义市场经济体制，仍需要倡导集体主义，正确处理个人、集体、国家之间的利益关系，发扬对人民的奉献精神”的内容。这实际上要求中小学德育要关注市场经济的影响，以培养符合市场经济的具有现代德性的人。

道德具有历史性，会随着经济基础的变革而发生变化与调整。但作为德性伦理对个体来说，具有相对稳定性，随着社会变迁，如果价值链产生断裂，会消解个体的道德选择能力及道德判断能力。

二、校园文化的缺陷与个体道德能力

关于我国教育理念、制度等对个体道德能力的影响，在前面已有论述，这里不再赘述，只是就教师的道德对个体道德能力的消解进行探讨。师德对个体的道德能力以及对学校道德建设乃至整个社会的道德教育都起着“龙头”的影响，广大教师的行为直接教育、感染、陶冶着每一个学生，教师对学生道德能力的影响融有形与无形为一体，而且还会指向善与恶双重路径。本书出自研究的视角，只探讨教师道德对个体道德能力消解的一面，尤其关注教师的道德人格、道德感以及教育方式的道德性对个体道德能力的消解一面。

相对于家庭对个体道德教育的一般性指导而言，学校开始了对个体道德文化的复杂的文化训练。对学生而言，老师的地位是相当高的，大约和父母的地位一样，对有些学生来说，甚至超过父母，是至高无上的，所以老师的人格、德性直接影响着每一个学生。模仿是学习的一个普遍方式，最成功的模范是学习者认为他具有值得尊敬的属性。在所有社会里，教师具有某种操纵情境的能力，使学生以为他是一个值得尊敬的模范。本来有多种途径使学生达成一致的目的，如基于金钱控制的服从方式、基于个人魅力的认同方式、基于权力的可信赖性的内化方式等。

在实际道德教育过程中，有些教师采取了不适当的方式而导致对学生的误导，消解了个体道德认知能力。例如教师在对学生道德教育中频繁使用金钱的控制方式刺激学生，就消解了道德的崇高性和超越性，使道德教育俗化为工具主义的牺牲品。“不慎用奖励，不但不能使学生有道德，还可能会助长不道德，因为它可能演变为‘需要’，或成为某种交换物。为了道德老师的表扬，或为了表现自己不落后，小学生在捡不到钱的情况下，拿出自己的钱作为捡到的失物交给老师或警察；做了一件好事，唯恐别人不知道，采用这种‘巧妙’的手段扩大影响，恐怕并不是‘孤证’。”道德的行为是自足的，它无需外在的控制方式就能发生，任何凭借外在的控制方式使人“道德”地行动，其结果只能是使道德成为一种虚饰品，造成道德的伪君子，消解个体对道德本质的认识，消解个体对道德的内化效果。

教师的道德人格对个体的道德内化有直接的影响。檀传宝对教师的道德人格进行了研究，他认为：“教师的道德人格是指个体作为教师这一特定社会角色所表现出的道德面貌，是教师在自己的职业活动中表现的稳定性的道德行为的范式（格式）和道德品质和境界（格位），也是教师之所以成为教师的主体本质。”由此说明，教师的道德人格除了每个人所拥有的道德人格外，还应具有教师职业的元素。教师的道德人格应当渗透教师职业所具有的人格要求，它既是教师作为一般个体所必须具有的人格，又是教师这一职业所要求的人格，所以教师的道德人格对于自己来说是一个道德自我的构建问题，而对于这一职业来说，它又具有工具理性的意蕴。

教师首先必须是道德的教师。正如金生鈜所指出的“教育是一种道德性的实践，教育和教学都是道德事业，不仅具有道德的目的，而且必须以道德的方式进行。”现代社会很多教师把教书仅仅看成了一种职业，而相对忽视了教师劳动的特殊性；教师一般比较重视教师的专业技能而相对忽视教师本应具有的伦理精神。当今教育受科学主义、功利主义影响太深。在教学过程中，教师往往注重教学的计划性、程序性、可操作性，而相对忽视教学的人文性、道德性及其伦理精神的追求与追问。在教学过程中，造成了工具理性对价值理性的挤压。这样在教育的性质理解上出现了对伦理追求的偏差，漠视了教学中的道德性的拷问。许多教师自觉不自觉地遗忘了劳动对象的特殊性，而把学生对象化、物化；同时自己也淹没在科学主义、功利主义的冰水之中，这样的教师与学生都成了程序式教育环节上的一个齿轮，所谓科学性、程序、计划、目的（非道德的）等方面得到了强化，而教学的正当性、道德性、情感性等因素受到了无情的挤压，这样同时消解了教师与学生的主体性，不利于道德自我的构建，人的道德品质、道德人格的关注被悬置了。

“合乎道德要求的教育，才是真正的教育，合乎道德要求的教师才是真正的好教师。教师的言行满足道德道德正当性才能完成教育工作。”基于教师的工作特殊性，教师的伦理要求高于其他许多行业的从业者，它要求既要符合一个人所应有的起码道德义务，同时还要符合教师的专业伦理要求，另外基于教师道德人格对学生的影响性，它还需要有超越性的伦理要求，即道德上的“好”或高尚等非义务性道德。按照金生鈜的说法，教师应具有以下伦理德性：仁慈、温和、耐性、通达乐观、明智、公正、节制、希望、正派、诚实、信赖、友谊、智慧、真诚、宽容、理解、信任、欣赏等等。我国教育尤其是基础教育存在的教师道德性问题，这里撇开教育的制度性、教育目的和理念不谈，教师的德性存在着以下突出问题：（1）教师缺失教育的公正性，学生的尊严、平等权得不到保障。（2）学生的健康权、生命权不同程度受到漠视。（3）学生受到非伦理的监督和惩罚。（4）教育中不同程度存在的对学生的精神伤害等等。

许多教师在教学的具体环节上，偏离了教师应有的公正性，区别性地对待生活在不同社会阶层的学生，区别性地对待学习竞争中的高分者与低分者，甚至歧视性地对待单亲家庭儿童与农村留守儿童，使这些学生被边缘化。这种对学生的歧视可以从对学生按成绩的分班、位置的安排、班干部的任命、升学中关于优秀学生分数的减免、各种奖励的设置与评选等方面表征出来。由于教师的不公正教育方式，导致了对学生尊严和平等权的践踏，消解了学生对公正伦理价值观的理解，还有可能导致学生的社会怨恨，消解学生的道德情感。

在基础教育中，还有一些教师不把学生当人看，物化、对象化学生，视学生为手段而非目的，忽视甚至漠视学生的健康权与生命权。关于这一点只要考察教师对学生可怜的自由时间的占有和支配就可以看出，学生几乎成了考试战车的牺牲品，教师恶性竞争的替罪羊。进入基础教育阶段，学生便失去了童趣。教师布置的繁重的作业、全天候严格的作息时间等对学生健康、生命造成了无情的挤压，这从本体上消解了学生道德能力。

有些教师对学生的管理，采取了不道德的规训，用各种非伦理的制度来约束学生。有些教师通过学生严格的举报来监督学生，造成对学生“全景式监狱控制”，然后对学生进行公开的当众的惩罚，使学生生活在压迫和恐惧的环境中。还有更为严重的对学生的伤害，即来自精神的伤害，其中最典型的表现形式就是对学生的不同形式的羞辱。金生鈜认为：“如果教育把学生当作随意处置的对象，不尊重学生作为人的基本的教育自由，就是羞辱；如果教育把成绩差的学生当作次等人，也是一种教育羞辱；如果学校以严格的举报来监督学生，并且以公开的方式当众惩罚，更是一种教育羞辱；如果教育不断地营造一种‘自己人’集团，把其他人排除出去，是一种羞辱；如果教育在体制上按照智力高低、分数高低分等，那也是羞辱等等。”

由此可见，羞辱在本质上是对主体尊严的践踏，是对人的自尊的伤害。教师对学生精神的伤害，严重扭曲了学生的道德自我认识，是对道德交往中我——你关系的消解。这种伤害会导致学生的道德冷漠，不利于道德氛围的营造，同时消解学生道德情感与道德宽容，甚至造成社会怨恨。长期对学生的精神伤害，会带来学生的犬儒主义行为方式，消解学生构建道德自我的信心，使道德能力发展的动力窒息。对学生的精神伤害，自尊的践踏，同样会影响学生对他人的尊重，因为自尊与尊人是相互影响的。社会没有了相互尊重，消解的是社会团结及其道德能力发展的土壤，这样也就从基础上消解了个体道德能力的发展。

在初步探讨了教师人格及其师德对学生道德能力消解的基础后，我们会把思维的视角不能不转向对校园文化的探讨，因为广义的校园文化逻辑上在型塑着浸润在其中的每一个个体，当然也包括每一个教师。表征校园文化核心的价值观在导引着教师的行为。20 世纪是一个认知主义或主知主义主导的世纪，人们对道德教育的探讨迷雾重重的时候，西方隐性教育的观念被引入，这时，人们开始把道德教育的研究指向了对广义的环境的探讨。20 世纪著名道德教育家科尔柏格曾经指出：“隐性课程乃是一种真正的道德教育课程，是一种比其他任何正式课程更有影响的课程。”“我们可以通过开发隐性课程所提供的资料最有效地实现道德教育的目的。”这里无疑说明了以校园文化为主体的隐性课程对个体道德教育效果的影响，同时也告诉我们“环境是一种教育力量”。

过去我们对学校使命的理解，往往停留在对人类文化的传承上，相对忽视学校对文化的探索、创造功能。因此，在古代中国，学校教育关注的往往是如何“成人”的教育，所谓“成己与成物”“内圣与外王”。随着工业化的进展，科学上升为一种价值观，泛化为科学主义之后，教育开始强调“做事”的教育。至今学校教育理念中的科学主义、实利主义、程序主义等倾向依然很强烈，这样造成了科学与人文的紧张、市场经济与德性伦理的对峙。在以这种价值观为范导的校园文化势必带来对德性伦理的挤压，它扭曲了教育的宗旨，造成学生道德价值取向的位移，使学生不能正确理解财富与精神、幸福人生关系的意义，同时也就消解了个体的道德选择与道德判断以及个体对道德自我的构建。所以如何处理市场经济与德性伦理、传统文化与现代意识、外来文化与本土文化成为了当今校园文化探索的课题。

当今校园文化太物化、外在化，使学生有可能成为物化的人性。许多教师给学生灌输了知识（非道德知识）就是财富、学历等于美好未来等方面的理念。因此，各种培训中心、考试中心充满了校园，有的学校仿佛成了商业中心、交易中心、考试中心。太多的考试、考证使学校神化了分数在人生价值中的地位，阻隔和遮蔽了学生对道德价值的追求。学生专注于考试、分数、考证等，造成了对道德教育的挤压，教育价值观从取向上、原点上偏离了对人德性的追求。

单向度的教师、单向度的知识观，造就了单向度的技术人。当今许多教师把自己职业化了，而且当今教育采取了片面的教师概念，教师被理解为操作工、程序员、某一专门领域的技术员。教育中的技治主义与行为主义倾向，使教师遗忘了育人、成人教育的使命，从而使教师的行为变成了去道德、非道德的行为，教学中，道德的维度不再存在，教师的道德人格被忽视，从而大大消解了教师对学生的道德影响与人格塑造，在一定程度上造成了教师及学生双重存在的分裂，人成了知识人、技术人，远离了道德人、智慧人。

在教学方式上，学校教育充满了直接的与间接的惩罚，有的学校对学生采取了“全景式监狱控制”，学生的一举一动都受到监控与同学的掌控，学生存在于恐怖与不安之中。还有的学校通过繁杂的不道德的规范、纪律来控制、约束学生，使学生缺失了道德选择和道德自由。有的教师对学生进行体罚虐待，造成学生身心受到严重伤害。除此之外，灌输与“病理性的说服”也是一种不道德的教育方式，这种教育，遮蔽了部分信息，通过使用教师的威权来让学生接受有关知识，漠视学生的主体性，奴化了学生，造成了对学生道德自由、道德权利的消解。

在教学途径上，许多教师忽视或漠视了活动与经验在道德教育中的资源意义，用单一的驯化和千篇一律的文本语言导引学生。使道德教育裁剪了无限丰富的生活世界，而且远离了学生的经验世界，造成了学生道德资源借鉴的单一图景。因此，消解了个体道德的接受能力或认同度。这种从不渗透道德价值观念与判断的教学，对教师来说就是一种道德冷漠的表现。这种教育造成的是道德价值教育的片面性，而不是多样性与客观性，消解了个体的道德认知能力与价值选择能力，销蚀了道德能力培育的土壤。

在学校管理上，部分学校崇尚技治主义与管理主义的理念，受科学主义、行为主义的影响，学校管理注重的是效率，追求的是经济利益，偏离了学校的育人宗旨。在某种意义上说，学校已经物化与对象化了师生，学校的教育功能受到挤压、萎缩。管理过程本身也偏离了人本管理或仁本管理的理念。它消解的是个体道德能力发展的道德氛围，学校作为道德共同体的精神气质。这样的教育导致了师生行为的去道德化，是对个体道德行为能力的消解。

在教育评价上，也存在着泛政治化与单纯追求绩效（非道德的）的倾向。许多学校在教学实践中，把道德教育等同于政治教育，忽视了道德教育的本质，客观造成了对道德教育宗旨的位移与道德教育地位的矮化，也使人成为了“政治人”而非包含“道德人”的复合人。由于技治主义的偏好和科层制管理的影响，学校对学生的评价往往是一好遮百丑，学习考试成绩、升学率、就业率往往成为了刚性的指标，而学生的道德品质的评价往往可有可无，用绩效评价代替了对学生的德性培养要求，使学生对人文价值追求淹没在对绩效的追求之中。这样客观上导引了学生对德性伦理的追求，消解了个体道德追求的自觉性，同时也造成了对道德评价的动机与效果的割裂，消解了个体的道德认识与道德评价能力。

当今学校需要塑造应有的道德文化，当今教育呼唤“道德”的人进行“道德”的教育。学校的办学理念、教师德性、学校道德文化、教育方式、教育内容、教育评价等方面，我们需要进行以成己与成物协调统一的改造，我们需要通过道德共同体来进行成人的教育。

三、教育理念的反思

（一）教育的异化——规训

这里所指的规训，即教育的异化，也就是偏离了对真、善、美追求的有悖于人的完善与发展的教育理念与教育行为等现象。在《规训与惩罚》中，福柯（Michel Foucault）研究了存在于学校教育中的“规训”现象。我国广泛存在的应试教育在一定程度上，存在“规训”现象，我们通过探讨这一现象，来揭示它对个体道德能力消解的方式。本书将我国教育中存在的偏离人的自由、尊严、平等的愈演愈烈的应试教育及其运作过程中存在的灌输、主知主义（以知识传授为唯一目的）、权威主义、主客二分等现象和渗透在教育活动中的强制、统治、型塑、工具化、等观念统称为规训。规训式教育在教育规范、教育理念、教育过程、教育结果等方面全面偏离人的自由、全面发展的要求，是背离教育民主的教育，是缺乏理性、反思批判性的教育，是不利于心灵健康的教育，在某种意义上说，是一种无道德或不道德的教育。

规训式教育背离对人们理性精神的培育，使人们在丧失反思性批判的前提下，接受被“灌输”的独断的“真理”，它甚至导致教育者披着伪善的外衣遮蔽社会的恶，导致消解个体的道德判断和道德选择能力；规训式教育是抽空了人的精神关怀的教育，把人仅作为手段的教育，是一种把人按工具理性来型塑的教育。“我们越来越成为隶属于某种大机器上的无关紧要的小部件，我们并不能理性地分析我们的行动的终极目的和意义，我们失去了改造世界和自我改造的向前看的德性品质，也失去了洞察实践的合理性的精神动力，我们只是随波逐流，我们对一切都习以为常，我们认为一切都理所当然，我们不再运用启蒙最骄傲的批判传统对进入我们生活的一切进行反思，我们最终失去了理性赋予我们的责任，从而也使社会失去了理性。”这种教育因为柔性剥夺了人的精神自由，所以影响了人的道德选择和道德责任，因为，道德责任是与选择相连的，而选择是以自由为前提的。如果教育中的双方失去了精神自由，那就不可能使人自我发展、自我创造，道德自我不可能建立。

（二）应试教育的道德透视

本书所指的应试教育是指一种以考试为教育追求的中心的考试主义的教育，这种教育以考试为中心，以分数为唯一的标杆，来决定学生的评价、升学，完全背离了人的全面发展，成为人的异己的力量的一种教育现象。

在其运作过程中，教育资源的安排、学校课程的开设、学习时间的安排、知识的传授、学习，一切以考试大纲为唯一标准；教学方式以灌输为唯一手段；教学内容以考试范围为唯一的内容，称之为主知主义；教学模式是主客二分，采取权威主义的教学态度的样式；与此有密切关联的教育的市场化、产业化、不平等现象等都属于应试教育的产物。在应试教育影响下的教育，教师与学生都以考试为中心，教师为考而教，不考的不教；学生为考而学，不考的不学；整个学校成了一个教育工厂，老师、学生成为了“单向度的人”。

通过应试教育“生产”出来的人，是片面的人、是个性与创造性受到压抑的人、是知识与德性分裂的人、是失去了人的本真意义的人，在应试教育影响下，我国中小学生学习负担太重，学习时间长、上课时数多、作业负担重……在中国传统的“学而优则仕”观念支配下，在“知识改变命运”等现代性观念的怂恿下，出自对我国有限的优质教育资源的拥有，学生们的恶性竞争愈演愈烈，再加上家长、社会、传媒、绩效评估制度等方面的同谋、推波助澜，最终使学生成为了应试教育最大的受害者。

应试教育在某种程度上可以说，是一种去价值或去道德的教育，它背离了教育的本真，抛弃了对伦理德性的追求，甚至是不道德的教育。应试教育通过对学生空间位置的安排（根据学生成绩高低安排位置）、日常活动的强制管理、密集的考试训练把学生身份差异化，把人二分（好—坏、先进—落后、听话—捣蛋等），最终通过分数把人符号化、去平等化。严重消解了公正的价值观、伦理观。由于老师对“好生”的偏爱，对“差生”的漠视，可能导致“差生”的道德冷漠，也同时消解个体的道德同情能力，使道德宽容荡然无存。应试教育中的绩效评估制度，可能导致个体之间的恶性竞争，助长了个体的伪善。

应试教育把对学生的教育等同于考试知识的传授，只关注闻见之知，忽视德性之知。“像填鸭般地用那些诸如形而下之‘器’的东西，塞满学生的头脑，而对本真存在之‘道’却一再失落而不顾，这无疑阻挡了学生通向自由精神之通衢。不成系统的专业和知识，传授考试技巧等等，这都削弱了原初的精神生活，削弱了学生的反思能力，以及独立自主的个性和对一个问题反复思考的习惯。”而且在知识传授过程中，忽视知识与个体的意义关联，忽视个体的经验，拒斥学生的情感体验，是对道德教育领域的挤压，客观上造成道德教育边缘化，可能导致对个体道德意志与道德信仰的消解。由于应试教育对学生的评价以考试分数为标准，在某种程度上误导了学生的价值选择，消解了学生的道德判断能力，使学生可能会认为，“分数高”等于“道德好”。

在应试教育影响下，考试成绩差的学生的人格、自由、价值、尊严、自信心随时受到践踏，在学校，学生人格尊严、基本权利受到侵害的现象并非个别，有的学校几乎成了异化学生人格的屠宰场。这种教育行为导致了对生命伦理的漠视，完全背离了学校这种公共产品、公共资源对社会公共善追求的责任，对未来公民教化的责任。在这种氛围下成长起来的学生，会带来道德责任意识的旁落，甚至会形成学生的社会怨恨心里。在应试教育下的道德教育呈现为“应付式”、“虚假性”和“强迫性”的教育样式。应试教育运作的主要方式是灌输，它所蕴涵的理念有：教育的功利主义、主知主义、权威主义、主客二分；在教育内容上，脱离个体经验、脱离社会实际。应试教育把考试分数作为评价的唯一依据，呈现了强烈的功利主义倾向。

（三）主知主义的教育

所谓主知主义的教育，即在教育中只关注知识（这种知识非德性之知，是闻见之知；是科学知识而非人文知识），而忽视德性的教育，这种教育重智轻德，不能做到化知识为德性，化知识为德行，是一种唯知识的教育。这种教育遗忘了教育的内在超越性，而只关注到了教育的有限目的，即工具理性。

正如著名教育家鲁洁所说：“失掉了一半的人性，失掉了一半的教育”。这种教育失去的是对教育对象的终极价值的关怀，导致了一种“去价值化”的教育。教育的内在超越价值被外在工具价值僭越，以满足利欲的技能训练代替了人性的培育。这种教育造成了科学知识与人文知识的对峙，工具理性与价值理性的紧张。这种教育带来的结果是一个“知识人”的世界，即以片面的科学知识宰制的世界，而“知识人的世界是一个意义缺失的世界”。

哈贝马斯在《认识与旨趣》一书中，把知识划分为技术的知识旨趣（劳动—控制—经验性知识）；实践的知识旨趣（沟通—意义理解—历史性知识）；反思解放的知识旨趣（支配—解放—判断性知识）三种形式。

金生鈜在《规训与教化》中提出了经验性知识、教化性知识、体验性知识三种类型。根据以上学者的知识分类，我国的道德教育偏离了体验性知识和教化性知识，只是单向度地灌输了控制性知识。

我国的教育在关于德与智的关系处理上，一直处在变奏之中，二者很难平衡。我国传统教育呈现了鲜明的伦理政治色彩，在某种意义上说，是一种“重德轻智”的教育，这种传统一直绵延到“文化大革命”期间。随着现代化进程的开启，受现代性的影响，这种局面发生了逆转，在教育中“德性教育”的地位开始失落，关于这一点，我们可以从当今基础教育中广泛存在的一些现象中得出结论。例如学生学习课时安排中对人文学科的挤压、教学训练中对德性教育的遗忘、对道德关怀的失落等等。这种教育观，造成了“知识人”与“道德人”的割裂、“学校人”与“社会人”的疏离，消解了个体的道德信仰与道德追求。

（四）权威主义的教育

权威主义（authoritarianism）这个概念主要应用于政治学领域，这里逻辑引申这一概念，旨在说明教育中存在的一种知识霸权、一种灌输的教育方式、一种教育中背离主体或主体间性关系的教育行为。广义的权威主义的原意是指统治者把他们的意愿强加给社会成员而并不顾及后者的意愿。其内涵颇接近于家长制主义（paternalism）。权威主义的特征是：“过于集中的权力的运作没有或缺少宪法的约束；权威合法性不是来自被统治者的认可，而是被认为来自某种权威者本身天赋的某种特性。例如神的意志，天道，专制君权的嫡传，他们所具有的超凡品格，国家的神圣使命等等。广义的权威主义包括所有的专制独裁和家长制政权。”

本书所指的权威主义，即在教育中表现的教育者的不容挑战的霸权地位及对教育者不加批判的服从态度；反对受教育者对被灌输的价值观念的反思性批判，否则就要遭到抵制、惩罚、谴责；以强制的灌输为主的教育方式；主客二分的教育者与教育对象的关系。这种权威主义教育主要是指教育中的不合法的理念、教育方式、教育态度等，它还可表征为统治与从属、强大与弱小、号召与追寻等关系，在这种教育模式中，教育者成为了权威的代言人。

在我国，教育的权威在学校是教师，在家里是家长，在社会是官员。在这种以家长、教师、官员为权威的教育范式下，把道德教育等同于了知识教育，知识的传递是一种单向的传递过程。我们认为道德教育关涉价值观的教育，而价值取向是多样的，而且价值取向呈现为鲜明的主体性特征，既涉及教育者，同时又与教育对象关联，所以，在道德教育中，不能够以知识型教育的单向传递为主，应该是双向互递的过程，按照社会学的理论来说，就是所谓的再社会化的过程，易言之，这些权威也需要再学习、再社会化，这里的学习，指长者向年轻人的学习，教育者向教育对象的学习，或者说知识的反向传递，可称为“道德的反向社会化”，多数情况是指上一代人接受下一代人的道德价值观的影响过程。在权威主义教育观影响下的道德教育，主要以单向知识传递、强制性、缺乏反思批判性为特征，剥夺了教育对象的自由、选择权，所以它消解的是教育对象的道德选择能力，同时也使道德责任淡忘，因为没有了自由，就没有了选择，也就不需要承担道德责任，责任是与选择与自由相连的。

四、教育实践中的道德透视

（一）灌输的教育

杜威曾经在《经验与教育》中指出："传统的教育计划实质上是来自上面与外部的计划，这种计划是要把成人的标准、教材和方法加给那些正初步成长和尚未成熟的儿童。"他还在《教育与社会秩序》中谈到了这种方法的特点，即"强迫接受，并伴随着对不服从的学生施以惩罚，对服从的学生予以奖励乃是一种公认的方法"。我们反对的不是一般意义上的灌输，而是忽视与蔑视教育对象主体性和理性能力的、以强制方式传授知识，以权威代言人身份传授知识，不容忍或反对任何挑战、反思性批判地传授知识，无视他者存在地传授知识的性质与方式的灌输。它封闭学生的思想、禁锢学生的头脑，并借助一种强迫的、说教式的手段来达到这一目的。为何灌输成为了我们历年来的甚至是主流的教育方式？这可以从洛克的"白板说""涂尔干的社会学理论"及"行为主义心理学"等方面得到说明，只是关注灌输是怎样消解个体道德能力的。

作为舶来词"灌输"（inculcateorindoctrinate）其本质涵义是指，教育者以权威主义身份、按主客二分方式、借助某种物质力量由外向内使受众必须接受某种特定的信念、价值、原则的意蕴。鉴于灌输的内容往往与"学说、信念和价值"有关，所以灌输与道德教育存在较为密切的联系。存在于教育或道德教育领域中的灌输，是指"在教学中，把某一种观点强加给儿童而排斥其他与之相反的观点和价值"，或"在教授某种特殊的学说或信念时，学习者没有机会对这种学说和信念进行批评性思考，或没有机会把这些信念和学说与其他信念和学说进行比较"。换言之，灌输是排斥反思的、单向度传授的、教条主义的教育方式，忽视自主理性、排斥独立和批判性思维是其典型的特征。

灌输总的来说，是一种非道德或不道德的教育方式，因为"教育的本质属性在于引导完备人性的建构与发展"。"无论从教育概念本身，还是从一个完善的道德主体来讲，都要求一个人能够独立思维。灌输，由于试图生产一个封闭的头脑，而与这种要求格格不入。”科尔柏格从教育的道德属性对灌输进行了解释：“灌输既非教授道德的方法，亦非道德的教授方法，说它不是一种教授道德的方法，是因为，真正的道德包含对可能冲突的价值做出审慎的决定；说它不是一种道德的教授方法，是因为，合乎道德的教学意味着尊重儿童正在发展的对所学内容的推理和评价能力。”所以，灌输通过剥夺受教育者的自由选择权力，而消解了个体的道德选择能力，进而消解个体的道德责任意识，因为责任基于选择，而选择基于有选择的自由；灌输的本质说明了在道德教育中，它只可能使人停留在他律的阶段上，无法走向自律，更不可能走向“从心所欲不逾矩”的自由阶段，不利于个体的道德发展与道德自我的建立，在一定程度上消解了个体的道德创造能力；基于灌输的理念及传授的内容，我们认为灌输表征了知识霸权主义与狭隘的文化中心主义（以教育者为中心），因此，消解了个体的道德选择与道德判断能力及其道德评价能力；有鉴于灌输的特点，它反对多样并存，在一定意义上看，不利于形成宽容的道德氛围，消解了个体的道德情感，也在一定程度上封闭了个体道德发展的领域；基于灌输的强制性、内容上的单一性、方法上的规训性和受教育者之间关系的主客二分性，它消解了我——你关系，把人对象化、工具化、手段化，背离了人是目的的道德要求，消解了个体的道德理性能力和道德信仰能力。这里无人的道德是指道德教育偏离了人的需要的属性，忽视人的发展需要，只关注了道德对人的规范而漠视了人对道德的创造，使道德失去了对人的终极关怀，背离以人为本的一种教育。

道德是人创造的，即人为的，同时也是为人的，不是人为了道德，而是道德为了人。我们的道德教育经常表现为人的怯场，把人对象化，把人作为机器一样来模塑，在一定程度上遮蔽了人的主体性。这种教育只关注了人的消极自由，排斥了人的积极自由。这种教育观念，把道德看成人的一种异己力量，从外部来控制人的力量，是一种规训的教育，不是教化的教育。这种教育在内容上往往脱离人的生活世界，否定情绪体验在道德教育内化中的关键性的调节作用，把道德拔得很高，使人遥不可及。这种教育排斥教育中的情感体验、体悟、默会，是对人性的背离。这种教育表现在目标上的工具理性追求，在教育手段上的灌输，在内容上的脱离实际，使道德完全丧失了对教育对象的吸引力、亲和力。无人的道德对个体道德能力的消解主要表现在：

首先，因为教育中漠视教育对象的需要，把道德定性为人的异己力量，所以不利于个体道德情感的养成，很容易造成个体的道德冷漠，消解个体道德同情能力。

其次，这种教育的外在灌输性质，否定了个体对道德的自觉服膺，是一种典型的他律阶段的教育，有悖于个体对道德的内化，消解了个体的道德推理、道德判断、道德解悖能力。

最后，这种教育拒绝个体的情感体验，不注重人性的关怀，反对道德活动与道德经验在道德教育中的地位，所以不利于发展个体爱的道德能力，也有害于倡导宽容、仁慈的道德氛围。

（二）与社会、生活脱离的教育

生活与生存有不同的涵义，生活是人的生活，而人又是道德的存在，所以道德与生活之间是不可分割的，社会、生活是道德的源头活水。在道德教育中，没有社会、生活的教育是死教育。无论从道德的起源来看，还是从人存在的价值追求来看，都说明生活对于道德具有本源性、本体性的意义。我国的道德教育多少有些脱离社会、脱离生活，从而使道德教育丧失了丰厚的滋养，在一定程度上影响了道德教育的吸引力、感召力或者说服力，使道德教育的合法性受到了质疑。

廖小平曾经运用“学校人”与“社会人”两个概念来说明我国道德教育的两种不同的目标，他指出：在大学德育语境中，所谓“学校人”，是指在特定的教育教学环境下，受教育者通过教育者使用特定的教育教学手段、灌输特定的德育内容而被模塑成为符合某种特定德育目标的“学校角色”。而“社会人”则是指按照社会公民及其基本规范的标准来要求并能够实现某种社会期望和目标的“社会角色”。

由于存在着这两种目标的间距，二者不能很好地整合，所以学生走向社会的时候，极易发生角色的混乱、角色的失败等现象。之所以这样，主要是学校道德教育受学校文化背景的影响，学校与社会的有形之墙与无形之墙（指学校文化与社会文化的间距）使学校与社会、生活相隔离，再加上教育者在道德教育中抽干了社会、生活鲜活的内容，使道德教育远离了生活。当学生把学校接受的一套价值观带到社会上时，学生对社会生活的境况及价值取向感到茫然失措，特别是社会生活不能给“学校人”价值观证明、反而证伪的时候，学生更是感到混乱甚至是震荡，这源于学校的价值观与社会的实况及取向的断裂，源于学校道德教育与社会生活的分野。在这种境遇下，学生感到道德无能，从而消解了个体的道德思维能力、道德判断能力、道德选择能力和道德评价能力，还会导致学生的道德怀疑主义，消解个体的道德信仰、道德意志。

高德胜按照道德教育与社会生活的关系，把存在于现实生活中的道德教育分为知性德育和生活德育。按他的说法，“所谓知性德育就是脱离了现实生活世界的，用知性思维的方式进行认知式的、抽象的道德教育，缺乏实践性的教育。生活德育是指在生活过程中通过过道德的生活而进行的德育，是实践性德育。”这两种德育，反映了我国道德教育中的两种不同范式，不同的德育理念。知性德育强调了知识或道德知识的重要性，排斥了个体、社会的经验内容，就如康德提出的道德观一样，虽然凸显了道德的崇高和纯洁性，但因为不能得到经验生活的证明，远离人的生活世界，所以使道德显得没有吸引力，也没有生命力，变成了抽象的玄思。知性德育分割了德性、品德结构，排斥了认识中的情感和意志因素，忽视了体验、体悟的重要性，否定了认识中默会的功能，只是片面强调了道德认知。

个体道德发展是多种因素复合的结果，人的道德能力也应是全面的道德能力，除了道德认知外，还应包括道德情感、道德意志、道德践履等方面，忽视这些方面，将消解个体道德能力。

我国的道德教育多少带有知性德育的特点，道德教育还是以课堂教学单打一的形式，教育方式还是以机械式、教条式、强制式传授教材内容为主。这种教育理念、方式，没有关注教材（文本）、教育者、教育对象三者的视域融合，不能把教材语言、教师课堂语言与生活语言很好的融合，换言之，就是道德教育脱离了教育者及教育对象的经验世界，客观上消解了道德教育的说服力。更有甚者，有的学校还将道德教育课程进行考试，用量化的方法对学生进行品德评定，还以此作为评奖和升学的依据。个体品德不能用考试方法来评定，试问，品德是考出来的吗？坚持用考试的方法来评价个体品德，是深受科学主义与实证主义的影响，客观上会带来个体的伪善，影响个人与社会的诚信。德性与人的存在与生活既是共时性的又是历时性的，人的一生的生活都与德性相伴，生活的处处都有德性相连，德性与人的存在一体，“而人们的存在就是他们的实际生活过程”。这说明，人的存在、实际生活过程与德性是三位一体的关系。

生活作为道德的“基础事实”是和道德一体的，脱离了生活，道德也就成了僵死的条文和抽象的原则。生活是道德的沃土，道德源于斯、长于斯，与生活“同呼吸、共命运”，没有生活，也就无所谓道德。的确，没有道德的生活是非人的生活，没有生活的道德是僵死的道德。道德教育停留在认知领域，是不可能形成德性的，如何化知识为德性，化德性为德行，靠的是丰富的社会实践。

我国的道德教育中，科学知识挤压了人文知识，认知教育代替了实践教育，把道德教育等同于了知识教育。亚里士多德在《尼各马可伦理学》中谈到“我们通过造房子而成为建筑师，通过弹奏竖琴而成为竖琴手。同样，我们通过做公正的事成为公正的人，通过节制成为节制的人，通过做事勇敢成为勇敢的人。”由此说明，实践、活动与德性的养成是合二为一的，个人即使有潜在的自然赋予的潜能，不通过活动也无法形成德性。总之，品质是在我们能力之内的，它们仍然是出于我们的意愿的。德性是由性情气质和实践理性外化而来的。道德教育中的知性德育在源头抽干了道德的内容，消解了道德的说服力、吸引力，消解了个体的道德信仰，同时，僵死的教育方式，消解了个体的道德创造能力。知性德育用统一的文本，采用机械、教条的方式，对个性丰富、千差万别的对象传授相同的道德知识，将无限丰富的生活世界、经验世界进行裁剪，消解了个体道德选择能力和道德判断能力。

（三）缺乏理解的教育

这里的理解，是指对教育中认知图式、认识对象的理解、教育者对教育对象的理解、教育对象对教育者的理解、教育者及教育对象的自我理解、教育双方对相互关系的理解等方面。我国的道德教育中，因为理解的不足或缺失，导致道德内化的效果不佳，道德教育失去了说服力，道德教育忽视了教育对象的精神建构，使道德不能成为教育对象精神结构的一部分，在一定程度上消解了个体道德思维能力、道德创造能力，同时，消解了个体的道德情感和道德意志。理解的缺失，导致了意义的丢失，（因为意义通过理解而生成）割裂了真、善、美的统一，是对真的片面追求。

理解是道德内化的前提，情感是道德内化的动力，没有理解作基础，就不会形成道德情感，最终影响道德的内化。没有了道德的内化，知就不是真知，也就不能转化为行，德性也就无法形成。

狄尔泰（1833—1911）曾经指出“自然需要说明，而人需要理解”。这说明，对教育、道德教育不能如对一般的“对象”“物”一样，进行所谓的分析、实证、量化。狄尔泰生活的时期，自然科学高歌猛进，意味着人类理性的一路凯歌。但使人忧虑的是理性的僭越、理性的癫狂。狄尔泰也深感实证主义对人文科学的僭越，会导致精神上的危机。狄尔泰从知识来源和知识形式上区分了自然科学与人文科学，指出前者是因果联系的知识，而后者主要是意义关联的知识；前者分析、说明、归纳、检验，而后者是理解。这里别开狄尔泰对自然科学和人文科学之间划定的界限的合理性不谈，（自然科学也不是价值中立的，也有意义关涉，尤其是自然科学成果的使用。）其观点对人文科学需要理解的强调是有合理性的。

我们的教育是更多地在实利的“散文式”的层次，“它总是热衷于功利，热衷于经济效益，更倾心于书本知识、抽象概念和分数。它在人类追求物质功利的过程中起着推波助澜的作用，它强调社会、政治、经济的功能而忽视了对人的精神的培育，从而造成学生精神世界、人格的萎缩。”这种教育的理念，淡忘了人的精神追求，是教育缺乏理解的结果。我们过去的教育往往强调了学生对学习的认知式的理解，而忽视理解的全面性、整体性，因而影响学生精神的培养和意义的获取。在教育过程中，学生的理解基本上具有四个方面：

（1）对教材、课程和教师的解释的理解，这主要是指知识的理解。

（2）理解各种“教育表达式”，教育活动、教育环境、教育关系、校园文化。

（3）对同处于教育情境中的他人、对师生关系、同伴关系的理解。

（4）学生在发展中对自我的理解。所以教育中的理解应是全面的、整体的。

我们通常在道德教育中，片面强调知识的理解，强调学生知识结构的更新和认知能力的发展，而多少忽视了教育的整体性的理解，因此阻隔了意义的生成。教育不仅仅为了“智力”的发展，也不仅仅给予人以“知识”，教育在于引导人的精神建构。我国的道德教育过程中，对知识的理解的重视，对人际关系理解的忽视，对教育环境中其他教育符号的漠视，导致教育中，师生关系异化，不再是我——你关系，而呈现为我——他、我——它关系，师生关系的扭曲，加上对话关系的消失，就可能导致道德教育的感染力的消退，消解教育对象的道德认同、道德信仰、道德接受能力。

第十九章　和谐视角与高校思想政治教育

第一节　大众传媒与个体道德

一、传媒特点与道德教育

大众传媒理应肩负社会责任，真实、客观、公正、“以人为本”理应成为其伦理追求，传播真、善、美，实现人的价值、构造完美人性、提升社会文明，应当成为现代大众传媒的价值取向。然而大众传媒在其运作过程中，程度不同地偏离了它服务大众的宗旨，僭越了价值底线，呈现出不同程度的虚假化、媚俗化、过度商业化等现象。

大众传媒又被称为新闻媒介或大众传播媒介，它主要表征传递新闻信息的载体，是包括报纸、杂志、广播、电视、互联网、手机等的总称，还包括作为信息传播机构的报社、出版社、通讯社、广播电台、电视台、影视制作单位、互联网站、手机短信发送机构等组织。当今大众传媒以其覆盖面广、影响频率高、传播内容杂；多信息、高时效、强视听、重参与等特点在监测环境、协调社会、传承文化、调节身心和提供娱乐等方面经常影响着受众，有人把它称为“第四权力”。处在大众传媒包裹下的受众，已经漂浮在大众传媒海量信息的以太网之中。

进入 21 世纪以后，高科技在市场的推动下，宽带互联网线四通八达，畅通快捷，短短几年，我国网民已达上亿人。这时的网络才成为完全意义上的社会，网上交流、查阅资料、购物、广告、看电影、股票交易、计算、制作设计、写作、上课等等，生活中的大多数事情都可以在网上进行，网络社会可谓名副其实。

在高校，结合大学校区的新建和改造，网线进入每一个学生宿舍；电脑的成本不断下降，加上二手电脑市场的形成，现在绝大多数的大学生都拥有电脑，上网成为学生每天生活不可缺少的一部分。网络文化中的绝对自由性、暴力性、猎奇性、窥视性和与此相关的内容对网民特别是大学生也带来了道德上的冲击。这一切说明，大众媒体已经进入人们的日常生活，尤其是大学生的日常生活之中。借用哈贝马斯的话来说，“就是生活世界殖民化”，在某种意义上可以说，大众传媒以一种“符号的暴力”深刻影响着受众。在这里，无意对大众传媒理论和实践进行全面研究，只是就大众传媒对个体的道德能力消解作一简要分析，出于研究视角的需要，关于大众传媒对个体道德能力提升的一面存而不论。

二、大众传媒对个体道德能力的影响

广告的微妙作用更多的是改变习惯，而不仅仅是刺激需求。“妇女杂志、家居期刊和像《纽约客》这样的高深杂志上的广告，教导人们如何穿衣、如何布置家居、如何购买正宗的葡萄酒——简单说，就是教导人们适合于新阶层的生活方式。尽管变化最初主要体现在举止、衣着、口味和饮食习惯上，但不久以后，它们就开始影响更为基本的方面：家庭中的权威结构，孩子和青年作为社会独立消费者的作用，道德模式，社会成功的不同意义。”

传媒在一定程度上消解个体对崇高的追求，使人沉于物，单方面追求外在价值：“当代文化已逐渐成为视觉文化，而视觉媒体—这里我指电视和电影—把自己的步骤强加给观众，强调意象而不是语词，引起的不是概念化而是戏剧化。在这种强调中，电视新闻青睐灾难和人类悲剧，它唤起的不是净化或理解，而是很快会消耗殆尽的滥情与怜悯情绪，以及对这些事件的伪仪式感和伪参与感。”

大众传媒以其特有的方式，影响着个体的道德价值选择和道德判断与道德评价：影视传播的威力是巨大的。西方的商家早就瞄准了年轻人的市场，生仔裤、T 恤衫、摇滚、流行歌曲等，无论西欧、北美、日韩、中国港台地区还是中国内地，全球的年轻人似乎穿上了同样的服装，跳着同样的劲舞，“兴奋”

着同样的兴奋，“时尚”着同样的时尚通过影视，西方大众的“流行时尚”，日益影响到今天的中国青少年一代，使他们成为所谓“新新人类”，与中国文化精神日趋隔膜。这种状况说明，传媒导致了受众社会性格的齐一化，它通过兜售一系列价值观，使受众免于思考与选择，逐渐受众也失去了自我。“在‘距离的丧失’的现象中，有种共同语法，就是通过消除审美和心理距离，努力获得直接、冲击、刺激和感性。在消除审美距离的过程中，沉思冥想被抛弃，观众被包裹在体验中。媒体不断调整，向人们提供新的幻象，扰乱传统习俗，突出反常和奇异行为，使之成为其他人模仿的对象。青少年不仅爱看电影，也把电影当成了学校。他们模仿电影明星，重复电影里的笑话和姿势，学会了两性间的微妙行为，因此也养成了虚饰的老练。”我们看到一种不是对内容或形式（也就是说，风格和文类）关注，而是对艺术媒介本身的关注，绘画中是颜料和材料的实际质地，音乐中是抽象的“声音”，诗歌中是诗歌的音韵甚或“呼吸”，文学中是语言的抽象性质一艺术家只关心这些，把其他都排除在外。

在媒体的受众中，年轻人群体是受影响最深刻的，尤其是处在社会化途中的大学生。大众媒体以其文化的大众性、娱乐性、参与性而为包括大学生在内的青年人所喜爱。如风靡全国的“超女”“快女”（快乐女生）“好男儿”选秀活动，以及在网络上进行的网络歌手、网络红人选秀活动和播客行为。这些大众文化活动对大学生很有吸引力，大学生参与者不在少数，活动最终胜利者也大多数产生于高校的大学生。这些大众文化新形式表面上看是一种娱乐活动，但也反映出某种伦理、审美的价值倾向，在当代高科技支持下的大众媒体，由于其暗含的唯科学主义、消费主义和唯快乐主义的倾向，消解了人道主义、勤俭节约和“中道”的价值理念。大众传媒所呈现的消费主义文化倾向，深刻影响着大学生的等级观念、平等观念及我国传统的勤俭美德。消费主义文化以其独特的方式，经常而普遍地影响着大学生的生活世界。消费主义文化是一种商业性文化，其特点表现为大众参与性、娱乐性与商业性。它往往负载各种不同的审美情趣、人生价值取向和道德观念。大学生在享受消费文化带来的愉悦的同时，也被消费文化强化了消费主义的价值取向，如果不加引导的话，可能使大学生淡化主导理想信念，滋生享乐主义、拜金主义和功利主义；消费文化的平面化、感官化、世俗化可能导致大学生偏离“崇高”，偏离国家和社会主导价值观和主导意识形态。尤其是消费文化所倡导的“符号消费”理念，即倡导的品牌消费、炫耀性消费观念，使大学生感到社会的新的不平等，即由消费所表征的人们之间的等级差别。

另外，基于大学生经济条件的差异而带来的信息占有的差异，也会使大学生形成信息占有上的“数字鸿沟”，从而影响他们的平等观念。大众传媒对大学生政治社会化、道德社会化的影响雅诺斯基在《公民与文明社会》一书中谈到，媒体从本性上及绝大部分活动上来看，是在公众领域内，尽管它们可能与市场领域或国家领域有重叠。很大部分的公众对话在很大程度上是由媒体解释、操纵，甚至由媒体来构成的。这说明媒体在传播政治信息方面，发挥着特有的作用。

在一定意义上可以说，对大学生进行德育的过程，也就是大学生政治社会化及道德社会化的过程。大众传媒通过对大学生政治认知、政治情感、政治态度、政治价值观及政治信仰的影响来影响大学生的政治社会化，并进而影响道德社会化。大众传媒它通过明示、暗示和强制三种方式来促进大学生的政治社会化。明示的方法主要指正面宣传教育、象征、连续与强化；暗示方法它借助于教育、期望、理想、习俗、礼仪、文娱等非政治性的手段获得某种态度；强制的方法是借助于某种强制性的力量使政治社会化的对象必须接受全社会普遍接受的主导政治文化或意识形态的方法。“毫无疑问，大众传播媒介在当代的政治思想教育中扮演了重要角色。”大众传媒以各种方式，直接、间接地向受众输出政治信息，当大学生还没有形成政治认知、政治情感、政治态度、政治价值观及政治信仰的时候，其注意力和态度往往被大众传媒所左右。

关于大众传媒对高校德育内容的影响表现在两个方面，一方面，是大大丰富了德育的内容，媒体通过关注社会的热点、焦点、疑点和难点，进行追踪报道和深度分析，使高校德育内容不再陈旧、单调；另一方面，大众传媒内容呈现为良莠不齐，一些内容充满虚假、色情、暴力、低俗化和对个人隐私的窥秘化。这种状况影响了大学生对德育内容的选择和接受。对高校德育环境的影响教育环境的变化对道德教育提出了新的挑战。道德教育环境是道德教育的重要组成部分。环境是人活动的条件，对人的思想行为有最直接的影响，因此道德教育不可能脱离环境进行甚至要利用环境使之有利于道德教育的目的。当今大众传媒的迅猛发展，构成了高校道德教育的新环境，但这是一个极为复杂的教育环境。由于大众传媒中所表征的任何一种文化都有其多面性，对学生的影响也是多方面的，任何简单的否定或肯定都可能导致偏颇，也无益于正面的道德教育。

大众传媒所形成的复杂教育环境的新情况，对高校道德教育提出了如何合理有效地利用环境的新问题。对高校德育方式与方法的影响大众传媒信息流动的单向式，导致了信息流动的不对称和不均衡性，改变了过去德育的主体间性，媒介作为虚主体或无主体，使主体不在场，因而改变了德育主体间的互动方式，削弱了互动的效果，与此同时，有可能产生“权力的分散”观念及催生民主与平等观念，但也有可能产生不道德及有害信息的行为；大众传媒拓展了德育渠道，改变了过去的单一的人际传播，使德育的路径呈现为多元化，利用的好的话，可以使德育效果最优化；大众传媒改变了过去德育的强制性色彩，使德育内容的传播更隐形化；大众传媒通过替代性和间接性的学习过程，即社会学习理论的代表人物班杜拉所指出的学习者通过观察他人的行为或行为的结果而发生的学习，从而丰富了德育的渠道；大众传媒使德育的空间范围得到了拓展，使德育几乎可以在全社会任何地方进行，甚至跨越了国界，与此同时，它也淡化了民族与国家的观念；大众传媒使德育采取了间接性的方式，达到了润物细无声的效果；大众传媒的高效性，提升了高校德育的时效性。

第二节　社会伦理与思想道德

一、伦理相对主义对个体道德能力的消解

（一）伦理相对主义释义

伦理相对主义又可称为道德相对主义，它认为不存在普遍有效的和必不可少的道德价值，道德只是相对于特定的社会、民族或文化才是确定的和有效的。相对主义首先作为一种哲学观念或理论，在不断地流变过程中，逐渐弥散到相关的各学科，在伦理学领域就表现为伦理相对主义或道德相对主义，我们在这里是在同一意义上使用这一概念的。伦理相对主义是随着相对论、量子力学、计算机技术、遗传工程等新学科与技术的发展而产生的一种思维方式或价值观念，万俊人对此进行了描述，他指出，相对主义认为“一切不再享有某种永恒的经典权威、相对性意义开始弥漫于各种科学、文艺和道德生活领域。观念的更迭、价值的变换以及人们思维方式和生活方式的革新，出现了前所未有的频率和态势。这一状况无疑影响到西方社会的价值观和道德理想。道德相对主义取代传统的道德绝对主义而成为现代伦理思潮的一种普遍趋势。”这一说法，反映了相对主义的本质和发展趋势，也说明了相对性与相对主义的勾连，指出了相对主义本质即反对永恒、权威，主张流变和不确定。这在某种意义上看，相对主义具有某种后现代性。

就伦理相对主义的方方面面这里不可能展开探讨，出于研究主题的考虑，对伦理相对主义的真理性不论，只就伦理相对主义对个体道德能力的消解作一简单分析。在道德思维方面，由于道德相对主义过分强调道德的相对性，割裂了道德的普遍性和特殊性、绝对性和相对性的统一；主观性和客观性的统一；道德多样性和统一性的关系，从而在道德领域呈现为道德主观主义、道德情感主义、道德文化主义、道德历史主义、道德虚无主义和道德怀疑主义等各种形式。道德主观主义主张道德判断完全是个人的事情，因此很难有统一的道德判

断和选择标准。道德情感主义认为道德语言和道德判断只是个人情感和态度的表达而已。道德文化主义认为不同的文化有不同的道德准则。道德历史主义认为，在不同的历史时期，人们的道德观念并不相同，随着历史的变迁，会产生不同的道德观点，因此根本就不存在客观的道德判断标准。道德虚无主义认为，道德不过是文化游戏，任何人对道德问题的看法都不重要，根本就不存在道德的判断的客观标准或准则。道德怀疑主义认为，我们根本就不可能知道道德真理是否存在，对道德真理持一种根本的怀疑态度。

鉴于道德相对主义已经把道德的相对性绝对化，夸大道德的不确定性，所以它在道德理论和个体道德实践两大领域从各个方面消解着个体道德能力。在道德理论领域造成了道德语言的无序、道德规范的失范、道德共契的瓦解、道德共识的离散，消解个体道德认知能力、道德信仰能力；在广义的道德实践层面，消解了个体的道德选择、道德判断、道德评价能力、道德践履能力、道德交往能力和道德同情能力以及道德自我构建的能力等；造成社会有机团结的破坏，传统文化的断裂。

（二）伦理相对主义对个体道德能力的消解

伦理相对主义消解了个体道德认知能力和到道德信仰能力。伦理相对主义似乎认为，在人们的道德、伦理生活中“什么都可以”“什么都行”，没有了善、恶的界限，没有了哪怕是最低限度的普遍准则和道德共识，好比有的伦理学家认为的“善”无法定义一样，强调特殊性忽视普遍性、认可多样性漠视统一性、注重主观性排斥客观性、重视相对性忽视绝对性。伦理相对主义把“人是万物的尺度”中的“人”个体化、单子化、原子化，而忽视了“类”的作用；把“我思故我在”中的“我”的理性发挥到了癫狂的境地。伦理相对主义在认识方法论上走向了极端，不符合理解与解释的视域融合原则，在某种意义上说，无原则成了它的原则，这样导致个体道德认识的模糊、游移或者说无所适从之感，导致道德知识无法言说。如果我们还承认“知识即美德”或“美德即知识”存在一定意义上的真理性的话，那么道德相对主义从根本上否定了客观的道德知识存在的可能性，这样在本体论意义上消解了道德认识的可能性，个体道德认识能力的发展也就失去了凭借。

我们认为，个体是文化、传统的产物，价值是文化、传统的核心，人们生活在社会上是靠价值共识达成共契的，社会也是靠对主导价值的共识和信仰来团结的，伦理相对主义从源头破坏了人们有机团结的基础，可能会导致社会良性运行和协调发展走向恶性运行和畸形发展，对个体道德信仰能力进行了颠覆性的消解。

伦理相对主义使“我们身处其中的现实世界的道德语言，同我所描绘的这个相像世界的自然科学的语言一样，处于一种严重的无序状态。但是无论理论上还是实践上我们都已极大地（如果不是完全地）丧失了我们对于道德的把握力”。

伦理相对主义首先使道德言说出现混乱，因为“语言是存在的家”，意义通过语言存在和表达，相对主义使语言和意义产生了无休止的争论。“当代道德话语最显著的特征乃是它如此多地被用于表达分歧；而这些分歧在其中得以表达之各种争论的最显著的特征则在于其无休无止性。我的意思是说这类争论不仅没完没了（尽管它们的确如此），而且显然不可能得出任何结论。在我们的文化中似乎没有任何理性的方法可以确保我们在道德问题上意见一致。”麦金太尔进而指出这种状况“在概念上的不可公度性”。以及“我们没有任何合理的方式可以衡量其各个不同的主张。”以上主张都反映了道德相对主义之道德主观主义的态度和立场。作为道德相对主义表现之一的道德情感主义认为，“所有的评价性判断，尤其是所有的道德判断，就其具有道德的或评价性的特征而言，都无非是偏好的表达、态度和情感的表达。表达态度或情感的道德判断既无真也无假。情感主义的核心观点是，任何宣称客观的、非个人的道德标准存在的主张都没有也不可能有任何有效的辩护，因此，根本不存在诸如此类的标准”。

伦理相对主义首先通过影响个体的道德认识，再进而影响个体的道德价值选择和价值判断，同时消解个体的道德评价能力，最终使道德行为发生偏差，因为真正有美德的人的行为却是以正确、合理的判断力为基础的。道德行为的践履要求一种在适当的时间、地点、以适当的方式判断并做适当的事情的能力。而道德相对主义通过消解个体道德选择与道德判断进而影响了个体道德践履的能力。因为“‘道德’的意义太多，标志或标准也太多，以至于我们无法把众多的判断、行为归纳进道德之内”。道德相对主义还通过对人与人之间道德共契的瓦解，道德共识的破坏，消解个体道德交往能力，因为交往是以语言为基础的，道德相对主义使道德语言无序，当然消解了个体道德交往能力。由于道德交往的弱化，也会导致道德宽容的不再，所以对个体道德同情能力或移情能力也进行了不同程度的消解。当今社会上出现的人与人交往的诚信的缺失、道德冷漠多少与道德相对主义有一定关联。

道德相对主义在原则性与灵活性、统一性与多样性等关系上，过分强调了灵活性与多样性，相对忽视原则性与统一性，百虑而没一致，殊途而未同归。我国传统伦理思想在“经”与“权”的关系上，为我们在伦理生活中如何处理原则性和灵活性的关系，提供了范例，如“男女授受不亲，礼也；嫂溺，援之以手者，权也”《孟子》（離婁章句上，凡二十八章）。道德相对主义在道德实践中，往往通过对境遇、特殊性的过分强调而导致对道德普遍原则的消解，使个体道德信仰失去了依托。

伦理相对主义对于个体道德行为的影响还表现在道德生活中引发的道德冲突或道德危机。由于个体的道德接受总是通过道德的内化与外化来完成的，易言之，人的思想、观念总是要表现在其外部的行为上。广义的利益是道德的基础，在某种意义上说是个体道德行为的动力，伦理相对主义者因为强调道德的特殊性、相对性，那么他们在实际生活中就会强调各个特殊的个体与社会群体利益的特殊性、相对性，主张不同的社会群体（团体），包括不同的职业和生产行业、不同的阶层和阶级、不同的民族、不同的地区、不同的国家、不同的文化、不同的社会形态的利益都是相互不同的，这样当不同个体与群体在面临不同利益关系和矛盾时，就难免产生矛盾冲突，这些矛盾冲突在伦理相对主义者看来是不可避免的，也是不可解决的，似乎这些冲突也是永恒不变的。伦理相对主义为道德实践中的任性、个人主义提供理论辩护，可能造成不同个人、不同社会群体我行我素、各自为政的局面，不利于社会的向心力、凝聚力的形成，消解了道德共识与道德宽容。

伦理相对主义通过消解伦理中本有的普遍性和绝对性因素，使人类道德在社会生产实践和生活交往不断扩大、加深和融合的现实条件下走向普世伦理的趋势失去可能。“倘若道德的正确性和错误性完全取决于具体情况，那么，建立普遍的伦理学体系似乎成了无法达到的理想。”伦理相对主义否定在道德领域不存在客观的、正确的陈述，容易导致人追求非理性的价值体系，甚至滑向彻底的伦理虚无主义。这对于个体来说，从整体上消解了个体道德自我构建的能力。伦理相对主义有各种表现方式，就比较宽泛的意义上说，科学主义也可以归并为伦理相对主义的范畴。

斯坦福哲学百科全书中认为：“相对主义并不是单一的教义，而是一族观念，这一族观念的共同主题是说一些经验、思想、评价甚至实在的某些重要方面与其他某些事情相关。比如，证明的标准、道德原则或真理据说有时相对于语言、文化或生物构成的。”这一定义说明相对主义是与其他许多复杂的观念纠缠在一起的，也就是说相对主义是一个“相对”的概念，这里我们可以把科学主义逻辑引申到相对主义的系列，进而探讨科学主义对个体道德能力的消解。

二、科学主义对个体道德能力的消解

（一）科学主义的内涵

国内外学者对科学主义进行了广泛的研究，对科学主义的内涵进行了不同层面的界定。《生津英语词典》把唯科学主义定义为“对科学知识和技术万能的一种信念”。还有一个与它相近的概念是弱唯科学主义，它是指“自然科学的方法应该被应用于包括哲学、人文和社会科学在内的一切研究领域的一种主张”（《韦伯斯特大词典》）。

曹志平和邓丹云在《论科学主义的本质》一文中，概述了科学主义的六种定义：自然科学是人类知识的典范，它不仅必然是正确的，而且可以推广用以解决人类面临的所有问题；科学对自己本身的依赖，即我们确信：不能把科学作为已经是可以认识的一种形式来理解，而必须把认识同科学同等看待；自然科学的方法被应用于包括哲学、人文科学和社会科学在内的一切研究领域，并且只有这样的方法才能富有成果的被用来追求知识的信念；在哲学认识论的研究中，从探讨各门具体科学入手，用实证科学的研究手段和方法来研究人士论、回答认识论问题的一种倾向；把所有的实在，都置于一个自然秩序之内，而且认为只有科学方法才能理解这一秩序的所有方面，无论是生物的、社会的、物理的或心理的；科学精神是一切领域都应遵循的。这里不可能列举所有科学主义的定义，但从这些定义来看，它们从不同层面揭示了科学主义所蕴涵的意义，只是最后一个关于科学主义的定义，这明显地把科学精神与科学主义混为一谈了，这一定义显得不够符合“科学精神”。其他定义概括地说，从不同视角指出了科学主义的要义，即科学主义认为，科学成为了一种信念和原则、科学方法理应成为一种最普遍的方法、科学最有价值。

（二）科学主义的维度及本质

我们可以对科学主义从不同层面进行分析：从存在的本体论上看，科学主义将科学泛化为一种形式上的单一的世界图景，从而相应地将科学引申为万事万物的解释、构造原理。按照科学主义的理解，世界似乎可以被还原为数学、物理、化学等规定，而这种规定同时又成为以科学构造世界的前提。这样，科学的世界图景就具有了存在的本体论意义。

从方法论上看，科学主义将科学方法泛化，向存在的各个领域渗透，而且以实证的观念及数学化的追求为核心。“孔德将培根以来注重事实的精神，视为实证哲学的基本要求，并把观察、实验、比较及历史等方法，列为自然科学与社会科学的主要方法。”“斯宾塞则把科学方法分为三类，即抽象科学的方法（逻辑与数学方法）、抽象—具体科学的方法（物理学与化学等方法），以及具体科学（天文学、地质学、生物学等）的方法，并主张将这些方法同时引入社会学研究。”由此说明，科学主义将科学化的目标不仅指向了自然领域还指向了社会领域。

除此之外，科学主义还僭越到了人生领域，就像边沁及奥斯特瓦尔德对快乐的“科学”解释一样，按照奥斯特瓦尔德的观点，快乐的程度可以通过如下数学公式来度量：$G=(E+W)\times(E-W)$，其中 G 表示快乐的程度，E 表示自然消耗的能量总数，W 是被迫耗费的总能量；边沁主张根据快乐的强度、持久性、确定性、远近性、继生性、纯粹性及范围对快乐进行度量。

我们认为，快乐、幸福等属于人生哲学的范畴，人是一种拥有知、情、意等多维度的复合存在，想通过数学化的方式对人的复杂的心理活动进行研究、描述，任意裁剪人的多面性，用所谓科学宰制人生领域的一切，是不能得出科学的结论的。当今我国道德教育领域存在的所谓品德的量化的观念，考试的标准化、课程标准的统一化、教学过程的统一模式化等现象都带有科学主义将科学方法泛化的痕迹。另外，科学主义还主张把自然科学方法引入到社会科学研究的领域，在知识领域普遍建立起知识的霸权。

从价值观来看，科学主义肯定科学具有正面的价值，甚至认为科学本身就是一种“善”，值得人们追求，也就是说，科学不仅有手段价值，还存在目的价值。“对科学主义来说，科学意味着理性、文明、进步、效率，等等，它不仅是一种外在的善（作为手段的善），而且有其内在的价值。”实质上，科学主义的如上价值取向，是伴随现代性的开启，由现代性的一系列观念，诸如民主、进步、效率、理性等推波助澜而形成的，科学主义观念随后又跨越了其本身所固有的疆界渗透到了人类生活的一切领域，它常常与“人是万物的尺度”“人类中心主义”等观念纠缠在一起。科学主义渗透到社会领域，要求社会运行采取技治主义的要求，在公共管理、行政管理中的科层制、程式化、形式化、标准化等操作，在教育领域的标准化考试、统一模式的标准化教学、学生品德的所谓量化等都反映了社会的技治主义倾向。另外，关于社会达尔文主义、线性的进步观等观念，也多少折射了科学主义的社会观。总之，科学主义把人、社会等看着一架机器，进行“科学”的操作，完全把人对象化，使人走向了主体的黄昏。由于笃信科学的正面价值，进而上升为一种信仰，即科学万能的信仰，主要是对科学方法与功能的信仰，使科学取代了宗教而自己又成为了准宗教的形式，成为人们膜拜的对象，对国家、社会来说，科学又上升为一种意识形态，反映人与社会的存在。

就科学主义的知识观、文化观来看，科学主义把科学视为唯一可靠的知识形态，并由此获得科学霸权的地位。认为一切知识，只有具有科学的形式，才具有合理性与存在的合法性，其中蕴含着靠科学来统整全部知识及文化的倾向，似乎认为，科学是唯一的知识，科学之外无知识。科学主义常常还表现出以科学知识挤压叙事知识与人文知识的倾向。索雷认为：“科学主义是一种信仰，它认为科学，特别是自然科学，是人类知识中最有价值的部分——之所以最有价值，是因为科学最具权威性、最严密、最有益。”这一定义在一定程度上认可了科学，主要是指自然科学知识的至尊地位和价值。

在实践理性上，科学主义认为科学代表进步，进步无止境，所以最终科学可以解决人类的一切问题。印度首任总理尼赫鲁曾经谈道：“只有科学才能解决饥饿和贫困、疾病和失学、迷信和过时的传统习惯、资源的巨大浪费、富国中的贫富差距等等问题。忽视科学所造成的后果是谁也承担不了的，在每一次转折关头，我们都在寻求科学的帮助。未来属于科学、属于能与科学为友的人。”作为一个政治家，在这里表达了科学主义的信仰，即依靠科学可以解决人类的一切问题与困境。科学被泛化为主义之后，造成了科学与人文的紧张、工具理性与价值理性的断裂、世界图景的单一化。当科学主义渗透到文化生活领域后，对道德教育带来了冲击，使德性价值式微，个体道德能力受到一定程度的消解。

（三）科学主义对个体道德能力的消解

科学主义将个体物化、对象化，把人看作是一部不存在任何情感的机器，强调感性经验的稍纵即逝的不确定性，那么个体如何自我认识也就无法担保。因为人在科学主义看来已降为物，那么个体也就无法具有反省意识，主体也就无法自我确认，这在某种意义上说，也是对道德主体存在的某种消解。

1. 道德教育的主知主义走向

“无论对道德教育的理论还是实践来说，20 世纪都是一个主知主义的时代。”道德教育的主知主义倾向，是科学主义对道德教育领域渗透的结果，表现在道德教育中，重逻辑知识的建构，重视道德理论的因果规律的影响，把道德教育简化为了知识教育，使知识和认知能力在个体道德发展中的作用得到了前所未有的强化。主知主义的道德教育观将品德简化为认知，将道德的学习约化为道德知识的学习，将道德教育异化，使道德教育抽空了丰富的情感内容。

受科学主义的影响，主知主义道德教育只关注道德认知的发展，将道德问题等同于运用智慧解决的科学，漠视了个体的内在动机、情感、行为的体认等方面。这样，个体道德能力发展也就失去了动力，因为情感可以理解为道德认知与道德行为的中介，关于这一点，休谟引起了高度关注，在他看来，“理性是情感的奴隶”。

这里我们不去分析这一说法的真理性，但至少说明他关注到了情感在个体道德发展中的地位与作用。社会生活中的知行不一及故意失德现象，说明了道德教育中，知、情、意统一的重要性。道德认知要顺利转化为道德行为的话，还需要道德动机的参与，而道德动机的形成又是非常复杂的，受道德需要、情感和意志等非认知因素的影响。主知主义的道德教育仅关注并夸大认知能力的作用，专注于个体怎样逻辑地作出判断，忽视团体成员内心的情感状态和体验。在一定意义上说，主知主义割裂了知情意，也是对主体存在的片面理解。主知主义用科学世界的语言和逻辑僭越和宰制了生活世界、教育领域、思想领域的语言和逻辑。“在思想领域中，科学主义的实证性思维在技术合理支持下取得了统治地位。实证性思维成为人们把握一切事物现象的唯一的，也是普遍的思维方式。”科学主义所倡导的逻辑思维范式、因果规律和实证思维模式深刻影响着主知主义的道德教育。

主知主义的道德教育强调道德认知的发展在道德教育中的作用，科尔伯格就认为“推理和行为是相互联系的，因为成熟的道德行为要求以成熟的道德思维形式作为前提。”科尔伯格在这里单方面强调了道德认知对于道德行为的决定性影响，但没有注意到道德认知只是道德行为的必要条件而非充分条件。对道德行为的影响因素，一般来说有规范等理性因素的影响，除此之外还有习惯等因素的作用，而主知主义只关注到了前者，相对忽视了后者。

主知主义注意到了知识的学习相对忽视了道德的学习。道德的学习与一般知识的学习有所不同，道德学习常常是靠体悟、体认、默会来进行的，在学习过程中，除了遵循因果律外，还受直觉、相像、移情等方面的影响。在人类的道德学习中，认知性学习十分重要、不可或缺，但情感体验性学习同样不可或缺，甚至更为重要。“如果将道德学习的方式仅限于认知性学习，就是约化了人类道德学习的方式。另一个方面是，如果片面强调道德学习的认知方式将其等同于知识和技能的学习方式，那就是背离了道德学习的本性，是对道德学习的异化。”“用非常浅显的话来说，我们所要开发的是感情，而不是感情的知识；所要拓展的是意志和意愿，而不是意志和意愿的知识。”

主知主义的道德教育是一种窄化的道德教育。主知主义的道德教育单方面强调了道德认知，而漠视道德情感和道德意志，这是对个体品德结构的扭曲；在道德教育中，主知主义重视道德知识的传授，相对忽视道德情感的培养和道德意志的锤炼，是对道德教育的片面理解。

2. 道德教育的技治主义偏好

约翰·齐曼认为："政治的唯科学主义的最宏伟的形式，就等同于技治主义。"技治主义可以理解为科学主义在社会运行各领域中的运用。当科学主义泛化，科学主义价值观僭越到教育领域后，就会产生道德教育的技治主义偏好。这种技治主义表现在道德教育目标的制定、道德教育手段的采用、道德教育内容的确定、道德教育效果的评价等方面。在道德教育领域，很多学校所热衷的具体德育目标的制定、对学生道德素质的所谓量化、对学生德性的统一的标准化"考试"等方面都反映了道德教育的技治主义倾向。

技治主义主导下的道德教育把科学主义作为教育研究的唯一信念，注重技术应用，忽视了技术应用的人文关怀，造成了教育与技术的貌合神离的联姻。时至今日，几乎所有教育学科都企望借用自然科学研究手段，以科学主义的研究范式为规范，去解释、说明、确证教育现象的所谓规律，似乎只有体现科学精神的认识才是唯一正确的认识。相应地，教育技术也表现出科学主义的倾向，我们一直关注媒体和技术的发展，由电化教育到网络教育等，但却只偏重于这些技术和程序本身的制作、开发、应用，注重了技术所呈现的花哨形式，而遗忘了对道德教育的沉思。只注重了产品的技术性而忽视了产品的教育性。

技治主义的教育技术观是一种"工具至上""技术至上"的理念，认为技术手段可以解决一切问题，甚至人的德性培育。它使人们产生对工具手段的过分依赖，而将人这个主体放在从属的地位。

当前，我国道德教育领域非常重视现代教育技术的运用，仿佛认为，不使用现代教育技术的老师不是合格的老师，把道德教育等同于了一般的知识教育，忽视了道德教育蕴含的超越性、应然性。技治主义的道德教育观，只关注了物的现代化，淡忘了人的心性的现代化。把教育的任务窄化为传递知识单一的任务，淡忘了培养学生的情感和个性。这里我无意否定教育技术对提高教育教学效率、丰富学习内容、开阔知识视野、节约师资力量、交流教学经验、加速普及教育、发展成人教育等方面的作用，但我们也注意到，在科学主义的影响下，人们过多关注了技术的手段性质，相对忽视了道德教育的成人性质。结果导致了教育不再注重引导学生思考人生的目的、意义和价值等形上内容，造成学生品德、人格、情感教育的荒疏和缺乏。

我们认为，教育技术作为手段，是靠人来操作的，而且教育技术最终是为人服务的，人对教育技术起最终的导向作用，决定着教育技术的发展方向。道德教育中的技治主义倾向，没有辩证地对待人、工具手段和教育之间的关系。误把手段当成了目的，措置了目的与手段的关系，把具有智慧经验和方法技能的人这个主体放在了从属的地位，漠视人对教育技术发展的决定和导向作用。“在这种思潮影响下，出现了重硬件、轻软件，重设备购置、轻开发应用和人才培养，重设备性能的追踪、轻教育方法技能和模式的探讨等现象，这是一种只重技术不重学习效果的倾向，以至于有人认为学校拥有了先进的计算机设备便实现了教育的现代化。”

我们认为，在教育技术的设计、开发和应用过程中应体现人文精神，也就是说我们应该把教育技术看做是社会的和文化的一部分，体现人文关怀，而不仅仅是技术本身，摆脱技术决定论的观点，关注技术对人的认知的、社会的和情感的影响。

3. 科学与人文的对峙

“在科学主义的视域中，人更多地表现为理性的主体和逻辑的化身，人的情感、意志、愿望等等经过理性与逻辑的过滤，被一一净化，而人自身在某种意义上则成为一架科学的机器。与这一科学视野中的人相应，人生过程亦告别了丰富的情意世界，走向由神经生理系统及各种因果法则制约的科学天地：科学的公式代替了诗意的光辉，机器的操作压倒了生命的涌动。不难看到，随着科学向生活世界的渗入，人生观似乎变得漠视人本身了。”

从以上观点可以看出，科学主义把人变为了单向度的人，肢解了人存在的复合性，过分强调知对把握世界的意义，相对忽视情和意等把握世界的功能。在个体道德能力的培育中，势必造成道德教育对情感的漠视，忽视了个体道德能力发展的动力，也在一定程度上使个体诗意的生活散文化，消解了个体对道德自由境界的追求。

科学与人文的对峙，呈现为工具理性与价值理性之分。科学主义注重的是工具意义上的理性化，而人文主张的是对人的终极关怀及意义关切，前者在实践中又可以表征为对知识的强调，相对来说，后者更注重智慧。个体道德能力的发展，需要成己与成物、变革自己与变革世界的统一，它内在要求个体化知识为德性。而科学主义过分注重知识，相对忽视智慧，把智慧消解于知识，难免造成科学与人文、理性与价值、生活世界与科学图景的对峙，这样就阻隔了个体道德能力提升的路径，悬隔了知识与智慧及知识与德性的通途，形成了二者之间莫大的鸿沟，在培养路径上消解了个体道德能力。

4. 道德信仰的位移

19 世纪中叶以后，随着西学的东渐，经世致用的观念开始受到越来越多的关注。魏源的《海国图志》中，多少包含有对器的价值的肯定。“师夷长技以制夷”既体现了林则徐、魏源等对西方入侵者的态度，同时也蕴含了他们对科学之用的理解，因为，技实际上是科学的载体和呈现。中国近代史的主题是救亡图存，当时达尔文的进化论被斯宾塞引入到了社会领域，作为实证科学的进化论当时暗合了中国自强保种的历史要求，所以进化论作为生物科学很快渗透到了社会哲学领域，技进于道成为了必然，科学因此提升为主义。

科学主义所注重的实证研究方法，使道德等人文知识的合法性一再面临危机，科学主义所主张的因果法则向存在的各个领域渗透，使道德现象无法解释，出现了道德语言的无序。科学主义把人机器化，仿佛人的行为都受因果律支配，这样的结果，必然消解人的意志自由。在科学主义者看来，由于科学成为了一种信仰，具有了无上的尊严，因此将理性绝对化，把情感与意志降为附属的因素，并要求绝对服从理性原则，这样导致了理性的专制主义，消解了个体的道德选择自由和道德信仰。因为人的存在是一个敞开的过程，它确证实然还指向应然，具有超越的特质，道德信仰具有超越的性质，而科学主义关注实然、世俗，注重因果律和实证研究，所以在一定意义上消解了个体的道德信仰，使个体专注于实然的科学界，以求事实的真为唯一目的，使个体的求善和美失去了担保，导致了对道德信仰的位移。

三、功利主义对个体道德能力的消解

功利主义英文为 utilitarianism，又译为功用主义或乐利主义，是一种以实际功效或利益作为道德标准的伦理学说。它产生于近代英国，是伴随着英国资本主义经济发展而形成和发展的。该学说最早萌芽于培根和霍布斯的伦理学说中，18 世纪的哈里森·孟德威尔和斯密对其都有一定的发展，至 18 世纪末和 19 世纪初，边沁和密尔最终将其建立成一种系统的有严格论证的伦理思想体系。

进入 20 世纪，功利主义呈现为斯马特的行动功利主义和以布兰特为代表的准则功利主义。龚群对边沁、密尔以及斯马特和布兰特的功利主义理论要点进行了分析，在他看来，边沁的功利主义以苦乐原理、效果论和功利原则为理论基点。边沁认为：“组成社会的每个个人的幸福，亦即他们的快乐与安宁，是立法者所应该注意的唯一目标，而在事情取决于立法者范围以内，他都应当依据这个唯一标准使每一个人去规范自己的行为。但是究竟使一个人做这件事，还是做别的什么事，则除了苦与乐之外，再没有其他东西可作最后决定了。”

所谓苦乐原理，即把追求快乐与避免痛苦作为了人的行为的终极原因（苦乐的大小可以通过计算得出）。边沁还提出了按照强度、持久性、确定性或不确定性、时间上的远近、寄生性、纯度、范围大小等七个方面的变量进行苦乐计算的方法。

所谓效果论，即把效果、或者是否增进快乐作为一个行为善恶的唯一标准。所谓功利原则，在边沁看来，有两个视角，即个人的快乐或幸福与最大多数人的最大幸福。而且在个人幸福与最大多数人的最大幸福之间的关系上，边沁认为，社会利益就是个人利益的简单相加。他谈道：“社会利益是在伦理词汇中可能出现的最为普遍的用语之一。这就难怪它的意义常常把握不准了。如果它还有意义的话，那就是这样：社会是一种虚构的团体，由被认作其成员的个人所组成。那么社会利益又是什么呢？——它就是组成社会之所有单个成员的利益之总和。”边沁的如上三个基点构成了功利主义的理论原点。

在功利主义的发展史上，约翰·S·密尔对边沁的功利主义理论在两个方面进行了修正，其一是对快乐进行了质的划分，把快乐进行了“高级”与“低级”的层次划分；其二是提出了德性幸福与自我牺牲的论点。密尔主要注重快乐的质，在密尔看来，“与其做一头满足的猪，不如做一个不满足的人；与其做一个满足的傻瓜，不如做一个不满足的苏格拉底”。但密尔未提出高级快乐与低级快乐具体的划分标准，从其思想中，我们可以合理的推论出：享有文化教养与道德品质的人，他们的快乐在质上是优越于教养程度低的人的，这里也相当于认肯了苏格拉底关于美德即知识的部分观点。

关于德性与幸福及自我牺牲方面，密尔认为，人们原来并不欲求德性，只因德性有助于快乐，尤其是因为它能抵御痛苦，所以人们才欲求它。正因为德性与苦乐有这样的关系，所以它本身就可认为是一种善，而且被人们如此追求，有如追求任何其他的善一样强烈。密尔对自我牺牲提出了自己的观点，在他看来，功利主义并不否定一切自我牺牲，它只是拒绝承认牺牲本身是一种善。也就是说，自我牺牲在密尔看来是有条件的，“一种牺牲如果不增加或不能有利于增加幸福的总量，功利主义则把它看成是浪费。只有这种自我舍弃是值得赞扬的：它是致力于其他人的幸福，或达到其他人的幸福的工具，或者是致力于人类集体的幸福，或者是在人类集体利益限度内的个人幸福”。

第三节 社会变迁与家庭影响

一、独生子女的心理问题

有人认为至少存在五大障碍影响独生子女成长，它们是：性格障碍。因为缺乏同伴家庭早期教育，极易导致常见性格缺陷，如“任性”“爱发脾气”“不尊敬老师”“不团结合作”等；心理障碍。不少独生子女在家里与成人为伍，极易养成孤独、自娱自乐、孤芳自赏等心理素质；智育障碍。因为屏蔽了同伴与社区儿童的交往，恶化了儿童智育发展的心理环境；环境障碍。因为许多儿童是被隔代抚育的，据上海计生委的调查，有近九成的幼儿被隔代抚育。长辈的溺爱与放纵造成了教育环境的恶化；生理自理能力障碍。因为长辈的包办，导致儿童动手能力差，甚至没有机会自理生活。这些心理问题会从不同方面带来个体道德能力的消解。

二、单亲家庭儿童的道德问题

周兆安在《中国青年研究》（2007 年第 2 期）上发表了题名为《单亲家庭的亲子关系与性别教育——一个社会学解析》一文，在他看来，单亲家庭构成了角色、身份、结构的三重缺失：

单亲家庭子女由于家庭结构的紊乱而引起的社会身份的缺失导致了性别角色的缺失。因为，角色是指与某种社会身份相称的行为规范的集合。一个青少年失去父亲或母亲，他（她）的社会关系纽带随之断裂，即由家庭结构的改变而带来的相应社会结构的变化，各种关系的转变会引起心理上习惯上的阻力。

借用费孝通教授的话说，社会关系是联成一个体系的，其间息息相关，像是一个网络。社会关系的紊乱使一个人不易找到一个适当的身份去和身边的人发生社会关系，同样，他身边的人也很难找到一个适宜的身份与他发生社会关系。很显然，角色的扮演也就不会顺利地进行。在单亲家庭中，由父、母、子所构成的三角形变成了直线形；家庭角色形态缺乏平衡机制，即由男、女、长、幼所构成的多重角色形态，在单亲家庭中变得只有长、幼形态。

家庭伦理关系失却了“关系伦理”，致使父或母的感情投向单一化，即原为父、母、子三方分享的家庭之爱，演变为父或母一方与子一方的双向情感依赖；家庭语言代码缺乏另一种性别象征，即原有两种性别色彩的语言系统的支配作用变成了一种性别语言系统的支配作用。这种家庭机制的非平衡性、感情投向的单一化，以及性别象征的缺乏使单亲家庭本身就会陷入一种困境，再加上青少年“疾风暴雨”时代的到来，会导致一些单亲家庭情感基础削弱甚至瓦解以及社会互动情景或经验的相对不足。

另一方面，因其家庭变故使得他们与离去一方的长辈、亲友的关系自然疏远，家庭交往活动较之以前明显减少。而人际关系的基础是个人情感，基础的弱化自然导致了关系的弱化。加之由离异、丧偶等带来的心理上的痛苦、失落使得单亲家庭的成员不愿意更多地涉猎社交活动。这样，他们交往的空间更加狭小，由此带来的文化视野也十分有限。

在这样的家庭中，孩子的父亲或母亲几乎不邀请同事或朋友到自己的家庭里来。孩子也不愿意带自己的同学到家里来过。孩子的生活只是学校与家的两点一线生活，父亲或母亲也是单位到家的两点一线的生活。因此，单亲家庭的弱势效应不断强化了狭小的文化视野，而这种有限的文化环境也在不停的型塑着弱势的效应，相互抑制，彼此都不能发展。

情感是一个人的精神来源，离异或丧偶都会破坏原有完整而美好的情感，家庭成员的精神也随之丧失，同时也改变了个体对社会存在（他人、他事、他物以及个体自身）所持有的稳定、具有一定结构的心理状态。精神的丧失与消极的态度会使单亲家庭成员的心理扭曲。即使单亲家庭的父或母再婚，在单亲家庭孩子的心目中，和素不相识的、又不是出于自己选择的继父（母）亲戚们发生频繁的接触，这是一件不太愉快的事情，同时也很容易造成心理上的疲乏和病态。

这样，无论是对父母还是孩子，都会在心理上造成一定的影响。就单亲家长的心理状态而言，沮丧、自卑、焦虑、紧张、孤独等是他们共同的情绪特征。

而孩子则因为缺乏情感关怀容易产生疏离自卑等问题。加之青少年期躁动、变化无常、反抗使单亲家庭的亲子关系处于变数之中。同时，单亲家庭的青少年恰好在这个阶段要试图在父母的范围之外寻找平等的伙伴，而这种需求会受到单亲家庭结构非完整性所带来的自卑、沮丧的影响，会形成一定的阻力，心理压抑是在所难免的。当然，单亲家庭的亲子关系的负面影响不仅仅限于上述三方面，进一步的深入挖掘还有待继续。

三、留守儿童的道德问题

道德观念是指由善与恶、荣与辱、正义与非正义等概念组成的道德意识的最基本形式，是人们在实际社会生活中，在感觉和知觉的基础上，对具体道德现象的内在联系和本质特征的认识。那些处在未成年阶段的农村留守儿童，由于处在复杂的道德环境下，而且不能得到父母的及时有效的引导，常常造成道德价值观念的困惑与错位。对年幼的留守儿童来说，主要是失去了家长的有效的范导，对稍大的儿童来说，也失去了价值观引导与澄清的道德教育资源。从张梅的调查研究来看，农村留守儿童普遍存在价值观错位的倾向，表现为：集体主义观念淡薄、功利主义倾向严重、社会公德意识欠缺、诚信意识不强等方面。

道德情感变异。道德心理是道德情感的基础，在长期缺乏健康的情感体验状况下成长的留守儿童其心理上往往变得孤僻、自卑，在道德情感上发生变异。留守儿童在某种意义上可以说是“孤儿”或“单亲孩子”，这样他（她）们就缺少了健全良好的家庭道德环境和氛围以及父母的亲情和关爱，父母与子女之间的关系变得相对疏远，儿童缺失了起码的交流和倾诉的机会，从而导致他们道德情感的缺失，常常表现为性格孤僻、沉默寡言，很少与老师和同学交流。存在不同程度的自卑心理。另外，学校老师的态度也在一定程度上影响着留守儿童敏感的心理。

道德情感表现的偏差。相当一部分留守儿童存在着抑郁、苦闷、焦虑等不良情感倾向，部分留守儿童存在敌意心理和攻击倾向。有些留守儿童比较任性，以自我为中心，对父母和祖辈的道德情感发生偏差，这主要表现在对祖辈不尊敬以及对父母外出打工的艰辛缺乏深刻的体会。

道德行为失范。德国教育家福录培尔曾经说过：“家庭生活在儿童成长的每个时期，也可以说在人的一生中都是无可比拟的重要。”家庭道德教育能够起到学校道德教育无法替代的作用，相对于规范划一、严肃正规的学校教育，家庭教育往往是在日常生活世界中进行的，它伴随着切身浓郁的亲子之情，具有持续深刻、具体细微、渗透性强、制约性大、易于接受、易于模仿等特点，其教育作用和效果是学校道德教育无法代替的，可以说家庭道德教育是人生道德品质的开蒙和奠基者。

留守儿童家庭道德教育缺失主要表现在以下三个方面：父母榜样作用缺位、父母监控机制弱化、道德教育主体素质偏低。在农村，留守儿童的监护类型一般分为三种：单亲监护、祖辈隔代监护和父母同辈监护。在这三种主要的监护类型中，以单亲监护和祖辈隔代监护为主，这就决定了农村留守儿童家庭道德教育的主体在一定程度上对留守儿童带来的不利影响。隔代抚育带来的是监护人需要再社会化的问题，其教育观念往往存在偏差，需要矫正。除此之外，还存在农村社会环境消极因素的影响，部分农村地区存在着拜金主义、封建保守的不良社会风气、“读书无用论”的不良风气盛行、部分农村地区还存在着赌博、打牌等不良社会风气。留守儿童同辈群体的影响，留守儿童在选择同辈群体成员时，缺乏父母的监管和引导，致使其容易加入不良群体，影响其正常社会化。留守儿童同辈群体内亚文化特别是反文化的大量存在，致使留守儿童道德行为失范现象严重。网吧等娱乐场所的危害，也是不可小视的一个因素。

个体道德的形成受多种复杂因素的影响，其中家庭是影响个体德性形成的首要的微观环境。在家庭中的亲子关系，对个体道德意识的形成、道德价值的选择以及道德行为的养成起着非常重要的作用。儿童就是通过对家庭成员思维、行为等的模仿以及成员之间的道德交往而习得道德行为的。可以说，亲子关系是个体道德发展的起点。

亲子关系对个体道德能力的影响，是通过亲子关系决定的道德氛围而起作用的，这种关系氛围或情感氛围为道德教育提供基础条件，在某种程度上说，亲子关系的状况决定了对个体道德教育的效果，它尤其影响个体对道德的接受与内化。德国著名心理学家凯伦·霍妮经过长期研究得出的结论是，道德内化的障碍根源就存在于亲子关系之中。爱利克·埃里克森也得出了类似的结论，儿童如果没有在亲子关系中体验到生物的和情感的满足，他就会形成基本的不信任感，这种不信任感大大增加了今后产生顺应不良的可能性。

亲子关系总的来说，影响了个体道德社会化进程，具体来看，主要是影响个体道德能力发展的氛围、道德价值的选择和判断以及个体的道德同情与道德宽容。在隔代抚育的独生子女家庭、单亲家庭以及社会转型中产生的农村留守儿童家庭里，亲子关系中的溺爱、不公正、歧视、敌意气氛等，会导致个体形成敌意和孤独的道德心理，这种情感在生活世界中，容易投射到交往对象及社会，由此产生社会怨恨和不良道德行为。

在亲子关系中，威尔逊把母亲的行为大体归纳为两类，第一类牵涉到爱的取向技巧，在此，以赞美作为奖赏，而以孤立或爱的退缩作为惩罚；第二类是目的取向的技巧，在此以实质的诱因作为奖赏，而以剥夺特权或有价值的实体作为惩罚。由于良心及自我控制的发展，爱取向的技巧必须——如我们曾经讨论到一部分的——与父母的温情及晓以大义伴随出现，前者对情感关系的操弄赋予意义，而后者给孩童一个（对自我评价及他自己或其他人反映的）认知结构。在留守儿童的家庭里，家长因为文化素质、生存的困境等因素的影响，一般来说，还不能合理使用爱的取向技巧，而对更多的孩子来说，是爱的强制性的退缩，因为根本就享受不到爱，这样孩子的道德发展多少丧失了动力，在一定程度上抑制了个体道德能力发展。

对于单亲家庭的孩子来说，由于父权或母权的式微，很容易导致角色的错位，以及父母角色、边界的模糊，这样容易导致子女道德认识的偏差，消解个体道德认知能力。在我国社会，母亲扮演的是一个博爱（all-loving）及富感情的模范，她在某种程度上平衡了父亲的严厉及冷漠。在《游子吟》的诗中，描述了母亲无尽的爱：“谁言寸草心，报得三春晖（孟郊）。”在母亲与孩子之间，有许多抚爱及身体上的亲密行为。母亲在家庭里主要扮演着教养及爱的角色。作为单亲家庭的孩子，很容易造成父爱与母爱边界的模糊，而母爱的缺失或退缩对孩子来说，就意味着道德情感的消失，道德发展动力的消解。

对于有的独生子女家庭来说，长辈对小孩是温柔有余而严厉不足，温柔可亲必须与严厉合并使用，这两种特质似乎互相矛盾，但事实上是彼此互补的。

在威尔逊看来，温柔可亲应该使用在养育上，而严厉则应用于教育之上。我国的家长在子女的成长过程中，往往错置了养育与教育所必需的温柔与严厉，这样不利于小孩养成对道德规范的依从与敬畏，消解了孩子的纪律精神。

当今家庭的邻里关系在社会转型过程中，也在发生变化。人们的空间距离在缩小，而心灵距离在拉大。整个城市与乡村仿佛充满了陌生人。“都市人享受着乡村人所无法享受的自由和理性，也忍受着乡村人无法忍受的冷漠和孤独。”当今家庭所面临的这种境遇，使过去家庭邻里的那种相互照顾、安全保护、情感依赖等荡然无存，它消解的是道德教育的资源，造成了道德氛围的冷漠环境，消解了个体的道德情感。这种氛围下成长起来的个体，往往会走向极端的原子式的个人主义，会把人当成手段而非目的，不利于形成合理的道德价值观。正如鲍曼所言说的：“制作更巧妙的锁、门闩和防盗铃是这个时代流行的和为数不多的繁荣工业之一——不仅仅是因为它们真正或假想的实际用途，而是因为他们的象征性价值：对内，它们传达了我们不会受到打扰的隐士般的住处边界；而对外，它们传达了我们的决定，‘对于所有我关心的事情来说，外面可能是一个荒地’”。当今家庭的边界已经被挤压到了大门口，邻里的教育资源已丧失殆尽。在这种情况下，儿童自然被另外的世界所吸引，那就是网络世界。

第四节 文化氛围与思想道德

一、道德冷漠对个体道德能力的消解

（一）道德冷漠的形成与表象

道德冷漠的形成是多种因素复合作用的结果，有个人的原因，也有社会的原因；有制度的影响，还有文化心理及道德氛围的影响；除此之外，还有道德冷漠形成的深层机制因素。作为个人原因来说，它表现为个体道德意识的缺乏，道德感的不足，道德判断的悬置，道德实践、行为的不作为。道德冷漠在文化心理上表现为，人们对道德受助期望感的失望和拒斥；人们对道德行为的尊严和荣誉的否定、蔑视和怀疑；人们对道德义务的移情感和同情感的缺失。社会道德文化氛围与制度对人道德冷漠的形成也不可忽视，当社会上不道德情况发生后，有些人会见义勇为，可是由于种种原因，这些人后来“流血又流泪”，德福不一致，给公众带来了消极的情感体验，积淀后形成了个体道德冷漠的心理。

另外，个体本身的道德人格形成后，对其行为就有决定影响。当人们面临不道德行为发生时，有的人就是本着自保，“各自打扫门前雪，莫管他人瓦上霜”。这种情况的相互感染，就会导致从众人格的产生，助长了恶势力的蔓延，再加上当今社会的快节奏，人们普遍存在的各种压力，容易形成单子式的个人主义，客观上阻隔了亲社会助人行为的产生，为道德冷漠的形成提供了土壤。

亲社会助人行为是“一种有利于他人的助人行为，这种行为不一定给那些施助者带来直接的利益，甚至还可能给他们带来风险。”亲社会行为是基于对道德律令的信仰，通过道德移情与道德同情后，表现出来的道德行为。其中既有个体对道德原则的理性认知，又有丰富的道德情感体验，还有坚定的道德意志。所谓“今人乍见孺子将入于井，皆有怵惕恻隐之心……恻隐之心，仁之端也”《孟子》

（公孙丑章句上，凡九章）“恻隐之心，人皆有之”等就是亲社会助人行为的心理反映。这种行为养成后，就成为了个体的一种习惯，一旦遇到特定的道德境遇，个体就能不假思索地表现出这种行为。而道德冷漠与社会助人行为背道而驰，道德冷漠者，遇到道德场景时，不会产生同情感，也不会产生社会助人行为。因为道德冷漠者没有道德信仰，也不会有人与人之间的互信，把人都看成了手段而非目的，是否做出道德行为，还在进行理性的计较，所以道德冷漠者必然是道德的“看客”，道德的旁观者。

（二）道德冷漠对个体道德能力的影响

一个社会当道德冷漠形成气候以后，它影响的不仅是道德冷漠者本身，而且对全社会置身其中的个体都带来影响。首先它消解的是个体道德认知能力，其中包括个体对道德责任的认识、个体对道德交往关系的把握以及个体的道德敏感度。个体对道德意识的认知，是建立在自主的、能动性的基础之上的，它以个体道德经验做基础，是知、情、意的融合作用的结果。道德冷漠的泛化给个体带来的是消极的情感体验，它遮蔽的是个体对善的领悟与把握和对恶的反应。同样会导致对“荣”与“辱”的倒置，会使个体耻感意识缺乏。

1. 道德冷漠会导致人们对道德责任的漠视与弃置。人们浸润在道德冷漠的氛围下，会相互感染，有可能形成“各人自扫门前雪，莫管他人瓦上霜”的局面，加上从众的行为引起的道德责任的弥散，使道德责任旁落。道德冷漠还会引起对他者的忽视与漠视，扭曲人—我关系。由于责任的缺失，个体会把他者物化、对象化，使我—你关系，异化为我—他关系或我—它关系。这样在遭遇特定的道德情境时，道德冷漠会导致个体理性的计较，使道德行为淹没在原子式的个人的利益计较中。

2. 道德冷漠对个体道德情感的消解，主要表现为对个体道德移情与道德同情能力的影响，使个体钝化道德情感，缺失道德敏感。道德同情是以道德移情为基础的。在道德冷漠的氛围下，个体不再换位思考别人，只顾自我的利害得失。因此，人与人之间就不再有人同此心，心同此理。我国传统的忠恕之道“己所不欲，勿施于人”，还有学者提出的“人所不欲，勿施于人”，以及基督教伦理所倡导的“爱邻如爱己”都表征了一种移情或同情的心理反应。缺失了移情，道德同情便不会发生，道德感也因此受到弱化，道德敏感度就被钝化。“道德敏感是一种道德感知、感悟、反应能力，是从人文社会现象包括人与自然关系中发现道德问题的能力，是对人文、社会现象进行道德考量的能力”。一个道德冷漠的人是不会带道德的问题意识来思考的，这种人要么是懒于思考，要么是缺失了对道德问题的思考能力。

3. 道德冷漠由于对道德判断的悬置而消解个体道德判断能力。一个道德冷漠的人不是没有道德判断的能力，往往是有意悬置道德判断，对面临的特定道德境遇存而不论，作为一个有道德良知的人来说，对有的境遇可以不假思索地作出判断，如所谓“今人乍见孺子将入于井，皆有怵惕恻隐之心”《孟子》（公孙丑章句上，凡九章）当然如果个体面临道德两难时，作出理性的判断需要智慧，而且“道德判断最终是情感的判断”（皮亚杰语）而道德冷漠是弃置道德判断，拒斥对“善”和“恶”的判断，也就不会产生道德的行为，因此，就会造成恶的蔓延。

4. 道德冷漠以道德不作为的方式消解了个体的道德践行能力。道德作为一种实践精神，表征了它的实践理性。道德不作为，即个体能够履行而拒不履行道德义务。道德不作为，表征了个体拒斥自我完善，偏离崇高，甘愿卑下。纵然有道德认识和道德判断，而缺失道德行动（狭义的），也就不会带来善的最大化结果。

5. 道德冷漠通过对道德氛围的瓦解来消解个体道德能力。道德冷漠弥散后，会形成一定的冷漠氛围，尤其是随着冷漠者的增加，造成道德责任的心理弥散。生活中的道德看客或道德旁观者，之所以存在，而且有时还会越来越多，这与道德氛围、社会正气直接相关。当个体道德冷漠发生时，道德旁观者开始从众，因此道德责任随着看客的增加，心理责任越来越小。冷漠的道德氛围消解了个体道德培育的土壤，不利于个体形成健全的人格，只会使个体道德人格扭曲。因为道德冷漠者，在内心深处是了解自己的不道德行为的，冷漠者往往找许多肤浅的理由来回避责任，躲避崇高。而冷漠带来的恶与肤浅的理由之间存在巨大的反差，由此可能形成个体扭曲的、卑下的人格。道德人格的扭曲，意味着消解了个体道德自我的构建。

6. 道德冷漠销蚀了人们的道德信仰。道德是为人的，也是人为的。康德的道德律令启示我们，道德是崇高的、纯洁的，它排除了一切“爱好”，以及基于理性的算计。道德冷漠者基于制度、利益等的考量，消解了个体的道德自由，阻隔了人对超越的追求。我国传统人生活在一个相当狭小而又孤立的环境中，主要以家庭及村落为中心，生产方式以农耕为主，以饲养家畜、手工艺为辅，村落与村落之间除了姻亲和市集交易之外，很少有其他的联系，基本上过着自给自足的生活。传统人生活在一个没有陌生人的小世界里，基本上可以说是熟人社会，仅靠风俗习惯就能调节每个人的行为。这样的社会大抵具有共同的文化，即共同的价值观念、宗教信仰及行为模式，其同质性很高。正是由于这种相对的地域封闭，容易导致地域偏见和文化偏见，使我们不能用平等的眼光去看待所有的人。要知道，“文明是众多民族共同努力的成果，没有一个民族可独占文明。”这种文化偏见在道德生活中，有可能使我们会造成道德冷漠，钝化我们的道德感及对道德的信仰。

二、德福关系对个体道德能力的消解

如何使学生的品德高尚起来，一直是学校德育所关注的核心问题。从学校德育活动来看，学生接受德育的过程本身就是一个道德学习的过程，这一过程不可避免地要受到各种社会因素的影响。当前我国社会正处在改革开放的关键时期，在经济快速发展的同时，社会生活中也出现了诸多如“好人没好报”“好心没好报”等“德福背离”的现象。这种“德福背离”现象所呈现出的“道德无用”的假象不仅影响着德育活动中学校德育的信服力，也在客观上制约着学生对道德行为的认知与践行能力。

德福关系一直是千百年来人们所关注和探究的重要问题。“德”即德性，“福”即幸福，亚里士多德曾经说过，“幸福乃是在完满生活中德性的实现”，德性是应该能保证幸福的。古人云：“德者，得也。”道德的行为理应能够为有德之人带来福祉。自古以来，“善有善报，恶有恶报”的德福一致观一直是支持社会成员努力追求和践行道德生活的重要力量，然而随着我国社会改革的渐进深入和经济的快速发展，社会生活中各种行善者受罪、作恶者得福的现象屡见不鲜。社会生活中的“德福背离”现象呈现出下列两种样态：

（一）好心没好报

社会个体成员将内心基于人道主义关怀的某种良好道德动机或利他意图付诸行动，对其他社会成员施加帮助，受助者对此非但没有一种感激的情感和回报的行为，反而对施助者采取了一种消极或恶意的回应，甚至利用施助者的这种善意道德动机来为自己谋求利益，进而造成施助者自身物质利益的损失和心理上的负面情绪体验。

（二）好人没好报

社会成员在公共生活领域遵循一定的道德规则行事，即作为认同、践行相关规范的“好人”来进行社会活动，但是却无法获得那些不按道德规则行事的人所得到的利益，在有些情况下，甚至会使自己“吃亏”，从而出现一种“守德者受罪”的现象。在正常的情况，社会成员在德性的指引下遵循一定的道德规则办事，理应可以而且应该获得一定的“道德回报”，比如，“不随地吐痰”“不乱扔垃圾”等会创造一个整洁舒心的环境，“遵纪守法”可以获得一种安全有序的环境等等。然而常见的情况却是，当一些人做出公德行为以后，总是有另外一些人背离这些行为。如现实生活中的插队现象，遵守公德选择排队的人往往无法享受到“守德”的便利，而“失德”插队的人却能从中享受到实惠。

当前我国正在大力开展公民道德建设，其中以公德教育为重要内容的学校德育是整个德育建设工程的关键环节。随着互联网等大众传媒的不断发展壮大，社会生活中的德福背离现象以一种汇聚性的样态呈现在人们面前，不可避免的会对学校德育产生一系列影响。

学校德育的过程也就是学生的道德学习过程，这一过程并不是孤立存在的系统，而是要受到各种环境因素的影响。其中，社会环境因素对学生道德学习的影响和塑造的作用是十分明显的。德福背离现象作为客观存在的一种社会现象，不仅对学生的道德判断和道德选择产生着影响，同时也制约着学校德育过程的顺利开展。

三、德福背离现象对个体道德能力的影响

个体道德形成发展的过程实际上是一个由知善、欲善到行善三个环节不断完善的实践过程。在实际时间过程中，知善、欲善、行善三个环节并不是在学校环境中独立实现的，而是需要个体将所了解到的道德知识运用于实际的社会生活中。在这一过程中，公共道德生活中的德福背离现象对个体道德能力的影响主要表现在：

（一）德福背离现象影响着个体的道德价值认知能力和判断能力

知善才能行善。在德育过程中，“知善”是学生能够选择和践行道德行为的基础。明晰道德行为的价值、肯定道德行为对于自身发展的意义，对于个体的道德发展和完善来说尤为重要。在社会成员的普遍道德价值判断中，道德行为的实施即使不能够为行为者带来幸福，至少不应该对其福利造成损害，“道德之中即有幸福”。而社会生活中的德福背离现象却折射出一种“好心没好报”“好人没好报”的假象，这种假象使个体感觉到，道德不是社会个体成员自身完善的手段，而是被他人利用的工具，进而不可避免的对道德行为的价值产生怀疑，并有可能最终做出“道德无用”的否定性价值判断。

（二）德福背离现象制约着个体的道德行为意愿

道德行为的实现不仅仅在于“知善”，其最终途径还是要依靠社会成员自身的身体力行，即“行善”。在由“知善”到“行善”的过渡过程中，“欲善”起着至关重要的作用。“欲”即个体的道德意愿，能否将自身学习和识记的道德知识付诸实践并最终体现为良好的德行，关键还在于个体自身的意愿。功利主义者认为，趋利避害是人的本性，而社会生活中的德福背离现象传递出这样一种信息：道德行为的实施在某种程度上存在着一定的道德风险，有些时候，除了损失，行为者从中一无所获。如果个体不能正确看待生活中的德福背离现象，就极有可能削弱其道德行为的选择意愿，甚至形成道德冷漠，这样消解的是个体的道德同情能力以及个体道德能力培育的道德氛围。

（三）德福背离现象消解了个体的道德学习与接受能力

学校德育过程是个体在各种因素影响下进行道德学习的过程。道德学习不仅是一种知识性学习，同时它更是一种情感性学习，个体对于道德行为及其价值的感悟和认同在道德学习过程中具有更为重要的作用。现阶段我国德育主要还是通过开设德育课，以课堂讲授的形式向学生进行道德价值观的灌输和传授，而社会公共生活中的德福背离现象所呈现出的“行善者吃亏、作恶者得福”的表象与学校德育所讲授的道德理论形成了尖锐的对立。说服力的缺乏难免会使学生对课堂教学所宣传讲授的道德知识形成一种“假大空”的认识，这就会严重削弱学校德育的信服力，消解了个体的道德认知、道德判断与道德评价能力。

第二十章　关于廉政建设的理论思考

第一节　行政人与廉政建设

搞廉政建设的目的是为了使政府公务人员保持廉洁，阻止政府公务人员追求非法利益。然而，根据当代社会学、管理学和经济学的人性假设，每个人既是经济人，又是社会人。而作为经济人，每个人都会在“自身约束条件允许的情况下追求个人利益的最大化”。那么，政府公务人员作为经济人的利益追求必然就会和政府公共利益目标相冲突。因此，我们在进行廉政建设时，就很有必要搞清楚关于政府公务人员的人性假设与廉政建设之间的关系。

一、人性的假设——经济人、社会人、行政人

关于人性问题，曾是我国学术界长期争论不休的问题，在极左路线统治下时，曾演化为非常严重的政治性问题，以至于使一些人因此蒙受了政治上的迫害。其实人性问题是一个客观的事实存在，它是人作为人与动物相比的一种类属性。至于人的阶级性，则是指人作为社会化的动物因其所处的社会地位，尤其是在生产方式中所处的地位而具有的属性。当我们从一般的类属性角度思考问题时，运用人性的概念来讨论问题在理论上应该是允许的，而且有它的合理性。当我们讨论人的社会性时，当然首先需要考虑人的阶级属性，因为它支配着阶级社会条件下人的本质属性。各门社会科学都从不同的角度讨论人性，对人性提出各种假设，作为本学科不证自明的公设，推论出本学科的理论体系。如经济学的经济人假设、社会学的社会人假设、政治学的政治人假设，等等。

只是需要指出的是，在讨论人性时，尤其是讨论人的社会属性时，绝对不能有意无意地去抹杀人的阶级性。

（一）经济人、社会人

社会学、经济学和管理学在建立自己的理论体系时，曾提出“经济人”“社会人”和“经济社会复合人”的人性假设。所谓“经济人”，主要是指人是一种经济动物，为了追求经济利益而工作，其目的是为了获取个人利益的最大化。因此，为了保持工作效率，管理者一方面要实行物质刺激以激发工作者的积极性，另一方面则要实施严格的管理和惩罚制度。所谓“社会人”，主要是指人具有自我实现的特性，具有成就感和社会责任感。因此，要想提高工作效率，就要对工作人员实施精神鼓励、创造良好的人际关系环境和自我实现的条件，从而激发工作人员的积极性。所谓“经济社会复合人”，认为人既是经济人，又是社会人，在强调人的觉悟时也必须考虑人的经济利益；在主张自觉性时，也必须考虑制度的强制约束性。

关于“经济人”与“社会人”人性的两种假设，揭示了人的两个不同的侧面，可以说这是古代与近代哲学关于人性善恶争论在现代社会科学中的继续。无论是中国古代哲学还是西方哲学，圣贤们都对人性进行了多方面的探讨。至于“经济社会复合人”的人性假设，则是上述两种人性假设的综合。

中国古代的孔子主张人性善，提出“仁”的哲学范畴，认为“仁者爱人”，“己所不欲，勿施于人”。儒家后学还由此规定出人的社会责任感，认为“大道之行也，天下为公”。人人都应该树立“天下为公”的思想观念，进一步在政治上主张实行“仁政”和“王道”，认为“人皆有不忍人之心”，“以不忍人之心，行不忍人之政，治天下可运于掌上”。概括起来说，即是儒家所主张的修身、齐家、治国、平天下的个人发展道路与内圣外王的人格特征和治国方法。

中国古代的荀子则主张人性恶，认为“人之性恶，其善者伪也”。即人生来好利，有嫉恶，好声色。韩非进一步发展了荀子的人性恶的思想，认为“人无羽毛，不衣则不犯寒；上不属天，而下不着地，以肠胃为根本，不食则不能活。是以不免于欲利之心”。他从人有衣食之基本需求来论证人是有追求私欲愿望的，因而人性是恶的，并在此基础上提出法治主张，崇强力，行霸道。

西方古代的哲学家苏格拉底、柏拉图、亚里斯多德等人也都对人性的善恶特征进行了探讨，指出人性具有向善与向恶两种倾向，从而提出复合人性论，比较全面地把握了人的本性。这种关于人性善恶的探讨和争论，在近代更成了资产阶级学者探索的理论热点，并成为他们立论的前提假设。

马克思以前的思想家，离开具体的社会历史条件，离开特定的社会物质关系来谈论人性、人的本质，用抽象的人性、人的本质来解释历史，结果陷入历史唯心主义的泥坑.对人性和人的本质不能够做出科学的解释。马克思、恩格斯是从现实的具体的人出发，来研究人性和人的本质，认为现实的人是在一定历史条件和社会关系（首先是生产关系）中从事活动的人，是以他们从事的实际活动和物质生活条件为基础的人。现实中的个人是怎样的，是由其生活方式和生产方式决定的，都是历史的产物，社会的产物。因此，“人的本质并不是单个人所固有的抽象物。在其现实性上，它是一切社会关系的总和”。既然如此，人性的善恶只能从现实社会和历史中去寻找根源，而不是一般地、抽象地谈论人性善或恶的问题。马克思研究人性的方法给了我们以下提示：承认人性的存在，但人性是由人的社会存在所决定的。因此，我们在研究政府公务人员的人性假设时，也必须从政府公务人员的现实存在提出其关于人性的假设。

（二）行政人

与社会学、经济学和管理学等学科提出经济人、社会人、复合人的理论假设一样，我们这里不妨依据马克思提供的方法从行政学的角度提出关于“行政人”的理论假设，所谓行政人，首先，从政府公务人员的职业角色来说，应该是公共人与法治人的统一；其次，从政府公务人员作为自然人来说，它又是经济人与社会人的统一。

所谓公共人，是指政府公务人员应具有公共精神，忠于公职，把追求社会公共利益作为自己最高的价值追求目标。政府公务人员作为个人具有人的类特性，但是，作为国家公务人员，则是社会公共利益的化身，具有国家的普遍性人格。所谓法治人，是指政府公务人员不得超越法律，必须做守法遵法的模范，在执行公务时，必须严格依法办事，尤其不得贪赃枉法、滥用职权。政府公务人员只有实现公共人与法治人的统一，才能说是具备了作为国家公务人员的合格职业角色。

所谓政府公务人员作为自然人，它又是经济人和社会人的统一，是说政府公务人员与普通自然人一样，具有经济人的特征，并非是超凡脱俗的道德圣人，他们仍然有着自身的利益追求，而这种追求在失去约束的情况下，会危害政府的社会公共利益目标。与此同时，政府公务人员也具有社会人的特征，有自我实现的要求，具有成就感和自尊心，在良好的人际关系和激励条件下，他们会为国家和民族的事业做出自己应有的贡献。

（三）行政人的人格结构中的内在矛盾及其解决办法

在行政人的人格结构中，不难看出，包含着为公和为私的内在矛盾。一方面，作为经济人，我们不能不承认政府公务人员有追求自身利益的要求；另一方面，作为公共人，政府公务人员又必须要为政府的公共目标而奋斗，甚至为了公益事业而不惜牺牲自己的正当利益要求。这种行政人的人格结构中所具有的自利性与公利性、为私和为公的矛盾，向我们展示了行政人的人格复杂性，实现政府公务人员为政清廉的艰巨性。当我们进行廉政建设时，必须在理论上首先厘清行政人在人格结构上的矛盾，并找出解决这一矛盾的办法。

在这里，必须判断行政人的自利性是否具有合理性，如果承认其合理性，又是在何种意义上具有合理性做出正面的回答。也就是说，从抽象的人性意义上，承不承认人具有自然属性？如果承认人具有自然属性，那么必然就要承认人的自然情欲的合理性。政府公务人员也是有血有肉的活生生的人，他们的追求、他们的欲望也就有合理的成分。从具体的社会意义上说，也就是承不承认政府公务人员除了维护和发展社会公众利益之外，还有追求自己利益的合法权利？如果承认政府公务人员有追求自身利益的合法权利，那么政府公务人员在这方面所采取的行动中的哪些行为才不被视为腐败行为？上述问题必须给予正确的回答，否则，无法解决反腐倡廉斗争中深层次的思想问题。

马克思主义认为，人从动物界进化而来，当然具有其自然的属性，人的自然情欲当然具有合理性。恩格斯说：“人类源于动物界这一事实已经决定人永远不能摆脱兽性，所以问题永远只能在于摆脱多些或少些，在于兽性或人性的程度上的差异。”但是，自然属性不能决定人的本质，人的自然属性不是孤立地单独存在，它依附于人的社会活动和社会关系，受人的社会生活所制约。人与动物的根本区别就在于人的社会性。马克思指出，如果人仅仅把自己看成是吃、喝、性行为等动物机能的东西，而抛开人的其他活动，这样做的结果只不过是将“动物的东西成为人的东西，而人的东西成为动物的东西”。这也就等于把人等同于动物。马克思认为：“只有在社会中，自然界才是人自己的人的存在的基础。只有在社会中，人的自然存在对他说来才是他的人的存在。”因此，马克思主义承认人具有自然属性，更具有社会属性。人的自然属性只不过是人的社会属性的物质载体，从属于人的社会属性，受人的社会属性所规定。由此看来，人的自然情欲和需求本身就受人的社会属性所规定，人在满足自己的这些情欲和需求时，就不可能不受社会历史条件的制约，不可能不受社会道德规范和法律规范的制约。

我们承认政府公务人员作为行政人具有自利性的合理性，同时还认为这种自利性又要受到社会道德和法律的规范。那么，就必须回答政府公务人员在何种意义上追求自身利益具有合理性和合法性。首先，政府公务人员必须在法定范围内追求自身的利益，任何超越法律的利益追求都是不允许的，都必将受到法律的严厉制裁。其次，必须把政府公务人员的政绩和其福利待遇相挂钩，使政府公务人员追求自身利益的持久动力与其对追求社会公共利益的目标统一起来，实现社会公共利益的最大化与个人利益最大化的良性协调发展。再次，作为社会精英阶层的国家政府公务人员，还必须具备为社会公共利益献身的牺牲精神。也就是说，固然法律赋予了追求个人利益的合法权利，但是，在必要的情况下，为了社会公共利益可以毫不犹豫地放弃这种权利，做出牺牲，这也是作为行政人的政府公务人员所必备的公共精神的要求。

用法律规范行政人自利行为的边界条件，把社会公共利益与个人利益尽可能地统一起来，必要的牺牲精神，上述三个方面为我们提供了解决行政人人格结构中所存在着的自利性与公利性、为公与为私的矛盾的方法。从这里也可以看出，在行政人的人格结构中，作为公共人和社会人，必须对政府公务人员进行道德教育和训练：作为经济人和法治人，又必须对政府公务人员进行法律和制度的约束和规范。因此，在具体的廉政建设实践中，我们必须着眼于思想和制度两个方面的建设工作。既要解决人的世界观、人生观、价值观和道德规范的问题，又要解决对人的行为进行法律和制度约束的问题。

二、行政人的世界观、人生观、价值观与廉政建设

（一）行政人世界观、人生观、价值观及三者的相互关系

关于行政人的人性假设，涉及到人的世界观、人生观、价值观问题。一般地讲世界观、人生观、价值观，其内涵十分明确。世界观是回答世界是怎么样的问题，人生观是回答人为什么而活着的问题，价值观则是回答人的行为追求目标、价值指向问题。不同阶级、阶层的人，不同文化教养和不同经历的人，对于上述问题会有截然不同的回答。作为行政人的政府公务人员当然有着自己特有的回答，而资本主义国家和社会主义国家的公务人员又有着各自不同的回答。

我国是社会主义国家，我国的政府公务人员从世界观上来说，必须承认马克思主义辩证唯物主义与历史唯物主义所揭示的基本原理的正确性。即世界是物质的，物质世界又是不断从低级向高级发展变化的。作为物质世界一部分的人类社会，也是不断从低级向高级发展变化的，社会主义一定能够战胜资本主义，共产主义是人类解放的根本途径。因此，建立在上述世界观基础上的人生观应该是为实现共产主义而奋斗。即使对于那些不信仰马克思主义的人来说，只要他具有上进心，愿意随历史潮流而动，其人生的价值追求目标也应该是努力做一个社会历史发展的促进派。如果人们在人生观上树立了为共产主义而奋斗的人生目标或做一个人类社会历史发展的促进派的奋斗目标，那么，在其日常的行为追求和价值指向上，便会为社会大多数人的利益服务，也就是在其价值观上树立一心为公的思想。

世界观、人生观、价值观三者是紧密联系在一起的，其中世界观是基础，人生观是世界观在人的人生目标上的体现，而价值观则是人的世界观、人生观体现在人的日常行为追求目标、价值指向上的一系列观念。因此，为了把政府公务人员塑造成真正的社会主义国家的政府行政人角色，做到廉洁奉公，一心一意为人民服务，就必须首先从世界观教育入手，并在世界观教育的基础上树立符合人类社会发展历史潮流的人生观，进而自觉地把个人利益和社会公共利益协调起来，树立起廉洁奉公的行政人的价值观。当然，人的价值观又会影响

人的人生观和世界观的形成，因此，我们在对政府公务人员进行世界观和人生观教育时，也要注意在行政实践活动中不断校正他们的价值观。如果说，世界观和人生观要借助于理性教育，那么价值观则需要更多地借助于实践的磨砺。对于政府公务人员的思想教育决非是只靠简单的说教所能奏效的，必须要把理性说教和实践磨砺结合起来。

（二）强化行政人世界观、人生观、价值观教育，为实现廉政提供根本保证

在对政府公务人员进行世界观、人生观和价值观教育时，首先，要注意克服过去“左”的那一套思维模式，不能把耐心细致的思想教育搞成过火的思想政治斗争，动不动就上纲上线，从而造成逆反心理，达不到应有的效果；其次，在教育内容上要具有鲜明的时代特点，要和我国正在进行的有中国特色的社会主义现代化建设实践结合起来，用邓小平理论武装广大政府公务人员的思想，树立明确的奋斗目标；再次，在教育方法上.要注意和政府公务人员的具体工作实践和思想实际结合起来，倾听他们的呼声，体谅他们的难处，有针对性地开展思想教育；最后，在教育的形式上，要生动活泼，不能只摘一些呆板生硬的空洞说教，尤其要注意发挥先进人物的模范带头作用和榜样的作用，树立起人们学习的样板。

科学和正确的世界观、人生观、价值观，将是保证政府公务人员为政清廉的根本因素。作为政府公务人员，当他树立了正确、科学的世界观、人生观和价值观以后，他将具有抗拒各种腐蚀和诱惑的免疫力。在有法律制度约束的情况下，他能做到模范遵守。当制度约束出现空白和不足时，他也能自觉约束自己的行为，维护自己作为政府行政人的角色。因此，政府公务人员行政人角色意识的树立和角色行为的保持，其根本支撑点在于科学、正确的世界观、人生观和价值观的树立。这就是为什么我们在进行廉政建设时，总是首先强调对政府公务人员进行思想教育的原因。强调思想教育，并非是我们的独特发明，其实世界各国政府都十分重视对自己政府官员进行教育，并制定了内容复杂的公务员道德守则，强调政府的社会公共利益目标应该是每个政府公务人员为之奋斗的最高目标，主张为政清廉。只是由于不同的社会制度所信仰的意识形态不同，其具体的世界观、人生观、价值观的具体内容不同。不过，作为行政人的

政府公务人员，个人的奋斗目标不得与政府的社会公共利益目标相对抗，为政必须清廉，却是各种社会制度下对政府公务人员的共同要求。

三、行政人的人性校正机制与廉政建设

政府公务人员既然担负着行政人的角色，因此从职业角色来看，他是公共人与法治人的统一。政府公务人员又是自然人，因此他又是经济人与社会人的统一。正因为政府公务人员内在地包含有经济人的要素，因此具有追求自身利益最大化的趋向。我们承认政府公务人员具有追求这种个人利益的合理性，但是又必须注意不能让这种追求超越合法的界限。对于政府公务人员的这种人性假设，必须建立必要的人性校正机制。这种人性校正机制既包括以科学、正确的世界观、人生观、价值观为主要内容的软约束机制，还应该包括以法律制度为内容的硬约束机制。

（一）行政人人性校正机制中的硬约束机制

树立科学的世界观、人生观、价值观能使政府公务人员获得抗腐拒蚀的能力，对保持行政人的角色意识起着重要作用。但是，这种思想性约束只是一种软约束，并不能保证政府公务人员在任何条件下、任何时候都能坚持行政人角色的人格结构中的公共人与法治人、经济人与社会人的统一，做到廉洁奉公。当外界环境发生变化，诱惑力加大时，一些意志不坚定的分子，就可能动摇自己的行政人角色意识，膨胀人格结构中的经济人要素，干出危害社会公共利益的以权谋私的腐败行为。因此除了这种软约束机制以外，还必须建立必要的硬约束机制。

所谓硬约束机制，主要是指以法律制度为核心内容的约束机制。这些法律制度从功能上划分，包括预防性制度、治理性制度、惩罚性制度，并围绕着这些制度制定了一系列的法律和法规，内容包括禁止性条款、防范性条款、惩戒性条款。以法律制度为核心内容的硬约束机制与以思想教育为核心内容的软约束机制相比有以下一些特点：

第一，硬约束机制具有刚性的不可超越性。严密的防范和惩处制度，使得

任何企图冲破这种硬约束机制的行为都会受到法律的严厉查处。

第二，这种硬约束机制具有巨大的威慑性，对任何试图越轨的人提出严厉的警戒，法律是无情的。

第三，这种硬约束机制具有很强的稳定性。法律制度不以长官的意志为转移，不以情况的复杂特殊而例外，可以长期有效地发挥约束功能。

第四，硬约束机制具有普遍性和平等性。法律制度适用于处于任何职位上的行政官员，同时也适用于处于任何觉悟水平的行政官员，任何人都不得超越法律的规定。

相比之下，以思想教育为主要内容的软约束机制却不具有上述特点。思想约束由于人的觉悟水平的不同，其约束力度相差极大；由于环境条件的不同，其约束力的伸缩情况不同；由于职位的不同，其约束功能的发挥不同。从这种意义上相比，可以说在反腐倡廉的斗争中，以法律制度为主要内容的硬约束机制比以思想教育为主要内容的软约束机制显得更为重要和更为有力。纵观各国对政府公务人员越轨行为的约束和防范，莫不把法律制度放在重要地位。制度规定之严密，处罚之严厉，都是十分令人注目的。

由上可知，在惩治腐败、反腐倡廉的斗争中，以制度约束为主要内容的硬约束机制与以思想教育为主要内容的软约束机制相比显得更为重要，这在中国当前的现实情况下，尤其是如此。回顾新中国成立后的反腐败斗争实践，其中一条重要的经验教训就是过多地强调思想教育的功能而忽视了法律制度的建设，使得我们的反腐倡廉措施经常显得软弱无力。

（二）行政人人性校正机制中的软约束机制

所谓软约束机制，主要是指以思想教育为核心内容的约束机制。其中包括思想教育的内容、方法和手段。软约束机制的特点是：

第一，以政治思想教育、法律意识教育和道德教育为主要内容，目的主要是为了提高政府公务人员的认识水平和思想觉悟。

第二，软约束机制主要是靠个人的自觉和舆论的压力来实现约束目的，个人自律水平的高低决定了这种约束机制的功能发挥。

第三，软约束机制的约束功能具有很大的不稳定性。这种不稳定性主要表现为；因约束对象的地位不同，约束的力度不同；因约束对象所处的环境条件不同，约束的内容不同；因约束对象的觉悟不同，约束的效果不同。总之，软约束机制在功能发挥时，呈现出很大的个体差异性。

第四，软约束机制具有很强的弹性。这种弹性一方面与硬约束机制相比其约束的力度刚性不够；另一方面却具有很强的延展性，它不仅能够促使被约束对象自觉地遵守法律制度的各种规定，而且还能促使被约束对象在法律制度覆盖不到的地方自觉地维护行政人的角色。

硬约束机制尽管有许多优点，但是我们也没有理由忽视软约束机制的作用。从上面讨论的软约束机制的特点可以看出：第一，硬约束机制的功能发挥要靠软约束机制来支撑，法律制度要想得到模范的遵守，必须依赖人一定的思想觉悟；第二，法律制度面对复杂的、快速多变的行政实践活动，总会出现控制缺位，硬约束机制的这种控制的不完全性，需要软约束机制来加以弥补；第三，以思想教育为主要内容的软约束机制具有自觉性和主动性，它不像硬约束机制那样往往是消极被动地接受约束，而且，这种自觉性、主动性还会发散到行政实践的整个领域中，从而提高行政实践的质量和水平。因此，我们的结论是，为了反腐倡廉，在廉政建设过程中，对于软约束机制的建设，我们也必须给予同样的重视。当然，由于我们长期以来忽视法律制度的作用，片面强调思想教育的重要性，甚至错误地认为思想教育万能，忽略反腐倡廉的法律制度建设。尤其是在“左”的思想影响下，把思想教育简单化、庸俗化，引起人们极大的反感，使思想教育的约束功能大大减弱。面对这样的形势，以法律制度为主要约束内容的硬约束机制就显得非常重要。

第二节　行政权力与廉政建设

政府公务人员的腐败，主要是指权力腐败，即运用自己因职位获得的社会公共权力去谋取私人利益。因此，从政治学的角度，搞清政府公务人员手中权力的性质，建立切实可行的权力制约机制，乃是在反腐倡廉、进行廉政建设时必须要明确的问题。

一、行政权力中的内在矛盾及其对廉政建设提出的课题

德国的社会学家马克斯·韦伯曾把权力定义为强制推行自己的意志的能力和可能性。这个权力定义只是在最一般意义上揭示了权力的强制性特点，并没有提示出权力的普遍属性，尤其是政府公务人员手中所拥有的行政权力的普遍属性。那么，到底应该如何理解政府公务人员手中所拥有的行政权力的普遍属性呢？

（一）行政权力的属性

从行政权力的来源上看，按照现代民主意识关于“主权在民”的共识，政府的行政权力来源于人民的公开授权。社会公众为了自身的生存、安全、发展等原因，通过民主选举的法定形式将权力授予政府公务人员，以便满足自己的生存、安全和发展等种种需求。因此，政府行政权力具有公共性和普遍性，它是为社会公共利益服务的。为了保证行政权力的顺利实施，它又必须借助国家暴力的强制性，以国家的强制力为手段以推行政府行政权力所代表的公共意志。但是，这种由社会公众授予政府的行政权力，为了公务的执行，又不得不被分散地掌握在政府公务人员的个体手里。

从行政权力的确立过程来看，现代政府的行政权力都是通过一定的法定程序确立的。权由法定，乃是现代民主政治的基本原则，任何组织和个人不得私

设权力。因此，政府公务人员手中的行政权力具有法定性，随意设定权力都是不允许的。但是，由于管理对象的复杂性和多变性，或者是由于政府官员受个体和小团体利益的驱动，私自创设权力的现象却时有发生。

从行政权力运行的过程来看，权力人使用行政权力必须要有实体法上的依据和按照法定程序施行，自由裁量权也并非是权力人的任意而为。因此，政府公务人员手中的行政权力具有规范性。但是，由于利益驱动或其他原因，任意越权和滥用权力的现象却时常发生。

从行政权力的施行后果来看，任何行政权力的实施，都会产生一定的法律后果，都会使权力相对人的权利和义务发生变化。无论这种变化是法定的还是因权力人违法行为所造成，权力人都负有一定的责任和义务，只是这两种情况下的责任和义务具有完全不同的性质。因此，政府公务人员手中的行政权力又具有责任性和义务性。但是，在现实生活中，这种规避责任和义务的行为却屡见不鲜。

（二）行政权力中的内在矛盾

通过上述分析可以看出，在政府的行政权力中蕴涵着三重矛盾关系：一是行政权力本质的公共性与使用权力的权力人的个体性的矛盾，二是行政权力设定、施行的法定性、规范性与权力人使用权力可能出现的任意性的矛盾，三是权力人拥有和行使行政权力与权力人必须承担法定责任和义务的矛盾。行政权力中的这三对矛盾都包含着同一个实质性矛盾，这就是政府行政权力的公利性与使用这一权力的政府公务人员自利性的矛盾。这一矛盾与我们前面所讨论的行政人人格结构中的为公与为私的内在矛盾是紧密相联的，可以说是行政人人格结构中的矛盾在行政权力中的具体表现。

为什么说在政府行政权力中蕴涵的三重矛盾关系都包含着同一个公利与自利的矛盾呢？这是因为：

第一，从行政权力的公共性与行政权力使用的个体性矛盾来看，政府所拥有的行政权力是公共性的，权力的公共性要求权力的施行目的是维护和发展社会公共利益，权力施行的过程必须坚持公平性和正义性。但是，由于权力执行的个体性，由于个体权力人的素养、能力、利益驱动，有可能改变权力的公共性质，将其变成为个人谋取利益的工具。

第二，从行政权力的法定性、规范性与权力使用的任意性矛盾来看，权由法定，依法行政，公共权力具有法定性、规范性，这在现代民主政治中是勿庸置疑的。但是，行政权力使用的任意性却在所难免。这是因为，从客观方面来看，权力的法定形式具有简单性、单纯性，可面对的实施对象和实施环境却是复杂的、多变的。这样，在权力施行过程中，就有可能受到任意性的解释和运用。尤其是在施行自由裁量权时，更容易发生这种情况。从主观方面来看，由于公务人员的水平限制很可能出现对法律政策的误解和误用；由于公务人员自利性的追求，很可能出现对权力的滥用或把权力作为谋取私利的工具。因此，政府行政权力的法定性与行政权力使用的任意性矛盾是行政权力运行中无法回避的矛盾。而这一矛盾主要是由于政府公务人员追求个体不正当利益所致。

第三，从行政权力的权力与责任的矛盾来看，享有权力就必须承担义务，这是现代民主和法制的中心命题。但是，对于行政人来说，责任却是更为重要的。广义的义务包含着责任的内容，但狭义的责任却与义务相区别。责任与义务相比，责任更具有主动性、使命性。作为社会精英的政府官员，其本身担负着为社会公众服务、推动社会进步的神圣使命，因此其肩负的责任是一种主动自加的，是一种使命感所使然。同时，责任作为权力的抑制机制，又对权力起着制约作用。作为政府公务人员，其责任主要包括两种类型：一类是不行使权力（不作为）的责任。政府公务人员手中握有公共权力，必须为社会公众服务，为实现社会公共利益目标去积极奋斗，但当其依法应该行使权力时却不行使权力，他就应该承担没有行使权力的责任。一类是不当行使权力（作为）的责任。政府公务人员行使权力，必须依据相关实体法和程序法的规定，严格依法行政，如果违背法律或不严格依法办事，甚至滥用权力，就必须承担相应的法律责任。只有给权力配以相应的责任，才能防止权力被滥用，否则，政府公共权力就会成为某些人手中谋取私利的工具。但是，在现实的行政权力运行中，规避责任的行为时有发生。某些政府公务人员之所以千方百计地规避自己的责任，当然与其自利性追求是分不开的。

从上面的分析中不难看出，行政权力运行过程中的这三对矛盾表现虽然各有不同，但究其实质乃是一个矛盾，这就是政府行政权力的公利性与使用这一权力的政府公务人员自利性的矛盾。在公务人员行使公共权力时，其目标是为了维护社会公共利益，但同时也并不排除会产生个人自利性的追求，这种自利性追求包括个人的成就感、业绩的获得，甚至个人不正当的利益追求。当公务人员的这种自利性追求超出法律和纪律的约束范围以后，政府的公共权力便会蜕变为政府公务人员个人手中的谋利工具，越权和滥用权力的现象就会发生。行政权力所蕴涵的这一公利性与自利性的矛盾，是政府在实施行政管理时无法回避的矛盾，也是廉政建设实践中所遇到的最深层的矛盾。实际上，进行廉政建设，反腐倡廉，从根本上说就是为了妥善地解决这一矛盾。

行政权力运行过程中的上述矛盾是一种必然的客观存在，无论我们是否承认它，它都在行政管理实践中发挥着自己的作用。同时，这些矛盾也是腐败现象存在的深层原因，要想遏制腐败现象的发生，我们就要找到适当的方法解决这些矛盾。

二、正确解决行政权力运行过程中的矛盾

寻找解决行政权力的公共性与个体性、法定性与任意性、权力与责任这三对矛盾的办法，乃是进行廉政建设的根本任务。从三对矛盾的构成来看，为了保证政府行政权力的正常运行，首先要做到限制个体性，保证公共性；其次要做到规范任意性，维护法定性；再次要做到强化责任以约束权力。当然，所有这一切最终都是为了解决好行政权力公利性与权利人个体自利性的矛盾。

（一）限制个体性，保证公共性

所谓限制个体性是指以下几个方面：首先，政府公务人员必须树立牢固的公共精神和公仆意识，真正明确自己作为国家政府行政人员的角色身份，把依法实施行政权力的行为看作是法定的职务行为，是在代表人民的利益行使权力，而不能把自己混同为一个普通老百姓，不能把行政权力的施用看作是个人的任意行为。其次，把个人的自利性目标与政府的社会公共目标统一起来，把个人的成就感和对工作业绩的追求与为社会公众服务统一起来，尤其要严格约束和抑制自己对不正当利益的追求欲望。再次，建立严格的法律制度，用法律制度

规范公利性和自利性的关系，用法定的制度化的激励机制，把政府公务人员对自己正当的自利性目标追求的积极性，转化为追求行政权力公利性目标的持久性动力。因此，我们这里所讲的限制个体性绝非是消极地压制政府公务人员的个体积极性，而是提倡和调动公务人员的自觉性、主动性，把公务人员的自利性转化为依法办事的积极动力。

（二）规范任意性，维护法定性

所谓规范任意性是指以下几个方面：首先，按照政府职能科学地设置权力，对政府公务人员实行合理授权，防止权力任意膨胀和泛化。其次，用法律制度将政府公务人员手中的权力程序化、透明化，使权力的运行具备规范的形式要件。再次，对行政权力按照异权分割原则进行分解，使权力能够制约权力。所谓权力的异权分割，是与同权分割相对而言的。同权分割是指对权力进行纵向分解或横向分解。纵向分解时，授权者授予被授权者手中的权力不能有效地制约授权者手中的权力，甚至被授权者手中的权力随时都有被取代和收回的可能。横向分解时，被横向分解的权力相互之间没有制约能力，反而相互掣肘，产生大量的磨擦和内耗。异权分割与同权分割恰恰相反，在纵向权力分割上，授权者和被授权者分掌不同的权力，除非通过法定程序，否则授权者不可能任意取代或收回被授权者手中的权力。被授权者可以运用自己手中的权力，通过法定程序，对授权者手中的权力进行监督和制约，但又不必担心可能来自授权者对个人的打击和报复。在横向权力分割上，权力之间有很强的相互制约性，这种制约性不仅包括权力行使的相互牵制，而且还包括责任的相互连带，并受到法律和制度的有力保证，但这种制约又不至于因权力之间制约性过强而发生相互掣肘和内耗。行政权力只有普遍实行了异权分割，才能克服权力远行的任意性。最后，政府公务人员要树立牢固的依法行政观念，在行政管理实践中，所实施的一切行政行为，都必须要有法律依据，依法办事应该成为政府公务人员行为的最高准则。

（三）强化责任以约束权力

所谓强化责任是指以下几个方面：首先，要使公务人员树立起强烈的使命感、崇高的工作自豪感，树立起为社会公众和人民利益高度负责的精神。政府公务人员的这种责任意识不同于封建社会那种“当官不为民做主，不如回家卖红薯”的父母官意识，那是一种居高临下的“牧民意识”，不是出于对现代民主理念的深刻理解而产生的一种“公仆精神”。我们所主张的这种责任意识具有很强的自觉性和主动性，是政府公务人员自觉体会认识到的作为社会公仆的角色意识。其次，明确权力和责任的关系，行使权力就必须要承担责任，用责任来制约权力，否则权力就会被误用、滥用。在权力制约权力之外，再加上责任的制约作用，这样便可以更好地防止把政府的公共权力变为少数人手中谋取私利的工具。再次，把责任用法律制度固定化、明确化、具体化。一方面，使权力人无法规避自己的责任；另一方面，使权力相对人在受到权力不正当侵害时能够依法追究权力人的责任，使责任约束由软约束变为硬约束。

（四）自律与制度保障

为了有效地解决行政权力运行过程中存在的矛盾，还必须要注意发挥政府公务人员的自律作用和制度约束的他律作用。从自律方面看，政府公务人员必须树立公仆意识、法律意识、责任意识，变“为民做主”的当官意识为“为民服务”的公仆意识，变“人治”观念为“法治”观念，变“特权”思想为“责任”意识，从而在思想上组成牢固的防线，以防权力的越轨行使。从他律的制度约束方面来看，必须建立健全行政立法制度、行政执法制度、行政司法制度、行政法律监督制度。通过行政立法制度来规范行政权力的创设和授权，通过行政执法制度来规范行政权力的运行和实施，通过行政司法制度来纠正行政权力运行的失误，通过行政法律监督制度来追究不当行政行为的法律责任。来自思想方面的自律性约束是一种软约束，具有根本性，可以使有觉悟的政府公务人员在任何复杂的环境和条件下都能正确使用自己手中的权力。但是，这种软约束，弹性又过强，它的约束力主要依靠政府公务人员的自觉性，对于那些思想不坚定者缺乏强制性的约束力。因此，思想约束并不具备普遍的约束力量。来自制度方面的约束是一种硬约束，这种约束刚性强，且具有普遍性，任何人都无权超越这些法律制度的规定。因此，相比之下，制度约束比思想约束更根本和更有效。但二者又是相辅相成的，思想约束依靠制度约束来支撑，制度约束依靠思想约束来强化。

三、进行廉政建设，必须健全和强化行政权力的监督制约机制

邓小平说，思想教育与制度相比，制度更根本。那么，如何建立起严密的制度制约体系呢？从行政权力的体制结构来看，应该建立起对行政权力的自体监督制约机制与异体监督制约机制，形成双层监督的严密体系。从行政权力的运行过程来看，必须建立起行政权力的创设、运行、执行后果的监督制约机制。

（一）行政权力的自体监督机制

所谓行政权力的自体监督制约机制，是指行政机关通过自身的自我监督体制对行政权力的运行进行监督制约的机制。行政权力的自体制约包括下面一些制约层次：

第一层次，行政权力主体的自我约束机制，主要是通过教育使政府公务人员树立起公仆意识、法律意识、责任意识，自觉运用公务员道德、从政纪律来约束自己的行为。这一层次的约束机制，主要靠行政人员的个人觉悟和完备的公务员道德规范、纪律规范来支撑。

第二层次，行政权力主体的相互约束机制，主要包括行政主体纵向的上下级之间、横向的同层级之间不同职能部门的相互监督。这一层次的监督，核心是对权力进行科学的分解，使他们相互之间真正能够履行监督职能。从纵向上来看，上级要对下级进行强力监控，但要防止消极的服从效应发生，使下级失去活力；同时，也要强调下级对上级的监督，但要防止上级对下级的失控或对来自下级的监督进行压制和报复。一般来说，在行政体制中，最难于进行的是下级对上级的监督。尽管世界上许多国家在这方面进行了必要的立法，建立了相应的权利保护和申诉程序，但是，在调动下级行政人员对上级主管人员的监督方面，都收效甚微。究其原因，莫不与科层制的行政体制结构本身的特点相关联。从横向上来看，职能部门之间要实行科学的权力分解，使部门之间、人员之间形成有效的权力制约机制，但又要避免扯皮和内耗。

第三层次，行政主体专门监督机构对行政主体的监督机制。一般来说，世

界各国为了强化对政府公务人员的监督，都要在行政体系内部设立相应的专门监督机构，以负责对政府公务人员违纪和腐败行为进行查处。这种设在行政体系内部的监督机构，一方面由于它熟悉行政体系的运作特点，便于对政府公务人员的行为实施监督；另一方面，由于它受行政首长的直接节制，缺乏较强的独立性，又会影响它的监督效力。

行政权力的自体制约机制，是实行权力监督、避免腐败的一个重要环节。但是，由于其自身的特点，在监督制约行政权力的行使上有优势也有弱势。其优势是：第一，熟悉行政业务情况，知道漏洞所在，可以有针对性地准确预防和制止行政越轨行为；第二，监督直接及时，且灵活便捷，可以节省人力、物力和费用，提高监督效率；第三，强化内部监督，有利于行政权力的行使规范化和程序化，提高内部行政管理的水平和行政效率；第四，行政体系内部监督的强化，有利于政府自觉树立良好的形象，密切政府与社会公众的关系，顺利推行政府的社会公共目标。其弱势是：第一，内部制约处理不当，会形成内耗机制，严重影响行政效率；第二，内部制约容易受人情关系和权力利益因素干扰，使监督流于形式；第三，自体监督，情况熟悉，便于不良分子乘机实施越规行为；第四，自体监督的监督主体缺乏必要的独立性，对行政人员的越权不规行为查处不力，容易迁就姑息腐败分子和违纪行为。

有一种观点，认为行政权力的自体监督存在着许多弱点，因此不重视行政权力内部的自体监督机制的建设，片面强调行政权力异体监督机制的功能，这应该说是一种认识上的偏颇。虽然自体监督制约存在着许多弱点，但是，它仍是行政监督的基础，具有情况熟悉、灵活便捷、节省行政成本、规范行政行为、促使政府自觉树立良好形象的优点，这是行政权力异体监督所办不到的，这也是为什么在美国、日本等实行多党制强调异体监督的国家也都相继建立起行政体系内部监督体系的原因。

（二）行政权力的异体监督机制

行政权力的异体监督制约机制，是指处于行政体系之外的监督主体对行政权力运行进行监督制约的机制，其中主要包括立法监督、司法监督、政党监督、新闻舆论监督、社会公众监督等。立法监督，是指立法机关对行政权力行使的监督，在我国是指各级人民代表大会对各级人民政府的监督，监督的手段主要包括审查财政收入支出情况、质询政务、检查工作、罢免人员等。司法监督，是指司法机关对行政违法行为的行政审判、对政府公务人员触犯刑律的行为进行追诉等。政党监督，是指执政党、参政党和在野党对行政权力运行的监督，在我国是指作为执政党的中国共产党和作为参政党的民主党派对政府的监督，监督的手段主要包括加强政治领导、强化党的纪律、借助党的组织控制从政的党员、政治协商等。新闻舆论监督，主要是新闻媒体借助大众传播媒介揭露行政违法行为和各种腐败秽行，通过新闻曝光的方式对政府实施监督。社会公众的监督，主要是指人民群众通过检举、控告、提起行政诉讼等方式对行政机关和行政人员的行为进行监督。

行政权力的异体监督制约机制有很大的优势：首先，监督主体的外在性决定其具有很强的独立性，在实施监督行为时较少地受到来自行政权力的干扰；其次，立法、司法、政党、舆论、群众形成一个复杂的监督网络体系，可以从不同的侧面、不同的环节对政府行为实施监督；第三，异体监督主体的监督活动具有很大的威慑力，尤其是立法、司法和新闻舆论监督，其法律惩处的严肃性、新闻曝光导致名誉的毁损程度都是十分惨重的；第四，异体监督具有高度的民主性和彻底性，它依靠群众，通过调动人民群众的积极性对政府行为进行监督，使政府行为处在群众的监督之下，使腐败分子陷入人民群众监督的汪洋大海之中，而无藏身之地。

异体监督的弱势包括：第一，由于监督主体的外在性，监督主体缺乏对行政权力运行的内部机制的了解，尤其是在行政活动透明度不高的情况下，很难进行有效的监督；第二，异体监督的主体具有分散性，往往形不成强有力的合力对政府行为进行监督；第三，异体监督主体往往具有被动性，一般都是在形成既定事实以后的事后监督，造成的损失往往无法加以弥补；第四，异体监督与自体监督相比，耗费的人力、物力、经费要大得多，尤其是立法与司法监督，必须经过复杂的法定程序、艰苦的侦破过程，其投入的成本往往是非常巨大的。

从以上分析可以看出，行政权力的自体监督制约机制与异体监督制约机制具有互补性，自体监督的优势，恰恰是异体监督的弱势；自体监督的弱势，恰恰是异体监督的优势。因此，在进行廉政建设时，我们应该对行政权力的自体监督制约机制与异体监督制约机制都给予足够的重视，而不应该只重视一个方面而忽视另一个方面。

（三）我国现行监督制约体系的不足及其改进途径

就我国目前行政权力监督制约体系来看，无论自体监督体系还是异体监督体系都是十分不健全的。从自体监督体系来看，一是缺乏科学的权力分解，没有形成权力内部之间的相互制约机制；二是机构臃肿，冗员充斥，体系松散，相互扯皮，内耗严重，没有形成一个有效的内部监督机制；三是内部结构扭曲，纵向上奉行家长式管理造成了严重的人身依附关系，横向上人情关系盘根错节，从而把行政体制内部的相互制约关系予以化解，丧失了监督功能；四是行政人员的自我约束机制不健全，自律水准不高，严重地降低了自体制约的效果。从异体监督体系来看，一是监督主体形不成合力，监督力度弱化；二是监督活动缺乏健全的立法，使监督活动得不到必要的法律保障：三是监督主体不到位，如各级人民代表大会、民主党派、新闻媒体、社会公众的监督功能发挥不充分；四是行政活动透明度低，导致异体监督不能顺利实施。基于上述情况，我国的廉政建设，可以说还是任重道远，任务十分艰巨。

到底如何健全和强化行政权力的监督制约机制？这是目前摆在廉政建设面前的头等任务。我们认为，应该根据我国的实际情况，借鉴国外的一些有益经验，主要从以下几个方面入手。

从行政体系的横向结构——行政权力的自体制约与异体制约机制来看，其自体制约机制主要应该进行以下几个方面的建设：

一是精简机构、优化人员。行政机关机构庞大，鱼龙混杂，是导致腐败的基础条件。首先，机构臃肿，冗员充斥，按计划划拨的财政经费入不敷出，必然会采用非正规渠道获取经费；其次，人员良莠混杂，其中的不良分子会借助手中的权力，进行谋私活动；再次，权力膨胀和恶性扩张，广泛地向经济领域渗透，为寻租活动提供了充分的空间条件。因此，首先要精简机构，撤庙搬神，优化结构，整合权力，提高人员素质，从基础条件上消除腐败产生的根源。

二是强化自律机制。在自律机制中，核心问题是对政府公务人员的思想教育问题，这种教育应该是持之以恒的，且是形式多样的，促使政府公务人员真正树立起全心全意为社会公众服务的公仆意识，树立起牢固的依法行政的守法意识，行使行政权力的责任意识。在进行思想教育的同时，要注意自律规范的完善，使政府公务人员有所遵循。在强化自律机制的建设时，关键是培养政府公务人员的自觉精神，提高其恪尽职守、依法办事的自觉性。为此，需要完善自律反省审查制度，促使公务人员经常反省总结自己的言行，并将其制度化，从而使政府公务人员的言论行动不断向新的高度升华。

三是完善激励机制。激励机制是解决政府公务人员的工作动力问题，同时也具有行为导向的作用。政府公务人员是具有个人追求的，激励机制的运作就是如何把他们个人的正当追求与政府的总体目标统一起来，形成完成工作的强大动力。为此，考评公务人员的政绩应该法律化，建立可操作性的客观标准；考评工作要公开化，实行民主考评，一定要克服那种封闭、隐蔽、以领导者主观好恶为标准的激励机制。

四是形成内部权力制约机制，建立连带责任制。内部自体监督制约机制，最重要的还是要建立起以权力制约权力的制约机制。首先，要对行政权力进行合理分解。在进行权力分解时，要注意权力的异权分割与同权分割两种不同的权力分解情况。一般来说，在纵向权力体系中，实行异权分割，形成上下权力之间的相互制约。在横向权力体系中，实行同权分割，形成权力责任连带关系，从而达到相互监督的目的。在进行权力分解时，要注意科学性、合理性、效率性。所谓科学性，就是进行权力分解，要根据管理对象的客观性质、范围、特点来分解，而不是凭主观想象或利益和势力范围来分解政府权力。所谓合理性，就是按照可行性原则，从方便操作的角度来分解权力，既不能把权力分解得过细，也不能使权力重叠和交叉，造成政出多门。所谓效率性，就是权力分解既要实现权力制约，又要不影响工作效率，不能形成内耗机制，影响效率的权力分解应该说是失效的分解。因此，在进行权力分解时，要注意权力的互补性，把制约性与互补性很好地结合起来。

行政权力的异体制约机制是一个复杂庞大的体系，因此建设这一机制将是一项艰巨的社会工程。就其主要方面来看，着重应该加强以下几个方面的建设：

一是强化政党监督。我们说强化政党监督，首先是执政党的监督，在中国，就是强化中国共产党的监督。中国共产党作为执政党，一方面她要在政治上领导整个国家，制定大政方针；另一方面，国家行政机关的大多数成员都是共产党员，掌握着国家行政权力。因此，执政的中国共产党只要真正做到组织建设、思想建设高标准要求，并将其切实落到实处，也就是说，真正管好党，管好党员，那么腐败现象就会被遏制。其次，要注意强化参政党的监督制约作用。我国的民主党派虽然处于参政地位，但是并非只是帮助共产党执好政。既然参政，手中握有一定的权力，当然也必须负起相应的责任，不仅要管好自己的从政党员，同时还要切实担负起对执政党员行为的监督作用。

二是完善立法机关的监督。完善立法机关的监督，在我国主要是完善各级人民代表大会的监督职能。要想让各级人民代表大会切实发挥监督职能，首先应该完善人民代表大会的监督制度，使人民代表大会及其代表不仅在每年开会期间发挥监督作用，而且更要重视平时监督。其次，改变人民代表成员的构成成分。从成员构成成分来看，政府行政官员不能占有太大的比例，文化水准较低缺乏行使代表使命能力的人应该尽可能降低比例，应该有一定数量的专职代表在人民代表大会休会期间履行人民代表的监督职能。制度和立法的完善，代表素质的提高，将使各级人民代表大会的监督职能真正落到实处。

三是加强司法机关的监督。就我国的情况来看，主要是加强人民检察院与人民法院的司法监督活动。加强司法机关的监督，首先要完善立法，使司法机关的监督做到有法可依，具有足够的权力保证，独立办案；其次，要完善机构，优化队伍，从而提高办案效率和质量；再次，保证经费，改善物质条件；最后，改善办案人员的福利待遇和生活条件，解除工作人员的后顾之忧。

四是强化舆论监督。在我国，为了社会的稳定，我们不可能像资本主义国家那样，对新闻舆论“完全”放开，事实上，这种放开在资本主义国家也是有限度的。为了国家的安全和稳定，任何国家对新闻舆论都要实行适当的管制。问题是不在于要不要新闻管制的问题，而是如何进行管制的问题。在揭露政府官员腐败问题上，只要不涉及国家机密，忠于事实，法律应该允许新闻媒体予以曝光，以发挥新闻舆论的威慑力量，使腐败行为有所收敛。因此，要进行新闻立法，保护新闻媒体的合法权力，充分发挥新闻媒体的监督制约功能。

五是健全群众参与制度。现代国家，主张主权在民。我国作为社会主义国家，人民更是国家的主人。因此，发动人民群众对政府公务人员进行监督，是天经地义的事情。现在的问题不是理论上如何论证人民群众进行监督的合理性，而是在实践上如何解决人民群众参与监督。首先，应进行群众监督立法，用法律制度保证群众参与监督的权力。其次，实行政务公开，主动让群众进行监督。再次，设立方便群众进行监督的各种机构设施，以便于群众监督。最后，建立固定的制度，邀请群众代表民主评议政府公务人员的业绩。

在讨论我国自体制约监督机制的建设时，我们没有涉及行政体系内部的专职行政监督机构——行政监察机关。在行政体系内部设置专职监察机构，在国外不少国家都有此做法，中国古代社会的御史制度也属于行政体系内部的专职监督。由于内部专门监督机构的独立性不强，难以深入了解被监督机关的行为过程及其性质，缺乏持久的动力和激励机制，容易走向腐败和被腐蚀，其局限性很大。中国古代为了保证御史的权威，使其直接隶属于皇帝。国外则让监察长对议会负责，向议会定期写出监察报告。我国现行的行政监察制度，监察机关地位低下，权威不大，机构不全，队伍不优，经费不足，条件落后，实难充分发挥其监督制约作用。另外从外部异体监督制约机制来看，行政监察机关又与人民检察院的反贪局和中国共产党的纪律检查委员会的关系显得机构重叠，工作重复，力量分散。鉴于我国监督制约机制的现状，似乎可以建立一个横跨自体监督制约机制与异体监督制约机制的混合监督制约机制，即由行政监察机关、人民检察院的反贪局为主体组成的专司监督国家公职人员行为的专门机构，这样，就形成了行政体系的自体监督制约机制、异体监督制约机制、混合监督制约机制的严密的监督制约系统。

（四）行政权力的创设、运行、执行后果的监督制约机制

进行廉政建设，还必须从行政权力的创设、运行、后果的纵向角度建立起严密的监督制约机制体系。

从行政权力的创设来看，任何行政权力的设立，都必须经过有权机关依据法律、经过法定程序加以设立，任何一级行政机关或公务人员个人不得私自创设权力。这里需要强调三点：一是创设权力必须是法律规定的有权机关，从而从权力创设主体方面限制了行政权力的恶性扩张；二是创设行政权力必须依法进行，且要遵循法定的立法程序，从而杜绝了行政权力创设的随意性；三是任

何机关和组织个人不得私自创设行政权力，违法创设出的权力一律应该宣布无效并予以取缔，从而排除了任意创设权力的可能性。为了使上述规定得到遵守，必须建立必要的监督制约制度。首先，要建立立法检查制度，由立法机关、行政机关的上级机关及专职机关定期和不定期地、制度化地进行立法检查，发现私自创设行政权力的行为，不仅要坚决取缔，而且要追究责任人的责任。其次，要建立司法审查制度，对因受私设权力侵害的相对人的申诉经过司法途径进行审查，进而取缔私自创设的行政权力。就我国现实情况来看，这种违法私自创设权力的现象非常严重，其中各种乱摊派乱收费现象，就是突出的表现。行政权力创设的随意性，使腐败现象获得了丰厚的权力资源，只有杜绝权力创设的随意性，才能从权力基础上抑制腐败现象的产生。因此，从行政权力创设的角度对行政权力进行监督和制约，对腐败现象将起着釜底抽薪的作用。

从行政权力的运行来看，行政权力的运行必须规范化、程序化，使权力运行依据立法目的、按照法定轨道运行。这里也必须强调三点：一是行政权力运行必须依照立法目的予以施行，其中，尤其是对自由裁量权的施行，不得脱离立法的宗旨；二是行政权力的施行必须具有实体法上的法律依据，法律没有规定的不得擅自施行；三是行政权力必须按照法定程序施行，程序不合法的行政行为被当然地视为无效行为。为了保证行政权力运行的规范化和程序化，必须建立必要的监督制约制度。首先，要进行行政程序立法，制定完备的行政程序法典，从法律上规范行政权力的有序运行。其次，要建立相对人制约制度，如行政听证制度，通过行政相对人申请要求听证的方法，使行政权力在施行过程中受到制约。再次，要建立司法审查制度，如行政复议、行政诉讼制度，对行政行为的施行情况进行司法审查。在强调行政权力运行规范化和程序化时，特别要注意规范行政自由裁量权。由于行政管理对象的复杂性和可变性，法律必须赋予行政机关一定的自由裁量权，以利于政府对社会进行有效的管理。但是，自由裁量权有可能会导致专断和滥用，有可能会因为受执法主体的个人因素的影响而导致执法失误，也有可能成为少数不良分子进行权钱交易与权情交易的手段。因此，对自由裁量权的监督制约，乃是保证行政权力运行规范化和程序化的重要内容。在行政权力运行过程中，往往可能会发生行政越权和滥用职权的行为，而许多腐败现象的发生也多是因为行政权力运行的这种不规范化而导致的。因此，我们从行政权力的运行角度将其规范化和程序化，并建立起相应的监督制约制度，便可以防止行政权力运行中的各种腐败现象。

从行政权力执行的后果来看，根据享有权力必须承担责任的原则，行政行为执行后果所产生的法律责任必须要有人承担。尤其是行政侵权行为所造成的行政法律责任，行政主体必须按照法律要求承担必要的责任，以便保护行政相对人的合法权益。为此，必须建立行政追责制度，如行政赔偿、违法行政行为责任追责制度等。建立行政追责制度，可以从行政行为的后果上控制行政权力的滥用，不仅维护了法律的严肃性，保护了相对人的合法权益，同时也从行为后果上为防止腐败现象的发生筑下一道坚固的壁障。

上面我们分别从行政体系的自体监督制约机制与异体监督制约机制，行政权力的创设、运行和后果的监督制约机制，分析了如何制约行政权力的问题。从以上的分析中可以看出，对行政权力进行监督制约的体系是一项复杂的综合系统工程。它说明进行廉政建设，以权力制约权力，必须综合配套地进行行政立法、执法、司法建设；必须从整体上进行行政组织结构、行政权力体制、行政工作流程的改造；必须优化行政工作人员的素质，强化思想建设；同时，还涉及到整个国家政治体制的改革。因此，那种认为反腐败斗争只是制定一些原则、惩罚一批腐败分子就能奏效的简单看法，是极其错误的。

第三节　行政行为与廉政建设

行政人的最突出的特点在于他是行政权力的行使者，而行政权力的行使必须以行政行为为载体。在我们对行政权力的运行和约束机制进行分析以后，还必须对行政权力赖以行使的载体进行深入的研究，以便更加全面和彻底地进行反腐斗争。

一、行政行为的特点、构成和运行机制

行政行为是行政主体在行政管理活动中基于行政管理职权而进行的一切行为活动，是行政主体的行政意志的具体体现。行政行为包括事实行为和法律行为，其中，法律行为是行政主体在行使行政管理职权时能够直接引起权利和义务关系产生、变更和消灭的行为；行政法律行为是依照法定权力而实施的行为，受到行政法律规范的严格约束。我们这里讨论的行政行为就是指的行政法律行为。

（一）行政行为的特点

行政行为作为行政主体特有的行为活动与人的一般行为活动有着不同的特点：

其一，规范性。行政行为是在一定的法律规范约束下实施的行为，具有规范的行为内容和行为模式。行政主体和社会公众最大的不同就在于凡是法律规定的都必须作为或不作为，法律没有规定的则绝对不能作为。而社会公众却恰恰相反，凡是法律没有禁止的都可以作为。依法行政，是行政主体行为活动的金科玉律。这里讲的依法行政不仅是指行政主体的行政行为必须要有实体法的依据，而且还要有程序法上的依据。无论是对实体法还是对程序法的偏离，都将被视为违法的行政行为。

其二，强制性。由于行政权力的强制性，因此使得行政行为对行政相对人具有强制性。任何行政行为的实施，都必将促使行政相对人的权利和义务发生

强制性的变化。行为相对人如果不服从行政行为强制性的安排，必然会受到法律的制裁。正是因为行政行为的这种强制性，它的非法实施对社会公众所造成的后果将是异常严重的，因此，对它的约束和控制就越发显得非常必要。

其三，公务性。行政行为不是国家公务人员的个人行为，而是职务法律行为，组织法律行为。也就是说，行政行为不是行政人员个人任意作为的行为，而是根据行政职权或行政授权而实施的行为，他是代表一级政府组织行使行政权力的行为，或者是一级政府组织直接行使行政权力的行为。行为的目标不是政府公务人员个人意志的体现，而是政府根据法律以维护公共利益为目标的意志体现。因此，任何行政行为的实施都绝对排除个人利益的动机，尽管在现实的行政实践活动中很难做到这一点。

其四，导向性。行政行为具有示范导向作用，任何行政行为的实施，都意味着是对社会公众行为的一种导引，警示社会公众能够做什么与不能做什么，政府鼓励做什么或反对做什么。因此，行政行为的实施必须做出慎重选择，重大行政行为的实施尤其需要慎重。

（二）行政行为的构成

从行为科学的角度来看，行政行为是由行政意志、行政目标、行政行为活动、行政结果组成的一个动态系统。其中，行政意志是行政主体行使行政管理职权的意思表达，是行政主体的法定需要和法定动机的综合体现，这种意思的内容包含着公共利益原则，是行政主体对社会发展的自觉认同。行政意志，是行政行为得以实施的动因。行政目标是实施行政行为所预期实现的目的，行政目标必须体现公共利益原则，是行政主体对法律秩序、社会公众利益的自觉维护，是行政主体对社会政治、经济、文化发展的自觉反映。行政目标，是行政行为运行的导向机制。行政行为活动是行政主体为实现行政目标而实施的各种规范性的活动，行政行为活动的实施必须要有法律依据，必须按照法定程序实施，否则将被视为无效或违法。行政行为活动，是行政行为的实现机制。行政结果是行政行为活动实施后所造成的结果，行政结果如果达到了预期的目的，则会形成良好的社会效益，否则，将会造成巨大的损失。行政行为的结构模式是由行政行为的要素组成的开放系统。其具体的结构图 20-1：

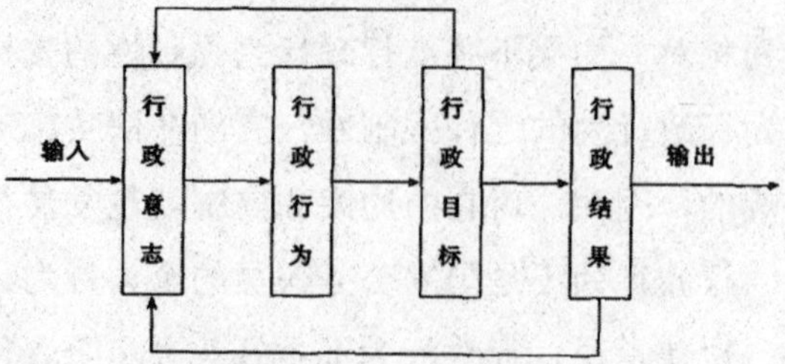

图 20-1　行政行为的结构模式

其中，行政意志驱动行政行为活动，使其逐渐趋向行政目标，并形成一定的行政后果。行政后果具有不确定性，取决于行政主体的能力发挥和行政相对人的顺应情况，以及行政管理的环境条件。

（三）行政行为的运行机制

行政行为的运行机制包括动因和目标导向机制、执行机制、控制机制、处分机制。

动因和目标导向机制，是由行政意志—行政目标构成的一种作用机制。其中，行政意志驱动行政行为活动的启动，行政目标导引行政行为活动按照一定的方向运行。

执行机制，是由行政权能—行政程序构成的作用机制。行政主体要想实施某种行政行为，必须具备特有的行政权能，否则行政行为无法实施。有了实施行政行为的权能，行政主体还必须按照一定的行政程序去实施一定的行为。行政权能为行政行为的实施提供了可能性，行政程序则为行政行为的实施提供了现实的实现途径。

控制机制，是由公共行政精神—行政监督构成的一种作用机制。国家公务人员的公共行政精神保证行政行为按照公共利益原则去运行，行政监督机制则保证行政行为按照行政目标的要求进行运行，并及时校正偏离目标的行为。

处分机制，是由行政执法—行政司法构成的一种作用机制。行政行为的实施同时也是行政执法的过程，它要依法处置行为相对人的各种违法行为，受理对行政行为后果的申诉。处分机制的运行既是行政行为的运行过程，又是对行政后果的处置过程。

行政行为的动因和目标导向机制、执行机制、控制机制、处分机制构成了行政行为运行的完整过程，其关系结构图 20-2：

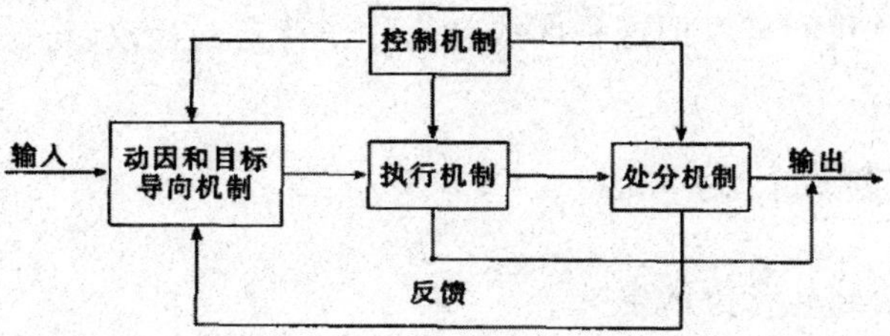

图 20-2　行政行为运行过程

行政行为的运行过程不仅是行政主体的单方面活动，它还包括行政环境的刺激因素。因此，可以把行政行为看做是行政主体与行政环境双向选择过程，即；

$$B = f(P * E)$$

其中，B 表示行政行为，f 表示行政行为的各种参数(如法纪、政策、规范等)，P 表示行政主体，E 表示行政环境。该公式说明行政行为是行政主体及其所处的行政环境的函数，其中行政主体与变化不定的环境是行政行为赖以发生的两个变项参量。行政主体在与行政环境的交互作用过程中，受到行政法律规范和行政道德规范的严格约束，因此行政行为的行为模式具有严格的规范性。

研究行政行为并非是我们的直接目的,而为的是从中找到腐败产生的原因、条件，进而找到防治的办法，为廉政建设提供理论上的依据。从上述行政行为的特点、构成和运行机制的分析中可以看出，腐败现象可以发生在行政行为发生和运行的每个环节上。由于行政行为具有强制性，强制性如果脱离规范性的约束，将公务性的行政行为变为个人的任意行为，就有可能成为一种谋私的活动；从行政行为的构成来看，如果行政意志变成长官的个人意志，那么行政行为就会脱离行政目标的要求，最后导致的结果将是对社会公共利益的损害；从行政行为的运行机制来看，控制机制是约束行政行为的唯一得力手段，它包括行政主体的自我控制与外部因素的他控，为了保证行政行为不至于越轨，必须建立健全控制机制，充分发挥控制机制的约束功能，如果控制机制失灵便会发生腐败；同时，在行政主体与行政环境的相互作用机制中，环境对行政主体的刺激作用以及作为行政主体的公务人员个人的选择活动导致行政行为的发生，如果社会利益主体受利益驱动贿赂公务人员，而公务人员做了自利性的选择，便会发生腐败现象。

总之，从行政行为的自身特点、构成及运行机制来看，其存在着腐败行为产生的可能性，我们可以把这种腐败行为称作特定的行政越轨行为。

二、行政越轨行为

（一）行政越轨行为的定义

在我们讨论行政越轨行为之前，首先要弄清行政失范的概念。“失范”一词，最先是由法国社会学家杜尔凯姆提出的，它指的是在社会规范软弱、缺乏或相互冲突的情况下，个人与社会存在的混乱状态。这种混乱状态中易出现各种各样的异常行为，或称作越轨行为。杜尔凯姆认为，犯罪是社会变迁的代价，任何社会都不可避免地存在着犯罪和异常行为，一个根除了异常行为的社会反而是病态般地受到过分控制的社会。消除了犯罪现象，就不会再有社会进步。美国的现代结构功能主义者莫顿从功能主义的观点解释失范现象，认为异常行为是社会系统不平衡的结果。失范是社会所同意的目标与社会所承认的达到这些目标的手段之间相脱节的产物。如果社会鼓励所有个人争取最大限度的富裕目标，而实际上所有个人不可能都拥有社会所赞同的达到最大限度富裕的手段，这样就可能使一部分人用社会所不赞同的手段达到富裕的目标，就可能出现盗窃、欺诈和其他类似的犯罪。在小的、传统社会中，人们的目标与实现目标的机会、手段一般是相匹配的；而在大的、现代社会中，二者则不匹配，许多人没有实现价值目标的社会所同意的手段。那些有着社会所同意的目标但又缺乏社会所同意的手段的人可能就处于失范状态，通过社会所不赞同的手段达到社会所赞同的目标。莫顿提出，人们有五种不同的方式对失范状态作出反应：服从、创新、程式主义、遁世主义、造反。其中，创新是最普遍的异常行为表现形式，即人们接受社会所同意的目标，但却运用社会所不同意的手段达到目标。如学生要通过考试但却依赖作弊，候选人要赢得选举胜利但却使用肮脏的手段等。”

从杜尔凯姆和莫顿的论述中可以看出，所谓失范，就是规范的缺失，或规范约束力量的减弱。处于失范状态的人们，往往会实施越轨行为来实现自己的目标。而我们所说的行政失范，即是指行政法律规范和道德规范的缺失，或行政法律规范与道德规范约束力量过低。处于失范状态的国家行政人员有可能发生越轨行为。因此，我们所说的行政越轨行为，就是指处于行政失范状态的国家行政人员实施的那些违反行政法律和行政道德规范的行为。这种行政越轨行为包括技术性行政越轨行为和谋私性行政越轨行为。技术性行政越轨行为，是指因为行政主体的认识和能力、法律规范和政策规范的不健全、外部客观条件等因素所造成的违背法律和道德规范的行为，如行政主体在行使自由裁量权时由于裁量幅度不明确而发生的违法行为等。谋私性的行政越轨行为，是指以手中握有的权力谋取私利的违法和违反公务员道德的行为。

（二）行政越轨行为的发生

从前面讨论行政行为的特点、构成和运行机制中，哪些环节上容易发生行政越轨行为呢？

第一，从行政意志环节来看，行政意志是政府代表社会公众的公共利益的意思表达，这种意思表达必须通过政府公务人员来实施，如果政府公务人员将自己的个人意志掺杂进去，或者假借执行政府行政意志的名义完全贯彻自己的个人意志，那么就会出现行政意志的异化，背弃公共利益原则。比如，假借政府名义作出的各种危害社会公众利益的决定，政府公务人员在执行政府行政意志时的各种谋私打算，便是这种异化的行政意志的表现。

第二，行政意志的实施和贯彻，必须具体化为行政目标，行政目标的制定必须本着公共利益原则，有利于当地社会经济文化的持续发展。可是，一些地方政府和行政领导搞短期行为、政绩工程，目标虽然宏伟辉煌，但并不能给当地人民群众带来多少实际利益，中间明显掺杂着领导者的个人意图，这是一种行政目标的异化，同样也是一种违背公共利益原则的行为。

第三，由于行政意志和行政目标发生异化现象，在行为活动过程中，便会产生各种行政越轨行为。所谓腐败现象，基本上就是这些越轨行为的种种表现，比如以权谋私、利用职权的行为。上述种种脱离行政目标的行为活动便是行政行为活动的异化现象。

第四，由于行政意志、行政目标、行政行为活动的异化，必然会导致行政行为结果的偏离和异化。所谓行政结果的偏离，是指在完成行政目标或部分完成行政目标的情况下同时也实现了政府公务人员的私人利益目标，这种私人利益目标的实现虽然对政府所奉行的公共利益原则有所背弃，在一定程度上损害了社会公共利益，但是，政府的总体目标基本或部分得到了实现。所谓行政结果的异化，是指行政主体行为的结果完全背离了政府的行政目标，把自己手中的权力完全变成谋私的工具，通常的腐败现象，一般表现为行政结果的偏离，这种“公私兼顾”的腐败现象具有识别困难、界限难以划分、处理难度大的特点。因此，在反腐倡廉的斗争中应该引起我们的注意。

上述对行政意志的异化、行政目标的异化、行政行为活动的异化、行政结果的异化的分析，为我们遏制和防范腐败，消除这方面的越轨行为，提供了方法论的基础。

三、建立健全行政行为的约束机制

前面分析了行政行为的运行机制包括动因和目标导向机制、执行机制、控制机制、处分机制。那么，要想有效地克服行政意志、行政目标、行政行为活动、行政结果的异化现象，就要考虑如何使上述四大机制紧密协调并有效地运作起来。

（一）严密的内外结合约束机制

为了防止行政意志、行政目标、行政行为活动、行政结果的异化，就要充分发挥由公共行政精神—行政监督组成的控制机制的监控功能。监控机制应该健全和完善两个方面的制约机制：一是建立内在的自律约束机制，二是建立外在的激励惩罚机制。

所谓建立内在的自律约束机制，即通过教育手段使政府公务人员建立起以公共精神为内容的价值观信仰体系，务必使每一名公务人员明白公务员道德准则，并将其化作自己的具体行动。这种约束虽然是一种软约束，但却具有非常强的防范能力，它不仅支撑法律制度的施行，而且还可以弥补法律制度的不足。正因为它是一种软约束机制，所以必须定期进行强化教育，反省自察，使公共精神作为一种价值信仰，牢固地渗透到每一个公务人员的灵魂之中。

所谓外在的激励惩罚机制，是指通过具体的制度使政府行政行为的公利目的与公务人员个人的自利追求统一起来，只要公务人员按照要求完成政府制定的公共任务，公务人员个人便会得到适当的奖励，否则，就会受到适当的惩罚。这是一种硬约束机制，奖励和惩罚都有明确和公开化的制度。设置这种激励惩罚机制，可以使公务人员把个人的自利追求融合到对政府公共利益的追求中去，没有必要用个人的利益追求去扭曲政府行政意志，并自觉地意识到这种扭曲会给个人带来何种严重后果。

内在的自律约束机制和外在的激励惩罚机制相结合，就可以防止政府公务人员有意无意地将自己的自利追求动机和目标渗透到政府行政意志和行政目标之中，避免行政意志和行政目标的异化，从而保证由行政意志—行政目标组成的目标导向机制的正常运转，防止行政越轨活动的发生，并为避免行政结果的异化提供了基础。

（二）规范的行政程序保障机制

为了有效地防止行政行为活动的异化，除了建立上述内在自律约束机制与外在激励惩罚机制以外，还必须建立严格的行政程序。行政程序应该是法定的、公开的，任何行政行为活动除了按照行政意志—行政目标的导向运行以外，还必须要按照严格的行政程序运行。由于行政程序的规范性、透明性，可以防止政府公务人员在实施行政行为时发生越轨，最大限度地排除各种幕后交易，从而消除各种腐败行为。

（三）科学的行政结果评估机制

为了防止行政结果的异化，上述机制是必不可少的保障机制。但是，为了更有效地防止行政结果的异化，还必须建立科学的行政结果评估机制。这种评估机制包括政府内部的自我评估机制与社会公众评估机制。行政结果是否发生异化或偏离，既不能只听政府的一方宣言，也不能靠社会舆论的简单议论，而是应该借助政府和社会权威的评估组织进行科学的评估，对政府行政行为活动及其结果的质量、效率、效益进行综合评估。评估结果要公布于众，对于取得的公共利益政绩要加以弘扬，对于通过评估发现的失误要追究责任、总结教训，对于揭露出来的腐败现象一定要给予相应的惩处。

内在的自律约束机制、外在的激励惩罚机制、严格的程序保障机制、科学的评估机制，它们分别从行政意志、行政目标、行政行为活动、行政结果的各个层面约束了行政越轨行为的发生。我们在进行廉政建设时，显然不是简单地完善行政监督机制就能完成反对腐败任务的，必须深入了解和分析行政行为的构成要素、运行机制，在各个具体环节上强化监控，建立起系统的、严密有效的防腐机制。那种认为反对腐败只是行政监督机关或司法机关的事的观点，更是十分片面的。

通过上述分析，说明我们在进行廉政建设时，必须遵循行为科学所揭示的关于人的行为规律，将各种腐败活动看作是一种行政越轨行为，分析这种越轨行为的需要、动机、行为目标以及行为活动本身的运行规律及其运作机制，然后在其运行的各个环节上设置相应的约束机制，这样，才能有效地防止腐败现象的发生。

第二十一章　新时期反腐倡廉的战略、策略和方法

第一节　新时期反腐倡廉的战略

一、新时期腐败现象的新特征及反腐倡廉战略的指导思想

（一）新时期腐败现象的新特征

不同的历史时期，不同的国家制度，不同的经济体制，腐败现象表现的特点及其规律也不相同。现阶段，我国正处于由计划经济体制向市场经济体制转轨时期，市场经济的发展，一方面为反腐败斗争创造了新的条件，另一方面又给反腐败带来了新的课题。在新旧体制转轨，旧体制被逐渐打破，新体制尚未规范、健全这一特定历史条件下，各种消极腐败现象的滋生蔓延就有了一定的可乘之机，并体现出一些新的特点。当前腐败现象的具体表现及其特征有：

第一，腐败的主要表现形式是以权谋私。综合改革开放以来各种已经查处的腐败案例来看，腐败现象的主要表现形式是以权谋私，发展到后来，腐败分子搞腐败的直接动机已不是为解决某一方面的具体生活问题，而是以权力作为资本，通过权力敛聚财富。腐败分子滥用权力，以权谋私，损公肥私，化公为私，搞权钱交易，扭曲了权力的职能，置国家、集体利益于不顾，大捞个人实惠。同时，这种以权谋私不仅表现在以权力换取金钱上，而且还突出地表现在利用权力安插、重用和提拔亲信等任人唯亲的用人方式上，其后果比捞取金钱私利更为严重。它一方面破坏了社会主义民主与法制思想，助长了封建宗法残余观念的死灰复燃，并降低了政府工作人员的整体素质；另一方面，形成了一

张张巨大的关系网，这种关系网有意或无意地成为腐败行为的巨大保护伞，并且进一步促成了腐败现象的滋生与蔓延。

第二，腐败行为以寻租、造租为主要内容。腐败的本质在于以寻租为目的的公共权力滥用。这里的“租”是指由于通过特殊途径得到国家的控制物资或享有特权而获得的利润。处于公共部门某个特殊位置上的个人、组织、机构，出于自身利益最大化的动机，既能以互给便利、“私事公办”等所谓“合法交易”方式，也能以贪污、贿赂、回扣、后门等权钱情法间的非法交易方式为自身谋求额外利益。这些额外利益实质上便是私有化了的公共利益。无论以社会资源配置和效率、政治经济体制运行的合理性还是其他标准来衡量，寻租本身都消耗了公共资源。寻租是我国目前腐败行为的现实特征之一，这种“租”不是创造剩余价值。而是牟取比其所投入资源正常回报更多的那部分收入，即利用权力获取超额、高额的经济收入，而“双轨制”、市场竞争的不充分性与部门改革的滞后，为权力拥有者寻租提供了直接的机会与可能。比寻租更具破坏性的是人为地“设租”。所谓设租就是利用手中权力再造出一定的权力，使再造的权力可以直接投入市场交易以获取更多的“租金”。即为了部门或私人利益，人为地规定某种检查、审批权。许多“设租”行为打着正当合法的旗号，甚至以改革措施的名义出台，实际就是搞“权力商品化、腐败合法化、不正之风制度化”。

第三，腐败行为的主体越来越法人化、集团化，高层腐败现象增加。腐败现象有向上层蔓延的趋势。在以往的腐败案件中，大多是个别干部的腐败，一起腐败案件中所涉及到的腐败分子往往也只是一个或少数几个人。但近几年来的腐败不少是以群体的形式出现的，“窝案”“串案”大量出现。一些腐败分子勾结在一起，打着为群众谋利益的幌子，或者出自共同的非法利益关系，互相勾结，大肆进行违法犯罪活动。较为典型的是“公贿”现象，它是一种更深层次的腐败现象。所谓“公贿”，就是用公款、公物进行集体行贿。“公贿”现象的最大特点就是贿赂双方都姓“公“，用公款、公物集体行贿。贿赂双方为上下级关系，贿赂的内容包括钱、财、物及优惠政策的“给”与“要”等方方面面。在群体腐败日益增加的同时，腐败现象又正在不断向高层蔓延。以前，腐败分子较多地集中在基层，但近几年，县（处）级以上领导干部腐败犯罪案件的比例在逐年攀升，而且地（厅）级以上的领导干部的腐败犯罪案件也在增加。

第四，腐败犯罪的手段越来越隐蔽化、高级化，其危害性与欺骗性更大。近几年来，腐败分子采取的犯罪手段日见高明，具有极强的隐蔽性，要查处其腐败问题非常困难。利用计算机等高科技来从事腐败活动的案件日渐增多。有些腐败分子采取多道手续、内外勾结、易地联手等方式进行腐败犯罪活动，犯罪手段同样十分高级。目前，腐败甚至还有从境内向境外发展的趋势，一些腐败分子将腐败犯罪的活动基地从国内转移到国外，在国外利用公款购买、建造私人住宅，将公款存入国外银行的私人账户，乃至在国外生活腐化堕落等。

（二）新时期反腐倡廉战略的指导思想

腐败现象已经日益成为我国当前的一种严重社会问题，它像恶性毒瘤一样侵害着我们的国家，侵害着社会主义制度的政权肌体，并如同“灰色瘟疫”渗入到社会经济生活的各个领域，动摇了国家的社会根基。新时期的反腐倡廉工作必须充分认识到腐败现象的危害性，并以正确的思想来指导反腐倡廉各项工作的开展。

首先，要明确认识到反腐败斗争的重要性、紧迫性，把反腐倡廉工作提高到关系党和国家生死存亡的高度上来。

腐败现象，是一个社会历史现象，是私有制和私有观念的产物。在人类社会中，只要有公共权力的存在，腐败现象就难以消除。我国现在正处在社会主义初级阶段，虽然社会主义公有制占主导地位，但是仍然是多种经济成分并存，也就是说，私有制和私有观念在很长一段时间还大量存在。因此，腐败现象的滋生是不可避免的。对此，我们应有清醒的认识。但是，这并非意味着我们要对腐败现象听之任之。腐败现象的滋生、蔓延，会对社会构成极大的危害。当前，党政机关的各种腐败现象，严重地干扰了改革开放和经济建设的顺利进行，影响了党群关系和干群关系，破坏了党和政府的形象，损害了党和政府在人民群众中的威望，降低了人民群众对党和政府的信任度，形成社会不稳定的严重隐患。目前，这一现象的积累有不断增大发展的态势，确实到了危及党和国家生死存亡的境地。这绝非是危言耸听，而是客观事实。新时期反腐败斗争形势严峻，清醒地认识当前反腐败斗争的现实紧迫性，采取有力措施，解决突出的问题，有效地制止腐败现象蔓延的势头，已是当务之急。就当前来看，形势确实是严峻的。各种诸如失职渎职、贪脏枉法、行贿受贿、敲诈勒索、腐化堕落等腐败犯罪现象，不仅经济部门有，执法部门也有。行业不正之风愈演愈烈，严重破坏了社会经济秩序，已到了严重危害改革开放、危害社会主义现代化建设大业的程度。因此，必须将新时期反腐倡廉战略提高到关系党和国家生死存亡的高度上来，必须有现实的紧迫感。惟有如此，才能使新时期的反腐倡廉工作引起人们的广泛重视，才能真正遏制当前猖獗的腐败之风，促进反腐败斗争不断向纵深发展。

其次，必须将反腐败斗争置身于有中国特色的社会主义大业之中，紧紧围绕经济建设这个中心来进行。

我国将长期处于社会主义初级阶段，全党应毫不动摇地坚持党在社会主义初级阶段的基本路线，把以经济建设为中心同坚持四项基本原则和改革开放这两个基本点统一于建设有中国特色社会主义的伟大实践中来，始终坚持“两手抓、两手都要硬”的战略方针。因此，反腐倡廉工作必须服务于经济建设这个中心，要紧密结合改革和发展过程中重大措施的贯彻实施，研究反腐倡廉工作可能出现的新情况、新问题，制定治理对策，把握反腐败斗争的主动权。在这里，我们必须处理好反腐败斗争与改革开放和经济建设的关系。首先，要充分认识到开展反腐倡廉是贯彻执行党的基本路线的必然要求，是保证改革开放和经济建设顺利进行的一项必不可少的重要工作。党的十一届三中全会确定把党的工作重心转移到经济建设上来，此后，由于我们党高度重视了思想、政治、组织等方面的自身建设，同时，也由于狠抓了新时期的党风廉政建设，坚持贯彻了“两手抓、两手都要硬”的方针，坚决克服和惩处消极腐败现象，从总体上保持了我们党的纯洁性、先进性，使党在广大人民群众中具有强大的凝聚力、吸引力和号召力。这样，我们党领导的社会主义建设事业才能在人民群众的积极参与和支持下蓬勃发展。其次，坚定不移地贯彻执行党的基本路线，加快改革开放和发展经济，是解决腐败问题的根本途径。腐败现象的存在，既有历史的、社会的、经济的、文化的根源，同时也有政策法规不健全，体制改革不配套，监督制约机制不完善，思想政治工作放松等各方面的原因。反对腐败，加强廉政建设需要从多方面做好工作。但从根本上说，要坚持党的基本路线，集中精力发展经济，加快改革的步伐。改革开放20多年来的经验告诉我们，在现有的条件下，特别是在推进以社会主义市场经济体制为目标的改革中，解决腐败问题，必须同深化改革紧密结合起来，在改革过程中创造解决问题的条件和办法，并通过深化改革，不断铲除腐败现象滋生蔓延的土壤。

二、新时期反腐倡廉战略的基本内容

反腐倡廉，进行廉政建设，是一项艰巨而又伟大的系统工程。要想达到预期的效果，必须制定科学的战略。新时期反腐倡廉战略的具体内容，概括起来就是：坚持标本兼治，教育是基础，法制是保证，监督是关键。通过深化改革，不断铲除腐败现象滋生蔓延的土壤。其中，核心内容是标本兼治。所谓标本兼治，就是一方面对已经出现的腐败现象采取有力措施逐项治理，另一方面更要深入研究滋生腐败的深层次原因，从源头上预防和治理腐败。

（一）加强党性、党风、党纪教育和法制教育，促进反腐斗争关口前移

腐败现象的滋生与蔓延存在着多方面的客观原因，但归根结底还是领导干部自身的世界观、人生观、价值观出了问题，因此，在新的历史条件下，要把思想政治教育和法制教育作为反腐败的基础性工作切实抓好，教育广大干部尤其是中高级干部不断加强世界观改造，坚定共产主义理想和信念，身体力行共产主义道德，不断加强法制观念，提高抵御资产阶级腐朽思想和生活方式侵蚀的能力，筑起拒腐防变的思想道德堤防。

首先，要用科学的理论教育人、武装人。理论坚定是政治坚定的基础，科学的革命理论是我们共产党人的灵魂和指南。在改革开放、社会主义现代化建设的新的历史时期，各级党委要按照党中央关于讲学习、讲政治、讲正气的要求，有计划、有组织地在全党，首先是在县级以上领导干部中深入开展学习马列主义毛泽东思想，特别是邓小平理论的活动，进行党性、党纲、党纪教育和法制教育。

其次，要把理论教育同领导干部的经常性管理和监督结合起来，大力发扬党的优良传统和作风。要结合实践，运用正反两方面的典型进行教育。要充分

发挥各类新闻媒体在宣传党风廉政建设和反腐败斗争中的主导作用，树立正确的舆论导向，弘扬具有时代特点的新风尚，在全社会形成反腐倡廉的舆论环境。

（二）健全法制，保证反腐败斗争的有序开展

健全法制，首先要加强廉政立法，逐步形成具有社会主义特色的廉政法规体系，特别是形成对权力的设定、操作、监督制约等配套的运行机制，以达到对国家工作人员行使职权、办事程序等实行全过程规范化、标准化的管理，保证公务行为的科学性、廉洁性、公正性。

健全法制还必须切实抓好党风廉政法规和制度的贯彻执行工作，使任何掌管权力的单位与个人，在行使权力时，都只能按照规范进行，而使一切滥用权力、把权力商品化、搞权钱交易、以权谋私的行为不能得逞。负责实施各项法规和制度的各主管机关要切实负起责任，加强监督检查，坚决纠正执法不严、违法不究的现象，真正做到有法可依、有法必依、执法必严、违法必究。

（三）强化监督，建立健全权力制约机制，遏制权力异化

缺乏制约监督的权力是产生腐败现象的根源。当前要进一步健全和完善监督制约机制，通过加强对国家公职人员的监督，预防和减少腐败现象发生，推进党风好转和廉政建设工作的顺利进行。

根据中央的有关部署，当前健全权力制约机制，要把党内监督、法律监督、群众监督结合起来，发挥舆论监督的作用，以便有效预防和及时揭露腐败。

强化党内监督。一是要加强党的组织建设，切实搞好党组织对党员干部的监督；二是加强纪委的监督，严格党的纪律检查工作：三是要不断健全党内监督法规，促进党内监督法制化。当前要重点落实党内监督五项制度及其实施办法。各级纪委和党的组织部门要加强协调配合，使党内监督形成网络。

加强法律监督。要坚持在法律面前人人平等的原则，对政府内部那些无视纪律、违法乱纪的现象必须坚决进行惩处。当前，要重点加强对各级领导干部行使权力的监督，要对容易发生以权谋私、权钱交易部位的权力进行分解和合理配置，加强监控，建立依法行使权力的制约机制。同时，对法律的实施也要进行监督。另外，为了适应发展社会主义市场经济的需要，还要加强经济立法

工作和其他方面的法制建设，保障市场经济体制的顺利建立和运行，防止和克服腐败行为。

加强人民群众对领导机关和领导干部的监督。人民群众是社会主义国家的主人，搞好人民群众的直接监督是健全监督制约机制的重要内容。这就要求我们必须进一步健全与完善信访工作，健全各级人民代表大会制度。当前，重点要抓好基层民主工作，把政务公开的内容、形式、标准、程序以及民主监督的方式逐步规范化、制度化。在涉及群众的切身利益的部门，要实行公开办事制度，并把实行公开办事制度与推行民主评议制度结合起来。

（四）深化改革，不断铲除腐败现象滋生蔓延的土壤

改革的进一步深化，可以为抑制腐败现象的发生创造越来越多的有利条件。首先，改革的深化必将使传统的、封闭保守的思想方式与价值观念受到巨大的冲击和荡涤，促使人们的精神面貌发生巨大的变化。与市场经济相伴随的开拓进取的创新精神、平等竞争的民主意识、讲究实际的求实态度、遵纪守法的法制观念等都将大大发展。这些观念的成长，有助于遏制权力商品化、违法乱纪、谋取私利等消极腐败现象。其次，以市场经济为取向的改革会逐步铲除计划经济体制下与某些管理权力高度集中相关的不正之风和腐败现象的外部环境，从而抑制一些利用行政权力谋取私利的行为。再次，改革将促进我国社会经济运行中各项法律法规的建立和健全，逐步形成对权力行使的健全的制约机制，从而有效地防范和制止某些因为制度和管理上的不健全而出现的腐败现象。

新时期，各地区、各部门应结合实际，认真研究改革开放和社会主义市场经济条件下党风廉政建设和反腐败斗争面临的新情况，从解决体制、法制、政策和管理中存在的问题入手，努力消除滋生腐败的土壤和条件。总之，只有通过不断深化改革，并把反腐倡廉的各种措施纳入改革开放的总体进程之中，反腐败斗争才能最终取得成效。

第二节　新时期反腐倡廉的策略

一、必须把坚持持久作战同打好阶段性战役结合起来

江泽民总书记在党的十五大报告中指出：反对腐败“既要树立持久作战的思想，又要一个一个地打好阶段性战役”。这番话生动地体现了反腐败斗争长期性与阶段性的辩证统一。

（一）反腐倡廉任重而道远

十五大报告指出：“在整个改革过程中都要反对腐败，警钟长鸣。”这是对腐败成因及其发展趋势客观分析后得出的科学结论。我国现在正处于并将长时期处于社会主义初级阶段，封建主义、资本主义腐朽思想和小生产习惯势力还有广泛影响，对外开放和计划经济体制向社会主义市场经济转变过程中出现了许多复杂的情况，体制、法制和政策的完善需要一个过程，一些党员干部可能经受不住新的历史性变革的考验而干出许多越轨违法的事情。总之，由于这些历史和现实的多方面的原因，腐败现象的滋生蔓延有其现实的土壤和条件，这决定了反腐败是一场复杂、艰巨、长期的斗争。各级党委和政府必须把反腐败作为一项战略性任务来抓，并结合本地区、本部门的实际，制定出反腐败的总体目标和长远规划。

（二）反腐倡廉的具体措施必须分阶段部署实施

反腐倡廉战略目标的实现，不可能毕其功于一役，必须分阶段部署实施，一个一个地打好阶段性战役。一定时期或阶段的反腐败斗争工作千头万绪，必须结合当时、当地的具体环境，有针对性地制定出阶段性策略。

总之，反腐倡廉工作一要持久，二要坚决。既要在战略上有总体考虑，树立长期作战的思想，又要有明确的阶段性目标，不断加大工作力度，认真落实各个阶段的任务，从而把阶段性斗争与连续作战结合起来，逐步推动反腐败斗

争向纵深发展。

二、必须把突出重点与全面整顿、综合治理结合起来

（一）反腐倡廉工作是一项系统工程

反腐倡廉工作是一项系统工程，必须以唯物辩证论为指导，树立全局的观点、全面的观点，把反腐倡廉的各方面因素紧密结合起来。把反腐败作为系统工程来抓，是科学总结这些年来反腐败斗争的经验教训得出的一个正确认识，是我们坚持不懈地开展反腐败斗争必须坚持的重要方针。首先，从腐败现象产生和存在的原因来看，既有历史的、社会的、经济的、文化的根源，同时也有政策法规不健全、体制不配套、机制不完善、思想政治工作放松等方面的原因。这些原因交织在一起，使腐败现象呈现一种错综复杂的状态。因此，在反腐败斗争中既要治标，又要治本，必须从各方面共同努力，相互配合。其次，从我国社会主义现代化建设的全局来看，我们要把反腐败工作纳入到整个现代化建设的大系统中.而不能离开这一大局孤立地进行.不仅反腐败斗争本身是一个系统工程，而且它是一个“子系统”，它必须要与整个现代化建设事业紧密联系，互相促进。再次，从反腐败本身的要求和以往的经验来看，也必须把这一斗争当做系统工程来抓。思想教育、党的教育、法制等因素都是反腐败斗争不可或缺的措施，各有其重要的作用，只有将它们很好地结合起来，统一起来，实行综合治理，才能发挥其整体效能，才能使惩治腐败取得成效。

（二）反腐倡廉工作要突出重点

我们同时也应该看到，反腐倡廉工作不可能眉毛胡子一把抓，在一定时期，必须集中精力对那些来势最猛、危害最大的腐败现象进行重点整治。抓住了重点，就可以带动一般，使反腐败斗争向纵深发展。

首先，要从领导机关、领导干部抓起，党政机关领导干部要带头廉洁自律。各级党政领导机关、领导干部在党风廉政建设和反腐败斗争中，负有特殊重要的责任。只有领导干部，特别是高、中级干部自身廉洁了，才能在反腐败斗争中取得发言权，掌握主动权，才能有效地遏制社会腐败现象。只有领导干部自身消除

了腐败，才能领导全国的反腐败斗争取得成效。不仅要求领导干部自己廉洁自律，还要求他们管好配偶、子女和身边的工作人员，杜绝领导干部和其配偶、子女、身边的工作人员利用其特殊的位置或假借领导干部的旗号来谋取私利。

其次，要集中精力查处一批大案要案。重点查办党政领导机关和司法部门、行政执法部门、经济管理部门及其工作人员的违法违纪案件。这类案件具有典型性，其危害深、造成的影响大。通过查办这类大案要案可以对腐败分子形成威慑力，并对群众具有极大的教育意义。

再次，要抓住群众反映强烈的突出问题，坚决纠正部门和行业不正之风。当前纠风的重点是：继续抓好减轻农民负担、减轻企业负担和清理预算外资金的工作。从反腐败斗争的全局看，必须坚持综合整治，同时，要善于把握工作的重点，找出主要问题和主攻方向，抓住群众反映强烈，带有广泛性、群体性的问题不放，采取专项治理的方法，集中力量进行整治。

（三）惩治腐败要与扶持正气相结合

党的性质和宗旨决定了我们在反腐倡廉的过程中，必须把惩治腐败与扶持正气相结合，大力弘扬新风尚，不断纯洁党的组织。这是我们正确开展反腐败斗争所要求的，也是我们更好地推进社会主义现代化建设所必需的。

首先，从党的性质和宗旨看，党不仅坚决排斥和反对任何腐败现象，而且身体力行大力倡导优良的革命传统和作风。我们党是用马克思主义理论武装起来的工人阶级先锋队，是以全心全意为人民服务为唯一宗旨的党，除了广大人民群众的利益，党没有自己的特殊利益。我们党坚持和倡导的无产阶级的思想、作风和价值观，不仅是抵御各种剥削阶级思想对革命队伍侵蚀的精神支柱，而且是党带领广大群众进行建设和改革的强大精神动力。

其次，从反腐败斗争的经验教训来看，只有将惩治腐败与扶持正气相结合，才能真正起到克服消极腐败现象的作用。实践证明，反对腐败和扶持正气是互相依存、互相促进的，这是一个问题的两个方面。只有坚定不移地反对腐败，才能树立正气，只有扶持正气，才能遏制腐败现象的蔓延。

再次，从社会主义现代化建设的需要来看，既要坚持不懈地反对腐败，更要大力发扬革命创业精神。开展反腐败斗争的目的是为了保证党领导的改革开放和社会主义现代化建设的顺利进行。这就要求我们在反对腐败的同时，扶持正气，发扬社会主义现代化建设所要求的创业精神。

惩治腐败和扶持正气相结合，具体应该做好以下工作：

一是大力抓好查办案件工作，狠刹腐败歪风。要把查办违反政治纪律的案件放在重要位置，重点查办领导机关、领导干部中发生的有令不行、有禁不止、阳奉阴违，拒不执行党中央、国务院的决策、部署等严重违反政治纪律的行为。要坚决查办违反组织人事纪律的案件，司法干警贪脏枉法的案件，坚决查办贪污受贿、走私护私、骗汇套汇案件，以及领导干部玩忽职守造成重大损失的案件和虚报浮夸、弄虚作假的案件；坚决查办企业及党政领导干部在企业改制过程中侵吞国有和集体资产的案件，以及因失职渎职造成国有和集体资产流失的案件。要重视查办发生在基层的严重以权谋私和严重侵犯群众权益的案件。对腐败问题严重但长期没有查办重大案件的地区和部门，要找出问题症结，组织力量加以解决。对有案不查或者隐瞒案件查处工作、庇护违法违纪嫌疑人的，必须严肃处理；对打击报复办案人员、检举揭发人员的，必须严厉惩处。要狠刹各种腐败歪风，伸张正气。

二是在广大党政领导干部中，联系实际，有针对性地做好思想政治工作，端正党风和政风。要用马克思列宁主义、毛泽东思想，特别是邓小平理论武装全体党员，增强其贯彻执行党的基本路线的坚定性，增强其历史责任感和使命感。要深入开展全心全意为人民服务为宗旨的教育，开展勤政廉政、反腐倡廉的教育，使各级领导干部树立正确的权力观，提高抵御腐朽思想侵蚀的能力。同时，从实际出发进行党的纪律教育、政策教育和法制教育，使广大党员干部和政府工作人员既大胆地推进改革开放和经济建设，又严格用党纪、政纪和法律规范自己的行为，树立良好的党风和政风。

三是加强舆论导向，形成反对腐败、扶持正气的舆论环境。在舆论宣传工作中，必须坚持正确的舆论导向，对于提倡什么、坚持什么、反对什么，要有旗帜鲜明的立场和态度，决不能模糊正确与错误、文明与愚昧、进步与落后的原则界限。要大力表彰廉洁奉公、勇于同腐败现象作斗争的先进典型，弘扬勤政廉政、艰苦奋斗、乐于奉献的新风尚，在加强物质文明建设的同时，加强社会主义精神文明建设，为扶持正气创造良好的环境条件。

第三节　新时期反腐倡廉的方法

一、坚持在各级党委的统一领导下，有组织、有步骤地开展反腐败斗争

坚持党的领导，是我们做好一切工作的根本保证，反腐败斗争也必须在各级党委统一领导下进行。

（一）党委要把反腐败斗争当做重大政治任务来抓

各级党委要把反腐败斗争这一重大政治任务摆上重要议事日程，一把手要负全面领导责任。要在认真分析本地区、本部门反腐败斗争形势的基础上，对反腐败斗争的经常性工作和近期反腐败的各项工作作出规划和部署，狠抓落实。要经常分析研究本地区、本部门、本行业、本系统反腐败斗争的情况，针对存在的问题，采取措施予以解决。要结合重大改革和发展经济措施的实施，研究在党风廉政建设方面可能出现的问题及对策，保证党的基本路线的全面贯彻执行。

（二）党委要加强领导、监督和协调

各级党委要切实加强对各有关部门反腐倡廉工作的领导、监督和协调。要加强对下级开展反腐败斗争和党风廉政建设的监督、检查和指导，及时总结推广好的经验和做法，帮助下级解决反腐倡廉工作中碰到的困难和问题。党委要重视和发挥人大、政协、民主党派、新闻舆论对党和国家机关及人员的监督作用。

（三）党组织要强化廉政措施的落实

各级党组织要把勤政廉洁、遵纪守法情况列入党的生活和干部考察、任免

的重要内容，认真开好民主生活会，对干部严格进行廉政考察，并根据考察情况决定干部的提升和任免。各级党组织必须严格执行中央关于廉政的各项规定，并将其落实到具体工作中去，把严格执纪与必要的组织措施结合起来。

在坚持党对反腐败斗争的领导权的问题上，必须克服两种错误观点：一是“下放论”。这种观点认为，党委应将工作重心放在经济建设上，反腐败领导权应该下放给纪检监察部门。这种做法势必会削弱党对反腐败斗争的领导，从而助长腐败现象的蔓延。二是“独立论”。这种观点认为，党和政府不可能自行切除肌体上的腐败毒瘤，因此，必须建立完全独立的监督机构，使其不受党的管辖，直接向最高权力机关负责。这种踢开党委反腐败的做法，其后果必然是腐败未止而动乱又生。

二、党委统一领导要与党政齐抓共管相结合

反腐败，正如国家的其他各项工作一样，必须坚持党的领导，在各级党委的统一领导下，进行统一部署、统一步调，有力地开展反腐败斗争。反腐败斗争离开党委的统一领导，必然会走到邪路上去。同时，反腐败是一项长期而艰巨的任务，并且大量的腐败现象是发生在国家行政管理过程中，没有各级党委和政府的齐抓共管，就不能有效地遏制腐败现象。

各地区、各部门的政府机关，特别是中央国家机关和行业主管部门应结合自身的特点，提出预防和治理腐败的措施和对策，努力从制度上防治腐败现象。加强党风廉政建设，要同部门、单位的行政管理、业务管理、财务管理结合起来，针对容易出现腐败现象的薄弱环节完善制度，强化权力制约，减少以权谋私的可能性。

各级政府及其职能部门要坚决贯彻“依法行政”的方针，推动行政管理法制化的进一步发展。对行政管理过程中的违法违纪行为与现象，必须坚决制止，并追究有关人员的法律责任。

各级政府要加强对行政管理活动及政府人员的监督作用。做好事前监督、事中监督、事后监督；规范政府各部门和政府人员的行为，做到廉洁从政。

三、充分发挥纪委在反腐倡廉工作中的组织协调

江泽民同志指出：”在端正党风，加强廉政建设和反对腐败中，纪检监察机关作为主要职能机构，过去做了大量的工作，现在和今后肩负着重大的责任。”作为主要职能机关，纪委在反腐倡廉工作中的主要任务是：在党委的统一领导下，切实履行对党纪执行情况和党委反腐败决议贯彻落实情况的检查监督职能；查处大案要案的职能；履行对全体党员干部进行党纪教育，特别是反腐倡廉的思想教育职能，发挥在反腐败斗争中的协调作用。纪委的任务艰巨，责任重大。

广大纪检干部在深化改革、发展经济的大潮中，要紧紧围绕经济建设这个中心开展反腐败斗争，要把反腐败同党中央的重大改革措施和经济建设的决策相结合，同履行监督检查党的路线、方针、政策及国家法律法规执行情况的职能相结合。哪里出现腐败分子、腐败现象，就在哪里进行斗争。纪检干部要敢于碰硬，坚决杜绝各种徇私舞弊、执法犯法的现象。

纪检监察机关要适应社会主义市场经济体制的需要，加强法规和政策的研究与完善。在改革开放新时期，反对腐败，加强廉政建设，要搞好思想教育和专项斗争。但是，从长远来看，则要着重于民主法制建设，这是治本的根本途径。纪检监察机关，要在大力开展调查研究的基础上，遵循“三个有利于”的标准，按照党的有关法规、政策，积极主动地就反对腐败和党风廉政建设中的一些新问题作出相应规定，并根据客观需要对已有的党内规定进行必要的调整和完善，进一步搞好党风廉政建设，使惩治腐败的工作逐步纳入法制轨道。

中央纪委要按照中央的要求，进一步完善派驻机构的设置和领导体制，加大对派驻机构领导班子和干部管理的力度，加强对省级纪检机关的工作指导。要进一步完善纪检监察机关的管理体制，加强上级纪检机关对下级纪检机关的领导，不断优化结构，规范工作程序，做到精简机构与提高工作效能的统一。

四、各部门领导班子对其职责范围内的党风廉政建设必须负全面领导责任

在反腐倡廉工作中，必须把纪委组织协调与部门各负其责结合起来。在党的十五大精神的指引下，党风廉政建设和反腐败斗争正在深入开展，取得了比较明显的成绩。但一些腐败现象还没有得到有效遏制，甚至还在滋长蔓延，形势依然严峻。一些部门对党风廉政建设和反腐败斗争的重要性、紧迫性认识不足，把经济工作视为“硬指标”，而把党风廉政建设视为“软指标”。一些领导干部认为抓党风廉政建设和反腐败斗争只是纪检监察机关和其他监督部门的事，与己无关。由于存在着这样的认识，很多部门的领导干部放松或者放弃了自己在党风廉政建设方面应负的责任，以及对所辖部门的党员、干部的管理和监督，好人主义盛行，以致在这些单位，腐败现象滋生蔓延而长期得不到有效遏制。实践证明，反腐倡廉工作离不开各部门的大力支持，纪检监察机关和其他监督部门在反腐败斗争中的作用，相对于各部门自身的监督与管理而言，应该是居于从属地位的。因此，必须在各部门建立和实行党风廉政建设责任制，使各部门对其职责范围内的党风廉政建设切实负起责任。

根据党中央、国务院《关于实行党风廉政建设责任制的规定》所指出的，各部门在党风廉政建设中应承但以下责任：一是贯彻落实中共中央、国务院关于党风廉政建设的部署和要求，分析研究职责范围内的党风廉政建设状况，研究制定党风廉政建设各种计划，并组织实施；二是标本兼治，综合治理，完善管理机制、监督机制，从源头上治理和预防腐败；三是组织党员、干部学习邓小平关于党风廉政建设的理论，学习党风廉政建设法规，进行党性、党风、党纪和廉政教育；四是贯彻落实党和国家党风廉政法规制度，结合实际情况，制定本部门的党风廉政法规制度，并组织实施；五是履行监督职责，对所辖部门的党风廉政建设情况、领导班子和领导干部廉洁从政情况进行监督、检查和考核；六是严格按照规定选拔任用干部，防止和纠正用人上的不正之风；七是依法领导、组织并支持执纪执法机关履行职责。

对各部门党风廉政责任制的执行情况，应进行严格的责任制考核，对考核

中发现的问题要及时研究解决，对领导干部违反党风廉政建设责任制的规定的情形，必须视其具体情况进行相应的责任追究。

五、开展反腐倡廉工作必须依靠群众的参与和支持，同时注意不要搞群众运动

反腐败斗争，从性质上说是一场严肃的政治斗争。腐败与反腐败的斗争贯穿着改革开放的全过程。反腐倡廉和发扬艰苦创业精神不仅是对党员干部的要求，同时也是对全民的要求。从事这样持久的政治斗争和思想教育，就不只是纪检、监察、政府部门的事，而是全党全民的事。实践证明，鼓励普通党员和群众在党的领导下，运用法律武器参加反腐败斗争，可以取得任何部门孤军作战所达不到的效果。搞不正之风的人最怕“曝光”，最怕群众揭露他们的问题，所以依靠群众建立健全对党员干部的考核制度，建立和完善群众举报制度，建立健全办事公开制度等等，都是反腐败斗争行之有效的形式和方法，必须继续在实践中坚持完善。

但是，依靠群众的参与和支持，必须与搞群众运动相区别。江泽民同志在中纪委十四届三中全会上指出，反腐败“不搞群众运动，不搞人人过关”，这是我们在开展反腐倡廉工作过程中必须把握的一条重要原则。用群众运动解决党内的问题，历史上我们有过许多经验教训。实践证明，这种“大民主”的方法，尽管在一定历史时期、一定程度上起过一些作用，但总的说来，其负面作用要远远超过人们预想的效果。总之，我们不能搞历史上那种“以阶级斗争为纲”的“大民主”式的群众运动，但必须有领导、有组织、有计划、有步骤地发动和依靠群众开展反腐倡廉工作，并逐步使群众的参与和支持制度化、规范化。

第二十二章　幼儿心理健康教育的理论模式

第一节　精神分析的理论模式

精神分析理论是弗洛伊德在心理治疗的实践中创立的一种独持的心理学理论。它创建于19世纪末20世纪初，是心理治疗理论中历史最悠久、影响最深远的一派。在精神分析理论中，与心理咨询和治疗有关的思想主要有：意识和无意识概念、人格构成学说、性心理发展学说和神经症的精神分析治疗技术。

一、意识、前意识和无意识

弗洛伊德认为人的精神（这里指人格）是由不同意识水平的三个部分所组成，即意识、前意识和无意识。意识是人格的最表层部分，它是由人能随意想到、清楚觉察到的主观经验所组成。它的特点是具有逻辑性、时空规定性和现实性。前意识位于意识和无意识之间，由那些虽不能即刻回想起来，但经过努力就可以进入意识领域的主观经验所组成。在弗洛伊德看来，意识和前意识两者虽有区别，但没有不可逾越的鸿沟，前意识的东西可以通过回忆进入意识中来，而意识中的东西当没有被注意时，也可以转入前意识中。

前意识的主要作用就是检查，即不许那些使人产生焦虑的创伤性经验、不良情感以及为社会道德所不容的原始欲望和本能冲动进入意识领域，而把它们压制在无意识之中，使意识和无意识完全隔离。

人格结构的最深层部分是无意识，弗洛伊德把它定义为不曾在意识中出现的心理活动和曾是意识的但已受压抑的心理活动。这个部分的主要成分是原始的冲动和各种本能、通过种族遗传得到的人类早期经验以及个人遗忘了的童年时期的经验和创伤性经验、不合伦理的各种欲望和感情。无意识具有无时空秩序、无矛盾性、非理性与非现实性等特点。无意识是人格结构中最大、最有力的部分。虽然，在通常情况下，我们意识不到它的存在，但它对于我们的一切行为都产生影响。它影响我们的思维、感知和行为的方式，影响我们的职业和婚姻对象的选择，影响我们的健康状况、爱好、兴趣和习惯等。在弗洛伊德看来，不存在任何自由意志的行为，有些行为表面上似乎出自我们的意识和自由意志，但实际上都是受无意识力量所驱使的，它们只不过是无意识过程的外部标志。有意识的心理现象往往是虚假的、表面的和象征的，它们的真面目、真实原因和真正动机隐藏在内心深处的无意识之中。

二、本我、自我和超我

弗洛伊德提出了本我（id）、自我（ego）和超我（superego）三部分人格结构的理论。本我是人格中最难接近但又最有力的部分。说它难以接近是因为它潜藏在无意识之中；说它最有力，因为它是人所有精神活动所需能量的贮存序。本我完全是由先天的本能、原始的欲望所组成的。它同人的肉体过程相联系，将躯体能量转化为精神能量，并且贮藏它们并向自我、超我提供能量。弗洛伊德把本我中所具有的精神能量称为力必多（libido），有时弗洛伊德把力必多特指性本能所产生的能量。

弗洛伊德还提出了死本能和生本能的概念。死本能是有机体返回自己先前无机状态的趋向。弗洛伊德说：一切生命的目标是死亡。生命过程本身就是一种紧张，只有死亡，才能最终解除这种紧张。因此，人生下来就具有死亡的本能。弗洛伊德把此本能具有的能量称为萨纳托斯(Thanatos)。萨纳托斯是一种破坏力，当它指向个人内部，则表现为自责、自杀或受虐狂等行为。当它指向个人外部，就会产生憎恨、攻击、侵犯和施虐狂等行为。与死本能相对立的概念是生本能，它包括生存本能和性本能。生本能所提供的能量称为厄洛斯（Eros），厄洛斯代表爱和创造的力量。

弗洛伊德认为厄洛斯和萨纳托斯等心理能量是幽闭在本我之中的，随着时间的延长，这些心理能量不断聚集、增长，以至机体内部紧张度太高而不能忍受。因此，本我会要求能量不断释放以减轻紧张度。当能量释放时，紧张度下降，人随之体会到快乐感。弗洛伊德认为本我的唯一目标是追求快乐。本我像一个暴躁的婴儿，非常贪婪而不开化，只对自己的需要感兴趣，一点也不听从现实和理性的指引。弗洛伊德把本我这种只图快乐的活动准则称为“快乐原则”。

自我是人格中理智的、符合现实的部分。它派生于本我，不能脱离本我而单独存在。自我的力量就是从本我那里得到的，自我是来帮助本我而不是妨碍本我，它总是根据现实的可能性力图满足本我的要求。因此，自我是本我的执行机构。弗洛伊德把本我与自我的关系比喻为马与骑手的关系。马提供能量，而骑手则调节、引导和改变能量的方向，指引马向目的地前进。自我在本我与现实之间、本我与超我之间起调节、整合作用。与本我不顾一切地追求享乐的办事风格不同，作为理性化身的自我则是按照“现实原则”办事，即是说自我总是根据显示情况来满足本我的欲求。现实条件许可时，就即时满足本我的要求；现实条件不许可时，就暂时延缓甚至否定本我欲求的满足，以求得与现实的协凋，避免与现实发生冲突而带来痛苦的后果。自我活动过程具有逻辑性和符合现实的特点。

人格结构的第三部分是超我，它是人格中最文明、最有道德的部分。超我有两个方面，一个是自我理想，另一个是良心。在儿童早期生活中，父母总是有意无意地依据自己的道德标准和社会规范去评价、奖励和惩罚儿童。父母对儿童的某些行为做出“好”的评价，给儿童以物质和精神的奖励，对儿童的另一些行为，父母做出“坏”的评价，并给以惩罚。长此以往，儿童就知道什么行为是好的，什么行为是坏的，父母关于奖惩儿童行为的标准逐渐内化为儿童自己的行为规范。儿童可以在父母不在场的情况下，自己评价自己，当自己行为符合道德规范时，就感到愉快和满意(内在奖励)；当自己行为违反了这些规范时，就感到内疚(良心谴责)。到这个时候，父母关于什么行为是“好”的标准就内化为儿童的自我理想，父母关于什么行为是“坏”的惩罚规则就内化为儿童的良心，这样超找就形成了。

超我的形成使问题变得更加复杂。自我在满足本我欲求时，不仅要考虑现实条件的可能性，而且要受到超我的制约。与自我不同，超我是社会道德的化身，按照“道德原则”行事，它总是与享乐主义的本我直接对立和冲突，力图限制本我的私欲，使它得不到满足。弗洛伊德把自我喻之为一个暴君统治下的臣民，它要尽力满足专横本我的欲求，要应付严酷的现实环境。还要遵从神圣超我的规范。自我在三个暴君之间周旋、调停，力图使三者的要求都得到满足，以便达到一种相对平衡的状态。可见，自我是人格结构中维护统一的关键因素。如果自我力量不够强大，则难以协调各种力量，使之保持平衡。

三、冲突、焦虑和防御机制

根据弗洛伊德的人格结构理论，自我是调解者，通过调解，使人格内部各种力量之间、人与环境之间达到一种平衡，实现人格的整合和统一。但是，平衡是相对的、暂时的，而不平衡是绝对的、持久的，人格内部冲突不可避免。随着矛盾冲突的加剧，人就会产生心理焦虑，如果冲突过于激烈，而自我无法应付时，就会导致人格的分裂和精神障碍。

弗洛伊德认为人有三种焦虑。第一种是现实焦虑，它是人觉察到周围环境中存在的现现实危险所产生的内心紧张、不安和恐惧。第二种为神经质焦虑，它是由于担心失去对本我控制而产生的潜在危险所生的，这种焦虑不是对本我自身的恐惧，而是害怕它不分青红皂白的冲动带来受惩罚的结果。第三种焦虑称为道德焦虑，它是由于意识到自己的思想行为不符合道德规范而产生的良心不安、羞耻感和有罪感。道德焦虑是伴随着超我的形成而来的，超我不成熟的人很少体验到道德焦虑。

不管是哪种焦虑，都是人内心的一种紧张状态，而人具有一种解除紧张状态的先天倾向，因此，焦虑本身会起到一种动力的作用。同时，焦虑也起到对人行为的控制和引导作用。因为它警告我们，如果继续以那种方式行动或思考，我们就会处于危险之中。焦虑对人有积极的一面，但是，如果焦虑水平太高，持续时间太长，那人是无法忍受的，严重的焦虑往往导致人格的分裂和精神病。为了减轻或消除人格内部的冲突、降低或避免焦虑，以保持人格的完整和统一，自我发展了许多保护性的机制，弗洛伊德称之为自我防御机制。下面是几种主要的防御机制。

（1）压抑(depression)。压抑是自我最基本的防御机制，因为它先于其他任何防御机制而产生，别的防御机制的运行要以它为基础。压抑是自我防止引起焦虑的思想观念进入意识领域的一种方法。通过它，那些会带来焦虑的观念和欲望被禁闭在本我之中，人意识不到它，焦虑自然会大大减轻。压抑有两种情况：一种是对本我中的先天本能冲动和原始欲望的压制；另一种是对个人后天生活中的痛苦经验和不良欲望的压抑。人们往往不去回忆早年创伤性的生活经验，因为这样的回忆会使人痛苦。通过压抑，自我将它们压抑在本我之中，不能上升到意识水平，从而减少了个人的焦虑。

（2）否认（denial）。否认是最早形成的自我防御机制之一。据说它伴随着痛苦感情一起产生，是为了减轻痛苦的一种保护性机制。通过这种机制，人不相信、不承认对自己不利的、带来痛苦的现实情况。一些人在亲人逝世的噩耗传来时，大叫道："不！不！这不是真的！我不相信！"这类情况就是自我否认机制在起作用。否认使人逃离现实，是一种解决问题的消极办法。它只不过是通过对令人痛苦的现实闭上自己的眼睛，假定那种现实情况不存在来回避使人痛苦的现实问题。

（3）投射（projection）。它是一种拿别人做"替罪羊"的方法。利用这种方法的人，不承认自己身上有某种不良品质和思想感情，而把这些不良品质、思想感情投射给别人，看成是别人具有的东西。既然那些不良品质与思想感情不是自己的，而是别人的，那么，自己就不会感到不安和焦虑。现实中我们大多数人或多或少利用述这种防御机制。

（4）反间作用（reaction formation）。这是人努力表现出自己不良品质和情感的对立面来减轻焦虑的方法。例如，刚刚步入青春期的少男少女们有一段时间相互对抗、敌意，这种意识上的对抗和敌意是一种假面具，掩盖了潜意识中对异性的好感和倾慕。

（5）合理化（rationalization），又可称为文饰作用。通过这种机制，人对自己不良行为或者内心想要却不能得到等痛苦经历编造出一个似乎合理、自己能接受的解释。一个中学生因没有考上大学而懊丧不已，为了解脱自己，他说："为什么要读大学，寒窗之苦还没受够吗？我再也不想读书了。"这是人利用合理化的防御机制原谅自己、保护自尊的例子。

（6）替代和升华（displacement and sublimation）。弗洛伊德认为本我中聚集的大量能量总是力图通过各种渠道发泄出来(弗洛伊德称之为精神发泄)，而满足本能欲望、发泄能量的直接方式往往为超我的道德规范或现实要求所不容。因此会遭受自我和超我的抵制与压抑(反精神发泄)。这些受抵制的力必多能量不得不转换对象和改变方向，企图以间接的方式发泄出来，这就是自我的一种防御机制“替代”。例如，某人在公司里被老板训斥，内心愤怒，但不敢公开与老板对抗，结果回到家里把愤怒之情发泄到自己妻子身上。

弗洛伊德认为，如果力必多发泄的直接与原始的方式被社会赞许的、高尚的间接方式所替代，就称为升华。弗洛伊德对一些著名文学家、艺术家和科学家进行分析，认为他们的伟大成就与原始欲望的升华有关。例如，歌德青年时期钟情于一个女子，可受到阻碍不能如愿，他痛苦万分，几乎自杀。后来歌德这种强烈的爱欲转化为创作冲动，写出了《少年维特之烦恼》，此后他内心平静了，痛苦消失了。因为通过创作活动，他的力必多得到了发泄，从而解除了内心的紧张和烦恼，弗洛伊德特别强调升华的作用，他在《文明及其不满》一书中指出文明和文化的进步依赖于力必多的升华。没有生华就没有文学、艺术，没有科学发明和创造。

四、以性心理为主线的人格发展阶段论

弗洛伊德不仅重视人格的发展及其阶段，而且强调婴幼儿期生活经验对人格发展的重要意义，因此，在心理学上，有时也把弗洛伊德的精神分析称为“发展理论”，弗洛伊德认为婴幼儿期是人格发展的最重要阶段，一个人出生之后长到6岁时，其人格的基本模式就大致形成了，以后保持终生，几乎没有什么大的变化。正因为早期经验的重要性，一个成人的人格适应问题，追根溯源常常可以从他的童年生活中找到原因。弗洛伊德的人格发展理论是以他的泛性论思想为基础的，在他看来，性心理发展和人格发展几乎是一个同义语。弗洛伊德主张人的性心理发展也即人格发展经过五个阶段，每一阶段都有其特点和特殊问题，阶段之间的先后顺序是固定的。这种固定的发展顺序是由成熟过程决定的。

五、精神分析的治疗方法

精神分析的治疗方法主要在于逐渐地觉察、明了人的行为及各种症状所显示的无意识的意义。精神分析认为症状是人格各部分冲突的结果，它经过化装以神经症的形式出现，其背后包含有无意识的动机与冲突。治疗者要帮助当争人寻找症状背后的无意识动机，使之上升到意识领域。即通过分析认识当事人自己，意识到其无意识中的症结所在，产生意识层次的领悟，使无意识的心理过程转变为有意识的，使当事人真正了解症状的真实意义，便可使症状消失。

第二节　行为主义理论模式

一、经典的条件反射原理

提到经典的条件作用，必然会想到巴甫洛夫的经典性实验：他用狗做实验，当狗吃食物时会引起唾液的分泌，这是先天的反射，称无条件反射。单以铃声刺激狗，不会引起狗的唾液分泌。但如果每次给狗吃食物以前出现铃声，这样铃声与食物多次结合之后，铃声一响，狗就会出现唾液分泌。铃声本来与唾液分泌无关(称为无关刺激)，由于多次与食物结合，铃声已具有引起唾液分泌的作用，即铃声已成为进食的“信号”了。这时，铃声已转化为信号刺激(即条件刺激)，这种反射就是条件反射，也称应答性条件作用。

心地学家华生很早就利用应答性条件作用的知识进行实验，他曾使一个本来喜欢动物的 11 个月的男孩对白鼠产生恐惧的反应。其做法是每当这个男孩伸手要去玩弄白鼠时，实验者就在他背后猛击铁棒，巨大的响声使幼儿惊恐。经过这样几次的结合之后，每当白鼠出现，这个男孩就会哭闹，出现恐惧的表现。此后，又进一步发现这个男该的这种反应又泛化到其他白色的动物身上去了，本来他并不害怕的对象，如兔子、狗、有毛的玩具等，现在看到也发生了恐惧或消极的反应，这就是经典的条件作用原理。

二、操作条件反射原理

美国的心理学家桑代克与斯金纳相继提出了操作性条件反射的学习理论。桑代克曾把猫关在迷箱之中，猫可以借助拉绳圈、推动杠杆、转动旋钮而逃出来。关在迷箱之中的猫一开始挤栅门，抓、咬放在迷箱里的东西，把爪子伸出来等，进行了多种尝试以逃出迷箱，结果会偶然碰到打开迷箱的机关而逃出迷箱。多次尝试错误后，猫的错误行为渐渐减少，成功的反应保存了下来。最后，猫学会了如何逃出迷箱，即学会了“开门”的动作。这种条件反射后被斯金纳称之为操作条件反射，因为正是该行为的操作导致了成功的结果，获得强化。

斯金纳也做过许多操作性条件反射的实验研究。他研制出一种现在被称为“斯金纳箱”的实验仪器。从这个仪器的实验中，他得出了许多用于行为治疗的原理，如强化机制、强化的时间与方式等。他认为，包括心理疾病在内的大多数行为都是习得的，因此，心理咨询和治疗就是要改变对来访者起作用的强化物来矫正其变态的或不正常的行为。

三、模仿学习原理

模仿学习原理又称社会学习原理，主要是由美国心理学家班杜拉提出来的。班杜拉对幼儿作了大量的实验研究，认为个体通过观察其他人的行为反应就可以达到模仿学习的目的。观察学习是个体社会学习的一种最重要的形式。班杜拉指出，观察的学习机制不能简草地用操作条件反射的原理进行解释。观察学习由注意、保持、动作复演和动机建立四个相互联系的阶段构成，各阶段分别受一系列变量的影响，这四个阶段是社会模仿学习必备的阶段，除此之外，被模仿人的特征、观察者的特征和观察者的参与程度等也是影响模仿学习的重要因素。

模仿学习理论认为，人的大量行为都可以通过模仿而习得，人的不良行为也常常是通过这一方式而形成。如儿童看到成人或电视中的攻击行为，自己就会变得有攻击型。疑病症的儿童多来自特别关注疾病的家庭。模仿有助于人们学会很多重要的技能，但也可能会在习得变态行为方面发挥其作用。

四、行为矫正技术

从行为学习的原理发展处了行为矫正技术。在心理咨询和质量重，常用的行为矫正技术与方法主要有下面五种。

1. 系统脱敏法

系统脱敏法是最早应用的行为治疗技术之一，它主要利用交互抑制或逆向条件作用的原理来矫正当事人在某一特定的情境下产生的超出一般紧张水平的焦虑或恐怖状态。

2. 模仿学习

模仿学习也是行为治疗常用的方法之一，其原理来自社会学习理论。它利用人类通过模仿学习获得新的行为反应倾向，帮助某些具有不良行为的人以适当的反应取代其不适当的反应，或帮助某些缺乏某种行为的人学习这种行为。一般而言，模仿学习的行为治疗方法有两种方式：一是想象模仿，二是参与模仿。

3. 角色扮演

角色扮演是指扮演与来访者问题有关的特定人物，将其可能出现的行为表现出来。角色扮演可以既是对现实生活的一种重复，又是一种预演。在角色扮演过程中，来访者可学习改变自己旧有的行为或学习新的行为，并进而改变自己对某一问题的看法。

4. 果敢训练

果敢训练又称肯定性训练、自信训练、敢于自我表达训练等。此方法适用于人际关系的情境，用于帮助来访者正确地和适当地与他人交往，尤其适用于那些不能表达自己愤怒或者苦闷的人、很难对他人说“不”字的人和那些很难表达自己积极情感的人。通过果敢训练，可以帮助他们能够或敢于表达自己的正当要求和意见或自己内心的情感体验。一般而言，果敢训练主要包括这样几个步骤：①确认需要进行果教训练的问题；②提高来访者进行果敢训练的动机；③定义适当的行为；④确定果敢行为的训练阶段。

5. 强化的方法

强化的方法是建立在操作条件作用的原理上的。例如，某一行为若得到奖赏，那么以后这个行为重复出现的频率就会增加；反之，得不到奖赏的行为出现的次数就可能会减少。

第三节　人本主义理论模式

一、罗杰斯的人格理论

罗杰斯是人本主义理论的创始人之一，他提出了“以人为中心”的心理咨询与心理治疗方法。他相信，人的本质都是好的，虽然人们有时也不友善甚至残酷，但是，他认为如果我们能够被允许成为我们想成为的人，我们将不会受生命中存在问题的干扰，所有的人都能充分发挥自己的潜能而成为可爱的、值得依赖的人。为此，罗杰斯把功能得以充分发挥的人称为心理健康的人。他认为，人之所以出现心理问题，在很大程度上是因为受到了来自环境的各种不良因素的压制，使人不能充分发挥自己，进而导致自我认识的歪曲。因此，罗杰斯主张在心理咨询过程中，咨询员要以当事人为中心，要给予当事人充分的尊重和无条件的积极关注，只有这样，才能帮助当事人重新认识自己，排除干扰，使自己的能力充分发挥出来。

罗杰斯认为，在我们的社会里，我们大多数人都是在一种“有条件”积极关注的环境中成长起来的。作为儿童，父母亲和其他一些“意义重大的人物”向他们提供爱和支持，但这种提供不是无条件的，也就是说大多数父母只要孩子们做他们所期望的，他们就爱孩子。当父母亲对孩子的行为不满意时，他们就拒绝给孩子爱，孩子获取了这样的信息，即只有当他们做父母亲想让他们做的事他们才能得到爱。这种积极关注孩子的需要和想法是以他们的行为作为条件的。

作为这种有条件积极关注的结果，孩子们学会放弃他们真实的情感和愿望而仅仅只接受父母亲认为是合适的有关自己的那一部分，他们回避自己的缺点和不足。最终孩子们变得越来越不了解自己，而且在将来也越来越难以使机能充分发挥。成年后我们继续这一过程，仅仅将那些可能赢得在我们生活中有重要意义的人的赞扬和支持的方面纳入我们的自我概念。当然，我们每个人身上都存在那么一些东西，如果我们把它们暴露给我们所爱的人，就有可能遭到非难甚至拒绝，于是取代接受和表达这些思想和愿望，我们采取回避或歪曲，我们不让它们进入我们的自我概念。这样，我们失去了与我们真实情感接触的机会，从而变得越来越难以使机能充分发挥，这就是罗杰斯所说的“人类中一种基本的隔离”。

这个问题进一步发展为我们怎样才能逐步接受我们的缺点和不足？我们设么时候才知道它们不被别人接受？按罗杰斯的看法，我们需要无条件的积极关注去接受我们人格中的所有方面。因为无条件积极关注，我们知道不论我们做什么，我们都会被接受，被爱甚至被“奖励”。父母亲能与孩子们进行感情交流，尽管他们并不赞许孩了们某种特别的行为，他们却总是爱和接受孩子。在这种条件下，孩子们不再感到需要回避人格中那些可能导致失去积极关注的方面，他们自由地体验自己的所有方面，自有地将缺点和错误纳入自我概念，自由体验生命的全部。

父母亲并不是无条件积极关注的唯一来源，成长在一个没有这种认可的家庭中，并不能宣告一个人更少充分享受生命。在心理治疗中治疗者也能体现这种无条件积极关注的思想，通过利用这种气氛和罗杰斯创立的一些其他治疗程序，成人也能使他们自己返回到朝向自我实现和幸福的正确轨道上来。

二、马斯洛的人格理论

马斯洛是人本主义心理学派的另一位重要人物。当大多数心理治疗者正将他们的注意引向人们为什么会产生精神混乱的时候，马斯洛却在探索心理学怎样才能促进人格中幸福、健康一面的发展。

马斯洛虽然也承认无意识动机的存在，但是他把注意力集中在人格中存在于意识之上的那些部分。他相信人性本善，而且人是有着自有意愿的个体。每个人都会用适合个人风格并与他们所处环境的独特要求相称的方式、方法，来使他们与生俱来的动机得到满足。马斯洛也反对将人还原成只有刺激—反应的行为模式，强调人的完整性，认为有机体是一个高度统一的整体，具有自己独特的风格。

马斯洛认为，一个达到自我实现的人就是心理健康的人。通过分析有成就的健康正常人来揭示心理健康本质的研究，无疑比从不健康人身上进行的研究更为积极。因此，马斯洛的心理健康观得到了许多心理学家的支持和认同，它丰富和拓展了心理咨询领域，促进了心理健康教育的产生和发展。

目前，我们国家提倡素质教育，就是强调以学生为中心，注重学生的全面发展。特别是要求根据学生的心理特点，通过适当的教育来促进其潜能的发挥和创造力的培养。这种教育改革的思想无疑与人本主义的健康观和教育观是相一致的。

三、个人中心疗法

个人中心疗法又称为患者中心疗法，是由卡尔·罗杰斯于20世纪40年代首创的一种心理治疗与咨询的方法，目前已成为心理治疗领域中的主要理论流派之一。它的基本假设就是：只要给患者提供适当的心理环境和气氛，他们自己就能产生自我理解，改变对自己和他人的看法，产生自我导向的行为，并最终达到心理健康的水平。

按照罗杰斯的观点，每一个人都是独特的，并且具有充分实现其潜力的能力。这种能力和潜力就存在于机体先天具有的智慧之中，这种先天具有的智慧又可被称为机体评价过程。根据这一过程，婴儿可以在任何时候对自己的感受进行评价，区分什么是好(即实现了自己的潜力)，什么是不好(没有实现自己的潜力)。与生俱来的还有一种实现倾向，它的发展为个体提高了保持和促进其生活的能力。这种独特的人类潜力又被称为是对自我实现的渴望。

在个人中心治疗中，关系是最根本的。它是治疗过程的开始，是治疗中的主要事件，也是治疗的结束。治疗者与病人之间的关系应是安全和相互信任的，而且一旦建立了一种安全和相互信任的气氛，就能促进治疗关系的发展。

第四节　心理健康教育的教学理论模式

一、奥斯本的脑力激荡

奥斯本提出的脑力激荡主要是通过集体思考与讨论的方式，使观点与想法相互激荡，产生连锁反应，以引导出更多的新观点或新想法的方法。脑力激荡的训练策略或教学模式主要包括以下几个步骤：

第一，选择并说明问题，所选择的问题应该是开放性的和具体性的，例如，如何搞好六一儿童节的庆祝活动，采用什么方法使大家不乱扔垃圾，为本班的新刊物取什么样的名，等等。

第二，说明必须遵守的规则。奥斯本提出了“脑力激荡”的四条著名规则：①不要批评别人的意见；②观点与意见越多越好；③自由思考，容许异想天开；④可以将别人的观点组合或改进。

第三，组织并激发轻松自如、开放热烈的团体气氛。

第四，主持团体讨论，鼓励大家发表意见。

第五，记录大家提出来的意见或观点。

第六，共同制定评价标准，以选取最佳的意见。评价标准可以是以下内容：①是否能达到预期效果；②是否具有效率；③是否符合现行法律法规以及道德准则；④时机是否适当；⑤是否可行；⑥手续是否简便等。

在脑力激荡提出众多意见之后，一般可采用投票的方式，选出大家最喜欢的意见，并且，还可以共同讨论如何改进或完善这一意见。由于脑力激荡的教学模式具有易实施、效果好的优点，因此它在创造力训练以及各种心理品质的教育中被广泛应用。

二、勒温的敏感性训练

勒温在研究团体动力过程中，发明了敏感性训练这一心理教学形式，这一特殊教学形式被著名心理学家罗杰斯称之为20世纪最伟大的心理学发明。“敏感性训练”主要是通过小组交流讨论的形式，让参加者学会如何有效地与他人沟通和交流；如何有效地倾听和了解他人的感情与感受；了解别人如何看待自己，自己的行为又如何影响别人，以及自己又如何受别人的影响等。这一教学模式不需要教师课堂讲课，教师只是在小组中临时召集人，组织大家参与小组活动。小组成员主要通过自己的实践与亲身体验，在与小组其他成员的相互作用过程中进行学习，认识自己，也认识他人，丰富自己的生活。

典型的敏感性训练的目标主要包括五个方面：①培养明确、坦率的社会交往与交流方式；②培养社会交往中各种角色的适应性；③培养社会兴趣，以及增进对社会和对他人的了解；④培养平等、合作与相互信赖的社会交往态度；⑤培养解决社会交往中各种问题的能力。敏感性训练的教学模式强调在人与人之间相互作用的实际过程中，依靠自己的亲身体验和感受来学习。学习的目标主要不是认知领域的目标，而是情意或人格方面的目标。小组内的交流活动是学习的主要途径，而小组中真诚、坦率和理解的气氛是教学成功的一个关键因素。大量的敏感性训练实践表明了该教学模式有助于提高参与者的自信心，增进对自己与他人的了解，以及人与人之间的相互理解与信任，从而促进人与人之间的沟通与人际关系的和谐。

三、成就动机训练

早在20世纪30年代著名心理学家默里就提出成就动机的概念，他认为人除了吃、喝、性与排泄等生理零需要外，更需要的是人有各种心理需要。他列举了27 种心理需要，而成就动机就是其中最重要，也是研究得最广泛的一种心理需要。他认为成就动机是个体克服阻碍、施展才能、力求解决某种难题的欲望或趋向。在此之后，麦克莱尔和阿特金森席等人都对成就动机进行长期的系统研究。他们进一步从成就动机中区分出两种动机倾向，即追求成功动机倾向与避免失败的动机倾向。一个人的行为动机是由这两种倾向的合力来决定的。一个追求成功动机倾向占优势的人(求成型的人)对成功感到极大的满足，对失败则并不过分在意；而一个避免失败动机倾向占优势的人(避败型的人)对失败深感羞耻。当所面临的任务有50%的把握能完成时，求成型的人完成任务的欲望最强烈，而避败型的人最感焦虑，回避的倾向最强，他们愿意去做更难或更容易的工作。

麦克莱尔等人认为成就动机不是天生的，而是在后天环境的影响与教育的作用下发展起来的，因此，通过适当的训练与培养可以提高个体的成就动机。由此，在西方国家中发展出了一种专门训练成就动机的教学模式。这种训练的目的是让学生了解并掌握高成就动机者的心理特征与行为方式，以增强学生学习的主动积极性，提高其成就动机水平。训练通常包含10～20个教学训练单元，训练内容可集中在一个星期内完成，也可分教在一个学期内完成。

四、创造性问题解决的教学模式

美国学者帕尼斯则依据创造性问题的解决过程，提出自己的创造性问题解决的教学模式。帕尼斯认为每个人都具有不同程度的创造潜力，这种创造潜力可以通过教育训练和实践活动来提高与发挥。知识在创造力的培养中非常重要，因为一个人如果没有预先储备相应的知识，则不可能创造。所以，培养创造力应该贯穿于知识的教学过程中。当然，知识的传授不等同于创造力的培养。教师只有充分理解了创造性问题的解决过程，并遵循这一过程的有关规律来进行教学活动，才能有效地培养学生的创造力。根据研究，帕尼斯认为创造性问题解决的过程包括六个步骤，即发现困惑、发现事实、发现问题、发现构想、发现解答和寻求接纳。在每一步骤中，都包含两种思维方式，一是发散性的思维方式，一是集中性的思维方式。下面将每一步做具体说明。

第一，发现困惑。从自己平时的兴趣、经验中寻找一些困扰自己而有待解决的问题，并选择要解决的问题和确定解决这些问题的先后顺序。在这一步骤中，教师可以引导学生进行发散性与集中性的思考。发散性的问题有：什么对我重要？我对什么感到好奇？我对什么东西感兴趣？我关心什么？我想要接受何种挑战与机会？有什么矛盾与困扰的问题，我对这些困惑应该做什么样的反应？安排什么样的活动计划？等等。集中性的问题有：什么要求是真正最急迫的？什么事情最紧急、最重要？我处理问题的优先顺序是什么？我最希望保护、实现、得到或避免的是什么？我最需要扩展、提高与改进的是什么？等等。

第二，发现事实。收集一切可供参考的信息、知识、感觉与意见或其他有关资料，并将其分析、归纳与总结。在这一步骤中，发散行思维问题有：我有什么信息资料？我可以在何处得到帮助？我可能接触、尝试、观察、感受、探测什么？我要如何或自何处才能得到更多的信息？我可能要阅读、注意、倾听、观看、研究与学习什么？等等；集中性思维问题有：什么信息资料最重要？这些资料的重要程度与顺序怎样？哪些信息可能有关联，应该组合在一起？什么资料必须在我们加始进行之前搜集？

第三，发现问题。思考许多可能的问题，充分运用想象力去发现更多的问题或次要问题，并说明这些问题。在这一步骤中，学生思考的发散性思维问题有：我要解决什么问题？获得什么利益？这个问题何以对我重要？我能够做什么？想要制造什么？生产什么？集中性思维问题有：什么问题最重要？哪些是普通的问题？我的真止目标是什么？我该从什么问题入手？对我来说，真正最重要的事情是什么？等等。

第四，发现构想。针对问题，探索可行的对策或构想。发散性问题有：我能否想出更多可行的方法？有没有不同的方法？或新的特殊的方法？这个问题应该如何解决？我能否找出哪些新的关联？我能否创造出其他的可能性？集中性问题有：哪种选择最有说服力？哪种方法最有效、最可行？哪种意见我最喜欢？哪些构想可以结合或组织在一起？哪些构想值得做更多的试验或考虑？等等。

第五，发现解答。要求列出评价构想的标准，以判断构想的合理性、可行性或有效性等，然后对每一构想进行系统的分析评价，最后找出最有可能解决问题的构想。这一步骤中，常思考的发散性问题有：有哪些因素或标准需要考虑？哪些标准可用于这些构想？如何分析比较这些构想？如何确定这些构想的优点与缺点？如何使有趣的构想变得更好？如何使幻想式的构想更实际、更可行？集中性思考的问题有：哪些标准是我们在使用时最重要的或必需的？哪些标准有助于我们精练或发展构想？哪些构想具有前瞻性？哪些构想能够使我们达到目的、完成任务？

第六，寻求接纳。这一步骤主要是确定构想或方案，并将构想或解决方案付诸实施。在实施过程中，可能受到各种阻力或助力、资源和环境的影响，因此要全面深入考虑如何有效实施，以保证任务的完成。关键的发散性思考问题有：我们会采取这些行动吗？有什么因素支持或阻碍我们实施这一方案？实施过程中会产生什么问题？如果这些问题发生了，我们应该如何做？需要什么样的帮助？在什么情况下我们的计划会暂停、延迟或放弃？集中性思考问题有：我们计划成功的首要条件是什么？什么东西最有可能阻碍我们获得成功？我们应该采取什么样的必要措施以防万一？何时何处开始实施？什么时候完成？解决问题的最晚期限是什么？

在创造力的训练中，教师应按照上述步骤有计划地进行。对于教师来讲，教学训练成功的关键因素在于：①教师要向学生提供一个宽松的、能自由表达自己意见和看法的环境；②教师要善于提出各种发散性和集中性思考的问题，以激发学生的想象力与思维能力。

五、温斯坦的自我教育课程模式

美国学者温斯坦于 1983 年提出了一套自我教育的课程模式，其主要目的是帮助学生探索自我、认识自我、发展自我。通过一套系统的课程计划来训练学生，帮助他们加深对自己，以及自己与他人、自己与世界的关系，掌握有关认识自我与决策的知识、技能与态度，发展他们自我的独特性，增强他们独立自主的能力与意识。

温斯坦提出了描述自我探索过程的模式(见图 22-1)，以说明个人的自我探索是如何发生、如何加强的。当一个人面临冲突情景时，自我探索就开始了。第一步，他会问自己：我面临的问题或矛盾是什么。第二步，他会考虑各种可能的反应，问自己该如何反应；与以往的问题情景相比，这个情景有何特殊之处；有何共同之处。第三步，他要了解各种反应的性质，知道这些反应对他有什么影响。第四步，他要了解自己的特性，认清自己在这一问题上的优点与长处、缺点与不足。第五步，他要考虑采取哪种反应，这种反应可能会产生什么样的后果，对自己的一生有什么样的影响。第六步，他应该考虑其他反应的可能性与可行性，知道现有的条件是否允许他作别的反应。第七步，他要做出决定并对自己的决定做出评价，知道采取这样的行为反应是否适当，是否可行，是否有效。第八步，他要制定行动的计划，采取一系列的行动来解决问题，实现自己的目标。

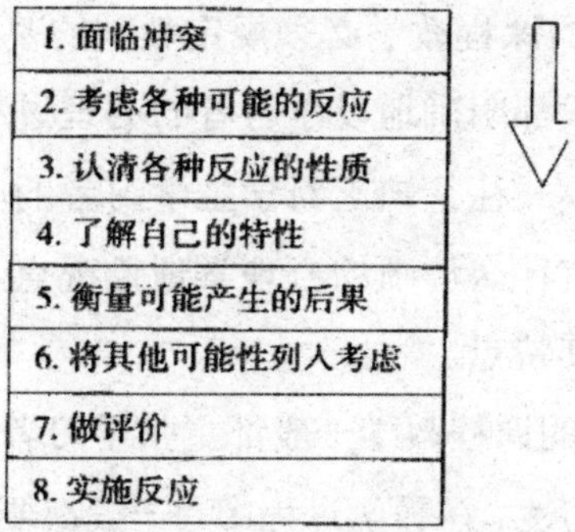

图 22-1　个人自我探索的过程

自我教育的课程计划要依据个人自我探索的心理过程来设计。课程设计的关键是教师要精心设计一些问题情景，让学生面临现实或假想的问题情景。以问题情境来激起学生的自我探索过程，并在这一过程中一步步地引导学生认识自我以及各种主客观条件，做出行动的决定与行动计划，并实施计划。这种课程的优点是可以帮助学生了解心理成长的一些基本原则，学生可以通过具体的自我探索的认知与实践过程来直接体验自我，拓展自我、他人与社会的认识。但是，要涉及出学生普遍欢迎的系列课程是相当困难的。在课程教学中要使学生向他人展示自我、暴露自我的隐秘也非易事。另外，课程的教学也需要得到学校、家庭、社会多方面的支持与配合，才能取得较好的教学效果。

六、心理健康教育的教学模式特点

通过以上重要心理教学模式的陈述与分析，我们可以看出，尽管心理教学的模式多种多样，各有特点，但仍然尤其共同的特点，与一般传统的教学模式相区别并归纳出心理健康教育课程模式的以下七个特点。

（1）与一般的学科教学模式不同，各种心理健康教育课程都是以培养或训练心理品质为主要的教学目标。作为教学目标的心理品质可以是智力与创造力，也可以是非智力的各种心理因素，如自我意识、成就动机、归因模式、意念品质、心理健康等。不同的教学模式各有其侧重，有的强调智力因素的培养，有的强调非智力因素的训练，有的要求较全面地培养各种心理品质，有的重视某一方面的心理品质训练。

（2）心理健康教育的课程教学必须规定教学的基本步骤或主要程序，而这样的教学步骤或程序一般都明确地以学习者的心理过程与心理发展的理论观点为基础。而传统的教学模式往往缺乏对学生学习者的心理过程与心理发展的深入分析，或者说看不出有什么清晰的心理学理论观点，因而其教学程序不容易适应学生的心理过程及其特点。

（3）心理健康教育的课程教学一般都主张学习者主体性的教学原则，强调充分发挥学生学习的主动性。在教学过程中，一般都要求教学要以学生的需要与特点为出发点，教学的内容尽量围绕学生关心的实际问题来进行，以此来激发学生的学习兴趣与主动性。教学中教师要尊重学生的主体地位，鼓励学生“唱主角”。强调学生的主体性，并不是反对教师的主导作用，教师的主导作用主要体现在课程设计以及教学过程的组织上。教师在课程教学设计上，尽量安排符合学生世纪需要的内容，设计好问题情景，留给学生发挥想象力与思维活动的余地；在教学过程中，教师要鼓励学生发表意见，暴露真情实感，努力探索解决问题的办法。教师要善于提出有启发性的问题，多用鼓励性的、商量式的语气说话，尽量避免使用“你听我说”“我告诉你”之类的命令式、灌输式的口吻。

（4）心理健康教育的课程教学一般要求面向全体学生，同时也要求重视学生的个别差异。教学要面向包括正常学生在内的全体学生，它既不以少数“尖子”学生为主要对象，也不以少数有明显心理障碍的学生为对象。面向全体学生就是要求在制定教学计划时要着眼于全体学生；确定教学内容时要考虑大多数学生共同的需要与普遍存在的问题；在教学过程中要创造条件让尽可能多的学生参与，特别是要给那些内向、沉默、害羞，平时不大引人注目的学生提供参与和表现的机会。面向全体学生并不是要否定学生的个别差异，恰恰相反，只有重视学生的个别差异，个别化地对待每一个学生，才能做到“因材施教”，给个体学提供有效的教学服务。教师不仅要了解学生的共性，更要了解学生的个性。在组织教学过程中，既要有面向全体学生的教学形式，也要有面向小组的教学形式，乃至需要个别化的教学形式。

（5）心理健康教育的课程教学大多要求提供支持性的教学气氛与教学环境。所谓支持性的环境是指一种自由宽松的、民主的、安全的环境，在这种环境中学生敢想敢说，没有太多的心理压力与负担，不担心教师或其他学生批评自己说错话或说话幼稚。支持性环境的形成，教师是一个关键的因素。如果一个教师能充分理解学生，尊重学生及其选择，以平等、民主与和蔼可亲的态度来对待学生，则容易造成良好的环境气氛。而那些以居高临下的姿态来批评学生，羞辱、挖苦与讽刺学生，粗暴与强制的手段来压服学生的教师是不可能提供支持性外境的。在教学过程中，教师要鼓励学生提出不同的意见，悦纳学生的意见，减少价值性的评判，容许学生有经历错误的机会。。

（6）心理健康教育的课程教学一般都重视学生的实际操作活动，主张在“做”中学，因而强调活动课程的设计，要求向学生提供各种实践活动的机会。心理品质的形成，不仅需要认识上的提高，而且需要情感态度上的改变，更需要相应的行为方式的形成。因此，单纯从知识上入手的教学往往使学生知与情、知与行相分离，难以培养学生知、情、意三者有机结合的良好心理品质。在教学过程，只有重视学生的实际操作活动与亲身的体验，才能有效地促进学生知、情、意的统一，培养学生良好的心理品质。

(7)心理健康教育的课程教学一般都强调教学过程中师生之间的多向反馈与互动。在课堂教学教师与学生、学生与学生之间的相互关系与相互作用。直接影响各教学的效果与质量。传统的教学模式一般以教师活动为主，师生之间的关系主要是一种单向的反馈结构，学生对教师完全处于被动受教的地位，难以发挥自身的主动性。心理教学的模式则要求充分发挥学生的主动积极性，实施一种师生之间、学生之间，以及学生自身的多向反馈结构。在班集体中，教师与学生都是其成员或参与者，他们之间都可以通过正式或非正式的方式进行多向的信息交流（参见图 22-2），从而提高班集体活动的数量与质量，对学生产生更深刻、更有效的影响。

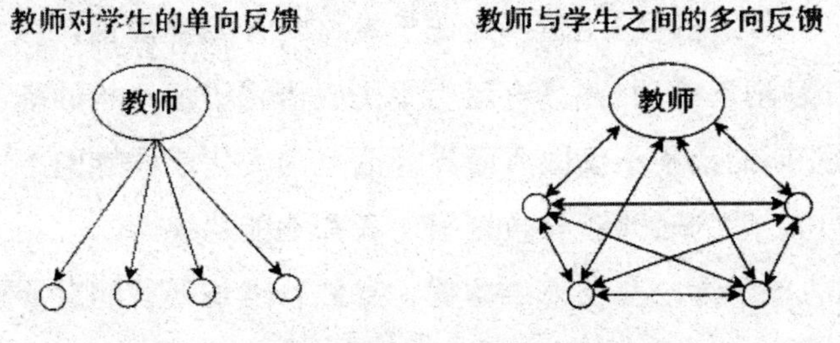

图 22-2　课堂教学师剩互动类型

第二十三章　幼儿心理发展

第一节　幼儿心理发展的特点

幼儿期，亦称学前期，一般是指 3 至 6 岁这段时期。虽然世界上不同地区的幼儿在心理发展上存在一些明显的差异,但也存在某些共同的和基本的特征。

第一，幼儿期的孩子生长和发育快。在这短短几年时间内，他们学会了说话，具有了初步的自我观念，知道了男孩与女孩的区别，以及他们各自所要扮演的性别角色，其生活开始超出家庭保护的范围，进入较为广泛的社会领域。

第二，他们的成长是有顺序的和连续的。他们经历的发展阶段可以预先知道，例如，幼儿先学会站立，然后学会走路；先说单个词，然后才会说完整的句子。

第三，游戏是幼儿活动的中心。在这段时间，幼儿一有机会便忙于做游戏，不同地区的幼儿在游戏的种类和数量上有一定的差异，但大多数幼儿的游戏往往会模仿周围成年人的活动。

第四，幼儿语言的发展迅速。在这一时期，幼儿对掌握语言很感兴趣，接受能力也很强。多数地区的儿童都是在学走路时开始学说话，在 3 岁时就能够掌握大约 1000 各基本单词. 并具有运用本民族语言语法结构的基本能力。

第五，幼儿期的孩子不仅因人而异，而且因文化或民族的不同而异。对于这些差异，幼儿心理的研究者与教育工作者都不能忽视。

这个时期的孩子无论在身高、体重、身体各组织器官的发展方面，还是在神经系统的完善方面都很显著。而心理活动也朝着更为高级和复杂的方向发展，并产生了许多新的需要。我们分别从以下几个方面来分析幼儿身心发展的状况与特点。

一、身体发育

幼儿的身体仍然处于生理发展的第一个高速时期。除了一般身高、体重的增加外，各种组织和器官在机能上也有较大发展。比如，大肌肉群的发展，使幼儿会不知疲倦地从事各种跳跃等体能活动；5～6 岁时小肌肉群的发展，令幼儿可以从事绘画、写字、塑造等活动。神经系统方面，幼儿脑的重量在继续增加，到 7 岁时已达到 1280 克，相当干成人脑重的 90%，大脑皮质髓鞘化到幼儿期末已基本完成，这些都表明，脑的结构到幼儿期末已经比较成熟了，这就为儿童开始系统地学习文化知识做好了生理准备。除此之外，大脑的机能也有发展，兴奋过程和抑制过程都有所增强。皮质兴奋过程的增强表现在儿童的觉醒时间延长，睡眠时间减少；而皮质抑制机能的增强表现在幼儿已经能够较好地用言语控制自己的行动了，对事物的分辨也更加精确。第二信号系统作用在急剧地发展，两种信号系统之间复杂的相互诱导关系开始发生，即词的作用可以抑制由直接刺激物引起的反应等。这些都表明幼儿的生理机能比婴儿时期有了很大的进步。

二、认知发展

这一时期的孩子在认知的各个方面都在迅速发展。在言语的发展上，幼儿期是人生中词汇量增长最快的时期。与 2 岁的儿童相比，6 岁时儿童的词汇量大约增长三到四倍。幼儿已能掌握各种类型的词了，而且词义逐渐明确并有一定的概括性。他们基本上掌握了各种语法结构，可以自由地与人交谈。在思维与想象力方面，幼儿已开始摆脱婴儿期那种思维受到动作束缚的特点，其思维活动具有了一定的目的性和预见性。当然，幼儿的思维仍离不开实物和实物的表象，具有明显的直觉形象性。但幼儿的想象力丰富，这几种表现在幼儿的游戏、手工、绘画、讲故事等活动之中。在注意与记忆的发展方面，幼儿的注意和记忆显然仍以随意性为主，但有意注意和有意记忆已开始发展。

三、情绪发展

这时的幼儿情绪体验已相当丰富，一般成年人体验到的情绪大部分已为幼儿所体验，只是在引起情绪的动因、情绪表现方式上还有许多不同。幼儿的情绪表现完全是外显的，缺少控制，情绪常常极度强烈和高涨。他们有时会出现极度的恐惧。有时会莫名其妙地发脾气，幼儿的害怕随年龄的变化也在变化。他们对声音、陌生人或陌生的东西、疼痛或身体失去平衡的害怕渐渐减弱。而对想象中的事物，诸如黑暗、危险的动物、鬼怪的害怕则有所加剧。对讥笑、斥责、伤害等威胁的焦虑也增加了。在刚进入幼儿园时儿童也会因不适应而产生抑郁情绪，强迫性的早期教育会使这种情绪更加压抑。在集体生活中幼儿的道德感进一步发展，并产生了理智感，这表现在他们已能把自己和他人的行为同行为规则相比较，以及表现在好奇与好问上。

四、人际交往

幼儿与同伴活动在生活中所占的比例在不断增长。而且游伴的数量也随年龄而增长。游戏已从平行性游戏转向联合性游戏和合作性游戏，游伴关系也由比较疏松的撮合到比较协调的、有规则约束的结合，社会化程度大大提高。有的儿童在没有游伴的情况下会假想一个同伴跟自己玩，这种情况在 3～10 岁儿童中占一定比例。此外这个年龄的儿童很喜欢温顺的、身体软绵绵可供抚摸、玩弄的小动物，也许这也是满足一种交友不足的需要吧。当然，幼儿的游伴还很不稳定，且经常变化。游戏中争吵是常有的现象，一般是为了争夺玩具、争演某个角色，也有的是为了指使别的儿童服从自己。不过游戏争吵的时间不长，也不会因此而耿耿于怀。

五、自我意识与个性发展

幼儿在与成人和同伴的交往中自我意识有所发展，他们已对自我形成某种看法。幼儿已知道自己是聪明的还是愚笨的，是勤快的还是懒隋的，是漂亮的还是丑陋的，是讨人喜欢的还是惹人讨厌的等。儿童的这些自我认识基本上就是家长、同伴、教师平时对儿童评价的翻版。一直受到周围人肯定的、积极评价的儿童往往会对自己产生一种满意感和自信感；而经常受到别人否定的、消极评价的儿童容易对自己产生自卑感与孤独感。

3 岁儿童已知道自己的性别，但对一个人的性别会不会起变化还个太清楚，7 岁儿童已知道一个人的性别不会因为服饰的改变、年龄的变化而起变化。由于教育的影响，幼儿已意识到男女性别行为的差异。4 岁前男女儿童与同性或异性游伴都玩得十分融洽，4 岁之后男女儿童的游戏内容开始分化，5 岁后更加明显。幼儿虽然知道一些适合性别角色的行为，但不一定都会接受适合自己性别的行为，尤其是女孩子。而男孩子因为怕受像“娘娘腔”之类的嘲笑而较少模仿或学习女孩的行为。

此外，幼儿期末的儿童已养成了一套行为习惯，其个性特征已初步形成。心理学家认为，幼儿期形成的个性心理特征和行为活动倾向，常常是一个人个性的核心成分或中坚结构，显然以后也能对其中一些不良个性特征加以改造，但往往是量的变化，除非客观环境、儿童的亲身经历出现一次次极为严重的转折，否则已形成的行为个性特征是很难破坏的。

从上述可见，幼儿期是个体生理和心理发展的重要时期，特别是个性的形成和行为的养成，在此期最为关键。因此，对此期的孩子进行适当心理教育，符合幼儿身心发展需要的心理教育，有利于幼儿良好心理品质的形成。

第二节　幼儿心理发展的影响因素

关于儿童心理及其特征是如何形成和发展起来的？影响儿童心理发展的因素有那些？对于这些问题，古今中外的有关理论不外乎四种。

第一，外因论，这种理论认为外部环境因素在人的心理品质的形成与发展中起决定性的作用，而忽视个人内部因素应有的作用。如中国古代思想家荀子的“外栎说”，近代西方思想家洛克的“白板说”，以及现代美国心理学家华生的刺激—反应理论都是外因论。

第二，内因论。这种理论认为内部因素如遗传素质在人的发展中起决定性的作用，而抹杀外部因素的应有地位。例如我国以古代思想家孟子为代表的“内求说”，现代西方心理学中的本能论、内驱力说和原形论都是内因论。

第三，相互作用论，这种理论认为人的心理发展是由外因与内因相互作用的结果。美国心理学家班杜拉的社会学习理论就是一种相互作用论，认为人的发展是由人（P 因素）、行为（B 因素）和环境（E 因素）三者交互作用来共同决定的。这种理论比单纯的外因论或内因论前进了一大步。但是，它还缺少辩证法的观点，没有从根本上解决人的心理发展问题。

第四，根据—条件论，这是马克思主义的著名理论，即认为“外因是条件，内因是根据，外因通过内因而起作用”（见毛泽东的《矛盾论》）。这一理论观点揭示了内因与外因的辩证关系，从而为人的心理发展原因和机制问题的最终解决指明了途径。

根据内外因辩证相互作用的观点，全面考察儿童心理发展及其影响因素，我们可以发现影响儿童心理发展的因素主要有以下四种。

一、遗传因素

人类通过遗传将祖先在长期的生活过程中形成和固定下来的生物特征传递

给下一代。遗传的生物特征，或称遗传素质，主要是指那些与生俱来的身体构造、形态、感官和神经系统等方面的解剖生理特征。遗传素质是儿童心理发展必要的物质前提。正是它，使儿童在社会生活条件下可能发展成为一个具有高度心理发展的人。我们知道，最高等的动物，即使长期与人接触而且受人的专门训练，也不可能具有人的心理发展水平；生下来有大脑缺馅的婴儿，也不能发展成为一个正常的人；许多严重智力落后的儿童，常常有遗传上的缺陷。可见，没有正常人的遗传素质，就没有正常人的心理，遗传是儿童心理发展必要的物质前提。

另外，遗传素质的个别差异为儿童发展的个别差异提供了最初的可能性。正常儿童都具有人类的遗传素质，这是遗传素质的共性，但是，儿童遗传素质也都存往一定的个别差异，这是遗传素质的个性。这些遗传素质的个别差异使有的儿童容易好动、吵闹，有的儿童易于安静沉思；有的儿童易于发展成为一个有才能的音乐家，有的儿童易于发展成为一个优秀的运动员。所谓外因通过内音起作用，儿童最初的内因就是其遗传素质。各种外部刺激与环境影响正是通过这些遗传素质来起作用的。

二、生理成熟

生理成熟是指儿童机体发育所达到的某种水平。生理成熟为儿童心理的发展提供了新的可能性，它使新的心理活动的出现处于准备状态。当某种器官特别是大脑达到一定的成熟水平时，只要适时地给予适当的训练，就会使儿童相应的新的行为模式有效地产生。当儿童生理成熟达不到某一水准，与之相关的儿童心理的发展就不可能实现。生理成熟的水平规定了这一时期心理发展的潜在可能范围。生理成熟还制约着儿童心理发展的顺序性。遗传的程序规定了个休生长发育的先后顺序，而生理成熟的程序则必然制约着儿童心理发展的顺序性。总的说来，在儿童心理发展的早期阶段，生理成熟的影响力较大，随着年龄的增长，生理成熟的影响力逐渐减弱。

三、社会生活环境与教育的作用

遗传素质与生理成熟等主体因素决定儿童心理发展的潜在的可能范围，而社会生活环境与教育等客体因素则制约着儿童心理在这个可能的潜在范围内所能达到的现实的发展水平。当社会生活环境与教育有利于儿童心理充分发展时，潜在的可能性就能最大限度地实现，心理发展就有可能达到现在范围的上限；反之，潜在的可能性只能在最低限度上实现。社会生活环境与教育还制约着儿童心理发展的速度。优越的社会文化与教育条件，可以使儿童有足够的机会让心理发展的速度保持在一个较高的水平上，甚至能加速儿童心理的发展。当然，儿童心理发展阶段的顺序不能因社会生活环境教育的不同而改变。因此，对儿童的环境教育影响，既不能迁就原有的发展水平，也不能盲目地超越，而应该适度地走在心理发展的前面，这就是维果斯基“最近发展区”的思想。

社会生活环境与教育还是影响儿童心理个别差异最为重要的条件。儿童所处的社会生活环境是千差万别的，即使是在同一个家庭，同一个幼儿园中一起成长的同卵双生子，他们各自与周围的人与事的具体关系不同，他们彼此之间的关系和角色与地位也不同。这些差异必然影响到他们之间个别差异的形成。有研究表明社会生活环境与教育不仅可以导致儿童价值观体系上的差异，而且对性格与气质的差异也起到重要的作用。

社会生活环境与教育对于儿童高级机能的发展有着极为重要的作用，这是因为社会生活环境向儿童提供历史上形成的现存的语言符号系统，并通过语言符号系统为儿童提供人类社会历史经验。儿童只有吸收人类历史发展的文化成果，心理机能才能产生本质的飞跃，产生抽象思维等高级心理机能。同时，通过社会生活，儿童在人际交往的相互作用、相互影响过程中，不断习得社会规范，形成自我意识，成为社会生活群体中合格的成员。

四、儿童自身的调节与实践活动

遗传因素与环境影响不能机械地决定儿童心理的发展，因为儿童不是遗传作用与环境影响的消极、被动的接受体，他们可以通过自身的调节来平衡来自机体内外的各种影响，并且可以通过自己的实践活动来主动地作用于环境，选择或改造环境，使环境适合于自己的发展。

儿童心理从低级到高级、从简单到复杂的发展过程中，儿童自身的调节与平衡化是一个关键的因素。儿童并没有一套与生俱来的、预定好了的发展规划。儿童心理发展是一个连续的发展过程，其中每一个新的发展变化都是建立在以往心理发展的基础上的。在发展过程中，当遇到机体内外干扰时，心理发展偏离了正常的轨道，儿童可以通过自我凋节的平衡化过程来使发展回到正常的途径上来，保持自身的稳定与统一。如果一个儿童在生活中遭受重大的创伤，超出了他的心理所能承受与顺应的范围，平衡化的机制失效，则有可能出现心理障碍，影响心理的正常发展。

随着儿童自我意识的发展，形成个人愿望与自我理想，儿童自身的调节作用会从无意识的和自动化到有意识的和主动性方向转化，并对儿童个性的形成发展起着积极的作用，增强儿童对生存环境的适应与革新的能力。

总之，影响儿童心理发展的因素是多方面的，有遗传素质与生理成熟的作用，也有社会生活环境与教育的作用，更有儿童自身的自我调节与社会实践作用，这些因素都共同影响着儿童心理的发展，并且相互之间还会产生交互作用，对儿童心理的发展产生异常复杂多变的影响。因此，我们不但要了解每一种因素对儿童心理发展的作用及其发挥作用的方式，而且要了解不同因素之间的相互作用及其对儿童心理发展的影响。只有这样，我们才能全面地把握影响儿童心理发展的前提条件和现实条件，找到促进儿童心理发展的有效途径与措施。